L'AFFAIRE GERDA MUNSINGER
est le quatre cent quatre-vingt-onzième livre publié par Les éditions JCL inc.

Catalogage avant publication de Bibliothèque et Archives nationales du Québec et Bibliothèque et Archives Canada

Roy, Danielle, 1945-

[Déshonorables]

L'affaire Gerda Munsinger

(Collection Second souffle)

Publié antérieurement sous le titre : Les déshonorables. 1993.

ISBN 978-2-89431-491-3

1. Affaire Munsinger, Canada, 1966. 2. Espionnage - Canada. 3. Corruption (Politique) - Canada. 4. Sûreté de l'État - Canada. 5. Canada - Politique et gouvernement - 1963-1968. 6. Sévigny, Pierre, 1917-2004. I. Delorme, Gilles-Philippe, 1944- . II. Titre. III. Titre : Déshonorables. IV. Collection : Collection Second souffle.

FC623.M85R69 2014 971.064'3 C2014-940254-6

Édition originale : septembre 2014

L'AFFAIRE GERDA MUNSINGER

Collection
Second
Souffle

Les éditions JCL inc.
930, rue Jacques-Cartier Est, Chicoutimi (Québec) G7H 7K9
Tél. : (418) 696-0536 – Téléc. : (418) 696-3132 – www.jcl.qc.ca
ISBN 978-2-89431-491-3

Cet ouvrage est aussi offert en version numérique.

GILLES-PHILIPPE DELORME
DANIELLE ROY

L'AFFAIRE GERDA MUNSINGER

LES ÉDITIONS JCL

NOTE DE L'ÉDITEUR

Tous les personnages de cette histoire vécue existent ou ont déjà existé. Les noms des personnes et des lieux sont authentiques.

Les dialogues de ce livre ne correspondent pas toujours au mot à mot réel, mais ils doivent être considérés par le lecteur comme une forme littéraire utilisée par les auteurs pour mieux résumer une situation, un événement, ou nous faire mieux saisir les traits de caractère de chacune des personnes mentionnées.

Nous reconnaissons l'aide financière du gouvernement du Canada par l'entremise du Fonds du livre du Canada pour nos activités d'édition. Nous bénéficions également du soutien de la SODEC.

Gouvernement du Québec – Programme de crédit d'impôt pour l'édition de livres – Gestion SODEC

À notre fils

*« Il y a différentes manières d'assassiner un homme :
par le pistolet, par l'épée, par le poison ou par l'assassinat moral.
C'est la même chose, au définitif, excepté que
ce dernier moyen est le plus cruel. »*

NAPOLÉON BONAPARTE

Nos remerciements à Pauline Fortier pour son travail de saisie.

Chapitre 1

Zurich, mars 1970

Pierre Sévigny vient de sortir d'un édifice quasi anonyme situé dans une petite rue du quartier des affaires, un édifice de quatre étages en pierre grise avec une plaque de cuivre bien astiquée apposée tout à côté de la lourde porte de fer noire qui se referme silencieusement derrière lui. Un de ces édifices où, à mots feutrés, se transigent des millions. Pierre marche. Il débouche bientôt sur une large avenue dans laquelle il s'engage. Il marche lentement, d'un pas lourd, saccadé. Les passants s'écartent devant l'homme qui marche; non parce que l'homme boite, non parce qu'il tient une canne sur laquelle il doit s'appuyer à chacun de ses pas, mais parce que cet homme ne semble pas les voir. Ils s'écartent parce qu'il est imposant: très grand, vêtu avec soin, il se tient le corps bien droit, comme si son évidente infirmité ne le concernait pas. Il avance avec une indifférence de statue et son regard est de glace, malgré le soleil de midi, éblouissant. Pierre marche sans voir les vitrines et la joyeuse animation qui règne sur l'avenue par cette trop belle journée. Pierre marche et défait, sans même s'en rendre compte, le chemin qu'il a parcouru deux heures plus tôt.

Pour lui, il est six heures. Il n'a pas dormi de la nuit. Son avion a atterri ce matin à Zurich à neuf heures, heure locale. Trois heures du matin à sa montre. Il a sauté dans un taxi, est passé à l'hôtel où il a réservé de Montréal juste avant son départ, pour s'y rafraîchir et mettre un peu d'ordre dans des dossiers qu'il a passé la nuit à compulser. Malgré le manque de sommeil, il est arrivé dans la grande ville suisse bourré d'énergie et d'optimisme. Il n'était pas question que cette affaire immobilière, qu'il préparait avec soin depuis des mois, lui glisse entre les doigts: c'était sa dernière chance. Une question de vie ou de mort, et plus encore. Il avait tout prévu. Il était sûr de l'intérêt de son projet. Il avait la conviction que sa forte personnalité et son charme feraient le reste: il a toujours su projeter l'image d'un homme lucide et sûr de lui. Il était persuadé que ce voyage marquerait la fin de ses ennuis et le commencement d'une nouvelle vie.

Les quatre années qui viennent de s'écouler, quatre années presque jour pour jour, ont été un véritable calvaire, un enfer de chaque instant à côté duquel la guerre 1939-1945, qu'il a vécue comme officier militaire et qui lui a coûté la jambe droite, n'était pas comparable en horreur. Pierre frissonne, il ne perçoit pas la caresse du soleil de la mi-mars. Il est assailli par ses souvenirs de guerre. Sa souffrance, il l'avait bel et bien matée, alors. Il avait vingt-six ans. Il avait appris à accepter ses blessures et à s'en accommoder. Avec courage, disaient tous ceux qui le connaissaient depuis longtemps, et tous les autres qui l'avaient vu vivre et travailler. Avec humour aussi; il avait tant aimé la vie! À en abuser, à en extraire chaque parcelle de bonheur et, pourquoi pas, de jouissance.

Jusqu'au fatidique mois de mars 1966. Tout a alors basculé dans un cauchemar sans nom. Et il a dû lutter, lutter comme un forcené pour ne pas sombrer. Là encore, il s'est montré courageux, courageux jusqu'à la bêtise. Et ce courage bête, cette foi en la vie, en la justice, cette confiance en lui et en son innocence les ont amenés, lui et sa famille, au bord de la ruine. Et c'était aujourd'hui, dans cette ville suisse, ce matin à dix heures précises, qu'il devait prendre sa revanche sur le sort qui s'acharne sur lui depuis quatre ans; qu'il devait commencer à se bâtir une nouvelle existence, même si ce devait être sur les ruines de l'ancienne. Car, il le savait bien, ce qui avait été fait ne pourrait plus jamais être défait.

Pierre a ralenti son pas. Il reconnaît la marquise noir et or qui orne l'entrée du petit hôtel cossu et discret dans lequel il est descendu tôt ce matin, mais il ne remarque même pas, en franchissant la porte qu'on lui ouvre avec déférence, le portier en drôle d'habit chamarré qu'il a pourtant si aimablement salué à son départ pour la banque. Il se hâte vers l'ascenseur. Il est soudain pressé de se retrouver seul. Complètement, irrémédiablement seul. Ce qu'il s'apprête à faire exige une totale intimité. Dans l'ascenseur, seul enfin, il peut se laisser aller. Il appuie son corps douloureux au mur lambrissé d'acajou et ferme les yeux. Comment une si belle affaire a-t-elle pu lui échapper? Il avait pourtant tout prévu. Déterminé à pulvériser la moindre objection, il était prêt à tout. Mais la chance lui a filé entre les doigts, entre dix heures et midi ce 10 mars, dans la charmante et trop ensoleillée ville de Zurich. Tout est bel et bien consommé. Il sait ce qu'il lui reste à faire. Ce sera sa dernière défaite.

Comme un somnambule, Pierre se retrouve devant la porte de sa chambre, au sixième étage. Il entre, puis verrouille à double tour la porte de la pièce qui sera le dernier témoin de son passage sur la terre. Il jette son manteau sur le lit avec la mallette qui contient des dossiers qui ne serviront plus à rien et détaille avec curiosité cette pièce, comme on dévisage une inconnue avec laquelle on s'imposerait d'engager la conversation. C'est une belle chambre vaste et claire. Les meubles, les tapis, les tentures sont dans les tons dorés d'armagnac et de cognac, rehaussés de bordeaux. Cela lui plaît assez. Ce matin, trop pressé et trop concentré à la fois, il n'avait pas remarqué ce joli décor un peu suranné. S'il n'était pas si fatigué, il irait peut-être, avant d'en finir, s'acheter une immense gerbe de fleurs rouges et dorées, dorées comme le soleil qui lui a blessé les yeux tout au long de sa longue marche. Il sourit vaguement à cette idée. Il serait bien la première personne à s'offrir à lui-même son propre bouquet mortuaire.

Il se souvient que dans son sac de voyage l'attend une grande bouteille de Chivas qu'il s'est procurée à la boutique hors taxes juste avant de quitter Montréal. Vieux réflexe de buveur impénitent et content de l'être. Voilà le bouquet, la gerbe d'odeurs et de couleur qu'il lui faut. Il s'en verse une solide rasade. Ça l'aidera à réfléchir; il lui reste un petit problème à régler. Comment un homme se suicide-t-il dans une chambre d'hôtel de Zurich quand il n'a dans ses bagages qu'un rasoir à piles, quelques pièces de linge propre et une bouteille de whisky? Il lui faudra user d'imagination.

Son verre à la main, il se dirige vers la large fenêtre. Elle donne sur l'avenue. Si la solution est de se jeter par cette fenêtre – et pourquoi pas –, il lui faudra attendre la nuit. Il serait malséant de s'écraser au beau milieu de passants qui n'ont pas mérité d'être les témoins d'une telle horreur. Il ouvre la fenêtre bien grande et soudain il frissonne. Non parce qu'il sent le froid ou la peur; il frissonne, c'est tout, sans chercher à savoir pourquoi. « C'est la meilleure solution, se dit-il, un sale moment à passer. »

Il referme en partie la fenêtre et s'assoit dans le gros fauteuil crapaud qui s'offre à lui. Sa décision est irrémédiablement prise. S'il a frissonné, c'est à la pensée que, chez lui, à Montréal, il est environ sept heures du matin et il sait que sa femme attend impatiemment de ses nouvelles. Elle lui a fait jurer de l'appeler sitôt la transaction conclue. Il doit chasser cette image de sa femme qui espère, qui attend confirmation de la bonne nouvelle. « Il n'y a pas de bonne nouvelle, nom de Dieu! » Et pour elle, demain sera pire encore. « Il te faudra être très courageuse, ma chérie. »

Son verre est vide, il lui faut le remplir de nouveau et tuer les heures qui le séparent de la nuit et de son dernier voyage. Son dernier, son ultime voyage. Lui qui a toujours détesté les euphémismes pour désigner les choses trop crues de l'existence, le voilà qui s'amuse à enrober de mots creux sa propre mort. Sa mort désirée, sa mort secourable. Aujourd'hui, et pour la première fois depuis l'événement, après quatre ans de lutte incessante, il se sent désormais impuissant à combattre le mauvais sort qui s'acharne. Il s'avoue enfin vaincu et c'est pour lui un infini soulagement.

Durant toutes ces foutues années, quand venait le découragement, quand se pointait le désespoir, son vieux fond de militaire bagarreur réussissait toujours à engendrer des forces nouvelles. Ces forces, il allait les puiser dans la haine. Une haine féroce dont il ne se serait jamais cru capable et qui le forçait à relever la tête et à reprendre la lutte. La haine! Cette chose implacable et monstrueuse comme un cancer l'avait maintenu en vie pendant quatre ans, l'avait forcé à marcher la tête haute et à serrer les dents. Cette excroissance qui s'était, à son insu, nourrie de sa substance, venait, par un mystérieux coup de bistouri, de lui être arrachée. Il se retrouvait soudain vide de courage, d'espoir, d'amour… vide de haine. Sans haine pour le torturer, le fouetter. Aujourd'hui, entre dix heures et midi ce 10 mars, il a atteint le point de non-retour. Il a cessé de faire partie du monde des vivants. Et cette idée, loin de l'effrayer, lui fait le plus grand bien.

Il a abandonné son verre encore vide et il boit maintenant à même la bouteille, à petites gorgées, sans se presser, voluptueusement. Il a toute la vie d'un quarante onces de Chivas Regal devant lui. L'après-midi défile à coups d'ailes paresseux. Sa pensée dessine des arabesques dans le temps. Tout devient flou… et tendre… Québec, la ville de son enfance. Son père, Albert, nommé juge, après une courte mais fructueuse carrière en politique provinciale. Un conservateur, son père, qui rêvait que son fils fasse lui aussi carrière en politique, mais là où ça compte vraiment, au fédéral. D'après lui, il était grand temps que des Canadiens français s'occupent d'un peu plus près des affaires du pays. Une voie royale et déjà toute tracée dans la vraie capitale..., à Ottawa!

La politique... Voilà le grand mot lâché. Source de bien des joies, cette catin-là. Dès qu'elle vous a ouvert les bras, on se sent tout-puissant. On se croit soudain devenu indispensable, invulnérable. Et, plus on la courtise, plus elle devient exigeante, capricieuse, et, plus elle resserre son étreinte, plus elle vous étouffe. Puis, un jour, sans prévenir, elle vous rejette. Et même là, ce n'est pas fini pour autant. Après des années, on ne sait trop ni comment ni pourquoi, elle peut revenir... et vous manger le cœur.

Si ce n'avait été pour faire plaisir à son père, aurait-il fait de la politique? Il n'en a jamais été parfaitement certain. Jeune, son avenir lui était souverainement indifférent. Il ne faisait aucun doute qu'il allait réussir sa vie, peu importait ce qu'il entreprendrait. Intelligent, beau garçon, il avait de la facilité en tout, mais seuls les sports le passionnaient. Il aimait l'aventure sportive. Il aimait l'aventure tout court. Tous les défis physiques le mettaient dans un état d'euphorie sans égal, il se sentait alors devenir un surhomme. Dès qu'il était question de mesurer ses forces, de vaincre les limites de sa résistance, rien ne pouvait plus l'arrêter. Il était toujours le dernier à atteindre l'épuisement, et ses facultés de récupération faisaient l'étonnement de tous ceux qui le côtoyaient. Dans un monde différent, et surtout avec un père différent, il aurait sans doute pu devenir un excellent athlète. Mais voilà, dans quelle discipline aurait-il été au mieux? Il ne s'était jamais vraiment posé la question. Il aimait indifféremment tous les sports qui se présentaient. Il aimait jouer à être le meilleur en tout. Il aimait jouer de ses muscles comme de son intelligence.

À vingt ans, après une scolarité assez brillante, bien

que cahoteuse, il avait refusé tout net d'entreprendre les études de droit que son père s'attendait tout naturellement à ce qu'il fasse. S'il avait choisi de se spécialiser en commerce, c'était que, dans cette faculté, on retrouvait les meilleurs joueurs de rugby de l'université et qu'il voulait en être.

Il avait vingt-deux ans lorsqu'avait éclaté la Seconde Guerre mondiale. Dès cet instant, il n'avait plus eu qu'une envie : aller montrer aux Allemands de quel bois se chauffaient les hommes de sa trempe. La guerre lui offrait enfin une aventure sportive à sa mesure. C'est avec une énergie et une impatience folles qu'il s'était porté volontaire. Il s'était embarqué pour les vieux pays, non pas comme simple soldat, mais comme officier. Pour y arriver, il avait mis les bouchées doubles et avait été rapidement et brillamment promu. Il allait vivre la plus belle aventure de sa vie. Aucune crainte ne l'habitait, il se sentait invincible. Toute l'énergie qui bouillonnait en lui allait enfin servir à quelque chose. Il laissait bien derrière lui une petite amoureuse éplorée dont il était lui aussi très épris, mais il avait la certitude qu'elle allait l'attendre patiemment; ça ne laissait pas le moindre doute dans son esprit.

La guerre, bon Dieu, quel incroyable merdier! Un merdier intégral! Impossible d'imaginer quelque chose de pire, et pourtant…

Avec difficulté, il s'extirpe de son fauteuil. « Je commence à être un peu saoul », pense-t-il en déposant sa bouteille à demi vide. Il se fait la réflexion qu'elle est aussi à demi pleine. « Restons optimiste! » songe-t-il. Une énorme envie d'uriner le force à sortir de la délicieuse torpeur que commence à lui prodiguer l'alcool. Il doit se traîner jusqu'à la toilette. Son corps est comme un bloc de béton, si lourd, si lourd à bouger. Mais au moins il ne ressent aucune douleur. Le scotch est un formidable anesthésiant.

Il n'allume pas et se soulage dans la quasi-obscurité. Il ne veut pas rencontrer son image dans la glace. Surtout, ne pas s'attendrir sur cette… chose, ce vaincu absolu qu'il a, quelques heures plus tôt, condamné à disparaître de la surface du globe. Il se laisse complètement envahir par une sorte de lourdeur obscène. Si longtemps, pendant des siècles, lui semble-t-il, il a donné le change. Le corps droit, les épaules rejetées en arrière, le geste ample et précis, la démarche raide, mais noble, il a combattu son handicap au prix d'efforts de volonté dont personne ne s'est jamais douté, même pas sa femme, la petite amoureuse qu'il avait cru tout naturel de retrouver, tendre et bouleversée par le retour de son héros blessé. Elle avait insisté pour l'épouser et était demeurée sa femme envers et contre tout. Envers et contre tous. Elle n'avait même jamais su ce qu'il endurait en silence, obligé de calculer chacun de ses mouvements, réprimant inconfort, douleur et découragement. Il avait décidé de faire oublier à tous qu'il était un infirme, un amputé… L'horrible mot! Le mot le plus scabreux de la langue française! Et ça avait fonctionné, puisque lui-même était presque parvenu à oblitérer cette sale réalité de son esprit.

Aujourd'hui, pour une fois, il peut se laisser aller en toute sérénité. Bientôt, il en aura terminé avec toute cette abomination et qu'importe s'il arrose un peu son pantalon dans la manœuvre; les condamnés à mort font bien pire à l'ultime instant. Cette idée lui arrache un sourire. C'est le comble! Il vient de penser qu'en s'écrasant sur le trottoir, ou même pendant sa chute… lui aussi… Bon, lui aussi, sans doute, et après? Il n'est pas pour se laisser arrêter par ce genre de détail. Ces petits dégoûts ne concernent que les vivants, et lui, il est déjà mort. Ils s'arrangeront, les vivants, et vive les dégâts!

La vessie enfin libre, il passe distraitement ses mains sous l'eau tiède, les essuie et se rajuste. Un vieux reste de dignité. Il s'en fout plutôt, mais il lui semble préférable d'en finir le plus élégamment possible.

La lumière qui filtre entre les rideaux de la chambre s'est considérablement radoucie, pense-t-il, en regagnant son fauteuil. L'après-midi doit s'acheminer doucement vers sa fin. La bouteille de scotch, abandonnée sur la table basse, luit d'un délicieux éclat roux. Inutile de regarder l'heure à sa montre; les secondes, il va toutes les boire. Et, quand il en aura terminé avec le souverain liquide, ce sera le moment de tirer sa révérence. Comme tout cela est simple! Ce n'est pas du tout l'idée qu'il se faisait d'un après-midi d'agonie. L'agonie, la véritable agonie, il l'a vécue il y a longtemps, déjà…

La sale guerre s'étirait et on n'en voyait pas la fin. Les batailles sur le front étaient d'une horreur sans nom et la rage en était venue à remplacer le courage. Dans une de ces bagarres où plus rien ne semblait avoir de sens, un orage de boue et d'acier plus violent que les autres l'avait atteint de plein fouet. Foudroyé, il n'avait eu conscience que d'un feu d'artifice gris, sauvagement gris, d'un gris impossible à décrire qui vous éclate dans la tête pendant que, tout autour, la terre bascule.

Il s'était réveillé beaucoup plus tard, humide et mou comme un vieux chiffon, dans une grande salle toute blanche et qui sentait très fort le désinfectant et… l'angoisse, peut-être? Il avait eu l'impression d'émerger d'un océan ouaté et fétide. Curieusement, à l'instant du réveil, il n'avait ressenti aucune douleur, aucune peur; il n'avait aucune idée de ce qu'il faisait là. C'était comme s'il avait dormi trop longtemps après une sale cuite et que son corps était encore tout engourdi de mauvais alcool.

Ses yeux s'accoutumaient tant bien que mal à la lumière blanchâtre, mais il n'arrivait toujours pas à bien distinguer ce qui l'entourait. Il avait pensé: « Merde, je suis à l'hôpital, on dirait! » puis: « Donc, je suis blessé? » Sous le choc, il avait tenté de se redresser. L'idée qu'il fût malade ou blessé le révulsait, pour l'excellente raison que de sa vie il n'avait à peu près jamais été malade. De se retrouver gisant sur un lit d'hôpital, en pleine guerre, alors qu'il y avait encore tant à faire, lui semblait parfaitement indécent; aussi lâche qu'une désertion, aussi déshonorant qu'une trahison. C'était alors que la douleur, se frayant insidieusement un chemin en lui, avait atteint le centre de son cerveau. Sa jambe droite lui faisait horriblement mal, comme si une masse de ferraille lui était tombée dessus et se tordait dans la chair vive. Il avait aussi terriblement mal à la tête et tout ce qu'il arrivait à apercevoir était embrouillé. Le temps d'apprivoiser cette douleur qui, de seconde en seconde, se faisait plus aiguë, toutes ses forces l'avaient quitté. Il s'était assoupi, assommé, et avait pataugé dans un sommeil agité, peuplé d'images atroces.

Il ne dormait plus, mais alors plus du tout quand un médecin au visage sévère et à l'air exténué l'avait enjoint de remercier Dieu d'être encore vivant après la boucherie dont il avait été victime. La perte d'une jambe n'était rien en comparaison de la perte de la vie. Quant à son œil à demi arraché, on avait pu le lui sauver. Cette révélation sans ménagement de son état véritable avait soulevé en lui une révolte brutale, terrifiante. Fou de rage, il ne cessait de se répéter: « Mais pourquoi ne m'ont-ils pas laissé crever? » Sans compter que sa jambe, amputée jusqu'au milieu de la cuisse, le torturait comme si elle avait été encore là: bouillie d'os, de chair et de sang. Ah! il y avait de quoi remercier le ciel! Lui, Pierre Sévigny, colosse à la santé insolente, aux muscles puissants et à l'énergie quasi indomptable, était cloué sur un lit, diminué, bancal pour le restant de ses jours. Un infirme, un objet de pitié, voilà ce que la guerre avait osé faire de lui.

Après des heures ou des jours de réflexion, il ne savait pas et ne voulait pas le savoir, il avait décidé que la seule issue possible, dans les circonstances, était d'en finir avec la vie et ce qu'elle lui réservait. Arrivé à cette conclusion, pour lui la seule logique en l'occurrence, et rassuré à l'idée qu'il lui était toujours possible d'échapper à son destin à la première occasion favorable, il s'était enfin senti capable de s'intéresser à ce qui l'entourait. Il avait commencé à converser avec les infirmières et les médecins et s'était pris d'amitié pour certains de ses compagnons d'infortune. Il lui arrivait même parfois de plaisanter. Et il avait enfin accepté de faire ses premiers pas sur une seule jambe, à l'aide d'ignobles béquilles dont la seule vue lui soulevait le cœur. Une superbe prothèse était, paraît-il, en préparation pour remplacer sa jambe manquante et, quand on lui parlait de l'objet en question, il ravalait à grand-peine la colère dévastatrice que ce seul mot de prothèse faisait jaillir en lui. Avant même de jeter un coup d'œil sur l'instrument méprisé, il était sûr qu'il trouverait un moyen de se donner proprement la mort. De l'aube jusqu'à l'ultime seconde de la nuit où il sombrait dans le sommeil, cette idée ne le quittait plus. Elle était devenue l'unique confidente, la douce complice qui lui tendait de longs bras soyeux et apaisants. La mort serait sa dernière maîtresse, car jamais, plus jamais il ne prendrait une femme dans ses bras. Jamais il ne pourrait, jamais il n'oserait montrer à une femme ce que son corps était devenu.

Pour arriver à ses fins, il lui fallait amasser des forces. Il n'était pas encore décidé sur le moyen à employer, mais il fallait qu'il le trouve rapidement. S'il devait ingurgiter un poison, il devait se le procurer lui-même. S'il choisissait plutôt de se tirer une balle de revolver, il devait s'acquitter de cette tâche de façon discrète et avec élégance. Aussi avait-il résolu d'explorer systématiquement chaque recoin accessible de l'hôpital pour trouver le moyen de tirer sa révérence le plus convenablement possible.

C'était ainsi que, au terme d'une épuisante promenade avec ses détestables béquilles, il avait rencontré Jef. Ce jour-là, il s'était aventuré jusqu'à une espèce de véranda où l'on parquait les grands blessés sur des chaises ou des lits roulants. C'était, et de loin, l'endroit le plus répugnant de tout l'hôpital. Pierre évitait farouchement ce parc à infirmes. Les pauvres gars, le plus souvent en état de prostration médicamenteuse ou enfermés dans leur rage muette, supportaient, vaillamment ou pas, le soleil rachitique que versaient chichement de hautes fenêtres aux vitres poussiéreuses. Une sorte d'aquarium mal entretenu où pourrissaient tranquillement des poissons dont seule la tête restait vivante. Pierre haïssait cet endroit, mais, comme il pleuvait ce jour-là et vu l'heure assez tardive, le local lui avait semblé désert quand il y avait pénétré. Un fauteuil roulant était rangé dans un coin, contre une fenêtre, et, sur ce fauteuil, un homme-tronc regardait dans sa direction.

— Salut! fit l'inconnu en lui adressant un immense sourire du genre à vous empêcher de battre en retraite, ce que Pierre s'apprêtait à faire le plus discrètement possible.

— Salut! se vit-il forcé de répondre, souverainement agacé.

L'autre le regardait de ses grands yeux clairs, avec une intensité telle que Pierre se sentit happé par ce regard étrangement lumineux. Sans l'avoir vraiment voulu, il se retrouva à quelques pas de l'inconnu.

— Moi, c'est Jef. Je suis de Limoges et toi?

Pierre déclina ses nom, prénom et lieu de naissance de mauvais gré, sans toutefois pouvoir se soustraire à ce regard qui le tenait prisonnier dans une bulle. En plus d'avoir perdu ses deux jambes, Jef avait eu la colonne vertébrale brisée et était complètement paralysé. Sa survie tenait du miracle et les médecins lui donnaient au mieux six mois de sursis. On considérait Jef comme un défi à la science médicale et ça le faisait bien rigoler.

— Ce qu'ils ne savent pas, c'est que, moi, j'ai décidé que j'en avais encore pour un sacré bout de temps. Si je tiens de cinq à dix ans, je serai assez content.

Pierre était stupéfait. Comment pouvait-on souhaiter prolonger sa vie dans un état pareil? Jef le regardait avec une intensité accrue.

— Je sais ce que tu penses, lui dit-il, et, crois-moi, tu as tort. Tu devrais remercier le ciel et profiter à fond de chaque instant. Chaque seconde est un cadeau. Il ne faut plus en perdre une miette.

Il se tut quelques secondes, son sourire s'estompa légèrement et, sur un ton de reproche amical, comme s'ils étaient de vieux copains, il enchaîna :

— Tu devrais arrêter tout de suite tes conneries, mon vieux. Tu es en vie et c'est la seule chose qui compte. Tu crèveras bien assez vite, t'en fais pas. Ça déboule à une rapidité infernale passé trente ans et, la première chose qu'on sait, le voyage est déjà fini.

Il détourna la tête vers la cime des arbres qui se dressaient au loin, vers l'horizon.

Pierre était pétrifié. Ce type, il le voyait pour la première fois, il en était certain, et il lui avait à peine dit trois mots. Et personne, personne ne connaissait son projet. Libéré de l'emprise du regard bleu magique, Pierre lui lança avec hargne :

— Va te faire foutre!

Il entreprit péniblement de faire demi-tour. L'autre continuait de fixer les arbres au loin. Pendant que Pierre s'éloignait de ce triste emmerdeur, mais doué semblait-il d'un indécent pouvoir de divination, il l'entendit murmurer :

— Si tu connaissais ta chance! Si seulement tu connaissais ta chance!

— C'est ça, espèce de légume, lâche pas! Tu vas bien finir par te convaincre que c'est fou, la chance que tu as toi aussi, marmonna Pierre entre ses dents serrées.

Cependant, il put entendre Jef lui dire :

— Accepte, mon vieux, accepte. Après, c'est tellement facile!

Pierre ne parvint pas à fermer l'œil de toute la nuit qui suivit cette surprenante et désagréable rencontre. Plusieurs fois, il se prit à essuyer des larmes de rage avec son drap trop empesé qui lui mettait le visage en feu. Il aurait voulu se laisser aller et pleurer à gros sanglots convulsifs comme un tout petit enfant, mais il n'était pas question d'attirer sur lui la pitié de ses voisins de lit. Ce qui le bouleversait le plus, c'était de penser que ce pauvre individu qui, d'un seul regard, l'avait percé à jour, le considérait sans doute comme un lâche. Or, en y réfléchissant bien et pour la millième fois, force lui était de conclure que ce mot-là n'avait pas été prononcé par Jef. Le suicide, lâcheté ou courage? Son cerveau lui faisait mal à force de jongler avec deux notions si opposées.

À l'aube, il se vit forcé d'admettre que, dans son cas, le suicide ne pouvait être autre chose qu'un acte d'une extrême lâcheté. L'obus qui lui avait déchiqueté la jambe et ouvert la tempe lui avait aussi, à n'en plus douter, fait perdre du même coup le sens commun le plus élémentaire. Dévasté, épuisé et fiévreux, il s'assoupit, le cœur en cendres, mais avec la certitude que commençait à naître en lui un nouveau courage, un courage différent de ce qu'il avait jusque-là appelé le courage. Quelque chose de moins flamboyant, bien sûr, mais de plus secret, de plus profond et, pourquoi pas, de beaucoup plus précieux. Une forme de courage dont il pourrait peut-être arriver à s'accommoder.

***

Dans la chambre 607, il fait maintenant tout à fait nuit. Les rumeurs qui montent de la rue et entrent par la fenêtre annoncent l'animation trépidante des débuts de soirée : taxis qu'on hèle et qui se faufilent pour s'arrêter dans un crissement de freins et de pneus, petits groupes de joyeux touristes déjà échauffés par quelques apéritifs et qui courent bruyamment vers les plaisirs inépuisables que semblent toujours offrir les villes étrangères… À travers les brumes de l'alcool, Pierre considère tristement la bouteille qui ne contient plus qu'un petit fond, qu'il lui faudra étirer s'il veut tenir jusqu'au milieu de la nuit comme il l'a décidé.

Lourd, douloureux, ankylosé par les heures passées avachi au fond de son fauteuil trop mou et un peu bas pour sa grande carcasse, il a l'impression d'être une baleine échouée, blessée à mort, qui attend et implore le moment béni de sa délivrance. Il est devenu urgent d'en finir, mais le temps implacable prend son temps. Il s'étonne, au point où il en est, de se préoccuper encore de tous ces promeneurs à jamais étrangers. Il n'arrive plus à comprendre ce qui peut bien les tenailler pour leur rendre le malheur de vivre encore supportable.

Il fait maintenant si noir que Pierre ne distingue plus très bien ni les murs ni les meubles de la chambre qu'il s'amuse à redessiner à sa guise. C'est alors qu'il l'aperçoit: seul son visage luit doucement à faible distance. Ou plutôt son merveilleux sourire et l'éclat de ses yeux éclairent son visage comme une lune pleine de tendresse. Il a tenu au moins trois ans, son ami! Trois années durant lesquelles Jef est devenu son meilleur, son plus grand ami. Il est mort depuis longtemps, maintenant, ça, Pierre le sait. Pourtant, il ne s'étonne pas outre mesure de se retrouver face à face avec celui qui, jadis, lui a sauvé la vie et qui, pendant trois ans, a tant compté pour lui.

Après le choc de leur première rencontre, Pierre a appris à apprécier la conversation de cet homme condamné à brève échéance et qui, pourtant, respirait une joie de vivre peu commune, malgré des souffrances physiques certaines dont il ne parlait jamais. Pierre a rapidement compris que Jef était une sorte de phénomène. Il devinait les pensées les plus secrètes. Il répondait aux interrogations muettes, et il était inutile de tenter de lui cacher quoi que ce soit. Il lisait dans la pensée de ses interlocuteurs comme dans un livre ouvert: c'était fascinant! Qu'il soit à ses côtés, en cette nuit, n'est pas étonnant. Seulement, cette fois, Jef ne pourra rien pour lui. Il est trop tard. Trop de choses dans sa vie ont mal tourné et ne peuvent plus être rattrapées. Pierre ne souhaite plus de miracle. Il est beaucoup trop épuisé. « Désolé, mon vieux, mais je suis à bout. La première fois, tu as eu raison de t'en mêler et j'ai eu plusieurs bonnes années grâce à toi. Mais, durant les quatre dernières années, ma vie est devenue un tel gâchis qu'il n'y a pas d'autre solution. Merci quand même.» Le sourire de Jef reste tendre et compatissant, ses yeux pleins d'empathie brillent toujours. Jef ne prononce pas la moindre parole. Il offre son étrange présence amicale et les deux hommes se regardent longuement, très longuement. «Reste encore un peu, vieux, ça me fait du bien. Reste encore...»

***

Au matin, il pleut des clous, des cordes, des tentures d'eau.

—Il y a bien dix ans qu'on n'a pas connu un tel déluge, énonce sentencieusement le portier du *Saint-Amant* à un client qui hésite à franchir le seuil pour se lancer sous l'averse jusqu'à sa voiture qui l'attend à quelques mètres.

—Je vous prête un parapluie, s'empresse aimablement le portier. Nous en avons quelques-uns en réserve pour nos bons clients. À cette heure-ci, aucun problème. Il y a des avantages à se lever aux aurores. Dans une heure ou deux, si la pluie ne cesse pas, j'en connais qui vont râler.

Maussade, le client s'empare du parapluie tendu et, avec des sauts de grenouille frileuse, se jette sous l'averse sans un mot de remerciement.

—Il a intérêt à me le rapporter, grommelle le portier, déçu de ce manque de la plus élémentaire reconnaissance, sinon je lui en fais porter une douzaine sur sa note. Ça lui apprendra.

Le vent se déchaîne en tourbillons et la pluie rendue oblique fouette avec fureur. Le martèlement de l'averse sur les vitres est accompagné de flèches d'eau qui pénètrent par les battants entrouverts de la chambre 607, où Pierre gît sur son fauteuil dans une position rendue encore plus inconfortable par l'humidité qui gagne ses vêtements. Il a l'épaule, le bras et la hanche droite trempés. Du coup, il ouvre les yeux, tellement stupéfait d'être là, dans une chambre d'hôtel, et bien vivant, qu'il se demande s'il ne serait pas plutôt en train de faire un cauchemar. Il met plusieurs secondes avant de se rendre compte qu'il est urgent de fermer cette maudite fenêtre par laquelle il reçoit une douche involontaire et glacée. De ramasser ses forces, de se soulever et d'exécuter ce simple geste lui demande un effort surhumain. Il ne s'est jamais senti aussi mal de sa vie... Tout le problème est là, justement, il est en vie! Il a donc vraiment tout raté, même son suicide! Il s'est tout bêtement endormi, ou plutôt le scotch l'a entraîné dans un sommeil dont il lui est plus que douloureux de s'extirper. L'esprit embrumé et le corps rompu, il réussit tant bien que mal à se soulever. L'idée de se jeter par la fenêtre qu'il vient de refermer lui traverse l'esprit comme un éclair. Il est encore temps! Mais sa vessie, soumise à la pression de l'importante quantité d'alcool ingurgité au cours de sa veillée funèbre, est la plus forte. Il se précipite tant bien que mal vers la toilette, sachant confusément qu'après il n'aura plus qu'une idée: quitter ce maudit hôtel, cette ville imbibée et ce pays de catastrophe et de ratage.

Quelques secondes plus tard, il vérifie l'heure du décollage de son avion: neuf heures dix, et il est sept heures trente. Pas question de s'attarder une seconde de plus. Il téléphone à la réception et demande qu'on lui prépare sa note... Non, il ne veut pas de petit-déjeuner, pas même un bol de café. Cette seule évocation lui donne envie de vomir tripes et boyaux, ce qu'il se garde toutefois de communiquer au commis, dont l'empressement obséquieux redouble sa nausée. Il réunit le plus efficacement possible ses effets personnels et, à sept heures quarante-cinq pile, il quitte la chambre 607, plus vif que mort malgré tout, ce qui ne règle malheureusement aucun de ses problèmes.

À sept heures cinquante-deux, il est sur le trottoir devant l'hôtel, sans parapluie. Le portier boude et l'ignore sciemment, plongé dans une conversation avec un garçon de courses que la pluie a rendu pareil à un épouvantail dégoulinant malgré le ciré qui l'enveloppe. Conscient de sa mise chiffonnée, Pierre comprend qu'on ne s'empressera pas de lui trouver un taxi. Il entreprend donc, sa mallette de voyage et son porte-documents d'une main et sa canne de l'autre, de traverser la rue de biais pour atteindre l'intersection le plus rapidement possible. Le plus court chemin d'un point… Il ne voit rien, n'entend pas grand-chose, mais ressent une vive douleur au côté droit, et tout son corps s'envole dans l'air gorgé d'eau. Comme en rêve, il voit sa mallette, son porte-documents et sa canne tournoyer devant ses yeux et il se dit que, de sauter d'une fenêtre avec sa canne et tout son barda, c'est stupide. Par contre, comme il est à peu près sûr d'être en train de traverser une rue, et de la façon la plus normale du monde, tout ce cirque lui paraît franchement incompréhensible.

Des murs blancs ouatés, des murmures tout aussi blancs, un fort goût de médicaments dans la gorge et l'odeur écœurante et reconnaissable entre toutes, une odeur de désinfectant, l'accueillent. Il referme vite les yeux. Il est allongé sur un lit, dans un hôpital. Et sans doute à Zurich, nom d'un chien! En fouillant dans sa mémoire, il revoit le vol plané de sa canne et son propre envol. «Je sais que je n'ai pas sauté par la fenêtre… Bon sang! est-ce que je serais devenu fou? Je marchais dans la rue. J'étais en route vers l'aéroport.»

—Vous avez été renversé par une voiture.

Une infirmière lui tient la main et se penche sur lui, attentive.

—Vous n'avez que quelques contusions, des meurtrissures, c'est tout, mais vous étiez en état de choc. C'est votre prothèse qui a tout pris. Elle est en morceaux. Nous allons vous en fabriquer une toute neuve et bien plus perfectionnée, si vous êtes d'accord. Profitez-en pour vous reposer, nous allons bien nous occuper de vous, ne craignez rien.

Sa voix est douce, elle est blonde, jolie, et elle lui sourit, maternelle et compétente. Pierre lui rend son sourire, soupire, se dit qu'il est loin d'être au bout de ses peines et ferme les yeux. Il se sent horriblement fatigué, mais curieusement apaisé. Juste avant de sombrer, il revoit les yeux de Jef fixés sur lui et son sourire un brin moqueur. « Toi, mon espèce de salaud! Sous prétexte de me sauver encore une fois la vie, tu ne vois pas, mais tu ne vois donc pas dans quel fichu pétrin tu m'as mis? Tu m'as replongé en plein dans mon merdier, mon vieux. Et pourtant, tout avait si bien commencé, si tu savais! »

Chapitre 2

Westmount, 1959

EN ce début de septembre, Pierre Sévigny est un homme heureux. Depuis son élection au fédéral comme député conservateur du comté de Longueuil, entraîné lui aussi par la vague Diefenbaker qui a balayé le pays en juin dernier, la chance semble s'être entichée de lui. Quelque temps après sa victoire, il s'est installé dans un ravissant pied-à-terre à Ottawa, bien décidé à se tailler une place de choix dans la capitale fédérale. Et ça n'a pas tardé : nommé vice-président de la Chambre des communes en mai dernier, il savoure aujourd'hui sa toute récente nomination au poste de ministre associé à la Défense nationale. Pas mal, pour un petit Canadien français!

Oh! Bien sûr, de méchantes langues ont eu l'impudence de colporter qu'il devait ces soudains honneurs au dévouement passé de son père, le juge Albert Sévigny, envers le Parti conservateur. Mais Pierre s'en fiche. Il sait bien que c'est lui seul qui a su manœuvrer au mieux pour se rapprocher de son chef, le grand John Diefenbaker. Il s'est plutôt bien débrouillé. On peut les compter sur les doigts de la main, les ministres de souche francophone dans le parti de l'honorable et, hélas! exécrable John Diefenbaker.

Quelle revanche sur cette foutue guerre, faite sous le drapeau anglais, sous des ordres aboyés en anglais! Évidemment, lui, Pierre Sévigny, parfait bilingue, a rapidement gravi les échelons et a fini par être nommé lieutenant-colonel de l'armée canadienne. Il y a fait bonne figure à la guerre 1939-1945 et en est revenu couvert de médailles[1]. Mais c'est seulement aujourd'hui qu'il sent ses mérites reconnus à leur juste valeur. Par un heureux retour des choses, le voici en quelque sorte récompensé de son dévouement à la lointaine Angleterre, et l'avenir s'ouvre tout grand, pavé d'honneurs, et de richesses, pourquoi pas? Il sourit. À lui la grande vie!

Sur la table de bel acajou poli, le téléphone sonne. Il a beaucoup sonné aujourd'hui. On l'appelle de partout au Québec et d'ailleurs au Canada pour le féliciter de sa récente nomination. Il a des amis dévoués comme jamais il n'avait pensé en avoir. Tous sollicitent le grand honneur de lui serrer la main le plus rapidement possible et, pour ce faire, ils sont tous prêts à organiser cocktails, dîners et soirées en son honneur. Ils insistent aussi pour lui présenter leurs amis qui, espèrent-ils, deviendront rapidement ses amis. La province entière, du monde des affaires et de la politique à celui des arts, tout ce que la société compte de plus huppé se jette à sa tête. « On me courtise! » pense-t-il, ravi et inquiet à la fois. Tous ces gens, un jour ou l'autre, auront quelque chose à demander et il faudra jouer de finesse pour écarter les importuns.

Le téléphone sonne toujours. Avec sa canne de bois sombre, sa plus fidèle compagne, il repousse l'appareil vers

---

1. SÉVIGNY, Pierre. *Face à l'ennemi*, Montréal, Éditions Beauchemin, 1946. Réédité par Éditions Sedes en 1995. Prix Ferrières de l'Académie française. Pour ses actions au mont Ormel en 1944, il gagna la *Virtuti Militari*, soit la plus haute décoration de la Pologne.

le bout extrême de la table. Non, cette fois, il ne répondra pas. Assez de mondanités pour aujourd'hui. Son agenda est déjà bourré de rendez-vous. Il ne pourrait plus y caser la moindre poignée de main. Il consulte sa montre : il est presque l'heure d'aller à son rendez-vous au *Hunt Club* de l'hôtel *Mont-Royal*. Il doit dîner avec des partenaires en affaires du temps d'avant son élection. Et puis, il l'espère, il y aura cette jeune femme au visage rieur et sensuel qui ne manquera pas d'être là, puisqu'elle le lui a promis.

Lentement, avec les gestes précautionneux qu'il fait maintenant sans y penser, Pierre se lève de son fauteuil de cuir si divinement confortable. C'est sa femme qui l'a choisi, ce fauteuil, comme tout le reste du mobilier, d'ailleurs, avec un goût exquis. Corinne, que depuis toujours on appelle affectucusement Clou, à qui les obligations de la vie politique ont fait perdre le sourire depuis quelques mois. Elle était pourtant d'accord pour qu'il se présente comme député et elle l'a secondé avec bonne humeur et efficacité tout au long de sa campagne. Elle a fêté sa victoire sans arrière-pensée, mais, quand est venu le temps de s'installer pour de bon à Ottawa, son humeur s'était considérablement assombrie. Elle a finalement décidé de ne pas déménager toute la petite famille dans la capitale et elle est restée à Montréal avec leurs trois enfants. Parfois, elle vient le rejoindre dans leur appartement de Rockliffe Park pour quelques jours; mais, elle qui s'ennuyait déjà un peu avec les hommes d'affaires amis de son mari, elle se meurt littéralement d'ennui avec les politiciens canadiens-anglais collet monté d'Ottawa et leurs épouses.

Il grimace… Le haut de sa cuisse, ce qui reste de sa jambe droite, vient de prendre appui sur la prothèse qui la remplace. « Ma jambe de bois! » grince-t-il, et la même douleur laide et familière le parcourt tout entier. Il serait ministre de la Défense à part entière, pas seulement l'associé du ministre Douglas Harkness, il serait même premier ministre du Canada que cette jambe-là ne lui serait pas rendue pour autant. Jamais plus, se dit-il, soudain triste, jamais plus ce bonheur pourtant simple et naturel d'avoir deux jambes pour courir dans la campagne ou jouer avec les enfants sur la pelouse, jamais plus deux jambes pour enlacer une femme et l'emprisonner dans un étau de muscles puissants.

Pierre déteste ces pensées morbides qui parfois l'assaillent. Un malheureux éclat d'obus reçu en terre étrangère a fait de lui un handicapé à vie; mais sa blessure de guerre ne l'a pas empêché de se hisser là où il est aujourd'hui. Et, depuis qu'il a fait son choix, il s'est toujours refusé à sombrer dans des regrets stériles. Il doit se battre, aller de l'avant, tout saisir, tout étreindre de ses deux bras solides, et tant pis pour la prothèse. Elle n'est pas si mal, après tout. Bien articulée, recouverte d'une matière lisse et rose, dans la pénombre, elle pourrait presque faire illusion, si ce n'était le stupide harnais de cuir qui la maintient à sa taille et à ses hanches. Mais au diable tout ça! Il a sa canne en prime! Une belle arme, raffinée, solide et qui impose le respect. Il est très attaché à sa canne. « Ça me donne du chic, et ça plaît aux dames! » se dit-il en traversant la pièce sobrement élégante qui lui sert de bureau de travail dans leur grande maison montréalaise. Il y règne une atmosphère feutrée de club privé anglais. C'est Corinne qui l'a voulue ainsi : virile, luxueuse et austère à la fois.

— Dans ce décor, tu deviendras studieux et réfléchi comme tous les vieux candélabres de ton parti, a-t-elle dit en riant tendrement.

Il n'y a pas si longtemps, Clou se moquait encore gentiment de lui. C'était avant son demi-exil à Ottawa, avant sa plongée dans l'atmosphère étriquée de la capitale fédérale. Depuis? Eh bien! depuis, Clou vivait sa vie de plus en plus détachée de lui. Ce vendredi, à peine a-t-il mis un pied dans la maison qu'elle l'a abandonné pour s'en aller avec les enfants rejoindre des amis à Murray Bay dans le comté de Charlevoix, le plantant là dans son décor parfait, seul avec les domestiques auxquels, d'ailleurs, il s'est empressé de donner congé.

En franchissant le seuil de son bureau, il effleure le commutateur, mais se ravise et n'éteint pas. À son retour, il y aura au moins cette présence-là dans la trop grande maison vide. En traversant le long corridor plongé dans la pénombre, il s'efforce de ne plus songer qu'aux amis, aux rires et aux amabilités dont on ne manquera pas de l'entourer. Il est attendu, très attendu même. Au diable sa soudaine mélancolie et au diable madame Corinne Sévigny et ses états d'âme!

Le dîner au *Hunt Club* se déroule dans une allégresse électrique. Ils sont sept joyeux convives à manger, boire et plaisanter comme des fous. Il est question d'annexer les États-Unis et ses richesses sans cesse croissantes, grâce à une guerre vite réglée et que Pierre conduirait de main de maître. Cette idée bouffonne les fait glousser de joie. Au deuxième pousse-café, ils se sont partagé le Texas et sont tous devenus des milliardaires du pétrole, pendant qu'un illuminé se vautre, seul en Floride, dans la culture des ananas géants, le rêve de sa vie. Ils vivent des heures dorées que rien, semble-t-il, ne peut venir troubler. La merveilleuse jeune femme est là tel que promis et, assise à ses côtés, elle ne cesse de lui prodiguer mille petites attentions sans presque le quitter du regard. Elle a un rire étrange, un peu voilé. « Très excitant! » pense Pierre en détaillant ses grands yeux pleins de malice, son nez mutin aux narines frémissantes et sa bouche, pulpeuse comme un fruit qui s'entrouvre sur de jolies petites dents de louve apprivoisée. Il y a dans ses manières une certaine réserve, sans qu'on puisse toutefois attribuer cette réserve à de la timidité. « En plus d'être appétissante, elle sait écouter », se dit-il, de plus en plus conquis. Avec beaucoup d'à-propos, elle lance parfois une boutade qui fait s'esclaffer tout le monde. Et ce délicieux accent qu'elle a!

Il l'a aperçue pour la première fois ici même, dans ce restaurant où il a ses habitudes quand il est à Montréal et qu'il veut régler des affaires dans la détente et la bonne humeur. Charles-Hubert Ducharme, un de ses organisateurs politiques, Charles-z-Hubert pour les intimes de cette charmante fripouille, la lui a présentée comme étant Olga, princesse russe.

— Charles-z-Hubert est un farceur, a-t-elle dit. Je ne suis pas russe, je suis allemande. J'ai vécu surtout à Munich et à Berlin. Je suis aussi américaine par mon mari. Ou plutôt, j'ai failli devenir américaine à cause de lui, mais nous avons divorcé. Il y a quatre ans que je suis ici et j'aurais bien envie de devenir canadienne. Ou peut-être argentine ou brésilienne. Je n'ai pas encore vraiment fait mon choix, j'attends d'avoir le coup de foudre.

Durant la conversation, elle lui a dit s'appeler Ricky Munsinger. Olga ou Ricky, quelle importance? Pierre se laisse bercer par les sonorités de sa voix subtilement rauque. Oh! rien de guttural ou de rocailleux dans son anglais à peine entaché d'accent, mais quelque chose de profond, de rond, et qui reste accroché dans sa gorge une fraction de seconde, comme si elle suçait avec gourmandise de petits bonbons anglais.

— Munsinger, c'est le nom de mon mari. J'ai gardé ce nom après mon divorce. Un peu comme un porte-bonheur! C'est d'ailleurs tout ce que j'ai gardé de lui! Je ne me souviens plus très bien, mais il me semble qu'il était mignon. C'est tellement loin, tout ça, maintenant, et j'étais tellement jeune! Une enfant! a-t-elle ajouté, coquine en diable. Ça n'a pas vraiment compté!

Pierre boit trop ce soir, il le sait, mais ça le détend. La conversation à bâtons rompus de tout à l'heure est devenue plus feutrée et il glisse subtilement vers une plus grande intimité avec sa charmante voisine. Encouragée, Ricky-Olga continue:

— Vous ne savez pas, commence-t-elle en hésitant et en rosissant légèrement, mais je rêvais de rencontrer un homme comme vous. Vous êtes mon idéal d'homme. Je n'aime pas les freluquets. On sent que vous êtes quelqu'un de fort et, en même temps, vous êtes si simple et si chaleureux! Vous avez du vrai soleil dans les yeux.

Elle baisse les siens, avec une subite pudeur.

— Vous êtes comme un aimant, ajoute-t-elle en riant légèrement. On ne peut s'empêcher d'être attiré vers vous.

Plus aucune trace de timidité sur le beau visage de Ricky. Elle le regarde avec de grands yeux émerveillés et pleins de promesses.

Tout ça est charmant et puéril. Séduit lui aussi, Pierre se laisse bercer. « Et, toi aussi, ma belle, tu es attirante en diable! » pense-t-il. Quel joli cadeau pour un ministre associé à la Défense nationale et ancien combattant de surcroît que cette beauté allemande aux yeux brillants comme des pierres chaudes qui s'offre à lui sans avoir l'air d'y toucher! « Ils ne sont pas tous moches, les boches! » pense-t-il. Il s'amuse divinement. Tout vient à lui comme par magie. Il ne lui reste qu'à cueillir.

Pierre a toujours adoré les femmes. La sienne pour commencer. Une fille intelligente, énergique. Issue d'une famille très à l'aise, aussi, ce qui ne gâte rien. En presque quinze ans de mariage, elle lui a donné trois beaux enfants: deux splendides garçons et une adorable petite fille. Comblé! Il est vraiment un homme comblé. Si seulement Corinne cessait de faire la tête, tout serait parfait. Elle lui reproche de trop se laisser accaparer par la politique, entre autres, et de négliger la famille et le cercle de leurs amis communs. Si Clou était demeurée sa complice, il pourrait résister sans trop de mal aux autres femmes qui, de temps en temps, le charment et le fascinent. Il a toujours aimé flirter un peu, butiner par-ci, par-là. De gentilles parenthèses, vite refermées. Ah! ces créatures charmantes qui ne pèsent pas sur le cœur; divinement légères parce qu'on ne fait que les croiser et qui vous laissent une impression de langueur un peu vague qui n'encombre pas la mémoire et se volatilise comme un parfum. Il n'est pas homme à entretenir des liaisons. De toute façon, Clou ne le supporterait pas. Alors, il déguste une jolie femme de temps en temps à la sauvette, d'abord du regard, et puis, ma foi, si la belle est d'humeur à se laisser croquer, ce n'est sûrement pas lui qui va dire non.

La séduisante Allemande vient de déclarer qu'elle travaille comme mannequin. « Ce n'est pas le métier où l'on rencontre les femmes les plus revêches », se dit-il, de plus en plus conquis. Cette Ricky l'attire irrésistiblement. Il a bien mérité de s'offrir une passade, scintillante comme une parure de pierres du Rhin. Il l'accrocherait volontiers au revers de sa veste, celle-là, à côté de ses médailles.

Un ami de Pierre, William O'Bront, Obie pour les intimes, homme d'affaires fort riche, lance soudain à la cantonade :

— Qui a envie de m'accompagner aux courses à Boston, demain?

— J'ai très envie de voir Boston! s'écrie Ricky. Et j'adore les courses. Mais on irait comment?

— À bord de mon modeste avion, ma chère, si vous n'y voyez pas d'inconvénient.

Ricky se met à battre des mains comme une enfant en se serrant contre Pierre, façon subtile de l'inviter à se joindre à la petite troupe de joyeux turfistes qui se forme. Se sentant redevenir collégien, Pierre s'écrie :

— Au diable les obligations du Ministère et mes nombreux rendez-vous, j'en suis! Depuis le temps qu'on se la promet cette virée, Obie! Cette fois, c'est oui!

Au diable en effet toutes les affaires en cours et les dossiers qu'il s'est promis de potasser entre les multiples rendez-vous inscrits à son agenda. Il se trouvera bien quelques bonnes excuses. Il faut savoir de temps en temps pimenter son existence d'inoffensives petites folies. « Alors, pourquoi ne pas nous avoir accompagnés à Murray Bay, puisque tu as du temps à consacrer aux courses? murmure, de très loin, la voix un peu pincée de Clou. Quel enfant tu fais, mon pauvre ami! » Pierre se raidit imperceptiblement, autant que les nombreux digestifs ingurgités le lui permettent. Clou a raison, mais, pour une fois, elle a tort d'avoir raison. Elle n'avait qu'à rester à ses côtés et à l'accompagner, ce soir. Pas question de la laisser jouer les gâcheuses de plaisir à distance. Affaire classée!

La soirée se poursuit en plans d'action de plus en plus farfelus pour faire de l'équipée un chef-d'œuvre de luxueuse détente. Pierre plonge plus avant dans les délices du libertinage en caressant du bout des doigts le poignet nu de sa compagne comme on effleure un dérisoire porte-bonheur. Très femme du monde, Ricky déclare d'un air faussement embêté que, malheureusement, à haute altitude, elle ne supporte que le champagne. Il lui est aussitôt répondu qu'elle n'a pas à s'en faire : cet avion très capricieux ne supporte pas l'essence et ne carbure qu'au champagne millésimé.

D'autorité, Pierre s'empare de la main de sa ravissante compagne sous l'œil complice de ses vieux amis, auxquels le manège de séduction n'a pas échappé et qui se réjouissent d'avoir un détail croustillant à colporter sur leur glorieux ami. De sa belle voix de baryton, un de ses atouts majeurs en politique, il lui glisse à l'oreille :

— Ce sera une excellente occasion d'apprendre à mieux nous connaître.

Il ajoute presque aussitôt avec insistance :

— Je sens déjà que je ne serai pas déçu.

Sur quoi, elle lui coule un long regard prometteur, torride à faire fondre un iceberg.

Il se dit que les Allemands sont au fond des gens absolument charmants et que, pour la paix des nations, il est tout à fait indiqué de favoriser ce genre d'échange inoffensif et hautement civilisé.

***

Le téléphone ne cesse de sonner, et Pierre en a plus

qu'assez des interminables bavardages auxquels il se livre depuis le début de la matinée. À croire qu'il est le seul homme au pays en mesure de conseiller ou d'aider tous ces gens qui font appel à ses compétences devenues, bien soudainement, illimitées.

— Madeleine, vous retenez mes appels, s'il vous plaît, sauf pour ceux qui ont le feu vert, bien entendu. La liste est à jour, j'espère?

Le problème, c'est que cette fichue liste ne cesse de s'allonger.

— Bien sûr, monsieur le ministre associé.

— Vous passerez les autres communications à Gaston. Dites-lui que je ne veux plus être dérangé pour un oui ou pour un non.

Gaston Lévesque est son adjoint parlementaire et il est, hélas! un peu brouillon.

— Oui, monsieur le ministre associé.

— Parfait, merci.

Il raccroche, exaspéré. Si elle pouvait perdre cette manie de lui servir des *associé* à longueur de journée! « Elle peut se le mettre là où je pense, l'associé! » Vraiment, Diefenbaker a le don de faire des cadeaux empoisonnés. Ce titre d'associé écorche les oreilles de Pierre Sévigny de plus en plus. « Il va me le payer, le chef! » conclut-il en omettant soigneusement de se demander de quelle façon il va amener le cher grand homme à passer à la caisse. Il verra ça plus tard! Pour le moment, il a d'autres chats à fouetter.

Pierre se cale dans son fauteuil. Septembre est d'une douceur enivrante et il est un des hommes les plus glorieux du moment. Le petit voyage à Boston lui a fait un bien immense. Clou a trouvé cette escapade stupide au possible, bien entendu, mais tant pis, elle n'avait qu'à être là! Les courses de chevaux ont servi d'aimable prétexte pour instaurer entre Ricky et lui une camaraderie amoureuse comme il les affectionne. De plus, pour ajouter un brin de mystère à son personnage de femme fatale, elle lui a secrètement avoué qu'elle se prénomme Gerda, un prénom qu'elle affirme détester, allez savoir pourquoi, et qu'elle remplace par Ricky.

— Ricky, c'est comme riche, richesse... Je te jure qu'un jour je serai très riche! a-t-elle ajouté, les yeux étincelants de malicieuse convoitise.

Ricky ne parle pas un mot de français. Elle ne parle qu'anglais, et allemand, bien sûr! Ils ont précisément beaucoup parlé allemand pendant la fin de semaine. Il n'aurait jamais cru pouvoir se souvenir de toutes les expressions allemandes, la plupart fort grivoises, qu'il a grappillées çà et là, durant « sa » guerre. Ils ont ri à se tordre tous les deux et elle a promis d'enrichir sa collection d'expressions inédites encore plus épicées. Il y avait longtemps que Pierre ne s'était amusé autant avec une femme. Ce qui est demeuré un profond mystère, cependant, c'était la raison pour laquelle Charles-z-Hubert s'entêtait à la prénommer Olga. À cela, Ricky a refusé de donner le moindre éclaircissement. Drôle de fille qui parfois a l'air de vouloir tout embrouiller, comme à plaisir! Au terme de l'escapade, quand elle a parlé de le revoir, Pierre a mis cartes sur table.

— Je suis marié depuis quinze ans. Ce n'est pas le paradis, mais c'est loin d'être l'enfer; je suis très attaché à ma femme et à mes enfants. De plus, dans ma position, pas question de faire de vagues. Je te trouve adorable et stimulante au possible, mais il faudra se voir dans la discrétion. On ne pourra pas se rencontrer aussi souvent que je le voudrais, mais, quand on sera ensemble, ça vaudra la peine, crois-moi!

Ricky-Olga-Gerda, il ne savait plus trop comment l'appeler, a acquiescé sans faire d'histoires. Elle comprenait parfaitement la situation. Elle a l'habitude avec les hommes qu'elle fréquente; tous des types d'âge mûr, car elle déteste les jeunots, mariés pour la plupart et assez riches pour satisfaire leurs petites fantaisies, entre ou grâce à leurs multiples rendez-vous et voyages d'affaires. Elle l'a assuré de sa totale discrétion. Tout ce qu'elle demande à ses amants, c'est de l'impromptu, de la gaieté, le tout enrobé d'un luxe de bon aloi: bien manger, boire du champagne et des vins choisis, improviser de charmantes petites aventures et rire de tout et de rien, en compagnie de quelqu'un qui lui plaît de préférence.

— On a le devoir de s'amuser. La vie est courte et elle peut être si laide et si mesquine! Je veux goûter à tout ce qui est bon et voir tout ce qui est beau. Je ne veux rien garder, seulement goûter.

Une bonne nature, pas de caprices. Elle trouve une joie enfantine à tout ce qu'on lui propose. Attentive en amour, elle donne à l'homme du moment l'impression qu'il est l'amant le plus inventif et le plus fougueux de la terre. Et l'odeur du cigare ne l'incommode pas, elle! Ce n'est pas comme Clou qui prend un air de martyre et ouvre les fenêtres toutes grandes, même en plein hiver, pour chasser l'odeur de fumier qui, dit-elle, « colle à ses tentures et empuantit ses tapis ».

La petite Ricky n'a pas été gâtée. Adolescente, dans une Allemagne à genoux, elle a connu la dispersion de sa famille et la misère des vaincus. Mais sa joie de vivre et sa soif de plaisirs l'ont rendue fort inventive. Elle a su, très jeune, qu'elle était jolie et elle a décidé d'exploiter cet avantage au maximum. Elle ne s'est pas laissée aller à des confidences très poussées, mais Pierre s'est rendu compte que, pour cette fille, la jeunesse et la beauté ont été et sont toujours, à l'orée de la trentaine, l'atout majeur. Armes exquises, s'il en est! Bien sûr, elle a dû se vendre un peu à l'occupant pour survivre, elle le lui a avoué avec un air de défi, mais quel mal y a-t-il à ça, puisqu'elle en a tiré une maîtrise étendue dans l'art de contenter un homme? On ne peut rêver de ces choses-là pour sa fille ou sa sœur, évidemment!

« Bon, si je passais aux choses sérieuses? » se dit Pierre en émergeant de sa rêverie. Il n'a toujours pas dressé la liste d'invités privilégiés qu'on lui a demandé de rédiger ce matin même. Un ami très intime lui a révélé qu'il est en train de mettre sur pied, avec toute une bande de copains, ce qu'il a appelé: «Le banquet du siècle! En l'honneur de notre brillant et distingué ami, et j'ai nommé le lieutenant-colonel Pierre Sévigny!» Pas moins de cinq mille invitations doivent être faites; tous les conservateurs éminents et les autres en passe de le devenir, la crème du monde des affaires, les associés, les confrères, certains concurrents même qu'il serait bon de récupérer et de flatter, leurs amis, bref, un superbrassage de beau monde, tous réunis dans un superbanquet, dont il sera, lui, le centre auréolé de toutes les gloires.

Paroxysme de cette soirée de délices: on décidera le chef suprême à venir serrer son ministre associé à la Défense contre son cœur. C'est même chose presque faite, puisque le vieux grigou a trouvé l'idée intéressante... Ne restaient plus que de petits détails de mise en scène et de protocole à régler.

Pierre jubile. Ce sera la consécration! Quand Diefenbaker mesurera sa popularité au Québec, tout deviendra possible. Il n'aura d'autres choix que de faire de lui son lieutenant, son représentant officiel auprès des Canadiens français, ce tiers de l'électorat dont il a tiré sa majorité, aussi écrasante qu'inattendue, aux dernières élections, son bras droit, quoi! Comment ne pas être emballé devant une perspective aussi réjouissante? Il n'aura plus qu'à se laisser porter. Dans quelque temps, il se retrouvera avec les pleins pouvoirs, d'abord auprès des conservateurs québécois, et puis, pourquoi pas, à la tête de son ministère.

Pour le moment, Pierre fait face à un problème crucial: rédiger la liste des gens qui se doivent de l'entourer à la table d'honneur ou qui, du moins, méritent d'être près de lui aux tables avoisinantes. Et cela, sans vexer personne. Le pire des casse-tête! Dieu qu'il en connaît, des gens sympathiques et utiles!

Subtilement, il a glissé parmi les noms prestigieux

celui de la petite Ricky Munsinger et de quelques autres bonnes amies qu'il sera cocasse de voir évoluer parmi tous ces beaux messieurs et leurs charmantes épouses. Question d'en embarrasser quelques-uns, d'en exciter quelques autres et d'agrémenter le tout d'un léger parfum licencieux. Pierre s'amuse déjà comme un petit fou à imaginer les légitimes en train d'échanger avec des dames qui le sont beaucoup moins des recettes de beauté ou le nom du dernier coiffeur en vogue. On ne manquera pas de présenter ces trésors à John Diefenbaker lui-même, qui ne pourra que les trouver charmantes et qui, pourquoi pas, en désirera peut-être une secrètement. Se doute-t-il seulement, le pauvre homme, que sa morale d'acier le fait passer à côté d'un divertissement très simple, au fond, et bien inoffensif, pour lequel il ne semble pas doué le moins du monde? Dommage pour lui.

— Monsieur le ministre associé, madame Munsinger est à l'appareil. Je vous la passe?

— Oui, passez-la-moi... Oh! Madeleine, soyez gentille, une fois pour toutes, appelez-moi monsieur Sévigny. Je déteste les titres ronflants.

« Non, mais, va-t-elle finir par comprendre que je n'en veux pas, de son foutu titre de monsieur le ministre associé? »

— J'essaierai de m'en souvenir, monsieur le ministre asso..., heu..., je veux dire..., heu...

Le reste se perd dans des clic! et des bruits bizarres. Après plusieurs « allô! allô! » exaspérés, Pierre entend finalement la voix de Ricky.

— Pierre, mon chéri...

Il lui coupe la parole d'un ton sans réplique et on ne peut plus officiel, Madeleine étant peut-être encore sur la ligne, décontenancée par le ton abrupt de sa dernière remarque.

— Bonjour, chère amie. Je pensais justement à vous! On organise un banquet en l'honneur de votre humble serviteur le 30 septembre au Palais du Commerce. Un banquet servi par le *Queen Elizabeth*, s'il vous plaît! Ce sera le banquet du siècle, promesse de ministre, et je pensais vous y inviter.

— Oh! Pierre, ce sera merveilleux. J'accepte, bien sûr! C'est très, très excitant!

— Parfait, votre enthousiasme me procure un vif plaisir. J'ai pensé qu'Hubert Ducharme pourrait vous servir de chevalier servant et veiller sur vous. Que diriez-vous de ce cher Charles-z-Hubert, comme escorte?

— Tout ce que tu veux, pourvu que je ne sois pas trop loin de toi, Pierre.

— Parfait, j'arrange tout ça avec lui.

— Quand vais-je te voir, *darling*? Je suis en manque, tu sais, lui murmure-t-elle à voix si basse qu'il décide de faire comme s'il n'avait pas trop bien entendu.

— J'espère vous voir très bientôt. Mes hommages les plus respectueux et songez à être la plus belle, comme d'habitude. Je dois vous laisser, j'ai un travail fou. Au revoir!

Il raccroche prestement. De la discrétion! Ricky a tendance à se montrer trop expansive. C'est embêtant. Ne pas faire de vagues! Dans sa lancée, il compose le numéro où il a le plus de chances de rejoindre ce feu-follet de Charles-z-Hubert, avocat et organisateur politique de sa dernière campagne, qui, bien que légèrement fêlé, sait tout organiser, dans tous les sens du mot organiser... Charles-z-Hubert, dans le rôle de paravent, saura s'organiser une fois de plus!

Chapitre 3

L'été chancelant a glissé vers l'automne sans que rien n'y paraisse. Septembre a été d'une exceptionnelle beauté et ce dernier jour du mois ne laisse en rien présager le mauvais temps et le froid que la venue d'octobre ne manquera pas d'entraîner à sa suite.

Sur la rue Berri, le Palais du Commerce brille de tous ses feux. La longue bâtisse, peu gracieuse, semble s'être métamorphosée comme sous le coup de baguette d'une quelconque fée, passionnée de fastes politiques et quelque peu snobinarde. Un dais de lourde toile rayée de bleu et de blanc – pas facile à dénicher, mais il fallait à tout prix éviter le rouge libéral – orne l'entrée qui en est soudain devenue presque majestueuse. Un tapis rouge – hélas! il avait quand même fallu en passer par là – s'étend jusqu'à la rue. Comme il est destiné à être foulé aux pieds, c'est un moindre mal. Des portiers en livrée aident les retardataires à quitter leurs voitures impeccables, confiées ensuite à des garçons qui les escamotent vers le stationnement.

À son arrivée quelques minutes plus tôt, Pierre a été ovationné, d'abord par les badauds, puis par la foule d'invités massés sur son passage. Fier comme un coq, une Corinne radieuse à son bras, il respire le triomphe et l'émotion contenue. Jamais de sa vie il n'aurait pensé être aussi ému qu'à ce soir du 30 septembre. Quelque chose en lui prie avec une ferveur toute neuve pour un monde meilleur où tous les Canadiens, français et anglais, fraterniseraient et se serreraient les coudes pour faire enfin de ce pays encore si jeune un État à la mesure de ses rêves. Il se sent soudain investi d'un rôle hautement patriotique. Ils sont plus de trois mille à être venus le féliciter, l'encourager et fêter avec lui. Il est le héros du plus extraordinaire banquet politique organisé en l'honneur d'un Canadien français ayant atteint les hautes sphères de la politique fédérale. Il se devra d'être un ministre extraordinaire. Il s'exalte un peu, il en a conscience, mais, après tout, c'est sa soirée à lui!

À mesure que la fête se déroule, il est de plus en plus grisé, grisé jusqu'au délire par une légitime fierté qui l'euphorise mieux que toutes les substances chimiques ou alcooliques ne le feraient. Le repas a sans doute été succulent. Le service? Parfait, à n'en pas douter. Mais il ne sait plus très bien ce qu'il a mangé ou bu, ni à qui il vient de parler. Il acquiesce à ce qu'on lui demande, rit quand il le faut, il flotte et il souhaiterait que ces minutes privilégiées demeurent suspendues à jamais. Tout est si parfait!

Au moment où l'on s'apprête à servir le dessert, un remous se produit. Et, devant les invités extasiés, le premier ministre du Canada en personne fait son arrivée à la tête d'une poignée de ses collaborateurs les plus chers. Les secondes qui suivent cette apparition, c'est le cas de le dire, ont quelque chose de mystique. Le très honorable John Diefenbaker marche du pas ailé d'un homme en contact permanent avec l'au-delà d'où il rapporte un message vibrant. Son épouse, Olive, première dame très digne au charmant sourire, trottine derrière lui, seule femme de ce glorieux aréopage. Des applaudissements nourris fusent au passage du chef de la nation. Depuis son impétueuse campagne électorale et son éclatante victoire à la tête du pays, il semble porter en lui les plus hautes aspirations d'un peuple qui, soudain, s'est mis à rêver d'excellence dans tous les domaines. D'un geste ample et puissant, il a chassé les libéraux corrompus, et le peuple a vu en lui un dirigeant inspiré et intègre comme il en désirait un depuis longtemps. Ah! pour respirer l'intégrité, Diefenbaker respire l'intégrité, et l'autorité aussi, jusqu'à plus soif. Le sentencieux leader a une façon bien à lui d'imposer sa très haute conception de la moralité à ses subordonnés. De gré ou de force, il a décidé de régner en démiurge implacable sur son parti.

« Le succès lui est sérieusement monté à la tête, se dit Pierre. Il se prend pour Dieu le Père! » Il s'empresse aussitôt de chasser cette pensée négative, car le vieux lion tory fonce droit sur lui et il se met à craindre confusément que son chef ne lise dans ses pensées. C'est qu'il le croit, ma foi, bien capable de posséder de telles facultés paranormales. Rien ne semble à son épreuve, surtout quand il s'agit de déceler les petits manquements de ses subalternes. Tout en marchant droit sur Pierre et en dardant sur lui le regard acéré du papa-aigle sur son aiglon à l'heure du premier vol, John Diefenbaker trouve encore le moyen de distribuer des sourires amènes ou glacés à droite et à gauche, et selon un code connu de lui seul. Bientôt, il prend son nouveau ministre par les épaules et lui donne une accolade noblement paternelle. Pourquoi bouder son plaisir? Pierre s'abandonne quelques instants à l'honneur qui lui est fait en se disant que cet homme est peut-être, au fond, un de ces êtres que l'on qualifie de supérieurs. « Supérieurement agaçant, oui! Ah! quelle chance que les pensées soient si secrètement enfouies! »

Ses yeux rencontrent ceux de son collègue et ami George Hees, ministre du Transport, à l'instant où le chef, se détachant de lui pour adresser quelques mots inspirés et bien ronflants à l'assemblée comblée d'aise, leur tourne le dos. Pierre aperçoit dans les yeux bleus de George quelque chose de, ma foi, légèrement irrévérencieux. George aurait-il les mêmes pensées que lui en cet instant historique? « Pas si enfouies que ça, les pensées soi-disant secrètes », se dit-il en se forçant à écouter les rugissements noblement contenus du vieux lion.

Quelques minutes plus tard, après poignées de main et escalade de compliments, le premier ministre disparaît, comme réabsorbé par les nuées glorieuses qui l'ont déposé quelque temps au milieu des simples mortels. La fête reprend son cours normal; quoiqu'une fièvre nouvelle semble s'être emparée des convives. Tout ce beau monde, au faîte de l'agitation patriotique, s'ébroue dans tous les sens.

Pierre aperçoit Ricky qui circule entre les tables. Elle est très élégante; toute de noir vêtue, les cheveux blondis par quelque magie féminine et ornés d'une immense capeline de velours noir, elle a l'air d'un bel ange délicieusement pervers. Une longue queue de renard blanc glisse de ses épaules avec désinvolture. « Elle est tout à fait éblouissante, pense-t-il, mieux, elle est dramatiquement envoûtante! » À quelques reprises au cours du repas, ils se sont adressé de petits signes de connivence on ne peut plus discrets, sans plus. Elle est de toute façon fort bien entourée et discute maintenant de manière très animée avec un Charles-z-Hubert rien de moins que frénétique. Jacqueline Delorme, une autre bonne amie à lui, justement, vient de se joindre à eux.

Jacqueline est une longue jeune femme de trente-quatre ans aux cheveux blanchis prématurément et dont le frais visage, sous la neige de sa chevelure, est d'une grâce frappante. Pierre a beaucoup d'estime pour Jacqueline. Elle a su harmoniser une indépendance farouche de femme qui travaille à une vie sentimentale pleine de rebondissements. Elle se veut libre de toute contrainte et elle est une amoureuse éperdue de la vie. Voilà ce qui lui plaît en elle! Maîtresse d'un riche industriel depuis plusieurs années, elle a une grande liberté de mouvement puisque son amant est marié; alors, elle s'emploie à cultiver un grand nombre d'amitiés amoureuses avec beaucoup d'humour et de tact. Elle navigue avec aisance, et depuis de nombreuses années, au milieu d'hommes et de femmes qui appartiennent à l'élite de la société montréalaise et torontoise, et tous l'ont en haute estime. Elle est d'une immense discrétion et c'est la confidente idéale. «Jacqueline pourrait être pour Ricky une amie précieuse et un guide dans la bonne société», pense-t-il avec une infinie satisfaction.

— Ma chère Jacky, claironne un Charles-z-Hubert passablement éméché, je te présente Olga Monseigneur. Olga, voici notre Jacqueline Delorme chérie, Jacky pour ses amis, la reine de toutes nos fêtes. Oh! oh! Je vous laisse, mes poulettes, je viens d'apercevoir un futur grand ami à moi!

Et il les abandonne pour aller proposer ses innombrables talents d'organisateur à un quelconque gros bonnet qu'il vient de repérer et dont il désire s'annexer les bonnes grâces. Ricky éclate de rire. Les perpétuelles manœuvres de Charles-z-Hubert l'enchantent.

— Il est incorrigible! C'est l'être le plus farfelu que je connaisse. Je m'appelle Ricky, Ricky Munsinger, pas Olga Monseigneur!

— Ah! c'est vous, Ricky! Je l'aurais parié. Pierre Sévigny m'a dit plein de choses gentilles à votre sujet. J'avais très hâte de vous rencontrer. Pierre ne m'a pas menti: vous êtes absolument ravissante. Il faut dire que Pierre ne ment jamais.

— Il m'a aussi parlé de vous, lui répond Ricky. Il m'a dit que vous étiez une amie très sûre, et ça, c'est extrêmement rare. Moi, par exemple, j'ai très peu d'amies. Les femmes entre elles sont si méchantes, parfois, si mesquines!

— C'est parce que vous êtes trop jolie, assure Jacqueline. Elles sont jalouses, évidemment! Elles vous perçoivent immédiatement comme une rivale. Dès que vous paraissez, vous leur portez ombrage. Moi, au contraire, je trouve qu'une femme n'est jamais trop jolie pour être mon amie.

Ricky lui dédie un grand sourire de défi amusé. Jacky lui plaît d'emblée. C'est une amie de Pierre, elle est chaleureuse et n'a pas peur de faire des compliments.

— On pourrait toujours essayer de devenir amies, dit-elle. J'aime votre simplicité, Jacky, et, la couleur de vos cheveux, un rêve!

— Merci, j'apprécie les femmes qui savent retourner les compliments. Ça ne coûte rien et c'est tellement bon pour l'ego! À la naissance d'une nouvelle amitié, peut-être?

Elle fait tinter sa flûte de champagne contre celle que tient Ricky.

Jacqueline se sent très attirée par ce qui se dégage de la jolie blonde. Cette jeune femme semble posséder ce qu'elle-même recherche le plus chez une amie : l'esprit d'aventure. D'après ce que Pierre lui en a dit, à tout le moins, cette délicieuse Allemande aurait eu une vie exceptionnellement mouvementée et il lui tarde d'en apprendre un peu plus long sur elle. Aussi enchaîne-t-elle :

— Venez avec nous après le banquet. Il y aura une petite réception intime dans une suite de l'hôtel *Queen Elizabeth.* Venez avec ou sans ce grand escogriffe de Charles-Hubert, comme il vous plaira.

Radieuse, Ricky accepte aussitôt l'invitation. Au même moment, un des serveurs s'approche et lui remet un carton plié sur lequel est gravé : *Honorable George Hees.* Il s'agit du carton officiel qui a servi à désigner aux invités prestigieux leur place à la table d'honneur. Ricky tourne vers Jacqueline un regard interrogateur en le lui tendant. Elle ne connaît pas cet honorable George Hees. Jacqueline sourit.

— Mais c'est de notre très séduisant ministre du Transport qu'il s'agit. Belle pièce d'homme! ajoute-t-elle d'un air gourmand. Mes plus sincères félicitations!

Ricky déplie le carton avec fébrilité, fort excitée par ce que Jacqueline vient de lui apprendre. Un autre beau ministre! À l'encre noire est rédigé ce court message d'une écriture hardie: «Vous êtes la plus séduisante de toutes. Où puis-je vous rencontrer?» Flattée, elle tend le bristol à Jacqueline qui hoche la tête en signe d'approbation.

—Vous faites des ravages, Ricky! Celui-là, il est franchement superbe, et on le dit fort riche. Hélas! il est aussi très marié!

Ricky hausse les épaules avec une joyeuse indifférence.

—Vous connaissez un homme intéressant qui ne le soit pas? Pouvez-vous me le montrer, ce monsieur Hees, s'il vous plaît?

Jacky cherche le beau George des yeux et le repère tout de suite dans un groupe réuni près de la table d'honneur. Il dépasse tout le monde d'une tête. Avec des mines de conspiratrice, elle le désigne à sa compagne qui approuve du bout des lèvres:

—Hum! hum! pas mal! laisse-t-elle tomber négligemment.

Mais ses yeux étincellent de plaisir.

—Il appartient à une famille très en vue de Toronto et il est reconnu pour toujours se conduire en grand seigneur, conclut Jacqueline en tapotant la main de Ricky dont les yeux s'agrandissent de franche convoitise.

—Vous allez devoir m'excuser, jette cette dernière à la ronde, mais j'ai un coup de téléphone urgent à donner.

Elle adresse à Jacky un petit clin d'œil complice avant de disparaître parmi la foule d'invités qui circulent de table en table tout en papotant joyeusement et de plus en plus fort. Jacqueline se tourne vers ses amis, qu'elle a un peu négligés pour faire plus ample connaissance avec la jolie Allemande. «Elle a de l'étoffe, la petite, on va bien s'amuser!» se dit-elle.

Sur le podium où a été dressée la table d'honneur, l'honorable George Hees, six pieds quatre pouces, silhouette athlétique et regard bleu dévastateur, suppute ses chances d'établir rapidement un contact avec la jolie blonde toute de noir vêtue qu'on lui a désignée comme étant la nouvelle conquête de son ami Pierre Sévigny. Ce dernier n'y verra aucun inconvénient. Les deux hommes ont pris l'habitude de se signaler mutuellement les bonnes affaires en plusieurs domaines, dont celui-là, bien sûr. Saine camaraderie, si l'on peut dire! Il s'agit simplement d'être assez rusé pour que madame Mabel Spencer-Hees, son épouse, ne s'aperçoive pas du manège. Le beau George est passé maître dans l'art de mettre ses grosses papattes partout avec l'indulgente absolution de tous et de toutes, à commencer par Mabel, qui fermera les yeux tant et aussi longtemps que les incartades de son grand bébé resteront discrètes. Ce charmant garçon a un trop-plein d'énergie à dépenser. C'est souvent une joie, mais aussi une immense fatigue pour son entourage que de le voir s'agiter, tonitruer, rire à s'en faire éclater la rate et saisir la vie à bras-le-corps comme s'il s'agissait d'un solide adversaire au football, son sport préféré, sport dans lequel il excellait et où il aurait très bien pu faire une éblouissante carrière s'il l'avait voulu.

Certains se plaisent à dire de George qu'il est tout en muscles et qu'il n'a pas la plus petite once de cervelle. Beau et costaud, mais bête à manger du foin! Cependant, aucun de ses détracteurs ne pourrait faire en une semaine tout ce que « Gorgeous George », comme le surnomment ses intimes, réussit à accomplir en une seule journée, et ce, sans presque jamais perdre son immense sourire. Plein d'idées, toujours enthousiaste, un peu brouillon, il n'est pas du genre à se prendre les pieds dans les fleurs du tapis. Il fonce, radieux et imperturbable, et les résultats sont la plupart du temps excellents, car il sait s'entourer de gens hautement compétents. Inutile de dire que ses dons pour le bonheur et la réussite font bien des envieux. George éprouve beaucoup d'amitié pour Pierre qui, sous bien des aspects, lui ressemble et ne le jalouse pas, lui! Et la réciproque est vraie. Après tout, ne sont-ils pas tous deux issus de lignées irréprochables : lui, l'anglaise et Pierre, la française? L'un et l'autre ne représentent-ils pas ce qui se fait de mieux au pays comme spécimens de la race? Et, ce qui ne gâche rien, tous les deux sont de fort joyeux lurons.

Après le banquet en l'honneur de Pierre, suivi de la réception intime réunissant une trentaine de personnes dans une suite somptueuse du chic hôtel de la rue Dorchester, quelques élus se retrouvent au *Royal Embassy*, rue Sherbrooke, pour le coup de l'étrier. Finalement, au petit matin, les irréductibles atterrissent au restaurant *Chez son père*, dont le propriétaire a l'habitude d'accueillir tous les joyeux fêtards et de les sustenter de mets exquis jusqu'au petit matin.

Toutes ces heures de festivité ont vu naître et se développer la sympathie que Ricky et Jacky ont instantanément éprouvée l'une pour l'autre. Elles en sont déjà à se faire des confidences de vieilles copines. L'alcool et la fatigue aidant, elles ont maintenant l'impression qu'elles se connaissent depuis toujours, tant elles ont les mêmes goûts, tant elles partagent les mêmes idées sur les hommes et l'amour, ainsi que l'argent qui achète toutes les libertés. Au fil des heures, elles se sont découvert une philosophie commune et le même code moral bien particulier. La vie est courte, il faut donc en tirer le maximum de plaisirs. Le mariage est une chaîne acceptable dans des circonstances très particulières. Un mari se doit d'être riche, généreux, amusant et accommodant en tous points. Ni l'une ni l'autre ne fume la cigarette; c'est vulgaire et ça gâche le teint! Elles ne boivent que de grands vins millésimés ou, mieux, du champagne, et ne supportent pas les boissons fortes, jugées vulgaires elles aussi. Aucune des deux n'avoue – elles n'ont pas encore atteint ce degré d'intimité – qu'elles enfreignent ces règles d'or à l'occasion, dans les coups de cafard bien noirs et bien solitaires ou dans les moments de stress ou de superdétente, quand elles baissent enfin le masque de la parfaite femme du monde. Enfin, et de leur commun avis, le mot romantique est le maître mot de toutes les langues parlées « sur cette terre bien trop terre à terre ». Quand elles se quittent, à l'aube, elles ont romantiquement les larmes aux yeux sans trop bien savoir pourquoi et, en se jetant dans les bras l'une de l'autre, elles se jurent de se téléphoner dans les vingt-quatre prochaines heures.

Les semaines qui suivent cette mémorable rencontre les voient voler de cocktails en réceptions, et de longs déjeuners en petits dîners fins. Toutes deux sont absolument ravies l'une de l'autre. Elles deviennent Ricky et Jacky, siamoises de cœur. Comme par hasard, Jacqueline s'est arrangée pour présenter à Ricky Édouard Simard, son amant prestigieux et secret; en retour, son amie lui fait faire la connaissance de ses conquêtes les plus glorieuses, des industriels ou des commerçants fortunés, juifs pour la plupart et tous anglophones. Ricky ne s'intéresse pas à la langue de Molière. Tout ce qui est brillant à Montréal ne lui paraît briller qu'en anglais.

Les inséparables Ricky et Jacky sont invitées partout, leur téléphone ne dérougit pas et, depuis leur rencontre, elles n'ont plus une minute à elles. À tel point qu'un après-midi, elles décident qu'elles ont grandement besoin de marquer une pause et de s'accorder un moment de répit, en tête à tête dans l'appartement-bonbonnière de Ricky, situé dans une élégante conciergerie, rue Towers, à Montréal.

— Si on continue de sortir à ce rythme infernal, dans six mois on est mortes, geint Ricky en s'affalant sur les coussins du sofa.

Elle a un grand verre de cognac à la main.

— Pour me remonter un peu, dit-elle, je suis à plat.

Jacky l'imite aussitôt sans émettre le moindre commentaire. Elle non plus n'en mène pas large. Après trois bonnes lampées de fine champagne Napoléon et autant de soupirs de satisfaction et d'insatisfaction mêlées, Ricky avoue à son amie éprouver pour Pierre quelque chose qui l'effraie et la ravit à la fois. Quelque chose qu'elle n'a pas ressenti depuis très longtemps.

—Je pense que je suis en train de tomber amoureuse de lui. Je ne l'ai vu que cinq ou six fois depuis trois semaines et il me manque beaucoup. J'ai peur. Je suis en train de trop m'attacher à lui. Je sens que je vais souffrir une fois de plus, soupire-t-elle, tristement fataliste.

Jacky est un peu décontenancée. Ricky, dont elle admirait jusqu'à aujourd'hui la parfaite maîtrise dans les histoires de cœur, se met tout à coup à parler comme une midinette à qui on vient de faire les yeux doux. La confidence de son amie touche cependant en elle une petite blessure bien secrète et bien douloureuse. Elle aussi est amoureuse d'un homme très pris par ses affaires et malheureusement beaucoup trop marié par moments. Qu'advient-il de leur belle philosophie de femmes libres, dévoreuses de sensations fortes et toujours nouvelles? Mais Ricky, vautrée sur ses coussins de satin broché bleu pâle, semble décidée à se laisser sombrer dans une sentimentalité digne des pires romans de Delly et Magali.

—Quand je lui parle de moi, il m'écoute, lui, et avec une gentillesse incroyable. Il me considère comme un être humain, pas seulement comme un bel objet pour satisfaire son plaisir sexuel. Ce n'est pas comme les autres porcs que je connais. Je lui ai raconté des choses sur moi que je n'avais jamais dites à personne, et il ne me juge pas. Il m'appelle sa pauvre petite fille. Il est si compréhensif. Il est drôle, il est si attachant et il est bon. C'est mon premier homme bon.

Elle ne continue pas; les larmes lui sont venues aux yeux et elle a bel et bien l'air d'une pauvre petite fille, avec son visage tout pâle et ses cheveux décoiffés pour une fois. Jacqueline sent monter en elle une peur inexplicable et il n'est pas question qu'elle se laisse aller à cette peur idiote. Tant d'heures brillantes et folles les attendent aux quatre coins de la ville dont elles sont les reines! Elle se doit de raisonner son amie.

— Ma chérie, tu sais bien que, même si Pierre t'aime beaucoup, il ne pourra jamais se résoudre à quitter sa femme. Même si, en ce moment, ça ne va pas très bien entre eux, il ne divorcera jamais.

— Je sais, je sais. Ils sont tous mariés. Tous les hommes qui comptent dans ma vie sont toujours mariés! À des femmes charmantes, d'ailleurs, les écœurants! Sauf un, que je me suis empressée d'épouser. Et paf! au bout de six mois, tout s'est effondré! J'ai dû mal choisir. Mais j'en avais assez de coucher à droite et à gauche pour quelques boîtes de conserve, des bouts de chocolat trop sucré ou quelques marks. Il fallait bien que je me débrouille, j'étais toute seule! J'ai couché avec des types pour avoir du savon ou des bas nylon, ou pour rapporter à mes amis de la gomme à mâcher, des cigarettes et des bonbons. Je me prenais pour une héroïne, et tout le monde avait l'air content. De toute façon, si je ne l'avais pas fait, je n'aurais rien eu du tout. Et moi je voulais plein de choses, je voulais une belle vie. Et qu'est-ce que j'ai eu, qu'est-ce qui me reste aujourd'hui?

Par petits bouts tristes, en se moquant un peu d'elle-même, Ricky lève le voile sur son passé. Adolescente, dans une Allemagne à genoux, elle quitte son village natal de Mundsee, près de Munich, pour venir tenter sa chance à Berlin. La guerre, comme il arrive souvent, a fait voler en éclats les liens familiaux. Son père, engagé dans l'armée allemande, est rapidement porté disparu. Dépassée par les événements, sa mère laisse ses trois enfants à eux-mêmes et sombre dans la dépression. Ricky, bien que traitée avec affection par les gens qui l'ont recueillie, sent la nécessité de se forger une autonomie. Elle supporte mal de devoir rendre des comptes à des étrangers, surtout que ces bonnes gens ont des vues très étroites sur la conduite que doit tenir une jeune fille.

Elle parle peu de ses frères dont elle a rapidement perdu la trace. Seule à Berlin, que peut faire une jeune fille de seize ans qui n'a reçu qu'une éducation des plus sommaires? Elle est très jolie; elle a même gagné un concours de beauté auquel des copains l'avaient inscrite pour lui faire une blague. Mais être jolie n'est pas suffisant pour se tailler une belle situation, semble-t-il, surtout quand on ne pense qu'à se payer du bon temps.

Pour assurer sa subsistance, et après avoir erré quelque temps avec une bande de jeunes déracinés comme elle, elle se fait engager comme bonne à tout faire chez un officier anglais de l'armée d'occupation. Elle en a plus qu'assez de traîner dans les rues d'une ville envahie, morcelée et en partie détruite, au milieu d'une meute de jeunes loups qui font les quatre cents coups et qui vivotent grâce à de petits trafics et de petites combines minables.

En mal de romance, l'officier anglais tourne autour de cette petite chatte aux yeux brillants qui ne fait rien pour le calmer, bien au contraire. Un soir où Ricky est invitée à une fête par un quelconque petit fiancé, elle emprunte une des robes du soir de sa patronne qui, ça tombe bien, est sortie avec son officier d'époux pour la soirée. Lorsque Ricky revient au milieu de la nuit, elle se retrouve nez à nez avec la dame furieuse et son époux perplexe. Non seulement est-elle sortie sans permission, mais, en plus, elle se pavane sans le moindre complexe dans la plus jolie robe de l'Anglaise. Ulcérée par tant de duplicité, la dame ne trouve rien de mieux à faire que d'appeler la police.

— Déjà qu'elle était jalouse à crever de voir son grand insignifiant saliver sur mon passage; de me voir dans sa robe, qui m'allait beaucoup mieux qu'à elle, il faut dire, ça l'a achevée. Elle n'a pensé qu'à se venger. Et son cher mari n'a rien fait pour arrêter le carnage, tu penses! Avec la police, ça a été le cirque. J'étais désordonnée, incompétente, menteuse et voleuse par-dessus le marché. Ce couillon d'Anglais n'a pas osé ouvrir la bouche pour me défendre. Pourtant, il m'avait trouvée irréprochable tout le temps que j'avais servi chez lui, tu peux me croire! Il n'arrêtait pas d'en redemander. Résultat: j'ai perdu ma place. De toute façon, le bonhomme baisait comme une stalagmite. À cause de ces deux pourris, je me retrouvais avec un casier judiciaire, mais je m'en foutais plutôt, c'était tellement ridicule! Je me suis mise à beaucoup sortir avec des soldats anglais, français, russes, américains. Les plus gentils, c'était encore les Américains. Tous mes anciens amis s'étaient fait arrêter ou avaient disparu les uns après les autres. Je me retrouvais de plus en plus isolée. C'était assez effrayant. Mais je n'avais pas peur... pas trop. Les Américains, eux aussi, tout ce qu'ils voulaient, c'était coucher avec moi. Ils appelaient ça me faire la cour. Tu parles! Quand ils me plaisaient, ça allait. Et ils me faisaient des tas de cadeaux. Ce n'était pas comme ce peigne-cul d'Anglais!

« Ils aimaient rire, mes petits soldats d'Amérique, on s'amusait bien. L'un d'eux a fini par me faire engager comme serveuse dans une de leurs cantines. J'ai vite gravi les échelons et, comme mon anglais s'était passablement amélioré, je me suis retrouvée dans les bureaux. Ils me trouvaient compétente, eux! Dans tous les domaines! C'est là que j'ai rencontré Michael Munsinger. Comme je voulais devenir américaine, pour me faire plaisir on a fait un beau grand mariage. Puis il est reparti sans moi pour les États-Unis. Ça m'était plutôt égal, je n'étais déjà plus amoureuse de lui. J'étais perturbée, je ne savais plus ce que je voulais. J'ai recommencé de plus belle à sortir avec toutes sortes de types. Mais je me suis rendu compte que ma sexualité en avait pris un sacré coup. Depuis cette époque, je ne sais plus très bien ce qu'est la jouissance. Je pense que je suis devenue frigide. Jacky, c'est affreux. Faire l'amour, ça ne veut plus rien dire. Je ne ressens jamais rien. »

Jacky a les yeux pleins d'eau. L'histoire de la pauvre petite Ricky la bouleverse. Comme elle a été courageuse! Aurait-elle pu faire mieux, à sa place? Elle en doute. Elle quitte son fauteuil, rejoint Ricky sur le divan et l'entoure de ses bras. Enlacées, elles pleurent un bon coup.

— L'amour va te guérir, ma chérie. L'amour guérit

tous les maux. Tu es devenue frigide pour te défendre. Pour défendre ton intégrité, tu t'es fermée à toutes les sensations. Tu vas guérir. Un grand amour va venir effacer toutes ces horribles années, je te le promets.

— C'est Pierre, mon grand amour! C'est Pierre, je le sens, dit Ricky en essayant tant bien que mal de surmonter son chagrin. C'est lui, l'homme qu'il me faut. Sa femme ne le rend pas heureux? Moi je saurais! On parle allemand ensemble. Tout ce qui concerne mon pays l'intéresse. Je ne le dis à personne, mais j'ai souvent le mal du pays. J'ai épousé Michael pour fuir mon pays à feu et à sang, parce qu'à cette époque je ne rêvais que de déguerpir et de me refaire une belle vie le plus loin possible de l'Allemagne. Mais, avec le temps, les bons souvenirs ressurgissent. Mon village, les Hager, mes parents adoptifs, des odeurs, des gens, des paysages! Oh! Jacky, Jacky, c'est si bon d'en parler avec quelqu'un!

— Qu'est-ce qui n'a pas fonctionné entre toi et Michael? Il devait bien avoir des qualités, puisque tu l'as épousé.

— Il en avait une, primordiale: il était libre, je te l'ai dit. Et puis, l'Amérique m'attirait, il ne cessait pas de me vanter les qualités de son pays. Par contre, il était jaloux et possessif. Il buvait beaucoup et préférait les virées avec ses copains à toute autre chose. J'aurais été la femme la plus misérable du monde si j'étais restée avec lui. Et, comme par hasard, les autorités américaines m'ont refusé le visa d'entrée aux États-Unis. Parce que j'avais un casier judiciaire, qu'ils ont dit. Tu te rends compte! À cause d'une robe empruntée, je ne pouvais pas suivre mon mari dans son pays. Je pense que c'est là que tout s'est mis à mal aller. Alors, on a divorcé. Lui parti, je n'ai plus eu qu'une seule idée: foutre le camp! J'ai rencontré des Canadiens. Je me suis dit: «Pourquoi pas le Canada?» C'est juste un peu au nord des États-Unis, après tout. Et voilà! Je suis arrivée au Québec le 7 août 1955. Je m'en souviendrai toujours, c'était comme si je renaissais. Je me suis dit: «Tu recommences ta vie à neuf. Tu vas trouver ici l'amour, la richesse et le bonheur. » Facile à dire! À peine débarquée, il a fallu que je m'engage comme domestique. C'était une des exigences du ministère de l'Immigration. Heureusement, mes nouveaux patrons étaient des gens adorables et ils sont vite devenus mes amis. Je me fais des amis très facilement.

Elle rit doucement à l'évocation de ses nombreuses amitiés et de certaines autres choses qu'elle ne semble pas prête à confier à Jacky. Son regard se perd dans un passé récent, ou plus lointain; comment savoir? Elle semble avoir fui à des années-lumière, tant elle est soudain devenue lointaine. Jacky n'insiste pas. Son amie lui en a déjà tellement raconté!

Ricky s'est levée. Elle s'étire comme une chatte rêveuse, puis remplit à ras bord les deux ballons de cognac presque vides. La sonnerie du téléphone leur parvient, assourdie par la pile d'oreillers sous laquelle elles ont enfoui l'appareil pour avoir la paix. Ricky s'immobilise et tend l'oreille. « Et si c'était Pierre? » se dit-elle, le cœur battant. Mais non, Pierre est retourné hier à Ottawa et elle n'aura de ses nouvelles que dans cinq jours au mieux. De toute façon, si c'était lui, elle le décevrait. Elle se sent très lasse aujourd'hui et il l'aime quand elle est follement gaie. La sonnerie s'est tue. Elle reprend sa place près de Jacky qui l'écoute avec tant de sympathie et dont le regard fasciné et interrogateur l'incite à continuer. Elle se serre contre son amie qui s'est mise à doucement lui caresser les cheveux. Elles sentent une tristesse presque palpable monter autour d'elles, en même temps que descend la nuit sur ce mélancolique après-midi de novembre.

— Mes nouveaux patrons étaient des gens aisés, en relation avec d'autres familles prospères du monde de la restauration et de l'industrie du vêtement. Ils m'ont rapidement trouvé un emploi d'hôtesse chez *Ruby Foo's*, dans le nord de la ville. J'étais contente de travailler dans un des plus chics restaurants de Montréal. Ils avaient vite compris que je ne tenais pas à travailler comme bonne le restant de mes jours. Puis, j'ai travaillé dans des boîtes à la mode, chez *Parée*, au *El Morocco*. Mais je me suis vite fatiguée des boîtes de nuit, même si c'était très payant. J'ai mené une vie épuisante, à l'époque, et j'ai eu quelques ennuis de santé. Au fil des rencontres, j'ai fini par décrocher un emploi de mannequin pour un fourreur et j'ai fait aussi des photos de mode à la pige. Le propriétaire de la conciergerie où j'habite est un ami; je fais de la comptabilité et un peu de secrétariat pour lui. Ça le dépanne et ça paie une partie de mon loyer. Tu vois, je ne me débrouille pas trop mal. Mais tout ça est, hélas! bien loin des rêves que je faisais à mon arrivée ici.

Elle s'est redressée et plante deux yeux brûlants dans le regard rêveur de Jacky.

—Je veux davantage, tu m'entends? Bien davantage! Et parfois je me demande si je vais avoir la patience d'attendre. Tout est si ordinaire, si mesquin! Le cœur me lève. Cette petite vie étriquée me rend malade. J'en ai marre. Est-ce que tu comprends ça? Marre! marre!

Elle glisse sur le tapis azur et or qui tente de se donner de faux airs persans et s'y roule avec fureur en gémissant. Puis, se redressant, elle éclate d'un rire bref et inquiétant qui ressemble plutôt à une plainte.

—Je suis complètement folle et totalement soûle. C'est délicieux.

Jacqueline reconnaît chez son amie, mais de façon plus exacerbée encore, l'insatisfaction qui la pousse, elle aussi, à sans cesse explorer de nouveaux milieux, à se lier à de nouvelles connaissances, dans l'espoir de saisir au vol la chance de se tailler une place moins précaire dans ce monde mouvant et incertain, où seuls les hommes semblent détenir les clés du pouvoir et du succès. Jacky travaille comme comptable dans un bureau d'ingénieurs et y gagne un salaire honorable, sans plus. Malheureusement, ce modeste salaire ne peut subvenir à tous les besoins d'une femme qui adore voyager, sortir dans les meilleurs restaurants, se vêtir avec élégance et mener une vie sociale luxueuse et intense. Elle sait bien que, si elle était un homme, on la paierait mieux pour le même travail; elle compense cette injustice flagrante en s'octroyant un horaire infiniment souple. Et personne n'a l'air de s'en plaindre, ce qui l'arrange pour le moment. Tout comme Ricky, elle rêve d'une fortune colossale, surgie de nulle part, et qui apaiserait d'un coup toutes ses soifs.

—Je nous prépare un petit quelque chose à manger, il commence à faire faim, dit Ricky en s'ébrouant, sourire aux lèvres.

« Ce qui est bien avec elle, c'est qu'elle sait varier les atmosphères. Elle a du ressort, c'est fabuleux! » se dit Jacky, rassurée, car elle a la morosité en horreur et préfère de beaucoup badigeonner la réalité à grands coups d'optimisme, d'optimisme aveugle, s'il le faut. Elle appelle ça jeter du positif.

Après qu'elles eurent dépouillé le réfrigérateur de Ricky de la plupart de ses trésors, une bouteille de Dom Pérignon aux trois quarts pleine et, cadeau de Pierre, un reste de foie gras aux truffes, de la truite et des huîtres fumées, le tout accompagné d'un restant de champignons à la crème, elles se préparent des parfaits à la menthe sans crème glacée; il n'en reste plus. Elles dégustent donc leur crème de menthe sur de la glace pilée, ce qui est aussi bon et bien moins dommageable pour leur ligne « qui vient d'en prendre un sacré coup », décrète Jacky en se pinçant la taille avec une grimace.

—Je déclare demain jour de jeûne. Il faudra boire des tonnes d'eau de Vichy et ne manger que de la laitue et du raisin si on veut rester minces.

Ricky hausse les épaules avec indifférence. Elle vient de sortir du tiroir de son secrétaire de vieilles lettres et des photos qu'elle commente à Jacky selon l'humeur. Il ressort de ce fatras de souvenirs que la petite Allemande voue une grande tendresse aux Hager, qu'elle appelle ses parents adoptifs. Pendant qu'elle fourrage dans ses trésors, Jacky feuillette son passeport allemand.

—Pourquoi te fais-tu appeler Ricky? Je lis ici que tu t'appelles Gerda Munsinger, née Heseler. Gerda, c'est beaucoup plus joli que Ricky, si tu veux mon avis. Après ce que tu viens de me raconter, Ricky, je trouve que ça ne fait pas le poids. Ça irait peut-être à une artiste de music-hall : c'est frivole et amusant, c'est tout, alors que, Gerda, c'est superbe : intense et plein de mystère. C'est le prénom rêvé pour toi, un prénom de femme fatale. C'est d'un exotisme fou! Toi, tu ne te rends pas compte, mais ça évoque la Forêt-Noire, le Rhin, les châteaux en Bavière... Moi, dorénavant, je t'appellerai la princesse Gerda.

—J'avais une telle envie de tout effacer et de tout recommencer que j'ai pris le surnom de Ricky, comme ça, sans trop y penser. Si tu aimes mieux Gerda, moi je veux bien. Pierre aussi préfère Gerda. Mais, pour lui, ça évoquerait plutôt une bonne choucroute fumante. Les hommes, ils ont la poésie au niveau du ventre. La princesse Gerda, ça me plaît assez. C'est étrange, tu es en train de me réconcilier avec mon passé. Ça m'a fait du bien de te parler, tu sais.

Elle consulte sa montre et s'exclame :

—Vingt-trois heures seulement? La nuit commence. Et si on sortait? J'ai besoin de voir du monde; on a été trop longtemps enfermées. C'est malsain.

Jacqueline est on ne peut plus d'accord. Très rapidement elles sont sur le pied de guerre. Quelque part dans la ville, on s'amuse. Il y a de la musique, on danse et on rit sans elles, ce qui est proprement inadmissible!

***

Jacqueline est à son travail. C'est le début d'un après-midi qui s'annonce long et elle s'ennuie mortellement devant une insipide colonne de chiffres, quand un appel péremptoire d'une Gerda surexcitée l'arrache à sa morosité.

—Tu te dépêches de finir et tu t'amènes chez moi au

triple galop. Non! Tu plantes tout là, tu prends un taxi et tu t'en viens tout de suite. Tu n'as pas oublié qu'on dîne à *La Réserve*, ce soir? Alors? Qu'est-ce que tu fais? Tu n'es pas encore partie?

Sans donner à Jacqueline le temps de répondre, elle raccroche. « Ça doit être important, pense-t-elle, je ne l'ai jamais connue aussi énervée. » Elle expédie de bon cœur les affaires en cours et saute dans un taxi pour aller rejoindre son amie. Tout ce qui concerne la princesse Gerda la plonge dans le plus complet ravissement. « Oh! on ne s'ennuie pas avec elle! » Elle ne prend même pas le temps de passer chez elle se changer pour la soirée. Gerda a tout ce qu'il faut et, comme elles ont presque la même taille...

Jacky déboule dans l'appartement de Gerda qui l'accueille en valsant, un verre de champagne à la main. Son amie lui saute au cou et l'entraîne sur le canapé.

— On est invitées à un bal. Tu viens au bal de la Saint-André avec moi. J'ai deux invitations et c'est un ordre! Ça te plaît?

— Bien sûr que ça me plaît; mais tu ne pourrais pas être plus explicite, ma chérie? supplie Jacqueline, estomaquée, tout en se débarrassant de son manteau.

Elle court ensuite refermer la porte de l'appartement qui était restée grande ouverte sur le couloir, ce dont Gerda ne semble pas se soucier le moins du monde. Le bal de la Saint-André, c'est quelque chose! Un des événements mondains les plus prestigieux de toute l'année! Gerda prend un air mystérieux et murmure négligemment :

— J'avais oublié de te dire... Ça fait plusieurs fois que je rencontre George Hees et il m'avait promis des invitations pour le bal. Il vient de me les donner.

— Tu as revu le beau George et tu ne m'en as rien dit? Tu parles d'une cachottière! Mais raconte, voyons! Tu ne vois pas que je suis en train de mourir de curiosité?

Gerda lui dédie son plus délicieux sourire et enchaîne d'une voix qui ne permet aucune autre question :

—Je ne sais pas encore. Qui vivra verra! Bon, il ne faut pas perdre de temps; je devais réserver une bonne table pour ce soir et ça m'est complètement sorti de la tête. Je voudrais aussi que tu me laves les cheveux. J'ai très peu dormi la nuit dernière et je suis épuisée.

D'un air très affairé, elle s'empare du téléphone pour faire sa réservation sous l'œil intrigué de Jacqueline. Il y a la réception à laquelle Pierre Sévigny doit assister ce soir, à l'hôtel *Windsor*. Tous les trois ont manigancé un dîner au grand restaurant de l'hôtel, où Pierre, comme par hasard, viendra les rejoindre sitôt libéré de ses obligations ministérielles. Elles devront ensuite élaborer une stratégie permettant à la princesse de garder Pierre à ses côtés le plus longtemps possible, ce qui ne sera pas nécessairement facile. Et maintenant, voilà que le beau George est dans le tableau! Et Gerda qui fait la mystérieuse à son sujet, après l'avoir fait accourir ventre à terre comme si le sort du monde en dépendait!

—Tu viens me laver les cheveux? crie Gerda depuis la salle de bains. Il faut que je sois très belle, ce soir. Oh! je ne t'ai pas dit, pour le bal, George veut que je choisisse la robe de mes rêves. C'est lui qui me l'offre.

Jacqueline n'en revient pas. Et Pierre dont elle se prétend follement amoureuse? Étonnante, cette Gerda!

Chapitre 4

Depuis que Jacqueline a rencontré Gerda, elle ne peut que se réjouir d'avoir trouvé en elle une femme de sa trempe et même de laquelle elle aurait intérêt à apprendre certaines choses. Elle doit cependant s'avouer qu'elle éprouve certaines difficultés à suivre les méandres de sa vie amoureuse.

Pour Jacky, le monde complexe de la galanterie où elle évolue tourne autour d'un axe central des plus importants : son cher et bien-aimé Édouard. La romanesque Jacqueline est vraiment très amoureuse d'Édouard Simard, le tout-puissant businessman de Sorel. Édouard est marié et il a plusieurs enfants. Il vient même de fêter la naissance de son premier petit-fils, né de sa fille Andrée et de Robert Bourassa, jeune économiste talentueux sur lequel Édouard fonde de grands espoirs. Il rêve tout bonnement de le voir devenir un jour premier ministre du Québec! Édouard ne divorcera jamais, ça, Jacqueline le sait et l'accepte. Mais Gerda, elle, refuse cette évidence qu'elle juge tout à fait révoltante.

— Il pourrait au moins faire de toi sa maîtresse officielle, payer ton appartement, t'acheter une voiture! C'est l'homme le plus riche du Québec. Il profite de toi, ton

Édouard, et toi, tout ce que tu sais faire, c'est bêler que tu l'aimes. C'est d'un bête! Tu laisses passer des tas d'occasions de te bâtir un avenir confortable, j'en suis certaine. Il y a des hommes bien moins égoïstes, même s'ils sont moins riches. Dix ans que ça dure, dix ans de tes plus belles années! Tu vas avoir trente-cinq ans. Il serait grand temps que tu y penses.

Quand Gerda s'y met, quelle harpie! Mais Jacqueline, quoique secrètement ébranlée, demeure intraitable. Édouard la rend très heureuse. Ils s'entendent à merveille tous les deux et, quoi qu'en dise Gerda, Édouard a des moments de grande générosité dont Jacqueline sait très bien tirer parti. Quand ils se retrouvent, moins souvent qu'ils ne le voudraient, hélas! ils dépensent sans compter. Il n'y a rien de trop beau ou de trop cher: les plus belles suites dans les plus grands hôtels, les mets les plus raffinés, les vins les plus coûteux, le champagne au petit-déjeuner... Et, de temps en temps, Édouard lui glisse une enveloppe contenant un beau billet mauve de mille dollars: « Pour t'acheter un joli foulard ou une autre babiole, mon colibri! » Plusieurs fois, Édouard l'a emmenée en voyage: Floride, Bahamas, New York. L'oiseau est dans la cage du mariage, mais personne n'oserait en tenir la porte fermée. Aussi, Jacqueline s'est forgé une jolie cage dorée dont elle aussi garde la porte entrouverte. Oh! Édouard la laisse tout à fait libre, mais elle se sert de cette liberté avec discrétion et à bon escient.

En fait, Jacqueline a des tas de chevaliers servants. Elle s'octroie régulièrement d'amusantes passades, toujours en dehors du cercle des intimes d'Édouard, il va sans dire. Mais il est évident qu'aucun de ces messieurs, si riche, généreux ou brillant soit-il, n'arrive à rivaliser en séduction avec son Édouard. Ils parviennent tant bien que mal à meubler le temps que lui laissent les trop nombreuses activités de son héros et son propre travail. Elle songe à en changer, justement. De travail, s'entend, toujours disposée qu'elle est à se propulser vers de nouvelles expériences. En ce moment, elle rêve d'une activité qui l'obligerait à voyager, si possible à travers le monde. Pourquoi pas? Un tel boulot existe sûrement et elle va le trouver, elle qui, sans fin, multiplie les contacts avec des tas de gens susceptibles de lui fournir ce genre de débouché professionnel.

Contrairement à Gerda, Jacqueline joue les femmes légères avec beaucoup de sérieux. Elle ne veut pas être dépendante de qui que ce soit. S'éloigner d'Édouard ne lui fait pas peur. Elle a remarqué que, lorsqu'elle se fait plus rare, il dépense des trésors d'imagination et de générosité pour captiver à nouveau sa belle amie : une petite fourrure, des Niagara de champagne et les adorables billets mauves par paires dans de belles enveloppes crémeuses. En y repensant bien, Jacqueline se dit qu'elle a un sérieux flirt avec le bonheur. Il s'agit de faire durer. Dieu, Édouard ou un autre, sait-on jamais, y pourvoira.

Pour le moment, ce qui retient toute son attention, c'est le bal de la Saint-André dans cinq jours : la robe qu'elle a vue en vitrine chez *Holt Renfrew* et qui coûte les yeux de la tête, le choix de son escorte pour cette brillante soirée, ce qui n'est pas allé sans mal, et enfin l'euphorie qui la porte et lui fait voir la vie en rose malgré les heures de travail supplémentaires qu'elle vient de fournir ce soir. Il le fallait bien : depuis qu'elle connaît Gerda, elle a pris pas mal de retard dans sa comptabilité, et ses patrons commencent à râler.

Enveloppée dans son peignoir, les cheveux coincés sur d'innombrables rouleaux, elle s'apprête à se faire couler un voluptueux bain chaud parfumé à l'exquis *N° 5* de Chanel, le parfum préféré d'Édouard, quand le téléphone se met à sonner. « Vingt-deux heures vingt, constate-t-elle en regardant sa montre sertie de minuscules diamants, cadeau d'Édouard. À cette heure-ci, c'est sans doute la princesse. » Elle décroche, prête à entendre de la bouche de son amie quelque merveilleuse nouvelle, propre à changer le cours de leur existence, rien de moins.

Ce qui s'échappe de l'appareil la fige sur place. Oui, c'est bien la voix de Gerda au bout du fil, mais une Gerda hoquetante qui semble en proie à un début de crise d'hystérie. À travers les sanglots et les propos incohérents où s'entremêlent des mots anglais presque inaudibles et des mots allemands parfaitement incompréhensibles, Jacqueline finit par comprendre qu'il est arrivé un malheur et qu'elle doit rejoindre Gerda chez elle le plus rapidement possible. Adieu, donc, délicieux bain de mousse! En fidèle amie, Jacky envoie valser rouleaux et peignoir et se précipite chez l'éplorée.

Elle a cogné, tambouriné, crié, supplié, Gerda ne répond pas. Mécontents, les voisins sont sortis un à un dans le corridor pour voir qui faisait tout ce tintamarre devant la porte de la petite dame allemande.

— Puisque vous dites qu'elle est malade, je vais appeler le concierge pour qu'il vienne vous ouvrir, propose une vieille dame plus sympathique que les autres curieux qui la dévisagent sans aménité.

Jacky la remercie avec effusion, mais elle est horriblement gênée. Elle s'est habillée à la diable, elle n'est pas maquillée, et tous ces imbéciles, dont plusieurs sont en robe de chambre, ne trouvent rien de mieux à faire que de rester plantés là sans bouger le petit doigt.

Après ce qui lui semble une éternité, le concierge arrive enfin dans sa plus belle camisole en se traînant les pieds dans d'infâmes savates. Elle doit lui jurer que Gerda est en train de mourir à l'intérieur pour qu'il se décide à sortir son passe-partout. Sans le remercier, Jacky claque la porte au nez des curieux et s'élance vers la princesse, évanouie sur le sofa. Elle lui tapote les mains et le visage, lui humecte les lèvres avec un reste de cognac et, peu à peu, les couleurs reviennent sur son visage cireux. Dès qu'elle ouvre les yeux et reconnaît Jacky, elle se met à sangloter convulsivement, et Jacqueline doit la secouer et la menacer de la planter là avec ses malaises si elle ne se décide pas à expliquer la raison d'une si grande détresse. Le visage défiguré par les larmes, la princesse finit par trouver la force de dire entre deux hoquets et deux sanglots:

— Vers vingt et une heures, j'ai reçu un appel d'Allemagne. Les Hager, mes parents adoptifs, ils ont eu un accident, un accident d'auto!

— Ils ne sont pas…

Jacqueline ne peut se décider à prononcer le mot terrible.

Gerda se met à hurler d'impuissance et de douleur:

— Je ne sais pas. Personne ne veut me le dire. Il faut faire quelque chose. Aide-moi! C'est si loin, c'est trop loin.

— Bien sûr, ma chérie, bien sûr que je vais t'aider. Mais avant il faut bien m'expliquer tout ce que tu sais.

Péniblement, Gerda parvient à se dominer suffisamment pour raconter à une Jacqueline catastrophée ce qu'on lui a narré de la tragédie.

— On a retrouvé leur voiture au fond d'un ravin. Tous les occupants sont grièvement blessés. Ils ont été transportés à l'hôpital. Je ne sais pas quel hôpital. La ligne était mauvaise et j'étais dans tous mes états. Ce sont des voisins qui m'ont prévenue. Je ne sais même pas leur nom. Je ne sais pas comment ils ont fait pour me joindre. Je ne sais rien. J'ai téléphoné partout et personne ne sait rien. Je vais devenir folle!

Gerda fait mine de se lever et retombe sur le divan, à demi inconsciente. À petites gifles sur ses joues crayeuses, Jacqueline tente de la réanimer sans y parvenir. Très inquiète, elle décide de téléphoner à un médecin. Elle croit se souvenir du nom de celui qui suit Gerda. Donald Baker est aussi un de ses amis, semble-t-il. Et il habite tout près de là.

Entre-temps, Gerda est revenue à elle et geint faiblement, les yeux vagues, comme révulsés. En attendant l'arrivée du praticien, Jacky s'active auprès de la malade toujours au bord de la syncope, avec des compresses d'eau froide et des paroles d'encouragement. Elle l'a parfois vue passer de la joie démesurée à la plus effroyable tristesse, mais ce n'est que ce soir qu'elle mesure l'extrême solitude de Gerda. Aucun de ses tendres amis n'est accouru pour calmer sa peine et l'aider à dénouer l'écheveau de ses angoisses. Si Jacky n'avait pas été chez elle, que se serait-il passé? « Moi, j'ai une famille avec laquelle je suis souvent en désaccord, c'est vrai, mais je sais que je peux compter sur mes proches lors des coups durs. Mais elle, seule en pays étranger, sans véritables amis, sans amant régulier, sans tout le réseau de tendresses bourrues et réconfortantes que sont souvent les connaissances de longue date, elle aurait tout aussi bien pu mourir abandonnée de tous avec sa peine trop lourde pour elle. Ses amants se seraient empressés de disparaître dans la nature pour protéger leur anonymat et l'on n'aurait plus parlé de Gerda Munsinger, celle qui se faisait appeler Ricky, que de loin en loin et à mots couverts. »

Jacqueline en est à mesurer la précarité de la course au bonheur qui les tire toutes les deux en avant et leur fait miroiter des délices qui n'arrivent jamais, quand on sonne à l'appartement. C'est le docteur Donald Baker, demandé un quart d'heure plus tôt et qui en effet connaît très bien la jeune femme. Il diagnostique un choc nerveux, demande à Jacqueline de l'aider à mettre Gerda au lit et lui administre un calmant. Il laisse quelques cachets, au cas où la patiente se réveillerait en proie à une nouvelle crise de nerfs; il promet de revenir le lendemain dans la matinée.

Jacqueline passe la nuit à veiller sa copine. Maintenant, elle aussi sent peser sur elle la menace d'une catastrophe imminente. L'avenir lui paraît tout à coup affreusement sombre. L'aube la surprend recroquevillée et tremblante aux côtés de Gerda encore endormie. Elle a fini par s'assoupir et a dû faire des cauchemars, car elle est en larmes. Elle se console un peu quand elle voit Gerda ouvrir les yeux et lui sourire.

—Je suis contente que tu sois là! Ça va beaucoup mieux. Je suis désolée, hier soir, j'ai perdu la tête. Mina et Sepp étaient tout ce qui me restait au monde et ils ont toujours été tellement bons pour moi, même si je leur ai causé beaucoup de soucis. Parce que, vois-tu, je n'étais pas facile, facile, quand je vivais avec eux.

Grelottante, Jacky rejoint sa princesse sous les couvertures et se serre contre elle, autant pour la réconforter que pour se réconforter elle-même. Elle berce tendrement Gerda qui éprouve le besoin de parler de Mundsee, le petit village où elle a vécu avec les Hager, et de ses jeunes années. Maintenant qu'elle commence à accepter l'inéluctable, les souvenirs ressurgissent à la volée.

—Le village est dans les montagnes. L'hiver, je trouvais ça féerique. Le château était tout illuminé et si joliment décoré! C'est un vrai château, tu sais, très ancien. Je pense qu'il date du XIVe siècle. Il est comme une forteresse, pas immense, mais très noble d'allure. La propriétaire est une vraie duchesse. Une duchesse à demi ruinée, mais elle descend d'une grande et puissante famille. Elle et son mari ont transformé le château en auberge, ils y tiennent un bar très fréquenté, le *Palazzo bar*. J'aurais pu y travailler comme hôtesse; le duc me faisait une de ces cours, oh là là! Quand j'ai quitté Mundsee, il était amoureux fou de moi. J'aurais très bien pu devenir duchesse, si j'y avais mis le temps.

—Non, Gerda, toi, tu es une princesse! Tu mérites mille fois plus qu'un duc à demi ruiné! s'émeut Jacky.

Tant de souvenirs merveilleux ou sordides, tant de souffrances et de courage chez son amie la rendent lyrique et admirative.

—Je suis une princesse, acquiesce Gerda, et toi tu es une duchesse! Avec tes cheveux blancs, tu as tout à fait l'air d'une duchesse. Un jour, nous irons ensemble à Mundsee et je te présenterai au duc. Je suis certaine que vous allez vous plaire, tous les deux. Peut-être que c'est toi, Jacky, qui deviendras duchesse!

Et les voilà qui se mettent à rêver comme des adolescentes. Elles s'imaginent toutes deux mariées à des Européens de la noblesse ou au moins du jet set. Elles se voient coulant des jours féeriques dans les plus beaux endroits du globe, faisant la fête à longueur d'année et n'ayant à se soucier de rien, sauf de la couleur de leur robe du soir, du choix de leurs bijoux et de leurs flirts.

—J'ai toujours su que j'étais faite pour ce genre de vie là, soupire Gerda.

— Et moi donc! renchérit Jacky. Dorénavant, princesse-duchesse sera notre code, notre façon de communiquer secrètement, de partager les mêmes rêves sans que les autres sachent quelles sont nos ambitions pour l'avenir.

Gerda est tout à fait d'accord. Ce sera leur petit secret à elles. Merveilleuse Jacky qui ne l'accuse pas d'être atteinte de la folie des grandeurs! Qu'il est bon d'avoir à ses côtés une amie avec qui on peut échafauder les projets les plus insensés, surtout quand le cœur fait si mal! Elles finissent par se rendormir, confiantes comme des enfants que leurs beaux châteaux en Espagne, en Allemagne ou ailleurs vont bien finir un jour par se matérialiser.

Bien plus tard dans la matinée, quand elles se réveillent, Gerda, parfaitement remise, semble-t-il, se précipite sur le téléphone pour tenter d'obtenir des nouvelles de ses parents adoptifs, pendant que Jacky prépare un petit-déjeuner substantiel. De la cuisinette, elle entend soudain un cri strident, suivi d'une cascade de mots allemands. Inquiète, elle se précipite vers le salon et voit son amie, riant et pleurant à la fois, plongée dans une conversation très animée.

— Pour l'amour du ciel, qu'est-ce qui se passe?

Le visage noyé, Gerda lui crie:

— Ils sont vivants! Ce n'était pas eux qui étaient dans la voiture.

Jacky pousse elle aussi un cri de joie. Dieu soit loué! tout s'arrangeait, et la détresse des dernières heures s'évanouissait d'un coup.

Quelques minutes plus tard, attablées devant un petit-déjeuner qu'elles engouffrent avec délice, même si le bacon est trop cuit, et les œufs, pas assez, elles commentent le miracle de Mundsee.

—Ah! quelle intuition j'ai eue d'appeler directement chez eux ce matin, même si c'était absolument contraire à la logique! Ils habitent seuls, alors, en principe... et c'est Papy qui a répondu. J'étais folle de joie! Il m'a tout expliqué. Ils ont prêté leur voiture à des amis pour la fin de semaine. Ils sont comme ça, généreux, gentils, tu ne peux pas savoir. Leurs amis ont été tués sur le coup, et la voiture... *kaputt*! Les policiers ont trouvé leurs papiers dans la boîte à gants. Ils en ont déduit que les victimes étaient Mina et Sepp. Ils ont prévenu les voisins. Mina ne sait pas trop comment, mais toujours est-il que ces voisins ont dit que les Hager avaient une fille au Canada et qu'il fallait la prévenir à tout prix. Ils ont obtenu mon numéro de téléphone par l'entremise de l'ambassade canadienne avec l'aide de la police allemande. Pendant plusieurs heures, tout le village a pensé que les Hager étaient morts, alors qu'ils étaient tranquillement chez eux. C'est fou, non?

—C'est extraordinaire! Tout simplement extraordinaire! Il ne t'arrive que des choses fabuleuses, ma princesse!

—Pour fêter ce miracle, la duchesse et la princesse vont organiser une virée du tonnerre avec quelques-uns de leurs chevaliers servants. Le *Ritz*, ça te plairait?

Jacky acquiesce sans réserve. Bouleversée par les émotions que vient de lui faire vivre son amie, elle ne pense même pas à appeler son patron pour le prévenir qu'on ne la verra pas du reste de la journée. Elles flânent. Gerda passe des coups de fil à une demi-douzaine d'admirateurs qui n'attendaient qu'un petit signe d'elle pour lui offrir leur soirée et maintes petites gâteries. Elles magasinent rue Sainte-Catherine jusqu'à la fermeture des boutiques et la princesse, euphorique, dépense comme une folle, entraînant Jacky dans son sillage et dans une orgie d'achats coûteux.

Le soir les retrouve attablées avec quatre hommes d'affaires frétillants et fiers comme des coqs d'être vus en aussi charmante compagnie. Après le dîner en musique, il a été convenu que ces messieurs les emmèneront finir la soirée dans un club huppé de la ville. À intervalles réguliers, chacun d'eux s'est éclipsé pour aller prévenir son épouse que le repas d'affaires, auquel il est malheureusement tenu d'assister, risque de se prolonger, et la conversation se termine invariablement par un « Surtout ne m'attends pas, ma chérie, va dormir! » absolument désolé.

Pendant tout le repas, Gerda tient leurs quatre soupirants en haleine avec le récit détaillé de certaines de ses aventures « qu'elle aurait intérêt à taire », pense Jacqueline, plutôt ennuyée d'entendre les noms de Pierre Sévigny et de George Hees revenir plusieurs fois dans les propos débridés de la princesse. Pour faire diversion, elle entreprend de mettre Gerda sur la piste du duc charmeur de Mundsee et est sidérée d'apprendre, en même temps que ces messieurs émoustillés, que ce fameux duc a été le premier amant de la blonde enfant, alors que celle-ci avait à peine treize ans.

—Je lui dois beaucoup; il m'a tout appris. Ça a été merveilleux. Il était tellement délicat! L'amour avec lui était un enchantement. Il avait l'habitude de me dire: « Quand tu seras une vraie femme et que tu auras un peu vécu, si tu m'aimes encore, je t'épouserai. » Parfois, je pense à lui et j'ai envie de courir me jeter dans ses bras. Mais sa duchesse serait furieuse. La pauvre dame, elle était très jalouse de moi. Elle ne souhaite sûrement pas mon retour à Mundsee. Si elle savait que son chéri m'a dépucelée dans les bois sur un lit de fougère, elle le tuerait sûrement. Mais elle n'a rien à craindre, parce que je vais bientôt devenir canadienne.

Sa voix se fait roucoulante quand elle ajoute:

— Quand on a un très grand ami qui est ministre de la Défense, ce n'est pas quelque chose de difficile à obtenir. Pierre tient absolument à ce que je reste au pays. Je pense qu'il serait bien malheureux sans moi. Il m'a promis de me faciliter les choses grâce à ses contacts. Il est prêt à remuer ciel et terre pour me garder ici. Alors, messieurs, m'acceptez-vous comme l'une de vos compatriotes?

Embêtée, Jacky fronce les sourcils et ne sait que faire pour endiguer ce flot d'indiscrétions. Ces messieurs gloussent et échangent des regards en coulisse. « Sacré Sévigny, on s'en doutait bien que c'était un play-boy, se disent-ils. Il sait repérer les morceaux de choix. » Gerda enchaîne tout à trac, ravie de l'intérêt que font naître ses propos.

— Ils sont drôlement coquins, les ministres du cabinet de ce cher Diefenbaker. Il est beaucoup trop vertueux, celui-là; heureusement, ses ministres rétablissent l'équilibre. George Hees, tenez, lui, il sait s'amuser. Imaginez-vous que le beau George, comme ses amis l'appellent, a eu le coup de foudre pour moi. Je tempère un peu ses ardeurs; je ne voudrais pas blesser mon petit Pierre que j'adore. Au fond, je ne devrais pas m'inquiéter, parce que, ce que vous ne savez pas, c'est que le beau George, même s'il a un gros béguin pour moi, eh bien! son plus grand amour sur terre, sa plus folle passion, c'est...

Tous se penchent vers Gerda, suspendus à ses lèvres, même Jacqueline malgré sa répugnance devant un tel débordement. « Quelle peut être la folle passion de ce grand type musclé qui ne sait que sourire de ses trente-deux dents de lait géantes? »

— Eh bien! il est amoureux fou de son corps. Il se met nu devant la glace et peut rester là à s'admirer pendant des heures en faisant saillir un à un tous ses muscles, qui sont plutôt superbes pour son âge, il faut dire. Moi, je n'ai plus qu'à m'extasier. Ce n'est pas fatigant et ça le rend fou de bonheur. Récemment, il a déclaré qu'il est le type même de l'athlète grec classique. C'est pas mignon, ça? Il est amoureux de sa statue de marbre rose et blond. Il s'aime tellement qu'il en devient lyrique, et moi je me tords de rire. Discrètement, bien sûr. Je le trouve très beau, oui; mais il aurait comme un surplus de marbre accroché aux hanches et autour du nombril. Je ne le lui dis pas, ça lui ferait de la peine. Peut-être même que ça le rendrait impuissant.

Toute la tablée rit à gorge déployée à l'évocation du Narcisse vieillissant qui semble préférer sa propre contemplation aux prouesses amoureuses dans les bras de l'affriolante Gerda.

Jacqueline a l'air de prendre part à la gaieté générale, mais elle est de plus en plus contrariée. Elle sait que Gerda parle avec beaucoup d'aisance de tous les hommes qu'elle fréquente. Quand il s'agit d'hommes d'affaires, c'est un moindre mal, puisqu'il est rare qu'on retrouve les faits et gestes de ces messieurs dans les pages des journaux. Mais, pour ce qui est de Pierre, que Jacqueline aime beaucoup, ainsi que du beau George, là, c'est une tout autre affaire. Les deux sont en politique active et ont des ennemis féroces dans les partis adverses, chez les libéraux surtout, autant fédéraux que provinciaux, et Jacky sait pertinemment qu'un de leurs soupirants de la soirée est justement un libéral avoué qui entretient la caisse électorale du parti régulièrement et substantiellement. Elle se promet de faire de sérieuses remontrances à Gerda. Ce n'est pas la première fois qu'elle constate que son amie est ce qu'il est convenu d'appeler une grande gueule, mais ce soir elle vient de dépasser les bornes. Si son intervention n'est pas suffisante, elle devra prévenir Pierre Sévigny du danger réel auquel lui et ce paon de George Hees sont en train de s'exposer.

Sa soirée est résolument gâchée. Les bavardages de Gerda l'agacent au plus haut point. Elle prétexte une soudaine fatigue et s'éclipse dans la nuit froide. C'est assez d'émotions pour les vingt-quatre dernières heures. De plus, le libéral avoué avec lequel elles ont soupé ce soir est un des amis de son Édouard. C'est très bon pour son image de marque que d'afficher une conduite à la fois réservée et un brin mystérieuse. À la dernière seconde, elle a finement laissé entendre que son départ n'était pas motivé par la seule fatigue. On l'attend quelque part et il est déjà presque minuit.

Elle rentre chez elle en taxi, épuisée à l'avance par la tâche qui l'attend demain, au bureau des ingénieurs qui l'emploient. Jusqu'à ce jour, messieurs Lalonde et Valois ont fermé les yeux sur ses nombreuses absences, mais ne finiront-ils pas par se fatiguer de cette employée feu-follet? Elle se dit qu'il serait prudent qu'elle commence à se chercher sérieusement un autre travail. Ce soir, son optimisme est à zéro et elle s'inquiète pour Pierre. Sans trahir l'amitié qu'elle voue à Gerda, comment faire pour le mettre en garde contre son étourderie? «Ah! comme la vie est compliquée, parfois!» se dit-elle, en se jetant, fourbue, dans son lit. Elle avisera demain ou plus tard. Tout cela est si ennuyeux. Pour l'instant, il lui faut dormir en espérant que la princesse n'aille pas fourrer ses amis dans quelque pétrin.

Chapitre 5

Pendant que Jacqueline se fait du mauvais sang pour lui, Pierre se laisse aller à une certaine morosité. L'exaltation qui a suivi son élection et sa nomination au poste de ministre associé à la Défense est retombée à mesure que la lourdeur de la tâche se précisait. Il a l'impression de ne plus avoir une seule seconde à lui. Il est tenu d'assister aux débats quotidiens de la Chambre des communes, et ce, souvent deux fois par jour, et il a en plus le devoir, en tant que ministre, d'assister aux très nombreuses séances du cabinet, séances que le premier ministre convoque pour un oui ou un non et qui, très souvent, n'aboutissent à rien. John Diefenbaker s'avère l'homme le plus indécis, le plus tatillon de la planète et le chef d'État le plus méfiant qui soit vis-à-vis des ministres qu'il a pourtant choisis pour l'aider et le conseiller. Mais il n'écoute personne, ne délègue aucun pouvoir à personne et fait perdre son temps à tout le monde.

S'il n'y avait que cela, ce serait un moindre mal. Mais Pierre doit aussi prendre part à diverses commissions parlementaires tout en faisant partie du Conseil du Trésor canadien. Bref, il n'a plus le temps de souffler. De temps en temps, pas aussi souvent qu'il le voudrait, il réussit à s'échapper d'Ottawa pour venir à Montréal, sous prétexte de rencontrer ses électeurs du comté de Longueuil. Ce qui est en partie vrai, bien sûr, mais c'est aussi pour se changer les idées et voir d'autres têtes que celles des forçats du cabinet.

Comme c'est toujours la guerre froide avec Corinne depuis sa rencontre avec Gerda, ce qu'il préfère, ce sont les petits dîners qu'elle et Jacqueline lui préparent, tantôt chez l'une, tantôt chez l'autre. Il est ravi que les deux femmes soient devenues de grandes amies. Il sait que Jacky peut trouver des mots propres à tempérer les ardeurs amoureuses de Gerda, qui a tendance à se montrer impatiente et un peu trop fougueuse par moments. De plus, Jacky connaît bien Clou et elle est, comme lui, essentiellement pour la paix des ménages. Il arrive à oublier ses ennuis en compagnie des deux jeunes femmes. Et, comme Clou ne lui accorde maintenant que très peu d'attention, Pierre se sent moins coupable de la tromper. Il ne se l'avoue pas, mais il est mortifié de la froideur de Clou; aussi, de temps en temps, il passe seul auprès de Gerda des moments fort agréables, avec l'aimable complicité de Jacqueline, qui est femme à comprendre ces choses-là.

Par contre, il devra recommander à Gerda de téléphoner moins souvent au Ministère. Depuis qu'elle s'est mis en tête d'obtenir sa citoyenneté canadienne, elle l'appelle presque tous les jours et se plaint constamment que son dossier n'avance pas assez vite. C'est devenu lassant. Il aurait fallu, ma foi, qu'il la lui décroche en quelques heures, cette citoyenneté, et la dépose à ses pieds comme s'il s'agissait d'une vulgaire gerbe de glaïeuls commandée chez le fleuriste du coin. Il est bien prêt à lui donner des conseils, à l'aider à remplir les formalités d'usage et à faire quelques recommandations pour hâter les choses, mais il ne faut pas pousser. Il n'est pas Dieu le Père. Cependant, la diablesse réussit toujours à se faire pardonner en lui racontant avec humour les derniers potins du Tout-Montréal, ce qui le divertit et lui donne l'impression fugace de ne plus être enchaîné à Ottawa, la soporifique.

La dernière fois qu'ils se sont vus tous les trois, c'était chez Jacky, rue Durocher, un soir où il avait pu s'échapper rapidement d'un banquet commémoratif fort ennuyeux, au cours duquel il avait eu à prononcer un discours qui devait sûrement être du même poil. Il était arrivé à l'appartement de Jacqueline avec deux bouteilles de champagne. Les deux filles lui avaient fait la fête, et Gerda, très en verve, leur avait raconté par le menu ses amours avec un Mexicain qui voulait à tout prix l'épouser. Un industriel québécois très connu, Gilbert Ayers, les avait présentés l'un à l'autre. Le Mexicain semblait fort riche, et Ayers voulait l'intéresser à ses affaires et l'amener à investir dans ses usines de textile. Pendant les quelques mois qui avaient suivi, Gerda avait beaucoup voyagé avec le Mexicain et s'était bien amusée. Jusqu'au jour où elle s'était retrouvée seule, dans un hôtel de Washington, sans un sou, et tous ses bijoux, cadeaux de ses amants, envolés. Comble de l'horreur, on lui avait présenté une note d'hôtel de plus de trois mille dollars en prime! Elle avait discuté, parlementé, supplié tant et si bien que le gérant, ému aux larmes par cette histoire de séduction, vol et abandon, lui avait prêté deux cents dollars pour qu'elle puisse rentrer à Montréal. Gilbert Ayers, penaud, mais bien content de ne pas s'être embarqué financièrement avec le Mexicain en question, avait remboursé la dette de Gerda et lui avait offert un somptueux manteau de vison, afin d'effacer, avait-il déclaré, le souvenir de cette pénible aventure dont il avait été, en quelque sorte, l'instigateur.

C'était une de ces aventures rocambolesques dont Gerda avait le secret et qui mettait Pierre en joie. Il avait terminé la soirée dans les bras de la jeune femme et lui avait demandé, juste avant de s'endormir:

— Elle est vraie, ton histoire, ou tu as inventé tout ça pour m'amuser?

Gerda n'avait pas répondu; elle s'était contentée de roucouler comme une tourterelle en se serrant amoureusement contre lui. « Elle est délicieusement mythomane! » s'était-il dit en sombrant dans un sommeil de plomb. Cette nuit-là, il avait rêvé qu'il était le sultan des *Mille et Une Nuits* et que Gerda était sa Schéhérazade. Il n'avait dormi que quelques heures, mais d'un sommeil tranquille dont le chef du Parti conservateur était totalement absent pour une fois, ce qui était très, très reposant.

***

Arrive enfin le soir tant attendu du bal de la Saint-André! Ces dames sont, depuis deux jours, dans tous leurs états. La robe choisie par Gerda et payée par le beau George est vertigineusement décolletée et fort belle. Jacky rivalise d'élégance dans une tenue ravissante, mais beaucoup plus sobre, empruntée à une amie complaisante; petite cigale, elle se doit quand même de surveiller son budget.

La soirée est une réussite totale. Leurs chevaliers servants les couvrent d'orchidées, le champagne coule à flots et les deux amies sont très complimentées. Jacky aurait aimé rencontrer le beau George Hees et profiter de son intimité avec la princesse pour faire plus ample connaissance, mais il ne fait qu'une brève apparition au milieu du bal et disparaît, accaparé sans doute par des affaires pressantes. Gerda est moins déçue que Jacky. Elle est beaucoup trop occupée à s'amuser.

À l'aube, elles rentrent chez la duchesse, seules et passablement éméchées. Samedi midi, dès le réveil, la princesse est prise d'une rage de dents terrible. Jacky passe le restant de la journée à la dorloter et à la rassurer. Gerda a une peur bleue du dentiste. En raison d'une mauvaise alimentation pendant la guerre, ses dents sont en très mauvais état et lui occasionnent de multiples ennuis. Fort déprimée, elle confie à Jacky que, depuis quelque temps, elle sait que sa santé est compromise.

Peu après son arrivée au pays, elle a dû subir une hystérectomie et, un peu plus tard, l'ablation de la vésicule biliaire. Elle se sent perpétuellement fatiguée et a toutes les peines du mondc à démarrer ses journées avant treize ou quatorze heures.

— Je souffre d'anémie, paraît-il. Le docteur Baker m'a même dit que, si je ne fais pas attention, je risque de me retrouver avec une leucémie.

Jacky ouvre de grands yeux terrorisés.

— Bof! qu'est-ce que ça fait? J'ai toujours su que j'allais mourir jeune! laisse tomber Gerda avec un sourire tout en se pelant une magnifique orange. Tu vois bien que je fais quand même attention à moi. Je me bourre de vitamines. Tu en veux la moitié? Moi, je n'ai pas très faim, avec ce mal de dents.

Jacqueline n'a pas le cœur à lui demander si elle pense vraiment ce qu'elle vient de dire. C'est le genre de sujet qui l'angoisse au maximum. Elle-même se voit morte à quarante ans. Mourir de leucémie dans la fleur de l'âge? Après tout, pourquoi pas? C'est une mort plutôt romantique. Troublée, elle se contente de surenchérir sans grande conviction:

— Il vaut mieux mourir jeune; c'est ce que je souhaite aussi. Nos amants ne nous verront jamais vieilles et décrépites.

Ce qui reste de l'après-midi, elles le passent à jouer à la canasta en écoutant les chansons d'Édith Piaf, dont la duchesse raffole. Vers dix-sept heures, Pierre téléphone. Il veut savoir si les deux Cendrillon se sont bien amusées au bal auquel il n'a pu assister et les invite à le rejoindre au 400, où il dînera ce soir avec des amis. Il part demain pour le Mexique et il serait ravi qu'elles viennent lui souhaiter un bon voyage. À la surprise de Jacky, Gerda accepte malgré sa furieuse rage de dents. Quand il s'agit de sortir, de voir Pierre et de s'amuser, elle réussit toujours à trouver des trésors d'énergie.

— Je vais me bourrer d'analgésiques et je vais péter le feu! assure-t-elle en riant.

Pendant qu'elles se font belles pour sortir, la princesse papote joyeusement comme si elle n'avait jamais été souffrante.

— Tu sais ce que j'aimerais pour la Noël qui vient?

Non, la duchesse ne sait pas, mais tout indique qu'elle ne tardera pas à l'apprendre.

— Je voudrais que Pierre m'aime comme un fou, divorce et m'épouse. Je séduirais tous les gens qu'il faut et je l'aiderais à devenir premier ministre du Canada. Je ferais campagne avec lui. Je le suivrais partout. Ce serait formidable, non?

Jacky acquiesce. Formidable, mais elle doute que ce soit là le cadeau rêvé pour Pierre. Il faudrait d'ailleurs qu'elle lui parle seule à seul, à celui-là. Elle a bien tenté de prévenir la princesse qu'elle était trop bavarde en ce qui concernait ses amants les plus éminents, mais Gerda ne semble pas comprendre la portée de certains petits secrets d'alcôve qu'elle juge des plus anodins. « Quel mal y a-t-il à cela? C'est vrai que je les connais et ça me fait plaisir de dire que ce sont mes amis; ça me flatte. Et je ne dis que des choses gentilles à leur sujet. C'est même excellent pour leur image de marque, et ça ne fait de mal à personne. »

Voyant des larmes de frustration perler aux cils de son amie, Jacqueline n'a pas eu le courage de continuer. Elle a lâchement laissé tomber le sujet. Mais, plus le temps passe, plus elle sent qu'il faut faire quelque chose. Quoi exactement? Elle ne le sait pas très bien. Elle attend une subite inspiration.

***

Un dimanche, à quatre heures du matin, la sonnerie du téléphone réveille Jacqueline, couchée depuis peu. Au bout du fil, elle entend la voix d'une Gerda survoltée qui laisse éclater une joie enfantine.

— Devine où je suis, devine avec qui je suis, devine ce qui m'arrive!

Jacky murmure qu'elle ne se sent pas d'humeur à jouer aux devinettes. Elle vient d'être arrachée à son premier sommeil et elle a déjà toutes les peines du monde à tenir l'appareil.

— Baisse un peu le volume et raconte lentement, ça me donnera le temps de me réveiller un peu.

— Je suis chez Gilbert Ayers, à Lachute. Tu sais, le millionnaire! Je t'en ai déjà parlé. C'est lui qui m'a offert mon manteau de vison.

Jacky a en effet souvent entendu parler de Gilbert Ayers au cours des dernières années. Récemment, la princesse lui a dit le connaître assez intimement et avoir été invitée chez lui à plusieurs reprises. Ce monsieur a la réputation de toujours se montrer très généreux envers ses fort nombreuses conquêtes. Malheureusement, Jacky ne l'a pas encore rencontré.

— En ce moment, il dort; j'en profite pour t'appeler. Moi, je suis bien trop excitée pour dormir. C'est fabuleux, ce qui m'arrive.

Jacky reprend peu à peu ses esprits.

— Bon, tu es avec Gilbert Ayers à Lachute! Mais tu serais gentille de commencer par le commencement. Il me semble que ça faisait un bon moment que tu ne l'avais pas revu, celui-là.

— Oh! c'est très simple. Je lui ai envoyé une carte de souhaits pour son anniversaire il y a quelques jours.

Gerda a l'habitude d'inscrire scrupuleusement dans un petit carnet qu'elle consulte régulièrement les dates de naissance de tous les gens qu'elle aime bien. Elle n'oublie jamais de faire parvenir ses vœux aux intéressés au moment opportun; c'est un excellent moyen de se rappeler à leur bon souvenir. Jacky s'est même empressée de faire sienne cette charmante habitude.

— Hier, il m'a téléphoné pour m'inviter à dîner chez *Ruby Foo's*. Ma carte lui a causé un très vif plaisir. Pour me remercier de ma délicate pensée – ce sont ses mots à lui –, il m'a offert le plus joli bracelet en or qu'on puisse imaginer et des boucles d'oreilles exquises, avec des diamants, ma chère! J'étais folle de joie, tu t'en doutes bien! Je ne m'attendais pas à une surprise pareille. Il m'a ensuite emmenée ici, où il avait fait livrer des douzaines et des douzaines de roses rouges. Tu ne peux pas imaginer. C'est un prince, cet homme-là! Je croyais rêver! Je pense que c'est le parfum des roses qui m'empêche de dormir. Il y en a tellement, j'en ai la tête qui tourne! Gilbert est un adorable fou. Jacky, il faut absolument que tu le rencontres, il est fantastique!

Cette fois, Jacqueline est réveillée pour de bon, mais elle doit se pincer pour être certaine qu'elle ne rêve pas. Bien sûr qu'elle a envie de rencontrer un être aussi exceptionnel! Bien sûr que le plus tôt sera le mieux, aujourd'hui, si possible! Elle s'apprête à en faire la suggestion à la princesse, qui cependant ne lui laisse pas le temps de placer le moindre mot, emportée qu'elle est par un délire verbal qui doit sans doute beaucoup à tout le champagne qu'elle a ingurgité durant les dernières heures.

—Tu sais ce qu'on va faire? Dès que Gilbert se réveillera, je vais lui demander de passer te prendre à ton appartement et on va continuer la fête tous les trois ensemble. Je suis certaine qu'il va être enchanté. Je lui ai tellement parlé de ma Jacky que, pour lui, c'est comme si tu étais ma sœur. Qu'est-ce que tu en dis?

—C'est formidable! Époustouflant! Ma princesse, tu es une reine, une impératrice! Tu es somptueuse et je t'adore. Tu mérites tout le bonheur qui t'arrive. Je suis tellement transportée de joie que je ne pourrai plus fermer l'œil de la nuit.

—Je te rappelle plus tard pour te dire à quelle heure on passe te prendre. Je t'embrasse très fort. Tâche de dormir un peu, je veux que ma sœur soit belle comme un ange.

Elle a raccroché. Le téléphone à la main, Jacqueline reste un long moment sans bouger à écouter le silence de la nuit, puis, soudain attristée, elle repose lentement le combiné. Ah! comme elle envie la princesse de s'être trouvé un tel prince charmant, et à seulement quelques jours de Noël! Pendant la période des Fêtes, elle ne verra pas son Édouard qui, comme d'habitude à cette époque, se consacrera corps et âme à sa famille. Elle sait à l'avance à quel point la présence d'un amoureux plein de prévenances lui manquera. Un millionnaire, quel joli cadeau de Noël! Un millionnaire! Heureusement que la princesse pense à elle, sinon, qui le ferait? Elle va passer le plus beau Noël de sa vie auprès de sa chère princesse. Elles vont s'inventer un monde de féerie. Avec Gerda, Jacky en est convaincue, tout devient possible. Elle se rendort rapidement, le sourire aux lèvres.

Gerda rappelle vers onze heures pour prévenir Jacky qu'elle et Gilbert passeront la prendre à son appartement vers treize heures. Ils iront ensemble déjeuner chez *Ruby Foo's*, où l'atmosphère est sensationnelle durant la période des Fêtes.

Tout se passe admirablement bien pendant cette première rencontre. Le bracelet et les boucles d'oreilles de Gerda sont de pures splendeurs et Gilbert est, à l'évidence, charmé d'être en si plaisante compagnie. Comme il a le cœur à la fête, il commande en abondance les mets les plus exotiques et les plus raffinés, et le champagne coule à flots. Au dessert, il extirpe de son portefeuille une liasse de beaux billets de cent dollars tout neufs, qu'il glisse dans le décolleté de Gerda en souriant.

—Voilà pour ton petit Noël, mon ange. Profitez-en pour vous gâter un peu, toutes les deux.

Après quoi, il s'éclipse très vite. Il est attendu Dieu sait où et il est déjà en retard. Devant des cafés très spéciaux et bien crémeux, les deux amies se mettent à inventorier les petites folies qu'il est possible de s'offrir avec ces bouts de papier qui, l'air de rien, totalisent un bon mille dollars.

Il est par contre bien difficile de faire une razzia dans les magasins un dimanche, se désolent-elles en chœur.

Qu'à cela ne tienne, Jacky a une amie propriétaire d'une boutique de mode rue Saint-Hubert, et cette amie, par chance, habite juste au-dessus de sa boutique. Elle court lui passer un coup de fil et, rayonnante, revient annoncer à Gerda que Josette, propriétaire de *Ma belle amie*, est prête à les recevoir discrètement. Elles pourront acheter tout ce qui leur tombera dans l'œil. Faire des emplettes en fraude un dimanche n'est pas pour leur déplaire. Elles se sentent délicieusement délinquantes.

Elles se jettent dans un taxi et déboulent chez la Josette en question. Là, elles s'en donnent à cœur joie. Elles essaient tout ce qui leur semble digne de leur petite fortune. Généreuse, Gerda offre à la duchesse un ravissant tailleur en mohair lie-de-vin, des plus seyants, et un chemisier de soie assorti. Elle-même se couvre de déshabillés froufroutants et de lingerie fine, sa passion. Josette est ravie. Ce dimanche s'avère pour elle très lucratif. Les deux amies repartent les bras chargés de paquets et terminent la soirée chez la duchesse à essayer leurs nouveaux atours et à se pavaner devant tous les miroirs de l'appartement. Elles en oublient de dîner, ce qui est excellent pour leur ligne.

***

Les quelques jours qui précèdent Noël s'annoncent déments comme d'habitude. Les innombrables courses à travers la ville et les préparatifs de dernière minute engloutissent les quelques heures laissées libres par le travail et les célébrations entre collègues ou avec les meilleurs clients. Jacqueline est absolument débordée. Chaque année à cette époque, elle a l'habitude d'aller passer quelques jours auprès de sa famille qui habite à la campagne, à Saint-Laurent-du-Fleuve, tout près de Sorel, et de célébrer le Nouvel An avec eux. C'est pour elle l'occasion de voir ses nombreux neveux et nièces et de jouer les généreuses tatas-gâteaux, rôle qu'elle adore tenir.

Cependant, cette année, elle est un peu inquiète à la pensée de laisser la princesse seule à Montréal. Devant l'instabilité émotive grandissante de Gerda, elle se sent investie du rôle de grande sœur protectrice. Depuis quelque temps, la princesse est sujette à des périodes d'abattement ponctuées de fréquentes crises de larmes, immédiatement suivies de périodes de joie démesurée. Le temps des Fêtes semble faire monter en elle une sorte de fièvre qui ressemble fort au mal du pays. La duchesse serait bien prête à emmener sa princesse avec elle pour lui faire partager la chaleur et la simplicité familiales. Les promenades dans les bois et les jeux dans la neige avec les enfants lui feraient le plus grand bien. Mais Gerda ne veut rien entendre. Elle projette de revoir Gilbert qui rentre sous peu de voyage, et George, peut-être. Ils sont tous les deux si généreux! Et Pierre aussi, s'il peut trouver un petit moment à lui consacrer. Elle n'en démord pas, elle l'aime toujours, celui-là. De plus, elle déclare détester la présence des enfants.

—Je n'en aurai jamais, d'enfants, moi. Quand j'en ai autour de moi plus de cinq minutes, j'ai envie de faire une crise. Je déteste les gens qui ont des marmots. Les familles nombreuses, ça me révulse. Je trouve ça indécent. Alors, six morveux d'un coup pendant trois ou quatre jours, je finirais par les assassiner. Et je tuerais les parents aussi!

Cette déclaration sauvage s'était terminée par une crise de larmes qui avait duré une bonne heure, et Gerda avait refusé de s'expliquer sur cet orage subit. Jacky n'avait pas insisté. La princesse avait ses nerfs, comme on dit.

L'avant-veille de Noël, Gerda réussit à arracher à Pierre une soirée entière. Il vient expressément de Mont-Tremblant, où il a installé sa petite famille pour des vacances de neige et il est enchanté de passer la soirée avec les deux amies. Elles ont décidé d'organiser un réveillon en son honneur. Gerda s'est mise aux fourneaux et concocte un délicieux repas allemand: choucroute garnie dans la plus pure tradition, bière allemande ou champagne, au choix, et forêt-noire bourré de crème fouettée. Jacky s'amuse à décorer royalement l'appartement de la princesse, trop exigu pour accueillir le traditionnel sapin. Pierre arrive avec des petits paquets et une énorme gerbe de fleurs, ce qui ajoute à l'euphorie qui règne déjà.

Toute la soirée se passe en fous rires et en bavardages à bâtons rompus. Pierre remet à chacune de ces dames un joli souvenir de son récent passage à Mexico. Gerda pleure de joie devant une fort jolie bague en argent ornée d'une pierre bleue intense du plus bel effet, et Jacky reçoit un calendrier aztèque monté sur médaillon. Pierre sait que toutes deux adorent les petits cadeaux. Ceux-là sont bien modestes à côté des présents somptueux de certains de leurs admirateurs, mais c'est la pensée qui compte, n'est-ce pas? Il est en tout cas certain que Gerda n'est pas après lui pour son argent. Il n'a absolument pas les moyens de la gâter et elle ne s'en est jamais plainte.

Au contraire, ce soir, elle est en extase devant la bague mexicaine de quelques dizaines de dollars. Elle adore ce bleu lapis-lazuli. Le bleu a toujours été sa couleur préférée. La bague est un peu grande, mais tant pis, elle fera corriger ce léger détail.

—Je la porterai jour et nuit, assure-t-elle, comme si c'était une bague de fiançailles.

Au milieu de tout ce verbiage inconséquent, Jacky profite de la présence de Pierre pour glisser à Gerda quelques mots sur la nécessité d'être plus discrète en ce qui concerne sa tendre et très particulière amitié avec Pierre. C'est la première fois qu'elle aborde la question alors qu'ils sont tous les trois réunis. Elle espère bien que Pierre va sauter sur l'occasion pour convaincre la princesse de cesser de plastronner comme elle le fait un peu partout. Mais il ne semble pas vouloir réagir, et Gerda, une fois de plus, n'accorde aucune attention aux subtiles suggestions de son amie.

—Quel mal y a-t-il à mentionner le nom des gens

qu'on estime particulièrement? Dans mon pays, on parle ouvertement de ces choses-là. Je trouve qu'il règne ici une hypocrisie stupide et malsaine, voilà!

Elle jure ses grands dieux qu'elle n'a jamais laissé croire à quiconque qu'il pouvait y avoir, entre Pierre et elle, autre chose qu'une très profonde affection. Elle aime trop Pierre et elle est trop consciente de l'importance de son poste au gouvernement pour dire ou faire quoi que ce soit qui puisse lui nuire.

— Vous me prenez pour une imbécile ou quoi? s'exclame-t-elle, le rouge aux joues et une noire colère dans les yeux. Est-ce ma faute à moi si les gens voient le mal partout? Il suffit de dire qu'on connaît quelqu'un pour que tout le monde se mette à imaginer les pires turpitudes. C'est tout bonnement répugnant!

Des larmes se mettent à couler sur le visage tantôt si radieux de la princesse et, en quelques secondes, la voilà qui sanglote. Jacky s'en veut horriblement d'avoir fait du chagrin à son amie en cette soirée de réjouissances. Pourtant, elle n'est pas folle, elle n'affabule pas, Gerda a déjà eu, en sa présence, des propos plus qu'équivoques.

Elle se tourne vers Pierre qui, perdu dans ses pensées, caresse distraitement la main que Gerda vient de glisser dans la sienne. Il est tout à fait au courant de la situation. Deux ou trois de ses amis l'ont averti que Gerda parlait trop de ses amants en public. Pourtant, ce soir, il se fout complètement de ce qu'elle a pu raconter à la terre entière. Il a juste envie de se détendre, de jouir du sourire de Gerda, et de sa joyeuse sensualité. Il fait un signe apaisant à Jacky, qui finit par se convaincre que cela ne la regarde pas et qu'elle s'inquiète pour rien. Après tout, Gerda n'a pas une once de méchanceté, bien au contraire.

La princesse se serre affectueusement contre Pierre, et la soirée redémarre de plus belle. Bientôt, tous les trois repus, ivres de champagne et de Drambuie, ils se jurent une amitié et une confiance éternelles.

***

Le 24 décembre, les deux amies ont rendez-vous au *Hunt Club*, leur restaurant favori de l'hôtel *Mont-Royal*, pour le repas du midi. Elles y déjeunent en compagnie des habitués et reçoivent avec délectation comme il se doit les étrennes de leurs admirateurs. Un de leurs amoureux remet à chacune un chèque-cadeau de cent dollars de la bijouterie *Birks*, ce qui est tout à fait charmant. Un autre les couvre de fleurs. Elles reçoivent aussi des flacons de parfum et quelques jolis colifichets. En fin d'après-midi, chacune repart avec, en plus, une bouteille de mousseux, cadeau de la maison.

Elles se disent au revoir en pleurant. Jacky a décidé d'aller passer quelques jours dans sa famille, ce qui, espère-t-elle, lui remettra les idées en place. Gerda l'a beaucoup accaparée ces derniers temps, et la duchesse a l'impression qu'elle ne vit plus que par procuration. Elle se dit aussi qu'à la campagne elle respirera un peu du même air que son Édouard et elle sera plus près de lui si jamais il décidait soudain de ne pas partir rejoindre sa famille en Floride, comme il le fait presque chaque année. Quand les deux amies se reverront, ce sera le début de l'année 1960. Elles prévoient que ce sera l'année des grandes réalisations, tant professionnelles que sentimentales.

—Je vais obtenir ma citoyenneté et, tu vas voir, moi aussi je vais me tailler une belle carrière. On pourrait partir quelque chose ensemble. Dans les relations publiques, par exemple! On serait nos propres patrons. Ça, ma chérie, ce serait l'idéal. Allez, va-t'en jouer les tatas-gâteuses! Moi, je vais travailler d'arrache-pied à notre bonheur futur.

Chapitre 6

LE retour à la réalité besogneuse est dur pour Jacqueline. Elle a pourtant pris de bonnes résolutions pour la nouvelle année, celles d'être plus assidue à son travail, de convaincre Gerda de se montrer plus discrète au sujet de ses amants et d'amener Édouard à l'inviter quelque part au soleil avant la fin de l'hiver. Ce dernier projet est même fort joliment amorcé. Contre toute attente, entre Noël et le jour de l'An, elle a réussi à joindre son chéri au téléphone à son bureau de Sorel et il a presque promis de faire naître l'occasion d'une escapade. Si Jacky veut obtenir des vacances de ses patrons, elle a intérêt à mettre les bouchées doubles.

Il est presque vingt-deux heures quand elle quitte les bureaux de Lalonde et Valois ce soir-là. Elle a rendez-vous avec la princesse à *La Tour Eiffel* pour un dîner en tête-à-tête. Après une semaine de séparation, elles ont des tas de choses à se raconter. Gerda n'a pas cessé de faire la fête, paraît-il. Charles-z-Hubert, qu'elle a rencontré plusieurs fois, refuse toujours de la nommer autrement qu'Olga Monseigneur, et cela crée une certaine confusion partout où ils se retrouvent tous les deux. Elle a lunché tous les jours au *Hunt Club*, qu'elle aime de plus en plus fréquenter parce qu'elle en connaît maintenant tous les habitués et qu'on y est aux petits soins pour elle.

—J'ai eu une idée amusante. Quand on se retrouve tous ensemble le midi, toi, Édouard Simard, son frère Joseph et leurs collaborateurs de Marine Industries Ltd, la table qu'on occupe est toujours ronde. J'ai décidé de former le club des Chevaliers de la Table ronde. Qu'est-ce que tu en penses? J'ai même fait faire du papier à lettres et des enveloppes chez *Birks*, à l'en-tête de notre nouveau club. Regarde comme c'est beau!

Devant Jacky impressionnée, elle étale des feuilles de papier vélin teinté d'un gris perle délicieux, sur lesquelles est imprimé en lettres bourgogne *Les Chevaliers de la Table ronde*. Avec les enveloppes appareillées, c'est d'un chic fou.

—Mais c'est absolument ravissant! Quelle bonne idée! Les nouveaux Chevaliers vont être très flattés. On pourra se laisser de petits mots partout. On va bien s'amuser. Princesse, tu as toujours de merveilleuses idées.

—C'est ma surprise du Nouvel An. Demain midi, je nous baptise et je fais la distribution.

Elles se quittent tôt. À minuit pile. À cause des résolutions de la duchesse.

—Ce que tu peux être vieille fille et casse-pieds, parfois, grogne la princesse en l'embrassant, mi-boudeuse, mi-rieuse. Mais j'aurais tort de m'en faire. Dans une semaine, tu auras tout oublié de tes supposées bonnes résolutions!

Le lendemain midi voit l'intronisation des Chevaliers de la Table ronde. Ces messieurs sont absolument ravis. Ils décident de fêter longuement et avec faste cet heureux événement, et la décision de Jacky d'apporter plus de sérieux à son travail prend illico le chemin des oubliettes. Gerda pérore plus que jamais.

Elle a revu George qui, assure-t-elle, se montre de plus en plus amoureux. Il a fait en train le trajet Ottawa-Montréal et Toronto-Montréal à plusieurs reprises pour passer quelques heures délirantes en sa compagnie et il a promis qu'à leur prochain rendez-vous il l'enverra chercher en limousine du gouvernement. Elle raconte aussi combien Pierre s'est mis à détester Diefenbaker et ses politiques tatillonnes. Ne sachant comment contrôler son amie, Jacky se promet de servir un sérieux avertissement à Pierre et même de lui conseiller amicalement de ne plus voir Gerda. La belle se consolera rapidement, elle en est sûre, prise comme elle l'est au milieu de toute une armada de soupirants.

Cette même semaine, Édouard Simard remet en catimini à Jacqueline, éperdue de bonheur, un billet d'avion pour Miami. Départ le 12 février. Jacky manque l'étouffer de baisers devant tout le monde.

— Ce n'est pas si facile de toujours se montrer discrète et réservée! lui susurre à l'oreille une Gerda moqueuse.

Un soir, elles retrouvent Pierre au restaurant *La Régence* de l'hôtel *Windsor* pour dîner, mais elles le quittent rapidement. Elles ont une autre invitation qu'il est indispensable de ne pas rater, un cocktail au *Ritz*, suivi d'une parade de mode de Christian Dior.

— Pierre est beaucoup moins fougueux depuis quelque temps. Un peu d'indépendance va peut-être raviver sa flamme! déclare Gerda, mordante et pleine d'entrain.

Jacqueline a, elle aussi, remarqué qu'il ne semble pas au meilleur de sa forme. Elle se promet de l'appeler le lendemain. Elle doit le mettre en garde de façon formelle, bien que ce ne soit pas de gaieté de cœur. Elle a toujours su faire la part des choses dans le domaine des amours irrégulières. C'est pourquoi elle a des relations durables dans tous les milieux, autant politiques que d'affaires, et du côté libéral comme du côté conservateur. Dernièrement, certains de ses meilleurs amis lui ont déclaré avoir de sérieuses restrictions en ce qui concernait son amie Gerda. Une de ses connaissances l'a même traitée de grande gueule et de fautrice de troubles, ce qui, sur le coup, a énormément choqué Jacqueline, qui se fait le défenseur de sa princesse en toute occasion. Elle se voit pourtant forcée d'admettre que ce monsieur au vocabulaire déplorable a, hélas! un peu raison. Édouard lui a même dit récemment:

—Ta petite amie est bien divertissante, mais elle ne serait pas un peu tête de linotte? Sois prudente, elle est du genre à vous attirer les pires ennuis.

Quand elle en parle enfin à Pierre, un soir où elle l'a prié de venir la rejoindre chez elle à n'importe quelle heure, il prend un air excédé.

—Je sais, je sais, tu n'es pas la première à me mettre en garde. Gerda raconte tout sur ses autres amants et je suis conscient qu'elle ne doit pas se priver de parler de moi et de George. Elle croit que c'est le devoir des autres de se montrer discrets. Par contre, tu as sûrement remarqué que je la vois de moins en moins depuis un bon bout de temps. Mais que veux-tu, Jacky? J'ai une petite faiblesse pour elle. Elle me détend; elle m'amuse.

Sa décision est pourtant prise. L'aventure avec la jolie Gerda est bel et bien terminée. Ils vont simplement rester bons amis. Il n'a plus tellement le cœur à la bagatelle, ayant bien d'autres chats à fouetter, ne serait-ce que d'empêcher son mariage de sombrer corps et biens. Il a réussi à convaincre Corinne de venir s'installer à Ottawa avec les enfants en lui promettant de son côté d'accorder plus de temps à sa famille. Clou, qui elle aussi a senti la soupe chaude, a accepté de faire une tentative jusqu'aux vacances d'été. Depuis, ils essaient de replâtrer vaille que vaille une union qu'ils avaient laissée s'effriter depuis trop longtemps déjà. Bref, comme il l'explique à Jacky, les petites affaires de couchette ne sont pas les bienvenues par les temps qui courent.

Pierre est sur le pas de la porte et s'apprête à partir quand Jacky reçoit un appel de la princesse qui lui annonce tout de go qu'elle projette un voyage en Allemagne.

—Tu pars pour la Floride avec ton Édouard? Alors, j'ai décidé de partir moi aussi. Je vais aller rendre visite à mes parents adoptifs et en profiter pour revoir mon petit village. William O'Bront me paie le voyage. Obie adore faire plaisir et il a si bien insisté que j'ai accepté. Je n'avais aucune raison de refuser, d'ailleurs. Je pars le 7 février. Je lui ai raconté toute l'histoire, tu sais, quand j'ai cru les Hager morts dans un accident. Ça l'a bouleversé; le pauvre, il est très sensible. Je serai de retour début mars. La prochaine fois, c'est ensemble toutes les deux qu'on ira en Allemagne.

— C'est une excellente idée, ma chérie; mais est-ce que je peux te rappeler? Je ne suis pas seule.

— Viens plutôt me rejoindre dès que ton galant sera parti. Tu dormiras chez moi.

L'idée plaît à Jacky. Elle promet de ne pas arriver trop tard et raccroche.

— Chère Gerda, elle s'est trouvé quelqu'un pour lui offrir un petit voyage en Allemagne, dit Jacky, admirative. William O'Bront. Tu le connais, je pense?

— Bien sûr, que je le connais! C'est lui ou un de ses amis qui m'a présenté Gerda. Il m'a aussi beaucoup aidé dans mes campagnes électorales. C'est un garçon charmant et toujours prêt à rendre service. Ce que tu dis ne m'étonne pas: il est très généreux et il adore les jolies femmes.

Pierre décide de rester pour prendre un dernier verre, et tous les deux se réjouissent de ce qui arrive à Gerda. Elle sait drôlement bien se débrouiller pour obtenir tout ce qu'elle désire, celle-là!

— Sauf pour obtenir de toi que tu divorces et que tu l'épouses, mon cher! Savais-tu que c'est le rêve secret de Gerda? Elle t'aime, Pierre, et se débat comme elle peut pour ne pas souffrir. Elle en fait même un peu trop, parfois.

— Tu sais bien qu'il n'en a jamais été question. Qui, à Montréal, épouserait Gerda, à moins de vouloir se laisser pousser les cornes hautes comme ça? La ville entière est passée dans son lit. Elle est adorable, mais disons qu'elle est un peu trop voyante. Ou trop volage, pour une épouse.

Pierre dépose Jacqueline chez Gerda, qui l'attend avec impatience. Tard dans la nuit, elles en sont encore à faire des listes de tout ce qu'elles apporteront en voyage. Gerda prête à Jacky des tenues de plage, des shorts et des pantalons de toile, ainsi qu'une robe du soir affriolante, seul vestige de son aventure avec son drôle de coco mexicain.

— Si, après t'avoir vue dans cette robe, ton Édouard ne décide pas de divorcer et de t'épouser, ce type est mûr pour l'asile ou c'est un impuissant, au choix. Que veux-tu que je te rapporte d'Allemagne, ma chérie?

— Je ne sais pas, un petit souvenir tout simple et typiquement allemand me ferait plaisir. Je ne veux pas que tu fasses de folles dépenses pour moi.

— Bof! l'argent, ce n'est pas ce qui me manque en ce moment. L'argent, c'est fait pour rouler, ma belle! C'est quand on le dépense qu'il nous en arrive davantage et toujours plus. C'est l'effet boule de neige qui conduit à l'avalanche.

Elle s'esclaffe. Jacky est un peu étonnée. D'où vient sa subite aisance? Elle connaît le côté cigale de Gerda. Elles ont parfois toutes les deux des fins de mois difficiles, et Gerda se plaint toujours qu'elle ne peut se payer ceci ou cela, faute d'argent. Et voilà que soudain... Mais la duchesse est trop discrète pour poser des questions. Si Gerda veut lui confier d'où vient la manne, tant mieux, sinon...

— Tu me feras une surprise. Tu sais comme j'adore les surprises!

***

Quelques jours avant le départ de Jacky pour Miami, Gerda s'apprête à s'envoler vers l'Allemagne. Une énorme limousine crème avec chauffeur vient les prendre toutes les deux chez la princesse, qui a tenu à ce que la duchesse puisse constater de visu la magnificence de son départ.

La limousine est la propriété du généreux monsieur O'Bront. Lui n'est pas de la balade, mais son chauffeur, Léo Robidoux, lutteur à la retraite, parle de lui sans arrêt:

— Moi, parole d'honneur, j'me ferais couper un bras pour cet homme-là! Faut pas dire du mal de monsieur Obie devant moi, j'suis capable de tuer. C'est plus qu'un frère pour moi, c'est toute ma famille. Si vous êtes ses amies, vous êtes mes amies. J'ai peur de rien ni de personne, moi, les p'tites filles. Avec moi, y peut rien vous arriver.

Il vaut mieux, en effet, être de ses amies, car le bonhomme est immense. Musclé comme un déménageur, il a une de ces mines qu'on qualifie de patibulaire sans la moindre exagération. Sur les coussins de cuir fauve, Jacky éprouve un délicieux frisson de terreur contrôlée. Elle se demande comment peut bien être dans l'intimité le riche propriétaire d'un si curieux attelage.

Chapitre 7

Trois semaines plus tard, les deux amies se trouvent de nouveau réunies chez Jacqueline. Très curieusement, la princesse est avare de détails sur les événements qui pourraient avoir marqué son séjour dans son pays. À Jacqueline qui la presse de questions, elle finit par répondre avec une pointe d'amertume:

— Oh! tu sais, c'est très compliqué, ma situation, là-bas. Je suis bien contente d'être de retour. Il faut que j'obtienne ma citoyenneté canadienne et que j'arrête de me sentir toujours écartelée entre ici et l'Allemagne, entre le passé et le présent. Chez moi, c'est ici, maintenant. La page est tournée. N'en parlons plus.

Elle retrouve rapidement toute sa gaieté et paraît sereine malgré tout. Elle offre à Jacky deux très belles bagues en vieil argent et un splendide chandail autrichien tricoté main. Elle a aussi rapporté des tas de jolis souvenirs pour les messieurs de sa vie. Elle a même dans ses bagages une courte culotte bavaroise en peau de chamois vert pistache qu'elle destine au beau George Hees.

— C'est lui qui a les plus beaux mollets du troupeau, dit-elle en riant aux éclats.

Pierre recevra une épingle à cravate ornée d'une perle

baroque magnifique, et chacun de ses autres soupirants aura sa babiole. La princesse sera fêtée comme il se doit et, comme un petit cadeau en attire un autre… La princesse est aux anges.

— Et toi, ta lune de miel en Floride? Raconte!

Jacky se demande si elle doit dire toute la vérité sur son voyage d'amour.

— Oh! tu sais ce que c'est, hein? Là-bas, comme d'habitude, Édouard a été extrêmement pris par ses affaires. On a eu quelques bons moments, mais c'est bien trop court, une semaine. Il n'a pas parlé de divorce et moi non plus. À quoi bon? Sitôt rentré, il repartait pour un long séjour en Europe avec sa femme. Mais le voyage m'a quand même valu de rencontrer un architecte italien qui vit à New York, qui voyage beaucoup et qui est un amour. Il s'appelle Aldo Cassini. Une vraie fête de tous les sens, cet homme-là! Édouard l'a invité un soir. Je suis tombée pâmée raide à la minute où je l'ai aperçu. Il va s'occuper de la construction d'une nouvelle clinique, ici même, à Montréal. Édouard Simard est cocu, et c'est tant pis pour lui. J'attendais trop de ce voyage tout en sachant bien que ce serait comme d'habitude. Au fond, c'est cuit, notre histoire. Je l'aimerai toujours, mais il serait temps que je regarde sérieusement ailleurs.

— Enfin! s'exclame Gerda. Elle devient plus intelligente! Je suis assez contente que tu te réveilles. Tu vas me le présenter, ton Aldo? Est-ce qu'il est marié? J'espère qu'il est riche.

Jacky a un large sourire de satisfaction.

— S'il n'est pas déjà très riche, crois-moi, ce ne sera plus très long.

Comme à leur habitude, quand elles ont un sujet passionnant à débattre, les deux amies tirent des plans sur la comète pendant une bonne partie de la nuit. Elles envisagent de louer ensemble un très grand appartement au centre-ville. Elles pourraient y organiser leurs joyeuses petites réceptions beaucoup plus souvent et partageraient tous leurs moments de solitude. Depuis un certain temps, Jacky est taraudée par une envie folle d'envoyer promener son travail de comptable chez Lalonde et Valois. Plus que jamais auparavant, confie-t-elle à la princesse, elle aspire à une occupation plus prestigieuse et surtout elle s'est mis dans la tête de voyager, de voir de nouveaux visages et d'affirmer son indépendance.

— Pendant mes voyages, tu aurais l'appartement pour toi toute seule et, à mon retour, on aurait des tas de choses passionnantes à se raconter. On n'aurait jamais l'impression de se marcher sur les pieds, puisque, chacune de notre côté, on aurait de grandes plages de solitude. En fait, c'est nous qui formerions le vrai couple idéal.

Elles finissent par s'endormir d'épuisement après avoir échafaudé les plans les plus fous et bâti les châteaux les plus somptueux dans le monde mythique qu'elles recréent sans cesse et qui leur permet de s'évader de la réalité quotidienne.

— Si Édouard Simard me veut, dit la duchesse d'une voix alourdie de sommeil, il devra venir se traîner à mes pieds à l'autre bout du monde.

Elle ajoute avec un sourire de voluptueuse revanche:

— Et en pleurant!

***

Les Chevaliers de la Table ronde recommencent à se réunir tous les midis ou presque. Édouard est en Europe, mais son frère aîné, Joseph, est de plus en plus assidu à la table de la petite confrérie. Joseph est un homme désespérément timide. Il fait donc très timidement un brin de cour à Jacky, qu'il appelle fort galamment son rayon de soleil.

— Celui-là, il est veuf! fait remarquer Gerda. Il n'a pas l'abattage d'Édouard, j'en conviens, et il est pas mal plus âgé. Mais il est tout ce qu'il y a de plus libre, lui! Qu'est-ce que tu attends pour l'encourager?

Un midi, le fils de Joseph, Jean Simard, fait son apparition au *Hunt Club*. Jacky le présente à la princesse qui déploie aussitôt des trésors de charme, et le beau Jean devient lui aussi un assidu du restaurant de l'hôtel *Mont-Royal*.

— Celui-là, il me le faut! déclare un jour Gerda. Et toi, ma belle, tu mets la patte sur son papa. Il faut en profiter avant le retour d'Édouard, sinon tu n'auras plus le courage. Tu imagines le merveilleux quatuor qu'on ferait? Je nous vois d'ici. Et, dans un avenir pas trop lointain, tu seras veuve, ma chérie. Et riche, très riche!

L'imagination de Gerda bat la campagne. Pendant que Jacky tergiverse et s'empêtre dans ses scrupules, la princesse, elle, ne perd pas son temps. Deux fois, déjà, Jacky a vu le beau Jean glisser subrepticement de petits messages à son amie. Le ravissant papier à lettres des Chevaliers fait rosir les joues de l'une et rend l'autre un tantinet jalouse. Monsieur Joseph, comme se plaît à l'appeler Jacky, se contente, pour sa part, de complimenter son rayon de soleil sur son chapeau ou sur la couleur de sa robe. Désespérant de courtoisie désuète, le frère aîné!

— Je ne suis quand même pas pour lui demander crûment de coucher avec moi! explose Jacqueline un bel après-midi, dès que la table s'est vidée des autres dîneurs, partis vaquer à leurs affaires.

Jacky n'ira pas travailler de l'après-midi et demain non plus. Elle en a ras le bol des remontrances de ses patrons au sujet de ses lunchs qui durent trois heures et parfois plus. Elle va désormais vivre sa vie comme elle l'entend. Mieux, elle va remettre sa démission. Et aujourd'hui même, en plus. Gerda l'approuve, l'encourage et en rajoute. La vie est bien trop courte pour se faire suer à plein temps. Fini l'esclavage et vive la liberté!

— Oh! à propos, Jean me donne rendez-vous chez moi, demain en début d'après-midi, susurre la princesse d'un air soudain rêveur. Tu parles d'un petit voyou! Il ne doute vraiment de rien, le fiston. Si papa Joseph savait ça...

—Comment ça, il te donne rendez-vous chez toi? Il sait où tu habites? s'enquiert Jacky, étonnée.

—Je lui ai donné mon adresse en même temps que mon numéro de téléphone. J'avais tout préparé sur une pochette d'allumettes. Tu n'as rien vu, n'est-ce pas? Tout le monde s'imagine qu'il me court après et que je m'en fiche un peu, mais c'est moi qui ai tout déclenché. La première fois que je l'ai vu, j'ai su que je l'aurais. Ça y est presque! Allez, ne fais pas cette tête d'ahurie, tout va parfaitement bien. Je t'emmène au baseball demain après-midi. Puisque tu quittes ton travail, on va pouvoir faire des tas de choses inédites.

—Demain, tu as rendez-vous avec Jean Simard et moi je n'aime pas le baseball! laisse tomber la duchesse, un peu pincée.

—Demain, Jean Simard va me chercher partout. S'il est accroché, il finira par me rejoindre en fin d'après-midi ou un autre jour. Au lieu de venir s'ébrouer sur mes coussins comme un caniche mal élevé, il aura le bon goût de m'inviter à dîner dans un endroit très chic et très cher. Ensuite, on verra. Pour ce qui est du baseball, je suis déjà allée au camp d'entraînement des Royaux de Montréal à Miami et je connais beaucoup de joueurs, dont Jackie Robinson, ma chère. Certains sont drôlement séduisants, je te prie de me croire. Allez, ça va te changer de tes idées noires. Une très bonne façon de commencer à fêter ton anniversaire.

—Mon anniversaire n'est que dans trois semaines et je n'ai pas vraiment le cœur… Ah! et puis zut! c'est toi qui as raison! Je commence à fêter à cette seconde précise. La première chose à faire, c'est de m'offrir la tête de mes patrons. Je vais de ce pas leur annoncer que j'ai une offre d'emploi extraordinaire et que je me vois forcée de les débarrasser de ma présence aujourd'hui même. Tu viens avec moi, tu vas m'aider à transporter mon barda. Mieux vaut en finir tout de suite!

Elles partent bras dessus, bras dessous en chantant

Fascination, le tout dernier succès de Jane Morgan. Subitement, Jacky est redevenue gaie comme un pinson.

***

Le printemps s'installe enfin après un hiver qui n'en finissait plus d'additionner les giboulées et les pluies glaciales. Sous prétexte de célébrer l'anniversaire de Jacky, le 24 mai, Pierre invite les deux amies à dîner au *Ritz*. Jacky pensait qu'il avait su prendre ses distances avec Gerda, mais, plus la soirée avance, plus elle s'aperçoit que les deux ex-amants sont englués dans un jeu de séduction dont ils n'arrivent plus à se dépêtrer, ce qui est presque touchant. Gerda, surtout, déploie toute sa batterie d'incorrigible charmeuse, entièrement consumée d'admiration. Elle ne renonce pas facilement, la princesse! Pour faire diversion, Jacky leur raconte en détail la façon dont, l'année dernière, elle s'y est prise pour que ses nombreuses connaissances organisent trois grandes fêtes en son honneur dans les mois qui ont suivi son anniversaire.

—Un jeu d'enfant! Je n'ai eu qu'à prévenir un de mes amis qui adore organiser des réceptions que mon anniversaire était à telle date; à un autre, j'ai donné une autre date, et ainsi de suite. Trois de mes amis de cercles différents ont mordu à l'hameçon et m'ont fêtée chaque fois comme une reine. L'idéal serait de répéter le même manège tous les six mois. Ça devrait marcher, les gens sont si distraits! Si je pouvais avoir cinq ou six fêtes d'anniversaire par année, je serais assez contente.

En plus de s'occuper à fêter ses trente et quelques printemps de la façon la plus intense possible, Jacqueline s'est mise à chercher, et de façon aussi intense, le boulot idéal. Toutes ses relations sont alertées. Elle se cherche un emploi dans la mode, et qui lui permettrait en même temps de voir du pays. Elle multiplie les contacts, pose des tas de questions à des tas de gens et obtient des recommandations, parfois bidon, mais toujours très flatteuses.

Un mois après avoir quitté Lalonde et Valois, elle rencontre enfin la chance de sa vie en la personne d'un Torontois fort sympathique avec qui elle a fait affaire alors qu'elle était acheteuse pour une boutique de lingerie de Sorel, quelque huit ans plus tôt. Fred White a gardé un excellent souvenir de la pétillante Jacqueline Delorme et lui apprend qu'il est devenu le représentant canadien d'un gros manufacturier de vêtements dont le siège social se trouve en Allemagne de l'Ouest. La branche qu'il représente s'appelle *Triumph of Europe* et cette marque est mondialement connue. Justement, Fred White se cherche une coordonnatrice de mode capable d'assumer aussi le poste d'agent de liaison pour l'entreprise à travers le Canada.

—Exactement le genre d'emploi que je cherche! s'écrie Jacky, enthousiasmée.

Fred ne doute pas une seconde que Jacky, avec l'entregent qu'il lui connaît, ne fasse l'affaire. Il ne lui reste qu'à la présenter au président canadien de la firme à Toronto. Le tout se conclut dans la semaine qui suit. Jacky vit comme sur un nuage.

Gerda se réjouit du bonheur évident de son amie, mais elle déteste l'idée de se retrouver bientôt esseulée pendant de longues semaines à Montréal. Le mois qui vient de s'écouler s'est passé en festivités de toutes sortes et en longues flâneries chez l'une ou chez l'autre. La princesse a adoré ce rythme bohème et débridé. Le départ de sa complice va être dur à supporter. Gerda travaille de moins en moins comme mannequin et c'est normal, elle est beaucoup trop occupée. Depuis que Jean Simard est dans le tableau, l'argent n'est jamais entré aussi régulièrement dans ses coffres. Oh! les sous n'y séjournent pas très longtemps, mais, comme il est évident que sa cote est à la hausse, pourquoi se tracasserait-elle? Tous ces beaux messieurs se l'arrachent. Elle est dans une période faste et elle en profite à fond. Il n'y a vraiment qu'une seule ombre à ce tableau idyllique, les voyages fréquents que la duchesse devra effectuer. Jacky tente de la rassurer du mieux qu'elle peut.

—Je ne serai jamais partie bien longtemps. Montréal restera toujours mon port d'attache, ne t'en fais pas. De temps en temps, tu pourras même m'accompagner, si le cœur t'en dit.

Le démarrage de Jacky dans ses nouvelles fonctions se fait en douceur. Elle convainc facilement ses employeurs que Montréal se doit d'être la cible privilégiée de l'implantation de *Triumph of Europe* dans l'est du Canada. Elle devra cependant visiter les autres villes importantes de la province pour essayer d'y développer de nouveaux marchés. Elle décide donc d'acheter une voiture pour être en mesure de sillonner à son rythme les routes de la belle province. Elle qui n'a pratiquement jamais tenu un volant de sa vie passe maintenant des heures chez les concessionnaires à étudier les mérites comparés de toutes sortes de petites merveilles motorisées. Elle attend de tomber amoureuse de quelques chevaux-vapeur bien rutilants et bien fringants.

En ce début de juin, le *Hunt Club* est plus que jamais le quartier général de ces dames. Elles y reçoivent leurs appels, y organisent et y donnent leurs rendez-vous, et passent de longues heures à y fomenter leurs petits complots sentimentaux. Un beau midi, la duchesse y débarque comme une reine descendant de son carrosse. Elle est désormais l'heureuse propriétaire d'une petite Fiat Cabrini toute neuve, d'un bronze et vert pomme du plus bel effet.

—Peut-être un peu voyant comme couleurs, risquent un ou deux rabat-joie, mais, selon la principale intéressée, cette nouvelle acquisition est tout à fait appropriée à son nouveau personnage de femme d'affaires dans le vent et qui tient à ce qu'on le sache.

— Quand on représente une maison prestigieuse comme *Triumph of Europe*, on se doit d'avoir l'air prospère et, surtout, d'avant-garde. En matière de mode, dorénavant, c'est moi qui donnerai le ton!

Chapitre 8

LE 22 juin 1960 est jour d'élections au Québec. L'Union nationale, menée par Antonio Barrette depuis la mort de Paul Sauvé qui, pour sa part, avait succédé au grand Maurice Duplessis, se fait battre par les libéraux de Jean Lesage. Cette victoire, longtemps attendue par les libéraux du Québec, est joyeusement fêtée par de nombreux amis de ces dames. Le clan Simard triomphe enfin et voit ses efforts des dernières années récompensés. Même si elle fête avec Édouard et les autres, Jacky ne peut s'empêcher de penser à Pierre et aux conservateurs d'Ottawa, qui ne voient sûrement pas d'un bon œil la prise du pouvoir par les libéraux provinciaux. Il est à prévoir que l'opposition libérale d'Ottawa puisera dans cette victoire un regain d'énergie batailleuse.

Gerda, qui n'y entend absolument rien et que toutes ces chamailleries politiques laissent de marbre, ne cherche pas à comprendre le pourquoi de tant d'animosité et clame à qui veut l'entendre :

— C'est merveilleux : tous les hommes qui me plaisent sont au pouvoir. Fiez-vous à moi pour savoir reconnaître un gagnant!

Jacky et elle se sont d'ailleurs beaucoup amusées à passer des télégraphes[2] pour leurs amis qui se portaient candidats dans l'un ou l'autre camp. Elles ont toujours eu un sens très aigu de l'amitié, qu'elles placent au-dessus de toute partisanerie politique.

Durant la période estivale, Jacky voyage sans répit. Après avoir sillonné la province, elle parcourt le Canada d'est en ouest, et n'a plus que de brèves périodes à consacrer aux Chevaliers de la Table ronde. La santé d'Édouard commence à donner des inquiétudes au petit cercle d'intimes. Depuis son retour d'Europe, il a le teint blafard et le caquet bas, mais Jacky est trop accaparée par ses multiples occupations pour s'inquiéter outre mesure. Elle a pris certaines distances vis-à-vis de son grand amour impossible et elle continue de cultiver en sourdine un flirt discret avec son frère aîné, Joseph, fortement encouragée en cela par Gerda qui, de son côté, tente de semer la bonne graine dans l'esprit de Jean qu'elle voit très régulièrement. Jean est marié, mais il est évident que son mariage bat sérieusement de l'aile et elle tient mordicus à son double coup de filet. Papa et fiston seront un jour à sa merci. Il s'agit de bien manœuvrer et d'être patiente.

Gerda s'évertue aussi, et avec beaucoup d'insistance, à arracher à Pierre autre chose que de vagues promesses pour l'obtention de sa citoyenneté qui continue de se faire attendre. Durant une des absences de la duchesse, elle s'envole de nouveau vers l'Allemagne dans l'espoir de récupérer certains papiers officiels indispensables à la réalisation de son projet. À son retour, exaspérée par le peu d'empressement que semble mettre Pierre à obtempérer à ses désirs, elle entreprend le beau George et se rend fréquemment à Ottawa dans des limousines du

---

2. Passer un télégraphe, en français québécois : voter à la place d'une autre personne.

gouvernement que son toujours chevaleresque ami fait mettre à sa disposition. Elle se vante à qui veut l'entendre que ce cher George est allé jusqu'à faire affréter un avion du ministère des Transports pour la conduire dans ses bras.

—Je vous jure qu'il ne se prive de rien, Gorgeous George. La dernière fois qu'il est venu me voir à Montréal, il a fait venir un quatuor à cordes dans la suite que nous occupions au *Queen Elizabeth.* Ils ont joué pour nous pendant tout le repas et, quand nous nous sommes retirés dans la chambre, ils ont continué à jouer tout le temps qu'ont duré nos ébats. C'était fastueux. J'étais au septième ciel. Ça, c'est un homme comme je les aime!

L'histoire a, bien sûr, fait le tour des amis et connaissances, et tous s'amusent à commenter et même à exagérer les prouesses princières des élus fédéraux. Gerda fait figure de star. Elle ne s'est jamais autant amusée de sa vie. Quand Jacky est mise au courant des dernières finesses de sa princesse, elle hausse les épaules, fataliste.

—Elle est incorrigible! se contente-t-elle de soupirer, résignée.

Vers la fin de septembre, plus précisément le 21, Jacqueline va s'en souvenir le restant de ses jours, un événement inattendu la frappe comme la foudre. Ce matin-là, chose rare pour elle toujours si pleine d'énergie, elle se réveille en proie à un malaise diffus. Pour tout dire, elle se traîne. Toute la journée, elle éprouve une tristesse qu'elle n'arrive pas à s'expliquer, puisqu'elle adore toujours autant son travail et qu'elle n'en changerait pour rien au monde. Elle y rencontre des gens fort intéressants et découvre sans cesse de nouveaux horizons. Arrivée la veille à Toronto, elle est chargée d'organiser un immense défilé de mode pour la maison *Eaton.* L'attendent ensuite Calgary, Winnipeg, puis Vancouver, où elle devra recréer le même genre d'événement afin d'y faire connaître toute la gamme des produits *Triumph of Europe.* Après une journée harassante, elle se retrouve au restaurant avec la petite troupe de ses collaborateurs et collaboratrices. Elle d'habitude si enjouée et si gourmande, elle touche à peine aux plats commandés et n'ouvre pas la bouche. Elle finit par s'excuser auprès de ses amis étonnés et demande la permission de se retirer, car elle ne se sent décidément pas bien du tout.

De retour à sa chambre d'hôtel, elle se met à pleurer convulsivement comme une enfant en étreignant son oreiller sans comprendre le moins du monde la raison de son soudain désarroi. En larmes, elle téléphone à Gerda qui, elle aussi, s'étonne du chagrin subit de sa duchesse, habituellement toujours si pleine d'optimisme.

— Je sais ce que tu as, ma chérie. Ton Édouard te manque, n'est-ce pas?

— Je ne sais pas, je ne sais plus, sanglote Jacky. Depuis quelques mois, je sens bien que nos routes se séparent. C'est un peu ma faute. Onze ans de ma vie! Tu ne peux pas savoir comme je l'ai attendu ni combien d'espoir j'ai mis en cet homme-là! Pendant onze ans, j'ai vécu de miettes, mais, le pire, c'est que ce soir j'ai l'impression que je ne le reverrai plus jamais et ça me broie le cœur.

— Écoute, je ne devrais pas te le dire, mais tu es si malheureuse! Voilà, j'ai lunché seule avec Édouard cette semaine et il m'a avoué que tu lui manques beaucoup. Il a l'intention de te rejoindre à Vancouver dans dix jours exactement. Il voulait te faire une surprise, mais tant pis! Est-ce que tu te sens un peu mieux, maintenant?

Jacky fait mine de se consoler un peu. Mais elle n'y croit pas, elle n'y croit plus. Combien de fois ce cher Édouard ne lui a-t-il pas fait semblable promesse? Sans doute était-il sincère. Pourtant, à la toute dernière minute, un fâcheux contretemps venait tout foutre en l'air. Comme, à l'autre bout du fil, elle sent la princesse prête à rappliquer aussi sec à Toronto si elle ne se ressaisit pas immédiatement, elle s'efforce de retrouver un semblant d'allant. Elle est surchargée de travail; la venue de Gerda ne ferait que compliquer les choses. Elle raccroche après avoir fait de son mieux pour rassurer son amie. Mais le cœur n'y est vraiment pas. Comment expliquer l'angoisse sourde qui l'étreint et qui, toute la nuit, l'empêche de fermer l'œil?

Elle se présente le lendemain au travail les yeux rouges et gonflés derrière des lunettes noires. En son for intérieur, elle a beau se traiter de folle, il y a quand même quelque chose qui secrètement lui broie le cœur et elle n'y peut rien.

Vers treize heures, la gérante du rayon des vêtements pour dames lui remet un message : *Rappeler madame Munsinger de toute urgence!* Jacky rappelle Montréal la mort dans l'âme. Elle sait..., elle sait déjà. Dans un instant, son inexplicable chagrin des dernières heures va prendre tout son sens.

— Gerda, c'est Jacqueline. Édouard est mort, n'est-ce pas?

— Mais... Jacky, comment peux-tu le savoir? La nouvelle n'est pas encore officielle. Ni les journaux ni les médias n'en ont encore parlé. C'est Jean qui vient de me l'apprendre. Édouard a été transporté à l'hôpital hier en début de soirée et il est mort vers minuit d'une crise cardiaque. Les médecins n'ont rien pu faire. Tu t'arranges pour revenir à Montréal, n'est-ce pas? Je vais bien m'occuper de toi, ma pauvre chérie!

Gerda sanglote doucement. Ces événements lui causent une peine infinie.

— Non, Gerda, je reste ici. Ma place n'est ni à Montréal ni à Sorel. Moi, je n'étais que sa maîtresse. Il ne m'a pas réclamée, il n'a même pas eu l'idée de m'appeler ces derniers jours. En outre, je n'aurais pas le courage de le voir mort, couché dans un cercueil. Je veux me souvenir de lui bien vivant et plein de projets. C'est un homme plein de vie que j'ai aimé, pas un cadavre.

Jacky ne pleure pas, elle ne tremble plus. Tout est à sa place. Elle va se jeter à corps perdu dans le travail et laisser le temps faire son œuvre de lente guérison.

Les funérailles de monsieur Édouard Simard seront retransmises à la télévision d'État. Jacky ne verra rien du dernier hommage qu'on rendra au puissant industriel, qui était son gros nounours dans l'intimité. Elle recevra de discrets témoignages de sympathie de la part de ses proches, mais refusera énergiquement de laisser son travail souffrir de l'immense chagrin qui la submerge. Jacqueline a du cran, elle le prouve. Édouard serait sûrement fier d'elle.

Après avoir tenté d'user sa peine à Calgary, à Victoria, à Vancouver, à Winnipeg et à Edmonton, la duchesse rentre enfin à Montréal. Elle y retrouve une Gerda plutôt amochée. Durant son séjour de plus d'un mois et demi dans l'Ouest canadien, elle a reçu deux lettres où son amie lui disait se sentir bien triste et bien seule parfois. Elle ne s'était pas attardée outre mesure aux ennuis de santé que lui décrivait Gerda, passablement démoralisée. La princesse avait dû subir une opération des gencives, et on lui avait extrait toutes les dents de la mâchoire supérieure. C'était très ennuyeux, Jacqueline en convenait, mais il était facile de remédier à cette situation gênante par la pose d'un splendide dentier de porcelaine d'une blancheur éblouissante. Jacky était déjà passée par là et ne s'en portait pas plus mal, au contraire. Finis les rages de dents à répétition et les comptes chez les experts en dentition qu'on doit payer les yeux de la tête pour qu'ils vous martyrisent! Dans sa seconde lettre, Gerda se plaignait de mal se remettre de l'opération et de filer un très mauvais coton. Elle disait avoir beaucoup vieilli d'un seul coup et se voyait devenir laide. Cela fit bien rire Jacky. « Pauvre princesse, dès que je serai de retour, elle retrouvera la forme le temps de dire ouf! Sans moi, elle s'étiole. » Elle était heureuse de se sentir indispensable à quelqu'un.

Quelle n'est pas sa stupéfaction quand elle se retrouve

devant Gerda! Elle en éprouve un véritable choc. Elle a beaucoup maigri en quelques semaines. Sa bouche édentée la fait effectivement paraître de vingt ans plus âgée, une réflexion que Jacky garde cependant pour elle.

— Mon dentiste n'a pas pu sauver mes dents d'en bas non plus et mes gencives sont trop douloureuses pour que je puisse porter des dentiers. Depuis dix jours, je ne sors plus et je n'arrive pas à avaler quoi que ce soit.

Jacky fait ce qu'elle peut pour cacher sa surprise. Cette petite chose terne et maladive ne peut pas être sa blonde et rayonnante princesse. Pas après quelques semaines d'absence!

— Pierre me laisse tomber. J'ai essayé de le joindre maintes et maintes fois depuis deux mois et il est toujours trop occupé pour me parler. Je laisse des messages et il ne me rappelle pas. Je ne comprends pas ce qui se passe.

— Tu sais bien que Pierre est débordé. Son travail de ministre, sa famille, ses affaires, il en a plein les bras. C'est une période comme ça, il faut le comprendre. Tu sais qu'il a beaucoup d'affection pour toi.

— Son affection, leur affection à tous, je m'en balance! Je suis malade, je suis seule et je suis malheureuse. Je n'ai plus un sou non plus. Ils m'ont tous laissée tomber les uns après les autres. Ce sont tous des monstres d'égoïsme. Tour à tour, ils sont venus pleurer sur mon épaule. Leur femme les martyrisait, leurs maîtresses les emmerdaient, leurs affaires allaient mal, ça n'arrêtait pas. Tous, ils quêtaient de la tendresse. Ils voulaient rire, se confier, oublier, sans jamais se demander si moi, de mon côté, je n'aurais pas eu besoin de la même chose. Et, maintenant que tout va mal pour moi, maintenant que j'aurais besoin d'un coup de pouce et d'un peu d'encouragement, pfft! tous enfuis, les merles.

Gerda s'est levée et se dirige vers le petit secrétaire où sont enfermés ses lettres, ses photos et tous ses secrets. D'une main rageuse, elle extirpe une carte qu'elle lance vers Jacky. C'est le genre de carte qu'on paye cinq ou dix cents dans n'importe quelle pharmacie et sur laquelle est imprimée à la diable une gerbe de fleurs, banale à pleurer.

—Tiens, ma chère, ça, c'est vraiment le bouquet! Je viens de recevoir cette niaiserie. Quand je pense à toutes les cartes somptueuses que j'ai dénichées pour eux!

Jacky ouvre la vilaine petite carte et lit: *Prompt rétablissement et un petit quelque chose pour t'aider à passer ce mauvais moment. Signé: G.*

—G? Pour George? Gorgeous George?

—Exactement! s'écrie Gerda, des larmes de rage plein les yeux. George qui prétendait que je serais toujours sa favorite, sa préférée, sa merveille, sa chérie. Il m'avait habituée à plus de faste! Cette minable carte achetée pour se débarrasser et un billet de cent dollars! Depuis que je lui ai dit que j'étais malade, il ne m'appelle plus. Avant, il me téléphonait au moins trois fois par semaine. Il jurait ne pas pouvoir se passer de moi plus de quelques heures. J'étais sa joie, sa jouvence... Rien n'était trop beau pour moi. Des mots, Jacky, rien que des mots! Depuis que je suis malade, je suis toute seule, seule comme je ne l'ai jamais été. Cet été, j'ai dû vendre mon manteau de vison, ainsi que le bracelet et les boucles d'oreilles que Gilbert Ayers m'avait offerts. Je n'avais plus un sou qui m'adorait. J'ai été cambriolée, en plus. Aucune effraction. C'est sans doute quelqu'un qui avait la clé. Je n'étais pas assurée. C'est arrivé un peu après ton départ. Je ne t'en ai pas parlé dans mes lettres parce que je sais ce que tu penses.

Jacky a souvent reproché à Gerda de faire confiance à tout le monde et de distribuer la clé de son appartement à ses amants aussi facilement que son numéro de téléphone.

—Tu vois bien que j'avais raison! Tu es trop naïve, ma chérie.

—Je sais, je sais, l'interrompt Gerda, mais c'est encore plus compliqué que tu ne le crois.

Et, comme si elle plongeait d'un coup dans l'eau glacée, elle murmure sans regarder Jacqueline:

— J'ai dû accepter des rendez-vous qu'en d'autres circonstances… Des rendez-vous organisés par Obie. C'était pour le dépanner. Enfin, ça me dépannait moi aussi. Je recevais pas mal d'argent. Est-ce que tu comprends ce que je te dis? Ça remonte à quelque temps, même un peu avant ton départ.

Elle a presque crié et dévisage maintenant Jacky, l'œil mauvais. Eh oui! Jacky comprend trop bien. Elle connaît le genre. Elle en a déjà vaguement tâté avec un certain dégoût, dans de sordides creux de vagues qu'elle préfère oublier.

— Ça ne marche plus très fort, le *modeling*, chez les couturiers, continue la princesse avec agressivité. La photo commerciale non plus. D'autres filles plus jeunes me poussent dans le dos. Et puis, ça m'épuise. Ces derniers mois, je n'étais pas très en forme. Je sortais tous les soirs et rentrais à l'aube; aussi, le matin, j'avais besoin de dormir, moi! Comme, avec ces messieurs, il faut toujours être élégante et qu'ils ne sortent leur portefeuille que lorsque ça leur chante, j'ai été bien obligée de me débrouiller. Les amis d'Obie… Certains amis avaient la clé. Parfois, ils venaient m'attendre ici; c'était plus commode. Bon, de toute façon, il est arrivé que ça fasse mon affaire. Mais, là, j'ai peur! Je suis dans la merde jusqu'au cou.

Sous le choc de ces dernières révélations, Jacky s'efforce de voir clair dans la situation de Gerda et de chercher avec elle des solutions pratiques. Mais ce n'est pas facile de débrouiller l'écheveau des problèmes auxquels la princesse fait face. Sur certains points, elle devient carrément évasive, et Jacky doit conclure qu'elle ne lui dit pas tout.

— Le mieux, pour toi, serait de trouver un vrai travail, un travail sérieux.

— Impossible tant que je n'aurai pas de réponse à ma demande de citoyenneté. Pierre n'a rien fait. George, encore moins. Moi, j'ai pourtant acheminé tous mes papiers depuis longtemps, et rien. Comment me trouver un travail régulier si je ne suis pas en règle? Je pense qu'il va falloir que je retourne vivre en Allemagne. Je me débrouille en anglais, bien sûr, mais pas suffisamment pour me tailler une véritable carrière comme toi. En Allemagne, j'aurais sans doute plus de chance de m'en sortir. Je connais des gens qui pourraient m'aider. Le problème, c'est que j'ai laissé passer la date d'expiration de mon passeport. J'étais tellement sûre que ma citoyenneté canadienne était dans la poche, le passeport inclus! Avec tous les gens importants que je connais à Ottawa, c'est quand même incroyable!

***

Quand Pierre accepte de prendre l'appel de Jacqueline, il se doute qu'il va être question de Gerda. Qu'a encore inventé cette ravissante écervelée? En tout cas, elle a fini par comprendre. Elle ne le relance plus depuis plusieurs semaines. Peut-être s'est-elle enfin trouvé un mari et Jacky l'appelle-t-elle pour l'inviter aux noces. Ce serait une excellente chose que la blonde enfant se case enfin, après tous les ravages sentimentaux qu'elle a causés. Il n'y a pas si longtemps, George lui a confié qu'il en était très épris, le pauvre. Mais, quand on connaît George… Chose certaine, en ce qui le concerne, lui, la jolie Allemande n'est plus qu'une connaissance, et une amie de ses amis.

—Excuse-moi de te relancer à ton bureau, mais je pense que toi seul peux faire quelque chose. Gerda m'inquiète énormément. J'ai été absente un certain temps.

Elle lui raconte en détail les derniers déboires de la pauvre Gerda, la maladie, le cambriolage, le manque d'argent, la déprime.

—J'ai peur que, par nécessité, elle n'emploie des moyens peu orthodoxes pour gagner sa vie. Elle est allée jusqu'à laisser entendre qu'Obie lui avait fourni des clients. Tu te rends compte?

Pierre s'interroge, soudain songeur. « Obie, un proxénète? Et quoi encore? »

— Si je comprends bien, elle a réussi à lasser tout le monde, elle est aux abois et elle est prête à se vendre à n'importe qui. Mais, ma pauvre Jacqueline, comment veux-tu que je l'empêche de faire des bêtises? Ce n'est pas ma faute si elle est en train de mal tourner. Je suppose qu'elle n'a toujours pas obtenu sa fameuse citoyenneté? Tu sais, Jacky, à ce sujet-là, je ne peux pas faire grand-chose; ce n'est absolument pas du ressort de mon ministère. Elle n'a jamais voulu le comprendre. Elle se fait une idée très romanesque des hommes au pouvoir.

Ah! ça, Jacqueline est bien placée pour le savoir! La princesse s'est toujours imaginé que ses amis faisaient la pluie et le beau temps à Ottawa. Elle n'a jamais essayé de comprendre la structure politique du pays dont elle rêve de devenir citoyenne à part entière. Quelle cervelle de moineau, parfois!

— À propos de sa citoyenneté, justement, je crois qu'elle a encore fait une sottise. Enfin, elle a commis, disons, une indiscrétion.

En effet, ce matin même, Jacky a reçu un appel de Gerda. La princesse était dans tous ses états. Elle venait de recevoir la visite d'officiers de l'Immigration ou de la Gendarmerie royale, elle n'était pas certaine. Elle mélangeait tout. Peut-être étaient-ce les deux ensemble, allez savoir! Les deux hommes lui avaient posé des tas de questions plus embarrassantes les unes que les autres. Pour se moquer d'eux et faire en sorte qu'ils vident les lieux, elle leur avait raconté qu'elle avait des amis tout-puissants à Ottawa, nommément le ministre de la Défense, Pierre Sévigny, ainsi que le tout nouveau ministre du Commerce et de l'Industrie, George Hees.

— Elle leur a dit que, lorsque vous apprendriez comment ils venaient de la traiter, vous alliez leur faire perdre leur situation. Elle a ajouté que vous alliez sans doute les obliger à lui présenter des excuses et tout un fatras d'idioties du même genre.

«Ah! la petite garce! gronde Pierre intérieurement. Il est grandement temps qu'elle retourne dans ses foyers; elle a assez traîné dans le paysage.»

Il est souverainement agacé. Il avait bien besoin de ça! Mais, en même temps, il ne peut réprimer un vague sentiment de culpabilité. Il a un peu cavalièrement laissé tomber cette pauvre petite qui l'émouvait et lui vouait une si grande admiration. Il veut bien essayer une dernière fois de lui faire entendre raison. Surtout, il trouvera des arguments irréfutables pour la convaincre que son avenir n'est plus ici.

—Je la verrai à Montréal dès que l'occasion se présentera, je te le promets. Je ne sais pas quand ce sera possible. De ce temps-ci, je suis débordé, mais je vais tâcher de faire un spécial.

Pierre ne veut pas trop s'avouer qu'il commence à être sérieusement inquiet. Cette histoire, amusante au début, serait-elle en train de tourner au vinaigre? Il veut bien tenter quelque chose, mais quoi? Durant les jours qui viennent, il doit faire la tournée de différents pays à titre de représentant du Canada. Il a diverses missions à organiser et des conférences à préparer. Le problème de la naturalisation ou du rapatriement de Gerda est vraiment le cadet de ses soucis. «À mon retour, j'aviserai», se dit-il, un brin soucieux. À bien y réfléchir, il commence à s'en vouloir de sa légèreté. Les potins de Gerda avaient une telle saveur qu'il était le premier à en redemander et à se suspendre aux lèvres de la jolie raconteuse, avide d'en apprendre plus long sur les turpitudes d'hommes reconnus comme riches et influents, souvent de gros bailleurs de fonds de ses ennemis libéraux. C'était instructif et amusant en diable de savoir qu'un tel payait une fille facile pour se divertir et amuser ses amis, certaines fins de semaine de liberté volée. «Ça pourrait toujours servir un jour, s'était-il dit à la blague. Belle monnaie d'échange en effet! Un scandale privé contre un scandale public. Tu te tais, mon salaud, ou bien tu l'ouvres et moi aussi je parle. La victoire au plus effronté! »

Tout ça relevait de la pure fantaisie, mais c'était plutôt comique d'y penser. Impardonnable étourderie de sa part! Il s'était réjoui de voir étaler les secrets d'alcôve de possibles adversaires, alors qu'il croyait les siens parfaitement à l'abri des commérages, convaincu que sa propre relation avec la petite Gerda était sans la moindre conséquence. « Un imbécile! Voilà ce que j'ai été! »

Mais ce qui est fait est fait. Il ne s'agit plus maintenant que de limiter les dégâts. Comment faire taire pour de bon cette charmante pie? Il ne voit pas très bien. À moins, bien sûr, de lui tordre son joli cou, mais ça, c'est hors de question, pense-t-il avec un sourire, car il n'arrive jamais à lui en vouloir longtemps, à cette pauvre petite. « Sacrée Gerda! Quelle emmerdeuse! » Il va s'en occuper, oui, mais en temps et lieu. Pour le moment, il y a des choses infiniment plus importantes et qui requièrent d'urgence toute son attention.

Chapitre 9

LE 25 novembre, il fait une température exécrable. Pierre Sévigny a bravé la tempête qui se déchaîne en rafales sur le sud-est du pays pour venir passer la journée à Montréal. Il est venu rendre visite aux gens de son comté qu'il a quelque peu négligés faute de temps, en plus d'avoir des affaires personnelles à régler. Toute la journée, il a vu défiler des tas de gens avides d'obtenir de lui toutes sortes de faveurs et il a parlementé des heures avec ses conseillers et avocats pour tenter de résoudre un problème financier qui risque de lui coûter une importante somme d'argent.

Vers dix heures du soir, les choses étant à peu près réglées, il s'attable avec un ami pour prendre une bouchée, ce qu'il n'a pu faire de la journée. Il commande un double scotch, histoire de faire baisser la pression. Comme il doit sans faute être à Ottawa très tôt le lendemain matin, il a pris soin de réserver un siège à bord de l'avion gouvernemental qui doit décoller à minuit, mais on vient tout juste de lui apprendre que la tempête a atteint un tel paroxysme que le vol vers la capitale fédérale a dû être annulé.

Après avoir bien mangé et beaucoup discuté, fatigué et un peu ivre, il se résigne à rester dormir seul dans la grande maison vide de Westmount, puisque sa femme et ses enfants sont à Ottawa. Depuis que Corinne est revenue à de meilleurs sentiments, sa vie de famille semble, cahin-caha, s'être remise sur les rails. Ils ont inscrit l'aîné dans un excellent pensionnat, et la cadette fréquente une école privée réputée. Les enfants ont l'air de bien s'adapter, mais Clou est, hélas! un peu dépressive. La vie à Ottawa ne lui réussit pas particulièrement. Elle sort très peu, passe ses journées en robe de chambre à lire, à jouer du piano ou à rêver et elle abuse des dry martinis dès le milieu de l'après-midi. Pierre fait ce qu'il peut pour la divertir, mais il est vraiment très accaparé par les affaires gouvernementales. Les temps sont, il faut bien l'admettre, un tantinet difficiles.

Pour se donner du courage, il commande un dernier scotch en se demandant s'il ne ferait pas mieux d'aller tout bonnement coucher à l'hôtel. Rien n'est plus lugubre qu'une grande maison vide, surtout un soir de tempête. Demain matin, à la première heure, il n'aura qu'à sauter dans le train pour la capitale.

C'est alors qu'il pense à Gerda. Il a promis à Jacqueline de s'occuper de son cas. Ce soir pourrait être le moment idéal! Sinon, quand l'occasion se représentera-t-elle? Ce n'est pas trop clair dans son esprit, mais l'état de surexcitation dans lequel la fatigue, le stress et l'alcool l'ont mis lui donne faim d'une présence féminine enjouée et chaleureuse, n'importe laquelle. Faim aussi d'une oreille compatissante qui pourra accueillir le trop-plein de ses frustrations. Gerda? Pourquoi pas? Elle saura l'écouter, et peut-être aussi l'amuser, qui sait? Jacqueline a sûrement exagéré. Gerda est sans doute déjà retombée sur ses pattes comme la vaillante petite chatte qu'elle a toujours été. Quant à ses vantardises auprès des agents de l'Immigration ou de la GRC, il allait en avoir le cœur net et lui passer un savon en bonne et due forme s'il le fallait. Oui, c'est vraiment ce qu'il a de mieux à faire dans les circonstances. Il en profitera pour lui servir de solides arguments qui la convaincront de retourner dans son pays natal. Il lui donnera une petite poussée, amicale, évidemment, vers de nouveaux horizons. Toutes ces pensées tentent de s'organiser de façon un peu confuse dans son esprit quand il se dirige vers le téléphone.

Une heure et demie et quelques scotches plus tard, tout en payant son taxi, Pierre se dit qu'il serait franchement plus intelligent de sa part d'aller sans plus tergiverser se payer une bonne nuit à l'hôtel. Il est vraiment trop fatigué pour discuter avec qui que ce soit. Il hésite un bref instant devant la maison de la rue Towers où habite Gerda. Son taxi a disparu dans la nuit cotonneuse, et c'est le froid et la neige qui le poussent à s'engouffrer dans l'immeuble. Il est trop tard pour reculer. Ah! et puis, la barbe! Gerda est une gentille fille un peu paumée; s'il peut l'aider en lui donnant quelques judicieux conseils, toute sa foutue journée n'aura pas été totalement inutile. L'aider? Un peu d'argent, quelques réprimandes, de bons conseils? Pierre se raconte des histoires. Il ne sait plus très bien ce qu'il est venu faire là, et à cette heure. Il est passé minuit.

En peignoir ivoire froufroutant, Gerda l'accueille avec son tout nouveau sourire étincelant. Elle s'est faite belle pour lui. Jacky n'a cependant pas menti. Elle a beaucoup changé depuis la dernière fois qu'il l'a vue, il y a deux ou trois mois. Sous l'œil inquisiteur de Pierre, son sourire se change en une moue mélancolique.

—J'ai été très malade, mais ça va beaucoup mieux, maintenant. J'ai commencé à reprendre un peu du poil de la bête. C'est bien comme ça qu'on dit? Bientôt, je pourrai recommencer à fêter des nuits entières comme à l'époque où on s'est connus. Tu te souviens, ma résistance t'épatait. J'étais l'une des rares femmes qui collectionnaient les levers de soleil comme d'autres, les cartes postales.

Elle le pousse avec fermeté à l'intérieur de l'appartement tout en feignant la gaieté et l'insouciance. Il règne chez elle un désordre inhabituel pour qui la connaît bien. Des verres sales traînent sur les tables basses, des vêtements sont jetés sur un fauteuil, les vases à fleurs sont vides. L'appartement tout entier dégage une odeur de confiné qui met Pierre un peu mal à l'aise. Gerda l'aide à enlever son paletot et se colle contre son dos, en roucoulant :

— Tu m'as beaucoup manqué, tu sais. Tu es un gros vilain méchant.

Pierre se dégage doucement et va se caler dans le seul fauteuil libre, feignant de ne pas voir le divan qui appellerait une trop grande promiscuité. Il n'est surtout pas venu pour ça.

— Tu sais, ma belle, j'ai un travail fou, à Ottawa. Le premier ministre veut que les contribuables en aient pour leur argent. Je te jure, avec lui, impossible d'avoir un tant soit peu de vie privée. En plus, ma femme me surveille plus étroitement que jamais. Elle s'ennuie à Ottawa et elle compte sur moi pour la distraire. Je suis débordé de partout. Et nos chers amis communs jasent tellement qu'elle aurait fini par se douter de quelque chose. Il valait mieux cesser nos rencontres, sinon je fichais mon ménage en l'air. Clou peut fermer les yeux sur une escapade d'un soir, mais je sais qu'elle ne saurait tolérer la moindre liaison durable. Tu as tellement de charme que tu es très dangereuse.

— Ne t'en fais pas, il y a longtemps que j'ai compris tout ça. J'ai seulement envie qu'on parle un peu, de toi, de moi, des décisions que je dois prendre. Jacky t'a dit? Je pense que je vais retourner chez moi.

Tout en parlant, Gerda s'affaire à préparer à Pierre un whisky bien tassé, sans eau et avec beaucoup de glaçons comme il l'aime. Elle se verse un doigt de porto pour l'accompagner.

— Le porto est recommandé aux gens qui souffrent

d'anémie. C'est mon médicament préféré. Avec le champagne, évidemment. Je dois me soigner sérieusement, sinon je risque la leucémie, m'a dit mon médecin, un vieux pessimiste barbu qui passe son temps à me tripoter. Quand j'ai dit ça à Jacky, elle a failli s'évanouir d'horreur, la pauvre chérie. Elle me voyait déjà morte!

Gerda adore se raconter, et Pierre est si fatigué qu'il préfère écouter. Gerda semble d'humeur plutôt enjouée. La conversation glisse sur des sujets légers, et Pierre se demande pourquoi lui et surtout Jacqueline se sont tant inquiétés. Gerda ne semble pas déboussolée le moins du monde. Elle a quelques ennuis, c'est vrai, elle-même en convient. Cela l'oblige à remettre en question les grands objectifs de sa vie, comme il arrive un jour ou l'autre à tout un chacun. Rien de bien dramatique là-dedans. Puisqu'elle semble décidée à quitter le Canada, tout est pour le mieux, n'est-ce pas?

—J'ai le mal du pays, tu comprends? Après toutes ces années, je pense que c'est normal. Je vais aller passer quelque temps là-bas et je verrai si je peux me réinsérer dans mon ancien milieu. Munich est une ville dont j'ai toujours raffolé. J'y ai quelques bons contacts avec qui il me serait sans doute facile de renouer.

—Qu'est-ce que c'est que cette histoire de GRC ou d'immigration dont Jacky m'a parlé? J'imagine que cela concerne ta demande de citoyenneté?

—Ah! Tu es au courant? J'étais très insultée. Quels mufles, vraiment! La GRC est venue m'interroger sur mes activités ici. Je n'ai pas du tout apprécié leurs questions. Comment vous les formez, vos agents? De vrais sauvages, pas le moindre tact! Tu peux être certain que je leur ai parlé de toi!

—Que leur as-tu dit, au juste? Pas que j'étais..., enfin, que j'avais été..., j'espère?

Pierre avait dit cela sur un ton badin, l'air de ne pas y attacher d'importance. Il serait invraisemblable qu'elle ait eu ce culot ou cette inconscience.

— Non, mais tu es fou? J'ai seulement dit que je te connaissais et que, lorsque je te verrais, je me plaindrais de leur impolitesse à mon endroit. Ils sont allés jusqu'à insinuer que je pouvais vivre de prostitution, parce que je n'ai pas d'emploi fixe, que je ne serais pas la première à avoir recours à des expédients pour m'offrir un joli appartement et m'entourer de luxe, et le reste. J'ai bien compris que, dans les expédients, ils incluaient la drogue et toutes sortes de sales combines.

Pierre n'écoute plus les doléances de Gerda que d'une oreille distraite. Il est un peu ennuyé qu'elle ait mentionné son nom à des officiers de la Gendarmerie royale, mais ce n'est pas la première fois que la chose se produit. Les immigrants de son comté viennent souvent le rencontrer pour lui demander l'autorisation d'utiliser son nom comme référence. C'est pratique courante, et tant mieux si cela peut faciliter leurs démarches.

Il y a décidément quelque chose qui achoppe dans le dossier de Gerda pour que l'enquête de routine prenne autant de temps. Mais quoi donc? Il lui a donné de précieux conseils sur la façon de remplir sa demande et, après avoir confié à son adjoint exécutif, Gaston Lévesque, le mandat d'aider Gerda dans la mesure du possible, il ne s'est plus soucié du dossier. Les choses devaient suivre leur cours. Pour lui, cette histoire était désormais une affaire classée. De toute façon, comme elle retourne bientôt vivre en Allemagne, tout cela n'a plus la moindre importance.

Gerda lui a reversé une bonne rasade de whisky et, tout en sirotant le voluptueux liquide au milieu du ronron des confidences, Pierre finit par s'assoupir dans son fauteuil. Bonne fille, Gerda lui retire son verre des mains, lui cale bien gentiment un coussin sous la tête, éteint les lampes et se glisse dans sa chambre. Jacky avait raison: Pierre n'est plus le même. Il doit avoir des préoccupations sérieuses dont il ne désire pas parler. Lui jadis si joyeux et si disert, il n'a presque pas ouvert la bouche!

Elle se met au lit en soupirant. Il a vieilli. Elle aussi vieillit et le plaisir d'antan n'est plus qu'un vieux tissu plein de trous par lesquels le vent de cette morne nuit de novembre s'engouffre.

Elle frissonne sous les couvertures. «Je vais ficher le camp d'ici à la première occasion, si ces imbéciles n'accouchent pas d'un certificat de citoyenneté dans les prochains jours.» La princesse en a par-dessus la tête des puritains qui s'envoient en l'air avec enthousiasme et qui ensuite tremblent qu'on apprenne leurs fredaines. Ils vous couvrent de promesses pendant qu'ils ont le cul à l'air, mais, une fois leur pantalon remis, ils sont subitement frappés d'amnésie. Ils ont tout oublié, jusqu'à votre prénom. C'est insultant, à la fin! En Allemagne, on est décidément moins hypocrites. Ces choses-là se font au grand jour. Enfin, presque. Un homme influent, s'il désire le rester, se fait un devoir de vous obtenir ce qu'il vous a promis. Là-bas, d'avoir des maîtresses pose son homme et lui confère un surcroît de virilité, donc de puissance! Tandis qu'ici, vraiment!

La princesse s'endort en pensant à son petit village de Mundsee, où le duc se demande peut-être ce qu'est devenue la ravissante petite Gerda dont il défaisait les tresses et soulevait les jupes en secret dans les bois.

***

Pierre se réveille en sursaut. Il a mal partout, il est ankylosé et a une gueule de bois du tonnerre. Pendant quelques secondes, il se demande ce qu'il fait dans ce fauteuil, en cet endroit incongru bien qu'assez familier. La mémoire lui revenant par à-coups, il consulte sa montre avec une soudaine inquiétude. Il est cinq heures quinze. Pas de quoi s'affoler, le train pour Ottawa ne quitte Montréal qu'à sept heures trente. Il se lève pour se dégourdir un peu. Dans la salle de bains, il avale deux cachets d'aspirine avec un grand verre d'eau glacée. Il est furieux et démoralisé. Qu'est-il venu faire chez Gerda, au juste? Le mieux pour lui, dans les circonstances, serait de se recoucher une petite heure, sur le divan, cette fois, et d'essayer de se détendre un peu afin de faire passer l'affreux mal de tête qui commence à lui raboter les tempes.

Il somnole jusqu'à six heures trente, mais la crainte de manquer son train le fait loucher vers sa montre toutes les dix minutes, ce qui entame le bien-être dont il aurait besoin pour retrouver tout son aplomb.

Il quitte l'appartement de Gerda un peu avant sept heures. Elle ne se réveille pas ou, si elle se réveille, elle ne le montre pas. Ils n'ont plus rien à se dire, c'est évident. Il ne laisse aucune note. Il ne laisse rien, juste un verre presque vide sur la table à café.

***

Depuis un bon moment, la duchesse n'a presque pas eu de temps à consacrer à la princesse. Elle a travaillé comme une folle et le temps a filé comme l'éclair. Le premier décembre, Gerda réussit à l'entraîner au *Hunt Club* où elle s'était pourtant bien juré de ne plus jamais remettre les pieds. Depuis la mort d'Édouard, cet endroit, qui a été celui de leur rencontre, puis leur lieu de rendez-vous privilégié, lui fait monter les larmes aux yeux. Tant et tant de souvenirs se rattachent à ce sobre décor feutré qu'il lui semble qu'elle ne pourra qu'y pleurer comme une fontaine, totalement incapable d'y avaler quoi que ce soit. Triste perspective pour les autres dîneurs! Elle juge son attitude beaucoup trop sentimentale, mais elle est certaine de ne pas pouvoir se maîtriser. La table ronde des Chevaliers, leur table, les petits mots glissés discrètement sous la nappe, les délicieux apartés sous les regards complices, les clins d'œil pleins de promesses, les pieds qui se cherchent sous la table, le chagrin est là, tapi dans tous les recoins, prêt à fondre sur elle. Il y a toujours les amis, bien sûr, qu'elle s'en veut d'avoir laissés tomber, mais c'étaient leurs amis à tous les deux. Édouard et elle formaient un couple, illégitime, bien sûr, mais un couple quand même. La duchesse ne sait pas si, aujourd'hui, après deux mois, pourtant, elle aura la force d'affronter ses trop cruels souvenirs. Mais Gerda a tellement insisté et, quand elle insiste, Jacky a bien du mal à refuser. Surtout qu'elle lui a dit avoir des nouvelles de première importance à lui communiquer concernant son avenir, donc, a-t-elle pris le soin de préciser, leur avenir à toutes les deux.

À peine les deux jeunes femmes se sont-elles attablées, après avoir brièvement salué de nombreuses connaissances et refusé quelques invitations, que Gerda se lance dans les confidences. « Elle est rayonnante aujourd'hui, pense Jacky en soupirant d'aise. On dirait que je vais pouvoir tenir le coup, et ses affaires à elle ont l'air de s'être arrangées pour le mieux. »

— Envolés les problèmes, ma chérie! Tout redevient possible. J'ai obtenu une extension de mon passeport allemand jusqu'en juillet 1961. Je peux donc me rendre à Munich comme je le souhaitais. Je pars dans quinze jours.

— Mais qui va défrayer le coût de ton voyage? Il n'y a pas si longtemps, tu étais plus cassée qu'un clou!

Jacky est vraiment sidérée. Elle a beau s'être habituée aux acrobaties financières de Gerda, elle trouve la nouvelle un peu raide. Mais pourquoi s'étonner, après tout? Gerda est de nouveau en forme. Elle a les traits un peu tirés, peut-être, mais elle a retrouvé, grâce à trente-deux superbes dents fausses, son beau sourire éblouissant. Amincie, elle n'en est que plus élégante et porte un ensemble fort seyant et sûrement très coûteux que Jacky ne lui connaît pas. Ravie de l'ébahissement de son amie, la princesse déclare, l'air victorieux :

— J'ai appris à rebondir, moi! On n'abat pas Gerda Munsinger si facilement. Quand j'ai vu que j'étais piégée, j'ai fait le tour des gens susceptibles de m'aider. C'est comme ça que j'ai revu Gilbert Ayers qui, de son côté, se demandait justement ce que je devenais. J'ai passé la dernière fin de semaine avec lui et il m'a donné de l'argent pour le voyage.

Elle ajoute avec fierté :

— Une importante somme d'argent!

— Tu en as, de la chance! Ton Gilbert est vraiment un gentilhomme!

Jacky se demande par quel mystère la princesse n'a jamais essayé de mettre le grappin une fois pour toutes sur cet homme en or et couvert d'or. Mais il semblerait que Gilbert Ayers ait réussi à développer un fort ingénieux système qui le protège des manigances de ses nombreuses maîtresses. Il est extrêmement généreux, c'est vrai, mais il est évident que c'est lui qui demeure, en toutes circonstances, seul maître du jeu.

— Bon, maintenant, écoute-moi bien. J'ai un plan intéressant pour l'avenir et il faut que ça réussisse. En fait, c'est un plan à plusieurs volets. Tout d'abord, je vais à Munich pour voir ce que je pourrais y trouver comme travail. Mais c'est surtout pour revoir le duc. J'ai commencé à correspondre avec lui lors de mon dernier voyage et je sens qu'il s'ennuie dans son château-auberge. Bien des choses me laissent croire que je serais à nouveau la bienvenue dans sa vie. Ça, c'est pour l'Allemagne. Mais ne t'y trompe pas, ce ne sera pas de gaieté de cœur que j'abandonnerai le Canada. De ton côté, je voudrais que tu fasses un effort pour te mousser auprès de Joseph, que tu as beaucoup négligé depuis la mort de son frère. Laisse tomber tes pudeurs stupides et fonce. Je veux aussi que tu me tiennes au courant de tous les faits et gestes de son fiston. Dernièrement, Jean m'a dit qu'il adorerait visiter l'Allemagne avec moi. Est-ce que tu vois ce que je veux dire? Ce n'est pas parce que je pars que je coupe les ponts. Tu comprends?

Jacky comprend aux yeux fiévreux de Gerda et à la nervosité de sa voix et de ses gestes qu'elle a le sentiment aigu de jouer ses dernières cartes. La fébrilité de son attitude est la même que celle du joueur qui, possédé par sa passion du hasard, est prêt à miser sa vie entière sur un ultime pari. Un peu sur la défensive au début, la duchesse se laisse peu à peu gagner par l'optimisme rayonnant de son amie. Toutes deux rêvent à voix haute jusqu'à une heure avancée de l'après-midi.

Finalement, Jacky doit annuler deux rendez-vous avec des clients et se dit que la fréquentation de Gerda nuit au sérieux de son personnage de femme d'affaires efficace. Elle est d'autant plus désolée de cette constatation qu'elle aime plus que jamais ce qu'elle fait et qu'elle y met de plus en plus d'ardeur. C'est grâce à ce travail qu'elle a réussi à échapper au désespoir qui l'a saisie à la mort d'Édouard. Elle constate que Gerda ne connaît pas et ne cherche pas à connaître ce genre d'expérience. Mais elle a beau résister, elle se sent une fois de plus happée par les folles perspectives d'un avenir doré que lui brossait à grands traits une princesse débordante d'enthousiasme. Ah! la vie passionnante qui les attend toutes les deux, dès que la chance y mettra un peu du sien!

Chapitre 10

Pierre marche de long en large dans son bureau, en proie à une colère froide qui l'empêche de se concentrer et de travailler. Ce qui vient de se passer dans le bureau du premier ministre est à son avis du dernier mauvais goût. Il s'y est fait réprimander comme un gamin de quinze ans.

À la première heure ce matin, il a été convoqué au bureau de son chef par un appel laconique de son confrère Davie Fulton.

— Pierre, monsieur Diefenbaker veut te voir. Tout de suite!

Et clac! « Quelle tuile m'attend encore? s'est-il demandé en longeant le corridor qui mène à la Chambre des communes et à côté de laquelle se trouve l'antre du “vieux lion”. Ce type est en train de nous faire tous mourir, avec ses tracasseries. »

En poussant la porte du bureau de Diefenbaker, au premier coup d'œil, il a vu dans les yeux globuleux qui le fixaient sans aménité que cette entrevue serait particulièrement pénible. Un peu en retrait près d'une des hautes fenêtres en ogives et lui tournant le dos se tenait le ministre de la Justice, Davie Fulton, qui venait tout juste de le convoquer par le téléphone intérieur. Il lui a décoché un regard noir par-dessus son épaule, l'a salué du bout des lèvres et ne s'est pas avancé pour lui tendre la main. « Il se passe quelque chose d'exceptionnellement désagréable aujourd'hui, s'est dit Pierre. Ils ont l'air de deux portes de prison. »

— Je veux te parler d'une femme, a attaqué Diefenbaker d'une voix revêche, et pas de finasseries, je te prie. Tu as intérêt à tout me dire, et tout de suite.

Comme d'habitude, le chef était irrité et nerveux. Pierre ne l'a jamais vu autrement qu'irrité et nerveux. En public, Diefenbaker affecte le calme, mais personne de son entourage immédiat ne s'y trompe plus. C'est un hypernerveux incurable. Et voilà qu'il voulait l'entretenir d'une femme? Tout à fait incroyable!

— Tu connais une Allemande du nom de Gerda Munsinger?

Stupéfait, Pierre a acquiescé. Mais qu'est-ce que le nom de Gerda venait faire dans ce bureau? Le premier ministre n'allait quand même pas commencer à s'intéresser aux petites histoires de fesses de ses ministres! Diefenbaker a enchaîné d'un ton rogue :

— Je veux tout savoir de cette histoire. Comment tu as rencontré cette fille, ce que tu sais sur elle exactement, ce qu'elle fait au Canada et quelle est l'ampleur de vos rapports. Et ne prends pas cela à la légère! a-t-il ajouté en criant presque. C'est beaucoup plus sérieux que tu ne crois.

Le vieux n'a pas manqué de déceler l'esquisse d'un sourire sur les lèvres de Pierre. C'était tellement loufoque de devoir raconter cette histoire un peu salace à un vieux puritain comme lui que Pierre a eu du mal à demeurer grave et respectueux devant son chef. En fait, il éprouvait une folle envie de l'envoyer sur-le-champ se faire cuire un œuf. Cependant, quelque chose l'avertissait que le premier ministre ne supporterait pas le plus petit manquement. Il entendait recevoir une confession en bonne et due forme et il l'obtiendrait. Pierre s'est donc contenu et a entrepris de raconter son aventure de la façon la plus succincte possible. Voilà où les indiscrétions de Gerda, qu'il a eu le tort de traiter à la légère, le conduisaient.

— Et maintenant, vous savez tout, conclut-il sur le ton le plus neutre possible. Je n'ai pas revu cette fille depuis plusieurs mois et je n'ai nullement l'intention de la revoir. Je suis étonné que vous fassiez un tel cas d'une histoire aussi banale.

— Banale pour toi, peut-être, mais ce n'est pas l'opinion de la Gendarmerie royale! a aboyé le vieux, soudain rouge de colère. Cette fille est l'objet d'une très sérieuse enquête de la part de la GRC. Elle a fait une demande de citoyenneté canadienne; les enquêteurs de la GRC ont vérifié ses antécédents et ont découvert qu'elle a un casier judiciaire en Allemagne!

Pierre a été pris de court. Un casier judiciaire? C'est évidemment le genre de chose avec laquelle on ne plaisante pas à la Gendarmerie royale du Canada.

— Je n'étais pas du tout au courant. De quoi était-elle accusée?

— Ce n'est pas moi qui réponds aux questions, grinça le chef d'un ton sans réplique. Je tiens cependant à t'informer que cette dame se livre à la prostitution depuis un certain temps à Montréal. C'est d'ailleurs sa principale source de revenus et elle est fichée à la police allemande pour vol. Belle fréquentation! Je te félicite! Mais, si tu veux le savoir, ce n'est pas le plus grave. Avant son départ d'Allemagne, elle était soupçonnée d'avoir eu des relations avec des éléments perturbateurs hostiles aux Alliés. Il se pourrait qu'elle ait travaillé pour les communistes! Tu es ministre associé à la Défense, bon sang! Est-ce que tu comprends ce que je veux dire ou si tu es trop bouché?

Les derniers mots ont été ponctués d'un vigoureux coup de poing sur la table qui a fait tressaillir Pierre jusqu'à la moelle des os.

— Oui, a-t-il bredouillé, oui... Enfin, non. J'ai peur de

ne pas avoir très bien saisi. Vous ne voulez quand même pas dire qu'elle était soupçonnée d'espionnage? Ou qu'elle aurait été en relation avec des gens qui faisaient partie d'un réseau? Ça n'a aucun sens; elle n'a pas du tout l'air d'une espionne ou de quelque chose du genre.

Il était absolument abasourdi. Gerda espionne? Quelle drôle d'idée!

— Et ça a l'air de quoi une espionne? Tu peux me le dire? Si elle en est effectivement une, tu penses évidemment que, folle de toi, elle t'en aurait aussitôt prévenu? Je me vois forcé de demander à la GRC de poursuivre son enquête et, s'il y a eu atteinte, si minime fût-elle, à la sécurité de l'État, je t'annonce dès maintenant que tu seras obligé de démissionner du cabinet. Fulton va étudier à fond le dossier que vient de lui remettre la GRC et va me faire son rapport dans les jours qui viennent. Quant à toi, pas un mot de cette histoire à quiconque. Si ça vient aux oreilles d'un journaliste, je ne donne pas cher de ta peau.

Atterré, Pierre s'est entendu froidement congédier par Diefenbaker. Le chef désirait s'entretenir de son cas avec Fulton qui, raide comme la Justice qu'il représentait, n'avait pas ouvert la bouche tout le temps qu'avait duré l'entretien. Jamais Pierre Sévigny n'aurait cru que son marivaudage avec Gerda Munsinger aurait pu l'entraîner aussi loin. Sa relation avec la petite Allemande ne pouvait influer sur son avenir politique à ce point-là! C'était impensable!

Il est maintenant pris d'une folle envie de téléphoner à ses amis de Montréal pour leur narrer sa mésaventure et demander conseil. La main sur l'appareil, prêt à composer le numéro, il se souvient in extremis que Diefenbaker lui a ordonné de ne souffler mot de leur conversation à âme qui vive. Et il ne plaisantait pas, le chef. Dans les circonstances, Pierre sent qu'il vaut mieux obéir aux ordres. Mais, Dieu! qu'il aimerait que quelqu'un le rassure! Gerda, une espionne, une voleuse?

À tout hasard, il compose le numéro de Jacqueline. Il

ne sait pas trop ce qu'il va lui raconter, mais peut-être sait-elle des choses sur leur amie que, jusqu'à ce jour, lui-même ignore. Il est aujourd'hui à même de mesurer à quel point il a eu tort de prendre ses avertissements à la légère. Hébété, il écoute la sonnerie retentir en vain. Jacqueline est absente.

À la première heure le lendemain, il est de nouveau en face de son chef. Il a peu dormi la nuit dernière. Une vilaine peur lui mord les tripes. Diefenbaker et Fulton sont toujours d'une humeur aussi massacrante. Cette fois, c'est Fulton qui attaque sans préambule.

— Les deux agents de la GRC qui sont venus me trouver avec le dossier Munsinger l'ont fait parce que ton nom s'y retrouve à plusieurs reprises, ainsi que certains autres noms qui sont liés au parti. D'après toi, qui cette Gerda Munsinger connaît-elle dans le milieu conservateur?

— Je n'ai aucunement l'intention de répondre à cette question. Je suis bien prêt à répondre de mes actes, mais pas de ceux des autres. Vous avez un dossier, servez-vous-en!

Pierre trouve parfaitement odieux que Fulton lui demande de dénoncer ses confrères et amis. Le premier ministre s'interpose; son ton s'est passablement radouci.

— Pour le bien du parti, je tiens à savoir qui peut être impliqué dans l'affaire. Elle pourrait nous causer un tort énorme, je ne sais pas si tu en es conscient. Qui fréquente ou a fréquenté cette Gerda à part toi, Pierre? Il faut que je le sache!

À contrecœur, Pierre s'exécute. Pourquoi est-il le seul à comparaître devant ces deux inquisiteurs? Comment se fait-il que toute cette histoire ne retombe que sur ses seules épaules? C'est vraiment un peu fort! Qu'y a-t-il donc dans le satané rapport?

— Elle connaît les mêmes gens que moi. Elle était à mon banquet en septembre dernier. Je sais qu'elle a revu George Hees de façon assez assidue pendant un certain temps, et certains autres, des hommes d'affaires surtout. Elle était très courtisée. Cette fille est un peu mythomane. Elle a raconté n'importe quoi à la GRC et ils l'ont crue. Elle adore se vanter de ses bonnes fortunes, mais tout ça est franchement idiot.

Pierre n'arrive pas à comprendre pourquoi Diefenbaker attache une telle importance à une histoire de poule de luxe au verbe un peu trop coloré.

—Il me semble qu'on a des dossiers autrement plus importants à éplucher que ce rapport insignifiant.

—Ce n'est pas à toi de juger, rétorque sèchement Diefenbaker, courroucé. Il y a présentement enquête et, ce qu'il importe de savoir, c'est s'il y a eu atteinte à la sécurité de l'État, je te l'ai déjà dit.

—Mais c'est de l'aberration pure et simple. Je vous assure que cette fille est on ne peut plus inoffensive. Je ne suis même pas certain qu'elle soit vraiment intelligente. Elle est surtout douée pour les relations sociales. Elle est mannequin et fréquente des restaurants chics où se tiennent surtout des hommes d'affaires; c'est comme ça que je l'ai connue. Elle est amusante et jolie, c'est tout. Elle n'a été qu'une passade. Il y a des mois que je ne l'ai pas revue et vous me sortez tout d'un coup une histoire désopilante de risque pour la sécurité qui ne tient pas debout. Excusez-moi, mais tout ça est du dernier ridicule!

—Tu as revu cette fille il y a moins d'un mois. Tu es allé chez elle en fin de soirée, le 25 novembre, et tu y as passé la nuit alors que ta famille était ici à Ottawa. Cesse de jouer les innocents et, surtout, cesse de nous mentir en pleine face.

Diefenbaker a repris son visage de bois et sa voix métallique des pires moments. Pierre n'en revient pas. Ils savent ça aussi! Et quoi d'autre encore?

—Eh bien! si vous savez tout sur mes faits et gestes, vous savez aussi que, ce fameux soir, il ne s'est rien passé entre elle et moi. Elle m'a offert un verre, elle voulait me parler de ses problèmes avec sa demande de citoyenneté qui n'aboutit pas, justement, et j'en ai profité pour lui conseiller de retourner bien sagement dans son pays. Une amie commune m'avait prévenu que Gerda était en train de mal tourner et j'avais promis à cette amie de tenter de la raisonner. C'est ironique, mais il paraît que j'ai de l'influence sur elle. Pensez ce que vous voudrez, mais je n'ai absolument rien à me reprocher!

—C'est sûrement ce que madame Sévigny pense aussi. Passer la nuit chez une poule pour lui donner des conseils, on fait tous ça couramment! Tu peux disposer, mais nous n'en avons pas fini avec cette affaire. Je te préviens que tu as intérêt à ne rien nous cacher. Notre premier devoir est de protéger le gouvernement et le parti; il vaut mieux que tu t'enfonces ça dans le crâne une fois pour toutes.

Pierre quitte le bureau de son chef tremblant de rage et d'humiliation. Il faut vraiment que ces crétins de la GRC n'aient pas grand-chose à se mettre sous la dent pour persécuter les gens de la sorte. Où prennent-ils, ces imbéciles, qu'un ministre n'a pas le droit de tranquillement s'envoyer en l'air avec qui bon lui semble? C'est à sa femme de lui demander des comptes, pas à ce vieux cercueil de ministre de la Justice, ni même au patron, tout premier ministre qu'il soit! Si ces deux-là se sont mis dans la tête de gérer jusqu'à la vie sexuelle des membres du parti, ce ne sera pas de la tarte. Il va falloir se mettre à travailler jour et nuit à longueur d'année.

Comme on est à deux jours seulement de l'ajournement des débats à la Chambre pour les vacances de Noël, Pierre craint fort de n'être fixé sur son sort qu'à la reprise des travaux, en janvier. En attendant, il devine qu'il devra mijoter dans son jus et porter seul le poids de cette histoire infamante. Il pressent que ses vacances en famille vont en être durement affectées.

Chapitre 11

Mundsee, le 24 décembre 1960

Ma très chère Jacky,

C'est la veille de Noël et je vis un véritable conte de fées. Il neige à gros flocons depuis ce matin et jamais je n'ai trouvé mon village aussi beau. L'immense château que j'aperçois par ma fenêtre semble tout droit sorti du monde de Walt Disney. Je me prépare à passer une merveilleuse soirée avec mon grand amour, sa famille et de nombreux amis. Mon duc, que j'appelle Lulu dans l'intimité, est absolument fou de moi; maintenant, j'en suis sûre. On n'a pas encore vraiment eu le temps de parler de notre avenir; nous avons tellement mieux à faire que de parler! Mais ça ne saurait tarder, fais-moi confiance. Lulu est un être merveilleux et je suis follement heureuse avec lui, c'est ce qui compte. Je te raconterai tout dès mon retour le 10 janvier. Je suis décidée à me réinstaller ici définitivement. Je serais folle de laisser passer l'occasion de devenir une vraie duchesse et de me prélasser dans un décor de rêve.

J'ai reçu ta carte de Noël et je te remercie de tes bons vœux. J'ai envoyé mes souhaits aux Chevaliers et je pense beaucoup à vous tous. Je pense à Jean énormément et j'espère que, de ton côté, tu cultives son trop timide daddy.

Voilà, ma chérie, ce sera tout pour aujourd'hui, mais je t'écrirai une plus longue lettre après les fêtes. En ce moment, je suis débordée.

Je t'embrasse très, très fort et à très bientôt.

Ta princesse,

Gerda

Jacky contemple la lettre qu'elle vient de recevoir. Son amie est au sommet de sa forme, semble-t-il. Elle se prend à l'envier un peu. Tout paraît lui sourire en ce moment, alors qu'elle, Jacqueline, travaille dur et ne récolte pour sa peine rien de bien faramineux. De petites joies, oui! Quelques voyages, bien sûr! Mais sans jamais quitter le Canada, alors qu'elle rêve de parcourir le monde. Ses découvertes se limitent toujours au même type d'hôtels d'un luxe moyen et à quelques restaurants et bars à la mode dont elle a depuis longtemps épuisé les charmes et les voluptés.

Elle soupire, replie la lettre et s'empare de son agenda qui trône toujours sur la petite table du téléphone quand elle est à la maison. La princesse annonce son retour à Montréal pour le 10 janvier. Jacky dessine un grand cœur sur la page encore vierge et inscrit Gerda tout au centre. Elle la reverra le soir même. Oh! Elle n'aura, hélas! pas grand-chose de bien excitant à lui raconter: un lunch en tête-à-tête avec *daddy* pendant lequel ils ont longuement parlé d'Édouard. Ce bon vieux Joseph a, bien sûr et par deux fois, mentionné le plaisir que lui procurait ce petit repas seul à seule, mais ils ont surtout parlé d'Édouard, voilà! Il lui a dit: «Au revoir, ma blonde!» d'un petit air coquin en la quittant, mais c'est tout. Depuis, pas le moindre coup de fil, le moindre petit mot, la plus petite fleur. Une histoire sans histoire qui piétine dans un badinage sans conséquence depuis des semaines. Elle gardera ces réflexions pour elle, évidemment. Elle dira aussi qu'elle a envoyé à Joseph une fort touchante lettre de condoléances pour la mort du pauvre Édouard et qu'elle vient de recevoir de lui une lettre de remerciements émus. Mais elle omettra de mentionner qu'en fait cette lettre a été dactylographiée par une secrétaire et que c'était la compagnie au grand complet qui en accusait réception et la remerciait de sa touchante attention, et ça, plus de deux mois après l'envoi de son message.

Jacqueline hausse les épaules en maugréant. La vérité, une vérité qu'il vaut mieux taire à Gerda, c'est que ce pauvre Joseph ne l'attire absolument pas. Il n'a pas une once du charisme qui émanait d'Édouard, pas le dixième de son sex-appeal ravageur, pas le centième de son intelligence aiguë, de son imagination, de sa curiosité insatiable et de son merveilleux sens de l'humour. Il n'est qu'un lointain, un brumeux reflet de ce que représentait son frère dans sa vie. Joseph est veuf et riche, un point c'est tout. Ce sont là ses deux seules qualités. Il est aussi le frère aîné de son grand amour, mais ce n'est pas une qualité, ça. Ce serait même un peu gênant. Elle se sent mal à l'aise à la pensée qu'ils pourraient éventuellement se retrouver tous les deux dans le même lit. Autour de cette idée parfaitement abstraite s'agite le tabou de l'inceste. Oui, bien sûr, il pourrait y avoir quelque chose de délicieusement pervers, quelque chose d'à la fois trouble et excitant dans le passage à l'acte, mais il faudrait que Joseph Simard soit bien différent de ce qu'il est. Il faudrait qu'il possède la sensualité fantasque et débridée de son frère Édouard pour allumer chez elle une étincelle de passion.

Ah! Édouard, voilà tout le problème, le seul vrai problème! Édouard qui la déçoit si cruellement dans la mort même. Et cela, elle ne pourra pas le cacher à la princesse. Patiemment, ô combien patiemment, elle a attendu et attend encore un coup de téléphone ou une lettre de l'étude de notaires qui s'occupe de la succession de monsieur Édouard Simard.

Tout a commencé par un très vague espoir au lendemain de la mort de son bien-aimé. Un vague espoir qui lui causait un non moins vague remords. Puis, le premier choc passé, les larmes ont commencé à se tarir et le vague espoir s'est mué en certitude. Il ne s'agissait que d'être un peu patiente et viendrait la récompense inhérente à tant d'années d'un amour si intense et si totalement désintéressé. Depuis des jours et des jours, tout tourne autour de cet espoir. C'est devenu une véritable obsession. Elle épluche fiévreusement son courrier et maudit ses absences pendant lesquelles le coup de téléphone miraculeux a peut-être retenti. Un doute affreux commence cependant à montrer le bout de l'oreille: le gros nounours n'a pas jugé bon d'assurer l'avenir de celle qu'il prétendait être sa joie, son aimée, son canari et son soleil.

Voilà la douloureuse évidence, et elle devrait tâcher de s'enfoncer cette réalité dans la tête. Il lui faudra aussi l'enfoncer dans la tête de sa princesse qui ne manquera pas de s'enquérir de son héritage. Gerda n'a-t-elle pas déclaré de façon péremptoire et à plusieurs reprises, depuis la date fatidique, qu'un homme de la trempe d'Édouard Simard a sûrement prévu un pécule pour mettre sa bien-aimée à l'abri du besoin après son départ? La princesse a décrété que, dans les semaines qui suivraient, Jacky aurait une belle surprise; elle ne perdait rien pour attendre. La première fois que la princesse y est allée de son laïus, Jacky s'est récriée; elle a même accusé son amie de vénalité, d'immoralité et de cynisme devant une douleur trop sincère pour espérer ce genre de compensation sordide. Gerda a eu un doux sourire de commisération et a ajouté, imperturbable:

— Ma belle chérie, tout chagrin a son prix et je sais que ton Édouard connaissait le prix des belles et bonnes choses. J'espère pour toi qu'il saura se montrer encore plus généreux mort que vivant!

Jacky a levé les yeux au ciel, apparemment scandalisée, mais l'idée avait déjà fait son petit bonhomme de chemin et, au fil des semaines, elle a fini par tourner à l'idée fixe.

Elle en veut un peu à Gerda d'avoir semé cette sale

petite graine dans son cerveau. Mais, pour être franche, maintenant, elle en veut surtout à tout le clan Simard qui semble s'être ligué pour la déposséder des miettes auxquelles elle a droit. Et elle en veut encore plus à cette vieille bourrique de Joseph qui, en tant qu'aîné de la famille, est, après tout, le mieux placé pour réparer ce déshonorant oubli. Ce sont des choses qui peuvent se faire discrètement quand on a de la sensibilité. Il n'est pas nécessaire que toute la famille l'apprenne. Elle le soupçonne presque de... De quoi au juste? La douleur l'égare. Elle commence à en avoir plus qu'assez de ressasser pour la centième fois cet épineux problème.

Elle bondit de son fauteuil et court à la penderie décrocher une de ses robes au décolleté vertigineux. Elle dîne en charmante compagnie ce soir et se promet que son galant va en avoir pour son argent et en voir de toutes les couleurs, parole de séductrice! Il devra payer une note fort salée, et ce sera bien fait. Elle souhaite que ce cher Édouard, du haut de sa retraite éternelle, ne manque pas une seconde du spectacle. Elle a vraiment été trop sage depuis deux mois. Elle a fini de jouer la maîtresse éplorée d'un riche amant sans cœur. Si elle s'en donne la peine, ça lui fera peut-être quelque chose d'excitant à raconter à Gerda à sa descente d'avion.

***

—À la mi-février, je me réinstalle pour toujours en Allemagne. J'ai un mois pour liquider ce que je ne veux pas emporter, tout régler et faire mes malles. Il n'y a que toi qui vas vraiment me manquer. Pour le reste, c'est comme si j'étais déjà partie.

Gerda s'affaire dans l'appartement en désordre qu'elle s'apprête à quitter sans le moindre regret, on dirait. C'est du moins ce que pense Jacky, passablement désarçonnée. La princesse fourrage partout, s'agite dans tous les sens et n'arrive pas à entreprendre la moindre action efficace.

Elle déclare avec humeur se sentir étrangère à tout ce qui l'entoure et n'avoir plus qu'une envie: foutre le camp!

Personne n'était là pour l'accueillir à sa descente d'avion. Un petit mot l'attendait dans la boîte aux lettres. Jacqueline s'excusait de son absence en expliquant qu'elle était retenue par des problèmes professionnels graves.

Jacky est effectivement dans tous ses états. Son ami Fred White, à qui elle doit son engagement au sein de *Triumph of Europe*, vient d'être proprement mis à la porte de l'entreprise, et son assistant avec lui. La raison de ce double renvoi n'est pas claire. Des histoires pas très catholiques circulent depuis deux jours à leur sujet, et Jacqueline tremble de subir le même sort. Si les dirigeants de la compagnie se mettent dans la tête qu'elle est la créature de ce vieux Fred, ce sera la fin de sa carrière dans la mode. Elle ne tient pas à confier ses angoisses à la princesse. Rien n'embête plus Gerda que les petits problèmes de boulot.

— Hé! Tu n'es pas très bavarde, ma chérie. Je croyais que tu aurais des tas de choses fabuleuses à me raconter.

— Ton départ me rend un peu triste. Cet appartement plein de nos bons et moins bons souvenirs, ça me fout le cafard! Et si tu arrêtais de changer les objets de place! Tu t'agites pour rien et tu m'étourdis.

— Tu as raison, c'est d'un déprimant, ici! On s'en va chez toi; tu vas me faire un merveilleux café irlandais, et on va parler tranquillement.

En deux secondes, Jacky et Gerda ont enfilé leur manteau et claqué la porte de l'appartement de la rue Towers. Dans le taxi qui les mène chez Jacqueline, Gerda pépie allègrement, et son amie sourit tristement. Tout un pan de sa vie est en train de s'écrouler, et elle se sent impuissante à en contenir les ravages. Dans quelques jours, si tout s'arrange pour elle chez *Triumph of Europe*, elle repartira pour un mois et n'assistera pas aux préparatifs, puis au départ de Gerda. Elle aurait aimé lui organiser une grande soirée d'adieu, quelque chose d'inoubliable. Implacable, la vie en a décidé autrement.

— Mais pourquoi veux-tu absolument t'installer à Munich? Tu seras loin de Mundsee et de ton Lulu chéri.

— C'est mieux comme ça. Lulu est encore marié. Je ne veux pas rester à l'attendre bêtement. On sait ce que ça donne.

Jacqueline accuse le coup. Dès les premières minutes de leurs retrouvailles, elle a dû avouer à Gerda que le testament d'Édouard ne semblait pas receler la moindre clause la concernant. Elle a cependant feint un optimisme serein. Il lui restait encore un mince espoir auquel s'accrocher. Le testament d'un millionnaire se devait d'être extrêmement compliqué et, quand on connaît la lenteur des hommes de loi, n'est-ce pas?... Elle a aussitôt fait bifurquer la conversation en inondant Gerda de questions sur son voyage et ses amours.

La princesse a donc décidé de s'installer à Munich; plus de deux cents kilomètres la sépareront de son aristocratique soupirant. Elle prendra un petit appartement et se trouvera du travail comme tout le monde.

— Oh! Lulu a juré de m'aider. Il veut que j'aie un bel appartement et que je vive à l'aise. Mundsee n'est pas si loin de Munich, tu sais. On se verra beaucoup, et je jouirai d'une certaine liberté, chose que je ne déteste pas. Quand il aura réglé son divorce, ce sera différent. Je sais que j'ai la bonne attitude. Si je reste indépendante, il aura peur de me perdre et hâtera les démarches. Il n'est pas le seul homme désirable en Allemagne, et je tiens à ce qu'il le sache.

La princesse est lancée. Elle empoigne son avenir à bras-le-corps. La guerre en dentelles qu'elle projette agit sur elle comme un cocktail de vitamines. C'est comme ça que Jacky l'aime le plus : débordante de vitalité et d'optimisme, vigoureusement motivante quand on se sent menacée de glisser bêtement dans la neurasthénie, comme la duchesse ces temps-ci. Rien ne sera plus pareil après son départ.

L'entrain de l'une finit peu à peu par avoir raison de la mélancolie de l'autre, et le bonheur de Jacky est à son comble quand, au milieu de l'après-midi, elle reçoit du remplaçant de Fred White chez *Triumph of Europe* un appel téléphonique la confirmant dans ses fonctions. Tout rentre donc dans l'ordre. Le 25 janvier, elle devra partir pour Vancouver comme prévu.

—Je vais tout faire pour aller passer quelques jours avec toi à Vancouver avant de quitter le pays. Je ne sais pas encore comment, mais je vais me débrouiller, je te le jure!

Et puis, il y aura les merveilleuses vacances qu'elles passeront bientôt ensemble en Allemagne, à Pâques ou au plus tard l'été prochain, elles s'en font la promesse solennelle. La princesse lui fera les honneurs de Munich et de Mundsee. Elle rencontrera ce cher Lulu et sa bande, et elle apprendra l'allemand.

***

Jacqueline prend le chemin de l'Ouest canadien gonflée à bloc. Le rendez-vous de Vancouver tient toujours, et pour cause : la princesse a déniché parmi ses connaissances un homme d'affaires qui s'est déclaré ravi de l'y emmener. Jack Maclean projetait justement de faire un saut à Vancouver et, comme il déteste voyager seul, la présence de Gerda à ses côtés est tout à fait la bienvenue.

Jacky est à Vancouver depuis quatre jours lorsqu'elle reçoit une lettre de Gerda. La princesse ne viendra pas passer ses derniers jours en sol canadien avec elle. Elle vit une aventure excitante et compliquée avec un richissime industriel de la région de Toronto que Jacky ne connaît pas et dont elle tient à tirer le maximum. Ce n'est pas écrit tel quel, mais il suffit de lire un peu entre les lignes. Elle raconte aussi par le menu ses retrouvailles idylliques avec Jean Simard, le fils de ce cher vieux Joseph. Jean projette de la retrouver à Kitzbuhel, en Autriche, à la fin de février, dès que l'encombrante madame Simard sera repartie pour la Floride avec deux de ses amies. Jean désire profiter de son séjour pour skier et visiter l'Autriche et la Suisse en sa compagnie.

Il m'a demandé de réserver la plus belle suite dans le meilleur hôtel de Kitzbuhel. Nous y séjournerons au moins une semaine, puis nous nous baladerons en voiture à travers l'Autriche et la Suisse pendant deux autres semaines. Je lui servirai de guide touristique et d'interprète. Je suis tellement heureuse que je n'arrive pas à te décrire ce que je ressens. Je saute littéralement de joie et je sais que tu me pardonneras de te laisser tomber après la promesse formelle que je t'ai faite d'aller te retrouver. Ma duchesse chérie, comprends-moi, je sens que tout mon avenir est en train de se dessiner et qu'il se scellera pendant ces trois semaines de paradis; alors, ne m'en veux pas trop. Jacky, je sens que je suis née avec une cuillère en or dans la bouche et je veux t'associer à mon bonheur même si je quitte le pays sans te revoir. Je t'envoie toute la tendresse du monde. Nous resterons en contact, je te le jure. Je préfère ne pas avoir à te dire adieu. Je sais que nous aurions pleuré comme des ruisseaux au printemps.

Suivaient l'assurance de son amitié éternelle et des tas de vœux de bonheur, dont quelques-uns hautement farfelus comme celui de son mariage imminent avec ce bon vieux Joseph, union que la princesse s'entête encore à considérer comme allant de soi. Jacky sourit en repliant la lettre. Comment Gerda fait-elle pour mener de front une aventure avec un riche et généreux inconnu et sa romance avec Jean Simard? Elle prétend pourtant qu'elle vient de passer deux jours enchanteurs avec lui. Incroyable Gerda! Quand fabule-t-elle et quand dit-elle la vérité? Jacky a du mal à s'y retrouver, mais elle est quand même très heureuse pour sa princesse. Les difficultés qu'elle a éprouvées au début de l'hiver sont maintenant choses du passé. Elle finit toujours par tirer le meilleur parti de tout ce qui lui arrive.

Et Jacky se prend à imaginer qu'à elle aussi, et très bientôt, elle le sent, on va offrir un luxueux voyage en Europe, où elle n'a encore jamais mis les pieds, ou dans quelque autre paradis dont elle n'a encore jamais osé rêver. Elle pourra alors abandonner le travail exténuant qui commence à lui peser et qui la retient prisonnière, toujours dans les mêmes circuits, alors que c'est le monde entier qu'elle a envie de découvrir. Les dernières nouvelles de Gerda sont le gage certain que la vie est belle et pleine d'aventures. Un destin prodigieux se prépare pour elle aussi, au détour du quotidien devenu, elle doit se l'avouer, un tantinet fastidieux. Il est grand temps qu'il se passe quelque chose de nouveau dans la vie de Jacqueline Delorme.

***

Il est huit heures à peine, ce jeudi 2 février, quand Pierre Sévigny pousse la porte du petit café-restaurant de l'hôtel *Vancouver*. Dans quelques heures, il doit assister au baptême et au lancement d'un croiseur de l'armée canadienne. Il vient de se lever après une nuit de presque totale insomnie, autant dire après une nuit d'enfer. Il a deux heures à tuer avant son premier rendez-vous. C'est avec une mine de déterré qu'il se glisse sur une des banquettes de moleskine rouge, qui lui paraît plus accueillante que les inévitables chaises de bois si peu confortables qu'on trouve à profusion dans ce genre de restaurant. Il aspire à une tasse de café noir brûlant avant tout autre chose. Même l'affreuse mixture qu'on sert ordinairement dans les hôtels sera la bienvenue et l'aidera, il l'espère, à émerger de sa torpeur. Comme il est d'usage dans les cas de réelle urgence, la serveuse semble s'être volatilisée. Il la cherche désespérément du regard, quand il entend une exclamation provenant d'une table voisine.

— Ça, par exemple! Pour une surprise, c'en est toute une! Pierre Sévigny, qu'est-ce que tu fais ici?

Étonné, il découvre Jacqueline Delorme attablée non loin de lui devant un copieux petit-déjeuner, ébahie elle aussi et vraisemblablement ravie de le voir.

— Jacky! Ça alors, c'est à peine croyable! Je n'en reviens pas! Il nous a fallu traverser le Canada en entier pour nous rencontrer par hasard.

— Tu n'es pas encore servi? Alors, viens t'asseoir à ma table. Tu as sûrement des tas de choses à raconter. On n'entend presque plus parler de toi dans notre petit cercle. Qu'est-ce qui t'arrive? Tu t'es fait ermite?

Galanterie oblige, Pierre s'exécute avec difficulté. Sa jambe le fait souffrir. L'humidité qui enserre la ville et sa mauvaise nuit en sont sans doute responsables. Il se laisse lourdement tomber sur une des chaises inhospitalières qu'il voulait éviter, devant une Jacky au museau affûté et de toute évidence prête à lui servir des tas de petites anecdotes d'un goût qui, ce matin, lui fait proprement lever le cœur. Par contre, la serveuse, réapparue comme par miracle, remplit sa tasse d'un café odorant et très noir, sur lequel il se jette avidement avant d'affronter les habituels bavardages que suscitent toujours pareilles rencontres.

— Tu n'as pas l'air dans ton assiette, toi! Ils te font trop travailler, à Ottawa. Tu es ici en service commandé, je suppose?

Pierre hoche la tête et se dit que cette rencontre avec Jacky tombe plutôt mal. Ce n'est pas sa faute, la pauvre, mais elle est associée, de façon indirecte, mais associée tout de même, à des événements qu'il essaie de repousser aussi loin que le plus lointain de ses pires souvenirs.

Exubérante comme à l'ordinaire, elle a pris un petit air complice, c'était inévitable, et se met à lui raconter dans les moindres détails le départ définitif de Gerda pour son Allemagne natale. Pierre convient sans trop s'étendre sur le sujet que c'est vraiment ce que la petite chérie a fait de mieux depuis très longtemps.

—Comme je la connais, elle a dû t'écrire un mot avant de quitter le pays? Elle a toujours eu une immense affection pour toi, Pierre. Ce qu'elle me fait rire avec ses petits messages à droite et à gauche! Les postes canadiennes lui doivent beaucoup. Elle ne cesse d'inonder ses amis de cartes et de petits mots. C'est vraiment tout un personnage, notre Gerda.

—Je ne savais pas qu'elle était repartie, répond-il en affectant la surprise. C'est toi qui me l'apprends. Je n'ai eu aucune nouvelle. Je pense qu'elle m'en veut de ne pas lui avoir obtenu sa citoyenneté canadienne. Ce qu'elle a pu me casser les pieds avec ça! Tu ne peux pas savoir. Et pas seulement avec ça.

—Je m'en doute, figure-toi. Mais Gerda est comme ça. Elle prend toujours ses désirs pour des réalités. C'est ta faute aussi. Au début, tu as été trop conciliant avec elle. Elle est du genre à qui on offre la main et qui s'empare du bras tout entier, et du reste, si possible.

Jacqueline rit de bon cœur. Il est évident qu'elle continue d'avoir pour Gerda une indulgence sans limites, indulgence dont Pierre se trouve, depuis un certain temps, totalement dépourvu, et pour cause! Mais de cela, il ne souffle mot à Jacky.

Pendant qu'elle continue de pépier avec enthousiasme sur tout et sur rien, Pierre se remémore la dernière algarade que lui a servie le premier ministre avant de daigner conclure, après une étude serrée des dossiers concernant toute la malheureuse histoire de Gerda, qu'il n'y a pas eu atteinte à la sécurité de l'État. On pouvait désormais considérer l'affaire comme classée. Et ce n'était pas trop tôt. Pierre avait vécu plusieurs semaines sur des charbons ardents et avait eu très peur, autant pour sa situation que pour sa vie privée. Et voilà que, il y a exactement deux jours, Diefenbaker est reparti de plus belle dans une de ses colères du feu de Dieu. La GRC venait de l'informer qu'avant de quitter définitivement le Canada la belle écervelée est allée se vêtir somptueusement pour les sports d'hiver chez *Morgan's* et qu'elle a payé tous ses achats avec un chèque sans provision, ayant bien pris soin quelques jours auparavant de vider son compte en banque jusqu'au dernier sou. Pierre a eu beau faire respectueusement remarquer à son supérieur qu'il n'était pas sur terre pour empêcher Gerda Munsinger de faire des bêtises, ça a été peine perdue; Diefenbaker ne pouvait concevoir qu'un de ses ministres ait pu s'acoquiner, ne fût-ce qu'un court instant, avec une petite grue qui s'avère, de surcroît, une voleuse de bas étage.

Pierre n'a aucune envie de mentionner cet incident à Jacqueline. Il lui faudrait tout raconter depuis le début et surtout parler de l'ignominieuse enquête de la GRC sur ses rapports avec Gerda et, cela, il ne peut se le permettre. Déjà que, malgré la promesse faite à son chef et au ministre de la Justice de ne parler de cette histoire à quiconque, il n'a pu s'empêcher, un soir où l'angoisse était trop forte, de téléphoner à William O'Bront à Montréal afin de lui raconter succinctement ce que les agissements erratiques et les bavardages de Gerda ont déclenché auprès des autorités policières et jusqu'au sein du gouvernement. Il l'a ensuite supplié de tenter quelque chose pour que cette encombrante personne lui fiche dorénavant la sainte paix. Un peu étonné malgré tout, il s'est entendu répondre par un Obie furibond qu'ils sont plusieurs comme lui à en avoir soupé de la donzelle.

—Elle a constamment des ennuis d'argent, un vrai panier percé. Je l'ai aidée plusieurs fois, mais je n'aime pas son attitude. Elle est insatiable et se conduit comme si tout lui était dû. Si on lui demande le moindre petit service en échange, alors, là, on peut aller se gratter, il n'y a plus personne, madame se fiche de vous comme de sa première petite culotte, elle a beaucoup mieux à faire que d'honorer ses dettes. Parce que, comprends-moi bien, je ne lui dois rien, à cette fille, et je ne lui ai jamais rien demandé. C'était elle qui était toujours pendue à mes basques à quémander. Si elle veut retourner vivre en Allemagne, tu as ma parole que je vais lui faciliter les choses. Et si elle n'est pas encore tout à fait décidée, je vais l'aider à la prendre, sa décision, moi! Ça ne traînera pas, parole d'O'Bront!

Après ce coup de téléphone à Obie, Pierre aurait aimé se sentir un tant soit peu rassuré. William est un homme efficace et qui n'a qu'une parole. Pourtant, il continue à craindre qu'un scandale n'éclate et ne détruise à jamais ce qu'il a si laborieusement édifié. C'est ainsi que, quelques jours plus tard, un soir du début de janvier, un soir où son moral était au plus bas, en prenant d'infinies précautions, il a osé parler de son problème à un vieil ami journaliste de la Presse canadienne. Patrick Nicholson est un homme incroyablement bien informé et d'une discrétion à toute épreuve.

Pierre était installé dans le petit salon de l'appartement de Nicholson à Ottawa. Il a commencé prudemment à se confier tout en restant le plus vague possible, quand Nicholson lui a déclaré :

— Ne te fatigue pas, mon vieux, je connais toute l'histoire de tes démêlés avec cette poulette. J'ai un copain dans la GRC qui était sur la piste et qui m'a tout raconté. Un grand bavard, ce coco-là, mais, dans ma situation, c'est rudement commode, ne serait-ce que pour rassurer les amis qui font de l'angoisse. Toute cette affaire n'est qu'une tempête dans un verre d'eau. Ça va se tasser. Courbe l'échine et laisse passer l'orage. D'ici un mois, Diefenbaker aura enfourché d'autres dadas et il aura tout oublié. Il paraît qu'elle est rudement appétissante, la petite! Mon coco trouve que tu as bien de la chance! Il se la serait volontiers envoyée, mais le moment était un peu mal choisi, si tu vois ce que je veux dire?

Devant la mine atterrée de Pierre, Nicholson s'est fait rassurant. L'histoire a très peu de chances de sortir dans les journaux. C'est trop anodin et les libéraux ont, eux aussi, des tas de petites maîtresses dans leurs placards.

S'il faut commencer à jouer ce jeu-là, c'en est fait de la politique sérieuse. Pierre n'a qu'à prendre son mal en patience.

C'était facile à dire. Nicholson n'avait pas, lui, à essuyer les colères de l'irascible John Diefenbaker.

—Pierre, tu m'écoutes? lui demande Jacky, le tirant brusquement de sa rêverie. Tu savais qu'O'Bront, notre ami Obie, eh bien! c'est lui qui, le jour de son départ, est allé reconduire Gerda à l'aéroport. Il lui a même donné de l'argent pour payer son billet d'avion. Il était le troisième ou le quatrième, je ne sais plus, à lui payer le voyage. Elle m'a téléphoné de l'aéroport pour me raconter ça. Je n'en revenais pas. Elle a un de ces culots!

Jacky rit à gorge déployée de cette dernière facétie de sa chère Gerda. Se faire verser le prix du vol Montréal-Munich par trois ou quatre beaux pigeons, c'est avoir un solide sens des affaires.

—Moi je lui dis: chapeau! Ce n'est peut-être pas très moral, mais, puisque ça leur faisait plaisir à tous, pourquoi les priver de cette joie? Il y a toujours plus de bonheur à donner qu'à recevoir; alors, ce sont eux, les vrais gagnants, n'est-ce pas?

Pierre sourit d'un air entendu. Il se doutait bien qu'O'Bront avait payé pour faire déguerpir la petite peste allemande. Le lendemain du départ de Gerda, Obie l'a appelé à son bureau.

—Tu peux désormais dormir sur tes deux oreilles, mon cher. J'ai fait le nécessaire et mon chauffeur a vu à ce que qui tu sais ne rate pas son avion. J'espère que nous n'entendrons plus jamais parler de cette satanée pouffiasse. Je me suis arrangé pour qu'elle n'ait plus jamais envie de remettre les pieds ici.

Pierre l'a remercié, mais, la conversation terminée, il est demeuré songeur. Il y avait dans la voix d'Obie quelque chose de franchement excédé, le ton était presque menaçant. Pourvu que des événements inconnus de lui jusqu'à présent ne se mettent pas soudain à faire surface et ne viennent troubler le précaire regain d'optimisme que lui a apporté cette nouvelle! Depuis, ses pires craintes se sont trouvées en quelque sorte justifiées. N'y a-t-il pas eu le vol de vêtements? Il ne peut s'empêcher de se demander avec anxiété ce qui lui pendait encore au bout du nez.

— Pierre, tu n'es vraiment pas dans ton assiette, toi! Tu couves une vilaine grippe, je le jurerais. Tu as l'air complètement déprimé. Ce n'est quand même pas le départ de notre amie qui t'attriste à ce point-là!

L'air gentiment moqueur de Jacqueline met Pierre encore plus mal à l'aise. Il a très peu parlé durant tout le repas et il sent qu'elle voudrait lui arracher une ou deux confidences, question de retendre les liens d'amitié qui les unissaient il n'y a encore pas si longtemps. Il s'empresse de mettre sa mauvaise mine et son manque d'entrain sur le compte de problèmes domestiques. La vie avec Clou n'est pas facile depuis qu'ils habitent Ottawa en permanence. Pauvre Corinne, elle a bon dos! Pour lutter contre l'ennui, elle s'est mise dans la tête d'avoir un autre enfant. Il parle aussi de son travail qui l'accapare horriblement, et la conversation glisse enfin sur des amabilités sans conséquence. Ils se quittent affectueusement. Pourquoi en voudrait-il à Jacqueline? N'a-t-elle pas été la première à le mettre en garde contre la légèreté de Gerda Munsinger? Pour le reste, il n'a qu'à s'en prendre à sa propre légèreté à lui.

Chapitre 12

Quand Jacqueline rentre enfin à Montréal fin février, elle y est accueillie par une lettre de Gerda qui ne tarit pas d'éloges sur ses nouveaux bonheurs européens. Munich est la plus belle ville du monde, l'appartement qu'elle y a déniché avec l'aide de Lulu est une pure splendeur et elle ne s'est jamais autant amusée. Bref, sa vie est un ravissement de tous les instants. Une réception de bienvenue a été organisée pour elle, à Mundsee, dans le somptueux palais ducal où elle a passé, affirme-t-elle, quatre jours entiers avec son duc, en amoureux. Elle ne fait pas la plus petite allusion à sa rivale, en l'occurrence l'encombrante et pourtant réputée très jalouse duchesse. Cette accommodante personne a sans doute eu le bon goût de partir en voyage pour la circonstance, pense Jacky, que plus rien n'étonne quand il s'agit de sa princesse. Elle assure que la fin de l'année la verra mariée, ou à tout le moins fiancée. Est-ce que Jacky accepterait d'être sa demoiselle d'honneur? Si oui, elle s'arrangera pour faire coïncider ce mariage inespéré avec les vacances de son amie. Le duc en serait absolument ravi.

Dans le paragraphe suivant, l'heureuse presque fiancée déclare attendre avec impatience la date de son rendez-vous avec son Jean Simard adoré. Les réservations à Kitzbuhel ont été confirmées et elle se promet des plaisirs sans nom. Jean sera accompagné d'un ami qu'elle se meurt littéralement de rencontrer, mais dont elle doit taire le nom, pour des raisons trop compliquées à expliquer, semble-t-il. Elle promet d'écrire d'Autriche pour lui raconter en détail toutes les péripéties de leur folle escapade.

Trois semaines plus tard, Jacky reçoit une lettre de l'hôtel *Saint-Cristoph*, à Arlberg, en Autriche. Tout se passait miraculeusement bien, et les trois complices écumaient toutes les stations de ski autrichiennes.

> *Nous nous préparons à gagner la Suisse dans les prochains jours. Lulu nous a rejoints en cours de route et il a présenté à Jean quelques-uns de ses plus chers amis, tous du jet set et de la noblesse. Je te demande d'être très discrète sur le voyage que Jean effectue avec moi. Tu comprendras que toute la ville de Montréal sait que Jean Simard et son ami Claude Dallaire sont en voyage de ski dans les Alpes, mais ce serait embêtant pour eux qu'on apprenne que je les accompagne. Claude est très gentil, mais il n'est pas mon genre. Il skie comme un enragé et, le reste du temps, il se montre assez taciturne. Jean m'a fait promettre de ne raconter notre voyage à personne, même pas à toi. Alors, je me fie à ton jugement. Je suis certaine que tu feras pour le mieux et dans l'intérêt de tous.*

Venant de Gerda, toutes ces exhortations à la discrétion paraissent à Jacky du plus haut comique. La croit-elle devenue si intime avec le *daddy* de Jean qu'elle redoute que son amie ne finisse par lâcher le morceau sur l'oreiller? Quelle serait la réaction du vieux Joseph s'il apprenait que son fiston est en train de s'encanailler avec la petite chevalière de la Table ronde? Il ne verrait sans doute pas la chose d'un très bon œil, le cher homme. Mais la princesse n'a rien à craindre, Jacky ne met plus les pieds au *Hunt Club.* Elle aurait l'impression d'être la maîtresse bafouée qui vient quémander des miettes d'héritage au sein de la famille méprisante ou quelque chose du genre. Il s'agit d'un sentiment plutôt nébuleux, mais, chose certaine, humiliant au possible. Quand elle y pense, cela lui fait monter aux yeux de grosses larmes de rage impuissante. Jacqueline a sa fierté et elle porte son chagrin avec un orgueilleux dédain. Personne ne saura à quel point sa déception a été cuisante. Elle lunche à présent au restaurant *La Roma* quand elle est à Montréal. Elle y a déjà ses habitudes, elle est traitée aux petits oignons par les membres du personnel et elle commence à y compter de nombreux amis.

Gerda termine sa joyeuse lettre sur une note de mélancolie. Elle avoue éprouver une certaine tristesse à l'idée que Jean rentrera bientôt à Montréal et que la vie reprendra son cours, tout simplement, trop simplement à son goût. Elle aurait souhaité quelque chose de plus, ça ne fait aucun doute, mais ce quelque chose est resté lettre morte, et Gerda le déplore :

> *Après le départ de Jean, il me faudra dire adieu à la vie de palace, aux folles soirées passées à danser, à rire et à boire des flots de champagne dans tous les endroits à la mode. Jean m'a un peu déçue. Sais-tu qu'au début il ne voulait même pas que je sache le nom de son copain ? Je soupçonne même que Claude Dallaire n'est pas son vrai nom. On dirait qu'il n'a pas confiance en moi. Moi qui suis prête à tout pour lui. Parfois, je ne comprends pas les hommes. Ils passent à côté du bonheur et ne semblent même pas s'en apercevoir.*

Jacqueline comprend que la princesse retombera incessamment sur terre, qu'elle le veuille ou non. Comme le commun des mortels, elle devra se trouver un emploi stable et il lui faudra manœuvrer au plus serré si elle veut se faire épouser de son duc, dont elle ne parle plus qu'avec une certaine indifférence, comme s'il était allé rejoindre la cohorte de tous ses amis et connaissances. Jacky n'a aucune difficulté à saisir l'état d'esprit de son amie. Elle sait bien que sa princesse chérie se sent piégée et qu'elle est prête à tout pour tenter d'échapper à la vie monotone qui se dessine dans son horizon munichois.

Elle lui répond aussitôt par une longue lettre pleine d'encouragements. Même s'il arrivait que le duc n'obtienne pas son divorce, elle est certaine que son amie parviendra à se tailler une place enviable dans son pays. Il est temps qu'elle se prenne en main et devienne plus sérieuse.

> *Je ne suis pas inquiète pour toi, tu peux te trouver un très bon travail, puisque tu es bilingue. Tu as un don évident pour les relations humaines, et tes nouveaux amis vont t'aider, j'en suis certaine. Gerda, il est grand temps que tu fasses des projets plus réalistes que la chasse aux millionnaires, qui sont souvent des gens fort décevants. Pense aussi au plaisir que nous aurons à nous revoir en Allemagne, le plus tôt possible!*

Ah! en rêve-t-elle assez de ce voyage qu'elle envisage d'entreprendre à l'été! Elle a tant travaillé ces derniers mois qu'elle mériterait un long congé aux frais de ses employeurs. Elle se voit déjà partie à la conquête de l'Europe en général et de l'Allemagne en particulier, avec la bénédiction de *Triumph of Europe*, évidemment. Si elle a miraculeusement échappé à la purge qui s'est effectuée au sein du personnel canadien de l'entreprise, c'est que son travail est apprécié. Elle profitera donc de ce voyage au pays de Gerda pour établir des contacts avec les grands patrons de l'entreprise, dont le siège social est situé près de Berlin-Ouest. Elle se voit très bien sillonnant l'Europe pour le compte de la compagnie. Elle se promet de commencer à apprendre l'allemand le plus vite possible; en ajoutant cette langue à son excellente connaissance du français, sa langue maternelle, et en continuant à perfectionner son anglais, elle sera parfaitement outillée pour se tailler une brillante carrière européenne. Beaucoup plus que Gerda, d'ailleurs. La pauvre écrit au son et martyrise la syntaxe avec un bel enthousiasme. Elle se fait cependant un devoir de n'envoyer à Gerda que des paroles d'encouragement. Il faut que la princesse s'accroche et réussisse sa réinsertion au sein de la société munichoise; leur avenir à toutes deux en dépend.

Sa lettre envoyée, elle attend la réponse de son amie avec une rare impatience. Un mois s'écoule dans le plus complet silence. L'humeur de Jacqueline passe peu à peu de l'optimisme délirant à la plus sourde des inquiétudes. Pourvu que la princesse n'aille pas se jeter dans une de ces situations extravagantes dont elle seule a le secret! Mais, vers le 15 mai, la lettre d'Allemagne tant désirée atterrit parmi son courrier. C'est une curieuse lettre. La longue enveloppe beige rectangulaire affiche un air de correspondance d'affaires, et son adresse y est entièrement dactylographiée. Dans le coin supérieur gauche, on peut lire:

European Exchange System
South German District
Office of the District Officer
Apo 108 U.S. FORCES

Fébrilement, Jacky décachette l'enveloppe. Le papier porte le même en-tête que l'enveloppe, et il s'agit bien de l'écriture de Gerda, qui, triomphante, annonce à son amie qu'elle s'est trouvé du travail, et dans l'armée américaine en plus.

Je suis maintenant la secrétaire particulière d'un officier américain plutôt sympathique bien que très exigeant. Le plus drôle, c'est que me revoilà dans les mêmes bureaux où je travaillais avant mon départ! J'y ai re-

trouvé des compagnons de travail qui n'ont pas bougé de là depuis tout ce temps. Ils m'ont accueillie, installés aux mêmes pupitres et entourés des mêmes plantes vertes qu'à l'époque. Complètement hallucinant! C'était comme si je m'étais absentée pour aller aux toilettes; tu vois le genre? Je sais que tu attendais ma lettre avec impatience, mais, en plus de mon nouveau travail, je me suis lancée dans un déménagement. J'ai eu la chance de trouver un appartement plus grand, situé beaucoup plus près de mon travail. Je suis tellement heureuse d'avoir retrouvé une occupation normale! Si tu savais le bien que ça me fait! Jacky, je ne suis plus la même personne depuis que j'ai une vie plus régulière, et c'est un peu grâce à tes encouragements. Je me rends maintenant compte que le genre de vie que je menais à Montréal m'avait rendue triste et misérable. Je n'arrive pas à comprendre comment j'ai pu me laisser aller à faire l'idiote aussi longtemps.

Comme un bonheur n'arrive jamais seul, ma vie privée est de nouveau remplie de soleil. Pendant mon séjour en Autriche, j'ai rencontré un homme merveilleux. Il est libre et riche, crois-le ou non. Il a quarante-deux ans, il est beau comme un prince et c'est le fils unique du propriétaire du journal le plus important d'Augsbourg, la ville où il est né. Il y possède un appartement digne des films d'Hollywood. Mais, l'endroit que nous préférons tous les deux, c'est sa maison de campagne, qu'ici nous appelons un pavillon de chasse. Elle est située à environ trente-cinq milles de Munich. C'est une immense maison cachée au milieu de la forêt avec une très belle piscine entourée d'un charmant jardin. Herman possède trois chevaux magnifiques et six chiens de chasse superbes. Nous passons là des fins de semaine paradisiaques, seuls tous les deux, et souvent, le soir, assise devant l'immense foyer, je fais le souhait que tu sois à mes côtés pour partager mon bonheur. Je me console en parlant de toi à Herman qui sait maintenant quelle importance tu as dans ma vie et quelle merveilleuse amie tu es.

Jacqueline renifle et essuie machinalement ses yeux embués par l'émotion. Sa princesse a retrouvé la voie d'une certaine sagesse et elle vit un bel amour en prime. Pourvu que ce monsieur Herman soit quelqu'un de bien et ne la fasse pas souffrir! Bien que, à trente-deux ans, Gerda doit commencer à savoir comment se protéger des mauvaises surprises de l'amour après toutes les déconvenues qu'elle a essuyées. Jacky la mettra quand même en garde, on n'est jamais trop prudent.

Les jours suivants, et avant d'envoyer sa lettre à Gerda, Jacky met tout en œuvre auprès de ses employeurs pour se négocier des vacances d'au moins un mois. Comme elle n'est toujours pas riche et pas beaucoup plus économe qu'avant, elle souhaite se voir octroyer un mois de vacances payées, mais le nouveau patron de *Triumph of Europe* au Canada ne l'entend pas du tout de cette oreille. Mademoiselle Jacqueline Delorme aura droit, comme tout le monde, à sa semaine de vacances payée; elle pourra prendre une autre semaine à ses frais au début de juillet; voilà jusqu'où il peut pousser la magnanimité. Jacky remise donc ses projets européens dans un petit coin de sa tête, explique sommairement la situation à Gerda et lui donne des nouvelles de ses amours du moment et de leurs amis communs. Elle compte sur une lettre d'Allemagne le plus tôt possible. Elle a de bonnes amies à Montréal et à Toronto, mais aucune ne remplacera jamais la princesse dans son cœur.

Le printemps fait place à l'été. Jacqueline passe la première semaine de juillet à Atlantic City avec une amie, puis reprend le collier. Le mois d'août s'annonce sans que Gerda ait donné signe de vie. À plusieurs reprises, Jacky a essayé de la joindre au téléphone, sans résultat. À la fin d'août, toujours pas de nouvelles. Jacqueline en a le cœur ulcéré. Surtout qu'elle commence à s'ennuyer ferme, et dans son travail, et dans sa vie privée. Elle qui a toujours eu un besoin viscéral de changement, elle n'est plus sûre du tout d'aimer son boulot, qui lui semble s'enliser de plus en plus dans la routine. Auparavant, quand elle se mettait comme ça à ruer dans les brancards, elle n'avait qu'à se tourner vers la princesse, qui inventait instantanément les diversions les plus romanesques et les plus extravagantes. Depuis son départ, Dieu que la vie est devenue monotone!

Elle commence à croire que son amie l'a abandonnée quand, le 31 août, elle reçoit enfin la lettre tant attendue. Dès les premières lignes, Jacky éprouve un choc: Gerda est à l'hôpital depuis trois semaines. Elle était souffrante depuis un certain temps, mais elle n'avait pas voulu inquiéter sa duchesse avec de stupides histoires de maladie. Elle espérait que tout se tasserait rapidement et qu'elle n'aurait bientôt que de bonnes nouvelles à lui annoncer, mais il fallait qu'elle se rende à l'évidence, cette fois-ci, c'était sérieux.

Ma chérie, j'ai eu le temps de beaucoup réfléchir à notre amitié et j'en suis venue à la conclusion que, malgré la peine que je vais te faire, il est de mon devoir de t'informer que je suis atteinte de leucémie et qu'à moins d'un miracle je ne vivrai sans doute pas très longtemps. Il me reste un espoir de m'en sortir, mais il est bien mince et, j'ai beau avoir une grande confiance en mon médecin, qui est devenu plus qu'un ami pour moi, j'ai une peur atroce de quitter cette terre sans t'avoir revue.

Ici, isolée à l'hôpital, j'ai le temps de réfléchir à ma vie passée et je me rends compte qu'à part toi il y a une seule personne que j'aimerais revoir, et c'est Pierre. J'ai vraiment été amoureuse de Pierre et je n'ai jamais cessé de l'aimer. Je peux te l'avouer maintenant: l'impossibilité de vivre cet amour m'a poussée à faire des sottises que je regrette infiniment. J'ai une photo de lui qui ne me quitte jamais et que je regarde souvent en pleurant.

Quand je pense qu'il voulait que je détruise cette photo! Que me resterait-il aujourd'hui, alors que je vais mourir? Donne-moi de ses nouvelles, je t'en prie. Tu ne me parles jamais de lui dans tes lettres. Mon plus grand souhait, c'est qu'il soit heureux, heureux de toutes les manières possibles. Ton bonheur et le sien, je ne souhaite plus rien d'autre.

Jacqueline arrête sa lecture, le cœur en charpie. C'est trop pénible, ça n'a pas de sens! Sa princesse ne va pas mourir! Elle exagère sûrement, comme elle aime souvent le faire pour rendre sa vie plus pathétique ou plus mystérieuse quand les choses ne vont pas à son goût. Bon, admettons qu'elle a quelques ennuis de santé. À Montréal, n'avait-elle pas souffert d'anémie à une certaine époque? Mais elle ne peut pas être en train de mourir d'un cancer du sang, dans un hôpital allemand, en serrant une photo de Pierre Sévigny sur son cœur! C'est complètement délirant, pire que le pire de tous les romans-photos.

Jacky termine sa lecture en essayant de saisir entre les lignes ce qui a bien pu entraîner son amie à un tel degré de dépression. Déception sentimentale? C'est fort possible! Elle ne dit pas un traître mot d'Herman, son dernier grand amour.

La duchesse doit faire de gros efforts pour répondre calmement à la pauvre Gerda. Elle souhaiterait lui servir une engueulade en bonne et due forme. On ne fait pas des blagues pareilles à sa meilleure amie, même quand on est très malheureuse. Elle réussit tant bien que mal à se contenir et, après avoir déchiré deux ou trois brouillons de lettre, opte pour un ton plutôt neutre qui se veut apaisant. Elle lui raconte ses dernières aventures sentimentales en les enjolivant un peu, ça fait tellement de bien! Elle lui verse des encouragements affectueux en quantité. Elle la supplie de s'enlever Pierre de la tête. Il est inutile qu'elle se torture ainsi pour un homme qui depuis longtemps a coupé tous les ponts et à qui sa femme vient de donner un troisième enfant. À sa lettre, elle ajoute une petite médaille en or fin représentant Sainte-Anne-de-Beaupré à laquelle elle tient beaucoup. Le sacrifice de ce modeste talisman aidera peut-être son amie à recouvrer la santé du corps et de l'esprit. Elle en profite aussi pour lui souhaiter un heureux trente-troisième anniversaire, suivi d'une ribambelle d'autres anniversaires tous plus heureux les uns que les autres.

Cette fois-ci la réponse de Gerda ne se fait pas attendre. La princesse est sortie de l'hôpital et a fêté son anniversaire chez les Hager, ses parents adoptifs, à Mundsee. Elle dit se sentir un peu mieux, mais affirme que rien n'a encore pu enrayer son mal.

> *Je suis comme en sursis. On me fait sans cesse passer des tests de sang et de moelle épinière, ce qui est extrêmement douloureux, et j'ai un régime de vie très sévère. Je veux vivre, Jacky. Aussi, pour une fois, j'obéis à mes médecins. Mais ce n'est pas facile tous les jours et parfois je suis prise d'une panique effroyable. Ainsi, la semaine dernière, comme je n'en pouvais plus, je t'ai téléphoné. Tu n'étais pas chez toi et, je ne sais pas ce qui m'a pris, j'ai fait une bêtise: j'ai appelé Pierre à son bureau à Ottawa. On m'a répondu qu'il était en réunion. J'ai donc laissé mon nom et mon numéro de téléphone ici, à Mundsee. Jacky, c'est horrible! Pierre ne m'a pas rappelée! Autant dire qu'il ne me considère pas plus qu'une des call-girls de ce gros imbécile d'O'Bront. Si tu savais la peine que je ressens! J'aurais tellement eu besoin d'entendre sa voix! J'avais besoin de recevoir un peu de chaleur humaine de la part de l'homme qui est le plus près de mon idéal. Je ne méritais sans doute pas cette chance…*

Jacqueline commence à s'en vouloir de ne pas avoir cru à l'importance du mal qui frappe Gerda. « Ce retour d'affection pour Pierre est symptomatique de quelque chose de très grave», se prend-elle à penser. D'ailleurs, tout au long de sa lettre, la pauvre princesse continue de tenir des propos plutôt inattendus chez elle.

> *Je réfléchis beaucoup et je commence à voir la vie comme je ne l'avais jamais vue auparavant. Quand je fais une promenade, j'ai l'impression que l'herbe, les arbres et les nuages essaient de me dire des choses qu'autrefois je refusais d'entendre. Je pense que Dieu m'a envoyé cette maladie en signe d'avertissement. Je ne savais pas apprécier ce qui m'entourait. Comme une enfant gâtée, je demandais des choses impossibles à la vie. Maintenant, j'essaie de me raisonner et de rester forte. Je prie Dieu tous les jours pour qu'il me donne le courage de me battre. Je sais qu'il est possible de vaincre n'importe quel mal avec l'aide de Dieu. Prie pour moi, toi aussi, Jacky! Même si la prière n'a jamais été notre grande préoccupation dans le passé, nous avons toutes les deux toujours cru que nous étions les enfants de Dieu. Ses enfants rebelles et insoumises, mais ses enfants quand même!*
>
> *Le Canada me manque terriblement depuis un certain temps. Ici, je n'ai eu que des déceptions. Pourquoi vous ai-je tous quittés? Je me le demande à tout instant. S'il te plaît, ne parle de rien à Pierre et à Gilbert; ce sont les deux hommes pour lesquels j'ai le plus de respect sur terre et je veux qu'ils gardent de moi le souvenir d'une femme pleine de joie et de santé. Ils m'ont rendue heureuse et je ne veux pas les attrister par le récit de l'horrible maladie qui est en train de me tuer.*

Cette demande de la princesse plonge Jacqueline dans la perplexité. Si Gerda a téléphoné à Pierre, c'était pour lui confier sa détresse, ça ne fait aucun doute. Et voilà maintenant qu'elle lui défend de faire allusion à quoi que ce soit. Son amie est complètement déboussolée. Elle est comme une enfant perdue aux prises avec un malheur qui la dépasse et la terrifie. Jacky ne doute plus un instant de la réalité de la maladie qui risque d'emporter son amie. Dans de semblables circonstances, elle se dit qu'elle aussi perdrait sans doute un peu la tête. Tout cela est terriblement affolant et elle n'arrive pas à rédiger une lettre qui la satisfasse. L'immense détresse de Gerda la terrorise et la prive de tous ses moyens. Elle n'arrive plus à trouver des phrases qui rassurent et consolent. Sur la feuille blanche, les mots se dérobent et les larmes se répandent. La lettre, dix fois commencée, attendra. Jacky ne parlera de rien à personne, du moins, pour l'instant. C'est peut-être la meilleure façon de conjurer le mauvais sort. Le temps fera son œuvre, Gerda ne mourra pas et lui écrira de nouveau bientôt, quand elle ira mieux.

Le cœur gros, Jacky repart vers ses occupations et ses nouvelles amours qui ne durent jamais bien longtemps, mais qui font diversion à l'angoisse irraisonnée qui a commencé à l'étreindre. Elle est, elle aussi, guettée par un mal incurable qui creuse lentement son chemin en elle et qui, à son heure, la terrassera. Jour après jour et goutte à goutte, elle sent comme un poison s'infiltrer en elle. Sa vie semble perdre sens et couleur. Pourquoi s'agite-t-elle ainsi? En pure perte, on dirait! Pourquoi tout lui est-il si difficile? Pourquoi le moindre geste, la plus petite contrariété la laissent-ils épuisée, découragée et comme vidée de toute énergie?

Au milieu du mois de janvier, alors que Jacqueline est au plus creux de la déprime, elle reçoit une lettre d'Italie. C'est Gerda qui lui écrit un court message plein de soleil et d'espoir. Elle est à Capri, en convalescence, et elle a des problèmes sentimentaux fort réjouissants; elle a deux nouveaux amoureux et ne sait lequel choisir. Le premier est médecin, un de ceux qui la soignent, justement. Le cher homme est divorcé, habite Munich et se meurt de l'épouser. L'autre est un play-boy italien qui a d'importantes affaires en Allemagne, dans la maison de qui elle achève de soigner son mal. Elle se déclare à nouveau pleine de vitalité, et sa maladie n'est plus qu'un mauvais souvenir qui va en s'estompant. Ses médecins lui ont prescrit un changement complet de son sang. Cette délicate opération a duré trente-six heures et a été suivie d'une cure de sommeil de dix jours dont elle est sortie complètement régénérée. Elle devra encore subir de nombreux examens, mais ses médecins l'assurent qu'elle est sur la bonne voie.

Je te quitte, maintenant, ma duchesse, mais je t'écris une longue lettre dès que je suis de retour à Munich la semaine prochaine. Je te ferai alors part de ma décision en ce qui concerne mes amoureux. Il faudra bien que j'accorde ma main à l'un des deux, mais lequel? Tout ça est très excitant et j'ai hâte de tout te raconter en détail. Nous planifierons aussi ton voyage en Allemagne; il faudra le faire coïncider avec mon mariage. Je suis certaine que je vais me marier ce printemps-ci. Jamais avant aujourd'hui je n'avais éprouvé une telle certitude. Je t'embrasse bien fort, ma Jacky chérie, et j'espère te revoir dans les prochains mois.

Avec toute ma tendresse,
Ta Gerda pour toujours

Jacky répond avec empressement à cette lettre des plus rassurantes. Ah! comme elle a eu tort de se désespérer! Les jours sombres sont enfin révolus pour toutes les deux.

Gerda chérie, si tu savais! C'est pour moi une véritable délivrance de savoir que tu es maintenant sur la voie de la guérison. Je portais ton triste secret dans mon cœur. C'était un poids inhumain qui m'écrasait. Je n'ai pas cessé un seul instant de souffrir avec toi, depuis que tu m'as appris dans quelle situation affreuse tu te trouvais. Donne-moi vite de tes nouvelles pour que je sois entièrement rassurée et je te jure que, à la première occasion qui se présente, je saute dans un avion et je cours te serrer sur mon cœur, quitte à m'endetter pour le restant de ma vie.

Ta duchesse encore toute bouleversée, mais de bonheur, cette fois,

Jacky

Souvent, le soir, tranquillement, elle relit la dernière missive de son amie. Gerda peut se vanter de lui en avoir fait voir de toutes les couleurs et de l'avoir fait passer par toute la gamme des émotions. La lettre de Capri lui a rendu, intacte, la Gerda follement romanesque et un peu tête de linotte qu'elle a toujours connue et aimée, et c'est un infini soulagement.

Après plusieurs semaines d'attente, impatiente, elle écrit à la princesse une courte lettre péremptoire exigeant des nouvelles fraîches, et dans les plus brefs délais. Même si ces nouvelles devaient s'avérer désastreuses, elle veut savoir. Elle tente un appel téléphonique à Munich, mais on lui répond qu'il n'y a plus de service au numéro demandé. L'employée du service téléphonique munichois ne peut d'aucune façon la renseigner. Pas la moindre abonnée qui réponde au nom de Gerda Munsinger. Quelques mois plus tard, elle envoie une autre lettre avec prière de faire suivre, puis une autre, et une autre encore. Toutes restent sans réponse. Aucune n'est retournée à l'envoyeur.

Les mois, même les années vont passer avant que, dans la vie de Jacqueline Delorme, ressurgisse le nom de Gerda Munsinger.

Chapitre 13

LE gouvernement Diefenbaker, qui s'était si glorieusement emparé du pouvoir en 1958, n'a pas su tenir ses promesses. Le mécontentement déjà observable au sein du cabinet s'est généralisé et a gagné une bonne partie de l'électorat conservateur. Les politiques budgétaires du gouvernement en place n'ont pas, à ce jour, été très heureuses et ont engendré des problèmes qui atteignent un sommet lors de la querelle qui oppose le premier ministre à James E. Coyne, directeur de la Banque du Canada. Portée à la connaissance de la population, cette mésentente ébranle sérieusement la confiance des contribuables dans les qualités de gestionnaire du chef conservateur. Il est vivement critiqué par la presse, dont il a toujours sous-estimé l'influence auprès de la population. Les promesses de visionnaire du grand John Diefenbaker, tous s'en rendent compte, maintenant, ont été trop ambitieuses. Le chef a pris ses désirs pour des réalités. Il a promis une diminution du taux de chômage, alors que, la veille des élections de 1962, le nombre des sans-emplois n'a jamais été aussi élevé. Il a promis que les Canadiens deviendraient propriétaires des entreprises charnières de l'économie canadienne, dominée jusque-là par des capitaux étrangers, et c'est justement le contraire qui s'est produit; les dernières années ont vu l'augmentation de la mainmise étrangère sur les principaux secteurs de l'économie. Le boom qui a immédiatement suivi la guerre 1939-1945 s'est peu à peu essoufflé, et le gouvernement n'a pas su prévoir l'éventualité d'une stagnation économique importante. Diefenbaker n'a jamais ressenti d'attirance particulière pour les casse-tête financiers. Il a plutôt tendance à considérer les spécialistes de la question comme des gêneurs qui noircissent à plaisir le tableau afin de lui mettre des bâtons dans les roues et de l'empêcher de réaliser ses objectifs. Finalement, la dévaluation brutale du dollar juste avant les élections achève de saper le moral des Canadiens.

Au fil des mois, Pierre a bien été obligé de se rendre compte des lacunes de son gouvernement. Il est avant tout concerné par les affaires étrangères et plus particulièrement, à cause de son poste de ministre associé à la Défense, par le prestige et l'influence du Canada au sein des nations alliées. Dans les années d'après-guerre, le Canada, pays riche et en plein essor, s'est mis à compter parmi les grandes puissances du monde occidental. Mais, à mesure que les pays appauvris par le conflit se sont reconstruits et ont retrouvé une nouvelle vigueur économique, en partie grâce à des populations beaucoup plus importantes en nombre que celle du Canada, le prestige des forces armées canadiennes dans le monde s'est subtilement estompé. Pendant que les plus grandes puissances militaires mondiales se préparent à explorer le nucléaire et à conquérir l'espace, le gouvernement conservateur, quant à lui, n'a pas du tout la tête tournée ni vers l'atome ni vers les étoiles. Sous Diefenbaker, le Canada a, bien sûr, continué d'exercer une certaine influence sur la scène militaire internationale, mais uniquement en tant que pays pacificateur et désintéressé.

Entre autres points de divergence, Pierre Sévigny ne partage pas du tout la passion de son chef pour le Commonwealth. Foin de la lointaine et arrogante Angleterre! Quant à lui, il préconise plutôt un substantiel rapprochement avec les États-Unis, alors que Diefenbaker fait montre d'un anti-américanisme qui commence à être fort mal perçu au sud de la frontière canadienne. Alors que les pays européens discutent de l'intérêt de former un marché commun dont la Grande-Bretagne se tient dédaigneusement éloignée, Pierre souhaite l'établissement d'un semblable marché entre les divers pays des deux Amériques. À la suite d'un discours bien senti allant dans ce sens, il se fait durement rabrouer par son chef. À plusieurs reprises, déjà, Diefenbaker a reproché à Sévigny d'être enclin à faire des déclarations irréfléchies et qui vont à l'encontre des politiques conservatrices. Encore dernièrement, Diefenbaker l'a obligé à s'excuser publiquement à la suite d'une déclaration qui lui avait particulièrement déplu. Plus le temps passe, constate Pierre avec amertume, plus on cherche à le museler et à endiguer la moindre de ses initiatives.

En tant que ministre associé à la Défense, il en est réduit à n'assumer que des tâches de pure formalité, tels la responsabilité des fanfares militaires, l'octroi et la distribution des médailles, ainsi que la supervision des chèques de pension du personnel militaire et des anciens combattants. Il est aussi de service aux commémorations et aux funérailles et il est évidemment responsable de l'inspection de l'équipement militaire. Tout cela est devenu fastidieux et bien peu reluisant depuis qu'on ne lui demande plus son avis dans les prises de décision importantes du cabinet.

***

Durant la préparation de la campagne électorale de 1962, le premier ministre réunit les élus québécois de son parti afin de les consulter sur la meilleure stratégie à adopter pour s'assurer le plus grand nombre de sièges possible au Québec. Il cherche une façon de se rendre populaire auprès des Canadiens français, qui forment plus de quatre-vingt-cinq pour cent de la population du Québec et dont les revendications au sujet de leur langue maternelle, le français, commencent à se faire entendre haut et fort. Pierre suggère que les chèques et les communiqués en provenance d'Ottawa soient désormais rédigés en anglais et en français. Il croit cette mesure susceptible d'assurer ses compatriotes de la bonne volonté des élus d'Ottawa à l'égard de leurs légitimes revendications.

Diefenbaker consent à faire ce cadeau aux électeurs francophones du Québec. Satisfait de la trouvaille, il s'empresse de déclarer que les autres tactiques électorales seront laissées à l'initiative de ceux qui y font campagne. Il est évident que le Québec n'est pas la cible privilégiée de monsieur Diefenbaker. Pour se faire réélire à la grandeur du pays, il choisit plutôt de dénoncer avec véhémence les tendances socialistes de ses adversaires libéraux; en cours de campagne, il ira même parfois jusqu'à suggérer que, du socialisme au communisme, il n'y a qu'un pas.

Le 18 juin 1962, c'est le désastre. Trente-six députés conservateurs perdent leur siège au Québec; sur les cinquante conservateurs québécois élus en 1958, quatorze seulement sont réélus. Par contre, et toujours au Québec, le Parti créditiste de Réal Caouette est allé chercher plus d'un million de votes et vingt-neuf sièges. Sur tout le territoire canadien, le gouvernement de John Diefenbaker ne récolte que cent seize sièges, alors qu'il en avait obtenu deux cent huit en 1958. Il conserve le pouvoir, mais un bien fragile pouvoir. Quatre-vingt-dix-huit députés libéraux ont été élus, et Diefenbaker se retrouve aux Communes à la tête d'un gouvernement minoritaire. Dans son comté de Longueuil, Pierre est réélu, mais il sait que ces élections marquent la défaite de son gouvernement.

Au lendemain de l'élection, Pierre n'aspire plus qu'à une seule chose : s'offrir quelques jours de répit bien mérités. La campagne électorale a été épuisante comme il se doit, pour des résultats fort décevants. Revenu en hâte dans sa résidence de Rockliffe Park à Ottawa à cause d'une réunion d'urgence commandée par le premier ministre, il essaie maintenant de récupérer un peu avant d'affronter les prochains débats parlementaires qui ne pourront manquer d'être hautement sportifs. Il est donc tranquillement chez lui à se détendre avec sa famille, chose qui ne lui est pas arrivée depuis fort longtemps, lorsqu'il reçoit un appel téléphonique de Charles-Hubert Ducharme.

Il n'a pas fait appel à ses services pour sa dernière campagne électorale; il y a plusieurs bonnes raisons à cela. Ducharme est un avocat habile, c'est indéniable; il lui a souvent servi de conseiller juridique dans le passé et il n'a eu qu'à se louer de ses services, mais ces services lui ont aussi coûté fort cher, beaucoup plus que ce à quoi il s'attendait. Charles-z-Hubert a toujours eu le don de s'endetter au-delà du raisonnable, et il doit à Pierre huit mille dollars et des poussières, sans compter les intérêts courus. À tort ou à raison, Pierre a laissé courir. L'avocat a en plus la fâcheuse habitude de quémander des faveurs à ses amis haut placés et il se livre sans vergogne à toutes sortes de petits traficotages qui finissent par devenir plutôt agaçants, si ce n'est dangereux, pour un homme dans sa position.

C'est avec un certain soulagement qu'il constate que Ducharme n'a pas sa voix implorante des mauvais jours.

— Mon vieux Pierre, ça y est, je suis sorti de misère et je vois enfin le bout du tunnel. Je veux t'en faire profiter, toi, et aussi ton gouvernement. Je suis devenu le secrétaire particulier du grand financier John C. Doyle. Tu le connais sûrement.

Pierre a en effet entendu parler de monsieur Doyle, financier canadien à la réussite spectaculaire, bien que controversée.

— J'ai enfin dégotté le boulot dont j'ai toujours rêvé. John brasse de très grosses affaires. Avec lui, je vais pouvoir donner mon maximum. Je lui ai parlé de toi et il désire te rencontrer. Il a un projet considérable et il voudrait discuter avec toi de la possibilité d'y intéresser ton gouvernement. Est-ce qu'on pourrait fixer un rendez-vous la semaine prochaine?

Pierre a dressé l'oreille. Il sait que Doyle travaille principalement au développement des secteurs minier et forestier, et que, en association avec Joey Smallwood, premier ministre libéral de Terre-Neuve, il a contribué de façon fructueuse au développement des ressources industrielles de cette province, ainsi que d'une partie du Labrador. On dit Doyle fort intelligent, dangereusement intelligent, même, et, dans son cas, la fin paraît justifier les moyens. Il aurait déjà eu maille à partir avec la justice dans des histoires de spéculation boursière un peu nébuleuses dont il semblerait s'être toujours sorti indemne et auxquelles Pierre n'a pas prêté une grande attention à l'époque. « Un homme dangereux, ce Doyle? Peut-être! » Mais Pierre se dit aussi que, dans la situation précaire où se trouve son gouvernement, il ne faut surtout rien négliger. Les conservateurs ne sont pas en mesure de laisser filer la moindre occasion, si minime soit-elle, de se refaire un capital politique, et, si un projet d'un quelconque intérêt pour le pays peut naître d'une rencontre avec Doyle, cela pourrait, par la même occasion, lui être profitable à lui aussi. Et il est intrigué, pourquoi ne pas l'admettre?

— Ça m'intéresse. Je veux bien le rencontrer, ton financier. Il faudra que vous veniez à Ottawa et que cette rencontre se fasse discrètement. Ici, tout le monde est sur les dents et les libéraux n'ont jamais été aussi agressifs. À ce que je sache, ton nouveau patron a toujours été plutôt en cheville avec les libéraux, n'est-ce pas? Alors, je compte sur toi. Tu organises le rendez-vous et tu me rappelles.

Quelques jours plus tard, un peu avant minuit, Pierre se présente aux appartements *Juliette,* dans le quartier le plus huppé de la capitale fédérale, où il doit rencontrer Charles-Hubert Ducharme et John C. Doyle. Ducharme a été diligent; les choses n'ont pas traîné. Pourvu maintenant que Doyle ait quelque chose de sérieux à proposer. De son côté, Pierre a pris quelques renseignements sur le financier. Il est le président fondateur et principal actionnaire de la Canadian Javelin Ltd. Il est effectivement l'associé et aussi l'ami intime de Joey Smallwood, premier ministre libéral de Terre-Neuve. Il aurait acquis sa fortune en travaillant main dans la main avec les gouvernements libéraux précédents. D'après certaines personnes bien informées, Doyle serait actuellement dans une très mauvaise passe financière et, d'après d'autres sources tout aussi sûres, il serait immensément riche, plusieurs fois millionnaire, et il serait une sorte de génie de la finance. Qui fallait-il donc croire?

Le gros homme d'affaires, flanqué du délicat Charles-z-Hubert, l'accueille avec jovialité. Il se rappelle avoir été présenté à Pierre lors d'une réception quelques années plus tôt et il assure en avoir gardé une excellente impression. Pierre, à qui la mémoire fait défaut, réussit à cacher sa défaillance et ne peut s'empêcher d'être flatté par l'accueil de ce monsieur qu'on dit puissant. Après lui avoir offert ses meilleurs alcools et l'avoir installé dans le fauteuil le plus confortable, Doyle lui expose avec enthousiasme son nouveau projet. Il a décidé d'entreprendre la mise en valeur et l'exploitation des richesses minières du nord du Québec.

—J'ai fait l'acquisition d'immenses terrains que j'ai fait prospecter et qui sont très riches en minerai de fer. Tout dernièrement, j'ai réussi à susciter l'intérêt des milieux industriels japonais. Ils désirent acheter le fer québécois et, comme l'industrie japonaise est en pleine expansion, il est facile d'imaginer les retombées économiques qui en résulteraient. Mon plan est d'extraire ce minerai, de le traiter grâce à une usine de bouletage que je ferais construire sur les lieux, pour ensuite l'acheminer vers les ports du Saint-Laurent, d'où il serait expédié par une flotte de bateaux canadiens vers le Japon. C'est un projet énorme, mon plus ambitieux jusqu'à maintenant, je ne vous le cache pas. C'est pourquoi j'ai besoin du soutien du gouvernement. Grâce à mon expertise, je suis absolument sûr de la rentabilité de cette opération qui pourrait se traduire en centaines de millions de dollars de profit au cours des années à venir.

Pierre est plus que favorablement impressionné. Son gouvernement a très hâte de trouver des débouchés lucratifs aux ressources naturelles du pays et, par la même occasion, de développer sa politique d'exportation. Cette exploitation sur une grande échelle créerait de nombreux emplois tout en fournissant au pays les rentrées de devises nécessaires pour équilibrer sa balance commerciale. Un projet des plus alléchants, certes, mais qui n'est, hélas! pas du ressort de son ministère. Il promet cependant de faire tout ce qui est en son pouvoir pour y intéresser les ministères concernés. Il s'engage à défendre ce nouveau dossier auprès de son ami George Hees, maintenant ministre du Commerce et de l'Industrie, ainsi qu'auprès du Conseil du Trésor.

Les deux hommes sont absolument enchantés de leur rencontre et bien déterminés à se revoir le plus rapidement possible pour apprendre à mieux se connaître.

—Aujourd'hui est une date importante pour moi, lui déclare Doyle, en le reconduisant. Je viens de rencontrer un homme exceptionnel comme il y en a malheureusement trop peu. Vous êtes de la même race que moi, mon cher Sévigny, vous êtes de la race des bâtisseurs. Ensemble, nous allons être appelés à faire de grandes choses. Nous allons le développer, cet immense pays, et lui donner sa véritable puissance. Incidemment, je possède une gentille propriété aux Bahamas et je serais ravi de vous y recevoir bientôt avec votre épouse. Nous pourrions y discuter de nos affaires dans une atmosphère détendue. Je sais que vous, les hommes politiques, vous menez des vies stressantes au possible. Il faut presque vous forcer à prendre un peu de bon temps. Moi, j'ai toujours su allier travail et plaisir. Je pourrais vous en apprendre long sur la façon de faire, depuis le temps que je travaille à ça!

Il éclate d'un gros rire bonhomme. Ils se serrent chaleureusement la main et se séparent, l'un et l'autre convaincus que cette première rencontre pourrait avoir des suites extrêmement positives.

Pierre entreprend aussitôt les démarches promises. Il ne reçoit que des accueils favorables, tant des responsables politiques que des hauts fonctionnaires des ministères concernés. Il organise promptement une série d'entrevues entre Doyle et ces messieurs du gouvernement et, l'affaire semblant bien amorcée, il ne reste plus qu'à la laisser suivre son cours. Il ne faut pas que le financier s'attende à des miracles de célérité, le prévient amicalement Pierre, toutes les affaires gouvernementales étant assujetties, comme chacun sait, à de longs processus complexes et tatillons. Mais Doyle est tout disposé à se montrer patient et compréhensif.

Au fil de leurs rencontres, Pierre se voit offrir par Doyle, qui lui témoigne de plus en plus d'amitié, des chances inespérées de faire des coups d'argent dans le domaine boursier.

— C'est comme ça que j'arrive à maintenir mon modeste train de vie, lui confie le gros homme avec une évidente satisfaction. Mes affaires boursières sont une vraie petite mine d'or.

En toute modestie, comme il dit si bien, ce cher Doyle mène un train de vie que l'on peut aisément qualifier de princier. Sa soi-disant gentille propriété aux Bahamas s'est avérée un immense et somptueux domaine, entretenu par une demi-douzaine de domestiques stylés, où les Sévigny ont été reçus avec faste. Pierre en est revenu ébloui. Clou et lui ont effectué le voyage aller-retour à bord de l'avion privé du millionnaire, qui semble pouvoir se payer n'importe quoi, malgré ce que prétendent ses détracteurs.

Doyle est le premier à admettre que ses seules affaires de développement minier ne sauraient suffire à soutenir le luxe dans lequel il vit. Il lui a bien fallu trouver d'autres activités hautement profitables. Il explique à Pierre comment, entre autres, il fait la promotion de certaines valeurs minières étrangères, le plus souvent américaines, dont il réussit à prendre le contrôle directement ou indirectement. En fait, admet-il, il s'agit de pure spéculation boursière, et il se déclare disposé à faire participer son nouvel ami à des bénéfices très alléchants. Cependant, Pierre n'arrive pas à se décider. Il s'y connaît un peu en valeurs mobilières, mais pas du tout dans le domaine des mines, un secteur hautement spécialisé et volatil. Les propositions de Doyle sont séduisantes, certes, mais, tant qu'il est membre du gouvernement, Pierre ne peut se permettre d'être mêlé à des tractations financières dont certaines peuvent s'avérer douteuses, Doyle s'en cache à peine.

— Étant donné le salaire miteux que tu gagnes à Ottawa, mon pauvre vieux, je ne comprends pas que tu t'embarrasses de tant de scrupules. Mais, si tu trouves des vertus à la pauvreté, après tout, c'est toi que ça regarde. Tu me déçois pas mal. Je te pensais plus intelligent et surtout plus ambitieux.

Un peu vexé, Pierre laisse passer l'orage. Il ne peut quand même pas raconter au financier que Clou, consultée, s'est formellement opposée à ce que son mari engage une partie de sa fortune, à elle, dans des affaires aussi risquées. Dans le couple Sévigny, c'est madame qui est la mieux nantie. Elle possède une petite fortune personnelle qui lui vient de sa famille et elle entend bien savoir où va son argent. Elle n'a aucune confiance en Charles-Hubert Ducharme, qui n'a toujours pas remboursé sa dette envers Pierre, et elle ne fait pas confiance non plus à ce Doyle, qui fait si grand étalage de son argent et qui, en riant, se vante souvent que les hommes de sa trempe sont, par essence, au-dessus des lois, bonnes à n'être suivies que par le menu fretin.

Pour prendre un peu ses distances avec Doyle qui,

avec ses offres toutes plus alléchantes les unes que les autres, devient à la longue un peu collant, et cela tout en faisant montre d'une certaine bonne volonté, Pierre tente d'orienter le gros financier vers un autre pigeon auquel les spéculations boursières ne font pas peur. Il lui présente donc un de ses amis, Harry Workman, financier lui aussi, et lui aussi réputé très habile. Workman est un promoteur bien connu et respecté des milieux financiers. L'idée de Pierre s'avère excellente, car, dès leur première rencontre, les deux hommes s'entendent rapidement pour monter une belle affaire bien juteuse. Pierre les écoute discuter avec jubilation de profits faramineux, de risques calculés, et il s'en veut presque de sa trop grande moralité. « Moralité ou couardise? » s'interroge-t-il, mi-figue, mi-raisin. S'il l'avait voulu, il aurait très bien pu financer cette opération autrement qu'avec l'argent de sa femme. C'est à peine s'il ose se l'avouer, mais il éprouve une certaine crainte devant l'opération qui excite tant ses deux amis. Il y a certes de grosses sommes d'argent à gagner, mais il y a gros à perdre aussi. Et ça, il ne peut se le permettre, pas plus qu'il ne peut se permettre de risquer sa réputation dans un coup fourré.

Après avoir mûrement réfléchi, c'est avec une certaine sérénité qu'il décline une à une toutes les offres que les deux financiers lui font de l'associer à leurs affaires. Par contre, en les écoutant discuter, il apprend beaucoup sur les valeurs mobilières et les rouages du milieu boursier. Il se retranche derrière ses fonctions ministérielles avec un certain soulagement. Il ne pipe mot devant ses amis, mais les sommes avec lesquelles jonglent ces messieurs lui donnent le vertige. Il ne fera sans doute pas fortune à toute allure, mais il pourra continuer à dormir la nuit, ce qui vaut son pesant d'or en ces temps difficiles.

Le gouvernement minoritaire de John Diefenbaker est aux prises avec une situation qui risque à tout moment de devenir intenable. Sans la surprenante vague créditiste qui a déferlé sur le Québec aux dernières élections, les libéraux seraient vraisemblablement au pouvoir. Le parti de l'ineffable Réal Caouette a heureusement divisé les votes et bloqué la montée libérale, mais de gouverner dans un pareil contexte devient de la haute voltige, terriblement éprouvante pour les nerfs de tous les députés conservateurs. Quant aux nerfs du chef, ils sont survoltés. On ne parle plus au cabinet que de nerfs à vif et de nerfs en boule, et la moindre discussion avec Diefenbaker frôle sans cesse la crise de nerfs. Il est devenu quasi impossible de travailler avec cet hystérique. C'est la bagarre au sein du cabinet et, à la Chambre des communes, c'est la guerre. Pour arranger les choses, tout de suite après sa malheureuse réélection, Diefenbaker, ulcéré, a décidé d'instaurer un régime d'austérité à l'échelle nationale, une mesure jugée par lui essentielle pour redresser les finances du pays, mais qui ne peut nullement accroître sa popularité déjà chancelante.

Depuis la reprise des travaux de la Chambre, début février, le gouvernement n'ose plus rien proposer qui soit susceptible de lui faire perdre le pouvoir. Dans les rangs conservateurs, on vit avec l'angoisse perpétuelle qu'au moindre faux pas leur gouvernement minoritaire ne soit renversé. Tous ont l'impression de marcher sur la corde raide. C'est une période de totale paralysie. Pour passer le temps, les deux principaux partis ne cessent de s'engueuler copieusement et de s'entre-déchirer sur les plus insignifiants détails.

Lorsque, au mois d'octobre, éclate la crise cubaine, les tensions qui existaient déjà entre le chef et certains de ses ministres s'accentuent de façon dramatique. Diefenbaker commence par mettre en doute la parole du président Kennedy qui vient de déclarer que la présence des Soviétiques et de leur arsenal militaire à Cuba est une menace pour la paix mondiale. Diefenbaker prétend que les allégations du président américain sont exagérées et doivent être vérifiées avant que le gouvernement canadien ne donne son appui. Les Américains ne s'embarrassent pas de ces points de détail et demandent à Douglas Harkness, ministre de la Défense du Canada, de tenir ses effectifs prêts à intervenir pour aider les Américains à repousser toute offensive russo-cubaine. Diefenbaker défend à son ministre d'obtempérer à ces ordres. Il pousse des rugissements offensés et refuse d'être traité en vassal par son puissant voisin. Avec hargne, il revendique un droit à la consultation.

Harkness est sur les dents. Les traités du NORAD et de l'OTAN lient le Canada aux décisions de ses alliés en cas de menace extérieure, et Kennedy a reçu un appui unanime des autres puissances qui composent l'OTAN quand il a ordonné le blocus naval contre Cuba. De vives discussions entre Diefenbaker et les responsables militaires canadiens s'ensuivent, et le vieux lion se voit forcé de respecter les ententes militaires signées par le Canada.

Un temps précieux a été perdu, et la crise de Cuba commence déjà à se calmer quand Diefenbaker donne enfin le feu vert aux troupes canadiennes en attente. La position du Canada est vertement critiquée par son voisin et allié américain, et taxée de manque de collaboration délibéré dans la défense du territoire nord-américain. Certains ministres et partisans conservateurs partagent pleinement ce jugement. Ils ne peuvent admettre l'attitude de leur chef.

Pendant la même période, George Hees, ministre de l'Industrie et du Commerce, est obligé de confirmer à Washington qu'aucun changement n'a été prévu en ce qui concerne la politique canadienne des échanges commerciaux avec Cuba. Il est furieux et humilié; comme Sévigny et plusieurs autres, il tient à ce que les traités soient respectés, lui qui est partisan d'un resserrement des liens canado-américains. L'attitude butée de Diefenbaker et la situation inconfortable dans laquelle il place le pays par rapport à ses alliés achèvent de creuser le fossé entre les inconditionnels du vieux lion et ceux qui, depuis un bon moment déjà, ont commencé à prendre leurs distances.

Après l'alerte cubaine, les États-Unis insistent pour que le gouvernement conservateur dote le Canada d'un armement nucléaire adéquat. Diefenbaker n'arrive pas à se résoudre à armer d'ogives nucléaires les quelques missiles que le Canada possède déjà. Il se déclare résolument antinucléaire. Il entend garder son pays dans une prudente neutralité et lui donner une vocation de médiateur entre les deux grandes puissances américaine et soviétique; il prône bien haut le désarmement comme solution à la guerre froide.

— Les Canadiens ne veulent pas de la nucléarisation, dit-il. Il sera toujours temps de se doter d'ogives nucléaires quand le monde occidental se trouvera réellement menacé.

Les conservateurs mécontents des dernières prises de position du vieux lion se réunissent de plus en plus souvent en petits comités secrets pour faire l'analyse de la situation dans laquelle le vieux les a placés et, avec eux, le pays tout entier. Le ministre de la Défense, Douglas Harkness, et Pierre Sévigny, son associé, mènent la faction de la nucléarisation. La position qu'ils ont eue à soutenir durant la crise cubaine les a plus qu'embarrassés.

— D'une part, lance Pierre avec irritation, il est impensable que le Canada se dérobe à ses engagements! D'autre part, il faut être de son temps; on n'arrête pas impunément le progrès. Le vieux se pense encore au temps des croisades.

George Hees et plusieurs autres ministres partagent tout à fait cette opinion. Depuis un certain temps, et à chacune de leurs réunions, c'est toujours la même conclusion qui s'impose au petit groupe: Diefenbaker entend gouverner seul et à sa manière. Il ne tient aucun compte des avis de ses collaborateurs.

— Dief est devenu une satanée nuisance. Comme il est évident que personne d'entre nous n'arrivera à lui faire entendre raison, il nous faut un autre chef capable de prendre des décisions intelligentes. Mes amis, je ne sais pas encore comment, mais il va falloir se débarrasser du vieux, et ça urge. Sinon, c'est la déroute à brève échéance.

Chacun lance aux confrères des regards navrés. George Hees vient de prononcer des paroles hautement sacrilèges. Mais, sous le coup de la colère, il vient aussi de dire tout haut ce que tout le monde pense tout bas.

— Aux oubliettes, le vieux! Ça nous prend un nouveau chef!

Cramoisi et en guise de ponctuation finale, George vient d'abattre son poing sur la table. En fait, il est tellement exaspéré qu'il se défoulerait volontiers sur tout le mobilier du salon de la suite qu'il occupe en permanence au *Château Laurier*. C'est dans cette suite que se tiennent la plupart des meetings des conservateurs dissidents. Si George continuait à exprimer le fond de sa pensée, il ajouterait qu'il est le successeur tout désigné de ce fléau de Diefenbaker. Mais il se retient, bien qu'avec difficulté. Il trouve que ses compagnons sont plutôt lents à en arriver aux conclusions vitales et qui s'imposent d'elles-mêmes. Il aime l'action immédiate, lui. Les jérémiades et les ratiocinations de ces messieurs commencent à lui taper sérieusement sur les nerfs.

— Il faudrait qu'on tente de le convaincre de démissionner pour sauver le parti. On pourrait peut-être faire appel à son sens de l'héroïsme patriotique.

Cette dernière phrase a été prononcée par Harkness avec une ironie désabusée. Quelques-uns éclatent d'un rire désenchanté. Elle est bien bonne! Convaincre cette vieille teigne qui se croit investie d'une mission quasi sacrée de passer la main? Ce serait plus qu'un tour de force, ce serait un miracle.

— Bon. Disons qu'on réussit à le mettre sur une voie d'évitement. Il va falloir le remplacer, les gars. Qui verriez-vous à sa place? Il serait peut-être temps d'en parler.

Pierre vient de poser la question avec l'air de ne pas y toucher. Lui aussi a sa petite idée quant au successeur idéal du vieux grigou, mais il serait prématuré d'en parler maintenant. Il en a surtout assez de ressasser *ad nauseam* les mêmes sempiternels griefs. Il est temps d'élaborer un véritable plan d'action.

Maintenant affalé dans un fauteuil et les pieds allongés sur la table à café, George quitte son air de profond écœurement pour étudier les réactions de ses compagnons. Pierre le regarde en souriant d'un air entendu. Les autres sirotent leur martini ou leur scotch, l'air on ne peut plus vague. Chacun pense à part soi: « Mais oui, George, on sait tous que tu en meurs d'envie! Mais il n'y a pas que toi, ici! » Et personne ne pipe mot. Pierre, quant à lui, serait tout disposé à proposer George comme futur chef du parti, mais il se demande s'il n'est pas encore un peu tôt. Les dissidents ne semblent pas tout à fait mûrs.

— Le problème du leadership devra être résolu bien avant la prochaine campagne, déclare George d'un ton péremptoire. Si on reste assis sur nos culs à brailler qu'on est dirigés par un âne imbécile, moi je préfère démissionner tout de suite et aller faire de l'argent à Toronto. J'en ai assez de perdre mon temps avec des gens qui ne savent pas ce qu'ils veulent.

— Écoute, dit Pierre, tu es un de ceux qui ont initié ce mouvement, et on t'a suivi parce que tu avais fichtrement raison. Au prochain congrès annuel du parti, soulève la question du leadership et on t'appuiera. Tu es le seul qui puisse tenir tête au vieux par les temps qui courent.

Pierre s'est enfin décidé à lâcher le morceau, et tous semblent l'approuver. Le congrès annuel aura lieu dans quelques semaines, et ils sont unanimes: il faut se débarrasser du vieux lion comme chef du parti.

Par contre, c'est avec beaucoup plus de réticences que le petit groupe de putschistes promet d'appuyer la candidature de George Hees.

Chapitre 14

LE congrès annuel des conservateurs, tenu quelques jours avant Noël, est l'occasion pour Diefenbaker de réaffirmer son autorité absolue sur le parti. Personne n'a le courage de remettre publiquement le chef en cause. Les dissidents? Disparus, volatilisés! Au contraire, tous assurent Diefenbaker de l'entière confiance qu'ils ont en lui pour mener à bien les destinées du pays. Quelques-uns essaient bien de l'amener à adoucir sa position sur le nucléaire, mais ceux-là font figure de trublions, et leur voix se perd dans le concert des approbations de la politique antinucléaire du grand homme. Voilà un parti qui ne semble plus souhaiter qu'une seule chose : que s'amorce enfin, selon les vœux du chef incontesté du gouvernement canadien, une politique internationale de désarmement.

Pendant les premières semaines de 1963, les conservateurs se maintiennent au pouvoir grâce à une précaire mais efficace alliance avec les créditistes. Pour amadouer Réal Caouette et ses troupes, rien n'a été épargné : on les a consultés, presque d'heure en heure, et on a su tenir compte de leurs avis et recommandations. Bref, on les a courtisés tant et plus, si bien qu'on s'est assuré leurs votes à la Chambre des communes. Pour combien de temps? Tout est là.

Cependant, au sein du cabinet, le torchon brûle toujours. Les aspirations du ministre de la Défense, qui vise à doter les missiles antiaériens Bomarcs d'ogives nucléaires conformément aux exigences du traité canado-américain du NORAD, n'intéressent pas John Diefenbaker et il entend qu'on lui fiche la paix une fois pour toutes avec ces futiles problèmes de quincaillerie coûteuse. Il a d'autres chats à fouetter.

Le ministre Douglas Harkness se résout à conclure qu'il ne pourra jamais rien tirer de ce chef buté comme une vieille bique. Il démissionne en expliquant qu'il ne peut plus travailler sous les ordres d'un homme en qui il a perdu respect et confiance. Les autres ministres mécontents en profitent pour y aller de leurs récriminations en déclarant qu'ils partagent certaines des doléances de Harkness et prient le chef d'entendre enfin raison. Les relations du Canada avec les États-Unis sont en train de prendre une fort mauvaise tournure à cause du refus du premier ministre de se plier aux ententes du traité du NORAD. Cela pourrait avoir des répercussions dont Diefenbaker ne semble pas mesurer l'ampleur et qui les inquiètent énormément.

Le vieux lion fait une sortie virulente contre ses ministres indisciplinés et les traite tout bonnement de traîtres. Il a eu vent de leurs petites réunions secrètes chez l'un et chez l'autre et même au Parlement; il se déclare ulcéré par tant de lâcheté et d'ingratitude. Les ministres concernés baissent aussitôt pavillon, ne trouvant pas le courage de vider la question une fois pour toutes.

« C'était pourtant notre chance », se dit Pierre, rempli d'admiration pour le geste que vient de faire Harkness. Mais il doit en même temps s'avouer qu'il est tenaillé par le désir de tâter du poste de ministre à part entière. Harkness parti, c'est lui qui, en tant que ministre associé, héritera de la fonction. Pendant quelques semaines, il se croit en effet assuré de la direction du ministère de la Défense. Il déchante quand le chef déclare que c'est lui, Diefenbaker, et lui seul qui, dorénavant, se prononcera sur les politiques de défense militaire canadienne. Il entend mener non pas une politique antiaméricaine comme on le lui reproche, mais une politique procanadienne, et il déclare qu'il serait grand temps que les gens qui se prétendent ses collaborateurs saisissent enfin la nuance. Il en est d'ailleurs à assumer seul la direction de presque tous les ministères. Pour Pierre, c'est la suprême humiliation et, pour George Hees, c'en est trop. Ni l'un ni l'autre ne veut ni ne peut aller plus loin dans le compromis. Ils remettent tous les deux leur démission du cabinet.

Le 5 février 1963, Diefenbaker essuie un vote de nonconfiance à la Chambre des communes, et son gouvernement est défait. Les créditistes ne veulent plus appuyer les conservateurs tant que John Diefenbaker n'aura pas démissionné de son poste. De leur côté, les libéraux dénoncent son manque de leadership, les divisions au sein de son cabinet et l'incohérence de ses politiques autant au plan national qu'au plan international.

— Le présent gouvernement n'a plus la confiance du peuple canadien, déclare, en ce jour fatidique, Lester B. Pearson, chef du Parti libéral.

Moins d'un an après les élections, les Canadiens devront retourner aux urnes. Ce sera affaibli par la démission de trois de ses ministres et miné par des querelles intestines que le Parti conservateur affrontera l'électorat. Diefenbaker refuse toujours de comprendre que seule sa démission pourrait encore sauver le parti d'une défaite humiliante aux élections qui se préparent.

Au lendemain du coup de tête qui l'a amené à démissionner, Pierre se retrouve seul face à sa décision et se prend à réfléchir à son avenir politique et aux répercussions que son geste risque d'avoir sur sa vie autant immédiate que future.

Durant toute cette période troublée, il est demeuré en contact avec John C. Doyle et Charles-Hubert Ducharme. Le projet de Doyle a cessé d'intéresser le gouvernement conservateur, paralysé par ses problèmes internes. Doyle n'attend plus rien de Diefenbaker et des conservateurs. Il ne cache pas qu'il souhaite un changement de gouvernement.

— Avec les libéraux, mon projet serait déjà en marche, répète-t-il souvent. Vivement les libéraux au pouvoir!

Et Pierre n'a malheureusement pas grand-chose à lui objecter dans les circonstances.

— Allez, laisse tomber cette bande d'imbéciles et viens faire des affaires avec moi. Tu ne pourras jamais t'enrichir à user tes culottes sur les bancs de la Chambre. Crois-moi, les conservateurs vont se faire battre aux prochaines élections.

Pierre est parfois tenté par le retour au monde des affaires. Les discussions interminables et souvent stériles de la vie politique l'ont passablement dégoûté. Il se remémore pourtant avec une certaine nostalgie l'élection de 1958. Il pense à la somme d'énergie qu'il a investie depuis, dans l'espoir peut-être illusoire de se bâtir une situation enviable dans ce monde difficile, mais combien exaltant sous bien des aspects.

À mesure que se calme sa fureur contre l'entêtement de Diefenbaker, il commence à entrevoir les conséquences de son geste. Il n'est plus ministre et, ne faisant plus partie du cabinet, il n'est donc plus dans le secret des dieux. Il a démissionné par principe, mais il se demande déjà quels auraient pu être les compromis qui lui auraient permis de rester un homme de pouvoir et d'influence. Pourtant, en a-t-il assez fait des compromis, en a-t-il assez essuyé des camouflets de la part de son irascible chef?

Au terme de sa réflexion, il se rend bien compte qu'il est toujours intoxiqué par la vie politique. Il se dit qu'il a peut-être agi avec trop d'impétuosité en démissionnant au moment précis où le parti avait le plus besoin de tous ses effectifs et peut-être d'un nouveau chef. Démoralisé, il en est maintenant à se reprocher de s'être délibérément et stupidement placé dans une position d'isolement quasi total.

En vue des élections qui se préparent, il consulte rapidement ses amis du parti, ses supporters et partisans, ainsi que sa famille. Comme la majorité des avis vont dans le sens de ce qu'il désire le plus entendre, à savoir que ça vaut la peine qu'il soit de nouveau candidat dans sa circonscription, il décide de se représenter comme candidat conservateur dans Longueuil. La campagne promet cependant d'être difficile et coûteuse. Difficile parce que beaucoup de militants conservateurs de son comté lui reprochent de s'être ouvertement bagarré avec celui qui est encore leur chef; quant au public en général, il ne comprend pas très bien pourquoi il a démissionné du cabinet. Coûteuse parce qu'il y a un travail énorme à faire pour réparer les pots cassés, le parti n'étant plus, loin de là, au faîte de sa popularité. Il lui faudra rassurer, séduire, convaincre, et il devra y mettre le prix. Il a besoin de cinquante à soixante mille dollars au bas mot, et c'est un budget de stricte économie. Avec ses organisateurs, il travaille comme un forcené pour trouver les ressources nécessaires au financement de cette élection. C'est là qu'il se rend compte que, malgré tous ses déboires des derniers mois, il a encore le feu sacré.

Contre toute attente, compte tenu de ses sympathies libérales, Doyle vient amicalement à sa rescousse et verse 10 000 dollars dans sa caisse électorale. Le calcul du financier est tout à fait simple : même si les conservateurs ont peu de chances d'être élus, il est impossible de deviner l'issue de ces élections anticipées. Dès lors, il vaut mieux avoir des amis fidèles dans les deux factions les plus susceptibles de remporter les suffrages. Il a, de la même manière, apporté sa très généreuse contribution à l'organisation libérale. Doyle est un homme prévoyant.

Pierre accueille cette contribution un peu comme un geste de gratitude pour l'aide qu'il lui a apportée en parrainant son projet de développement minier auprès du gouvernement en lui organisant les rendez-vous susceptibles de faire avancer ce projet et enfin en lui présentant Harry Workman, dont la collaboration lui a été depuis hautement profitable.

Le soir du 8 avril 1963, Pierre Sévigny est défait dans Longueuil. Même la tentative *in extremis* d'O'Bront de lui venir en aide aura échoué. En effet, Obie a, dans la plus grande discrétion, la veille même du scrutin, donné ordre au responsable de son entrepôt de viande de charger six camions de dindes bien dodues et de procéder à l'aube à une livraison plutôt inhabituelle. La municipalité de Ville Jacques-Cartier, dans le comté de Longueuil, est un secteur où sévit la pauvreté, et bien souvent la misère. Au petit matin, quelques heures avant d'aller voter, plusieurs centaines d'électeurs ont eu la surprise de l'année en découvrant sur le pas de leur porte une dinde bien appétissante enveloppée dans un beau sac bien bleu.

Mais la défaite était malgré tout inévitable, et Pierre aurait dû s'y attendre. Il en éprouve une profonde amertume. Tant de travail, d'argent et d'espoir engloutis! Il passe la soirée à rencontrer ses organisateurs pour les remercier et les consoler de ce qui est la plus importante défaite de sa carrière politique. Il devra, cette fois, tourner la page. Il n'est plus un homme politique, n'étant même plus simple député. Il n'a plus le choix, il lui faut maintenant renouer avec le monde des affaires. Après l'effervescence des dernières semaines, il ressent soudain un immense vide.

Demeuré seul dans le bureau de son organisateur en chef, il se sert un grand verre de scotch sans eau qu'il avale d'un trait comme un remède. Il faut faire passer au plus vite le sentiment d'échec cuisant qui vient de fondre sur lui. Un coup discret est frappé à la porte du bureau et la tête d'un collaborateur apparaît dans l'entrebâillement.

— Pierre, tu es demandé au téléphone. Tu peux le prendre là, si tu veux.

Un court instant, il est tenté de dire qu'il ne veut plus parler à personne, mais il se ravise. Il va faire face et parler à cet importun, quel qu'il soit.

— Je le prends. Merci!

Charles-Hubert Ducharme est au bout du fil. Il est profondément désolé pour son ami, comme il se doit, mais Pierre devine bien que lui et Doyle ne peuvent que se réjouir de la victoire des libéraux sur les conservateurs. Les résultats sont maintenant confirmés. Cependant, ironie du sort, les libéraux se retrouvent à leur tour dans la même situation que leurs adversaires après l'élection de 1962. Les voilà à la tête d'un gouvernement minoritaire.

— Alors qu'avec quatre ou cinq députés de plus, enrage Charles-z-Hubert, on l'avait, la majorité absolue aux Communes. Mais, comme ça ne sert à rien de se lamenter, on va tâcher de faire avec, hein, mon vieux! Tu nous connais, nous, on est des gens positifs. En ce moment, je suis avec Doyle et quelques amis, et on aimerait bien te voir, tous les deux. Viens donc nous rejoindre à l'hôtel *Windsor* pour prendre un verre. On a quelque chose d'intéressant à te proposer. C'est extrêmement important qu'on se voie ce soir, je dirais même que c'est vital!

Pierre consulte sa montre. Il est vingt-trois heures trente passées et il est exténué. Par contre, il est tellement survolté qu'il sent bien que, s'il rentre se coucher maintenant, il ne pourra pas fermer l'œil avant des heures.

— J'irais volontiers prendre un verre avec vous et discuter un peu, mais Clou est avec moi et je ne sais pas si ce genre de fin de soirée lui plaira.

— Mais si, mais si, emmène-la! Vous êtes nos amis et on a envie de vous voir, tous les deux. Ne t'en fais pas, on ne l'assommera pas avec des discussions politiques interminables. On en a tous assez de potasser la conjoncture. Alors, à tout de suite, on vous attend!

Charles-z-Hubert a raccroché sans attendre sa réponse. C'est bien lui, ça! Ses désirs, et encore plus ceux de Doyle, sont toujours des ordres à peine déguisés. Ça devient agaçant, à la fin. Par contre, Doyle a généreusement contribué à sa caisse électorale; il serait donc bien malvenu de l'envoyer paître, surtout maintenant qu'il devra redémarrer dans une nouvelle carrière. Il lui faut penser à son avenir immédiat et, en affaires, le gros Doyle est un as! C'est une relation qu'il ne faut pas négliger. « L'avenir, c'est maintenant, c'est tout de suite! » se dit-il pour se donner du courage. Il a sans doute un peu trop bu ce soir. Le soir des élections, c'est bien connu, tous ont l'habitude d'arroser copieusement victoires aussi bien que défaites. Il pousse un gigantesque soupir, se secoue un peu et part à la recherche de sa femme qui doit commencer à s'ennuyer ferme à écouter les analyses et les prédictions de chacun « sur le sombre avenir de la nation livrée aux mains de ces bandits que sont les libéraux ».

—Je me demande ce que John C. Doyle peut bien avoir à demander à un candidat battu! s'étonne Clou dans l'ascenseur qui les conduit à l'étage de la suite où ils ont rendez-vous.

Pierre se pose justement la même question. Il ne se sent pas particulièrement en forme pour les mondanités, ce soir. En fait, il n'aspire qu'à une chose : se retirer tranquillement chez lui et se reposer avant d'entreprendre quoi que ce soit de nouveau. La dernière campagne l'a vidé de son énergie et il se sent lessivé comme jamais.

— Doyle s'est montré extrêmement coopératif et généreux; c'est la moindre des choses que nous allions le saluer, ne serait-ce que quelques minutes. Un arrêt de plus ce soir, ce n'est pas ce qui nous fera mourir.

Ils ont effectivement passé la soirée à visiter les différents bureaux de scrutin du comté pour encourager et remercier tous les organisateurs qui se sont dévoués corps et âme à sa réélection. Cette dernière escale est sans doute de trop, mais Pierre n'a pu trouver aucune excuse assez bonne pour se défiler.

La suite qu'occupe Doyle à l'hôtel *Windsor* est bondée. À part Doyle et Ducharme, Pierre reconnaît son ami Harry Workman, ainsi que les deux pilotes de l'avion privé du financier. Les autres invités de Doyle lui sont parfaitement inconnus. Une grande animation règne dans le petit salon, et l'atmosphère est à la fête. Le téléphone ne cesse de sonner et on discute ferme dans la chambre à coucher dont la porte est grande ouverte sur tout ce joyeux brouhaha.

Étourdis par les présentations et le remue-ménage des célébrations, Pierre et sa femme se retrouvent, un verre entre les mains, à écouter distraitement Doyle et Ducharme déplorer la défaite de leur pauvre cher vieil ami. Puis, le financier se lance dans une diatribe enflammée contre l'électorat canadien qui n'a, encore une fois, pas su se doter d'un gouvernement fort, nanti d'une majorité décisive pour gouverner efficacement.

—Je m'inquiète surtout pour mon projet de développement minier, glisse-t-il à Pierre en l'entraînant un peu à l'écart. Tu sais comme il est difficile de faire avancer de nouveaux dossiers quand un gouvernement est minoritaire. En plus, imagine si Diefenbaker tente de garder le pouvoir. Après tout, c'est lui le premier ministre sortant. Il peut tenter de former une alliance pour s'accrocher au pouvoir. Par contre, s'il devient chef d'une opposition majoritaire, il n'arrêtera pas de faire de l'obstruction rien que pour embêter Pearson. On ne sera pas tranquilles tant que cette vieille bique n'aura pas démissionné, et surtout tant que les libéraux n'auront pas la majorité absolue. Il ne nous manque que trois ou quatre députés. Quand j'y pense, si près du but!

Pierre se fiche éperdument du sort qui attend Lester B. Pearson à la Chambre des communes; quant à l'avancement du projet de Doyle, ce n'est vraiment plus de son ressort.

Ducharme, qui les a quittés un court instant pour aller au téléphone qui ne dérougit pas, vient rejoindre Doyle, et les deux compères ont un bref conciliabule. Pierre s'efforce de trouver une esquive polie pour quitter cet endroit enfumé où il n'y a rien d'autre à faire que de boire et de radoter, quand Ducharme l'attrape au passage et lui glisse à l'oreille avec un air de conspirateur:

— Viens avec nous dans la salle de bains, on sera plus à l'aise pour parler.

Pierre étouffe un soupir et, précédé de Doyle, s'engouffre dans la salle de toilettes, suivi de Ducharme qui arbore un air particulièrement inspiré.

De son coin de sofa où elle prend son mal en patience tout en jouant les femmes du monde avec l'aisance qui lui est coutumière, Clou a eu connaissance de la retraite discrète des trois messieurs vers les cabinets. Elle ouvre de grands yeux ébahis et se demande ce qu'ils sont encore en train de comploter; car, elle n'en doute pas une seconde, il y a de la conspiration dans l'air. « Ces chers hommes, pense-t-elle, pleine d'indulgence amusée, ils sont comme des enfants, toujours en train de préparer un mauvais coup. »

Ce soir, Corinne est presque heureuse. Elle vient de récupérer une fois pour toutes, espère-t-elle, son grand escogriffe de mari. Elle ne s'est jamais opposée à sa carrière politique. Au contraire, elle l'a toujours épaulé dans ses campagnes et dans les moments difficiles de sa carrière; mais le genre de vie qu'ils ont dû mener depuis son élection à Ottawa l'a rendue bien malheureuse. Toujours occupé, préoccupé, irascible ou absent, Pierre a, depuis cinq ans, cessé d'être l'homme qui l'a comblée pendant de nombreuses années. Maintenant qu'ils sont de retour pour de bon dans la métropole, la vie va retrouver toute sa saveur et ils vont de nouveau être heureux comme avant. Clou a une foule de projets en tête qu'ils vont pouvoir réaliser ensemble. Pourvu que sa maudite manie de faire de la politique ne le reprenne pas! Dans la voiture, tantôt, il lui a avoué qu'il a eu sa leçon et lui a aussi déclaré qu'il tournait définitivement la page. Une nouvelle vie commence pour la famille Sévigny et, ce soir, tout en réprimant un bâillement, Clou sourit aux anges. Elle a décidé de faire confiance à son mari, même s'il s'enferme dans les toilettes avec deux énergumènes pour manigancer elle ne sait pas encore quoi; mais elle ne va sûrement pas tarder à l'apprendre.

Pendant que madame Sévigny se livre à ses réflexions optimistes, Charles-z-Hubert a soigneusement verrouillé la porte des cabinets et s'est installé sans façon sur le siège de la toilette. Le gros Doyle prend place sur le rebord de la baignoire et il ne reste à Pierre qu'à se caler une fesse contre la coiffeuse-lavabo de marbre rose. « Charmant endroit pour se détendre tout en prenant un verre avec des amis », pense-t-il avec humeur.

— Connaîtrais-tu des députés conservateurs réélus qui seraient prêts à quitter Diefenbaker et sa clique pour se joindre au Parti libéral? vient de lancer Ducharme à brûle-pourpoint.

Pierre en a un haut-le-corps et manque échapper son verre. Doyle le regarde sans broncher. Il ne semble pas mesurer l'incongruité de la question de Ducharme.

— Allez, Pierre, on sait à quel point le vieux vous fait chier! continue Ducharme, imperturbable. Il y en a sûrement plusieurs qui sont écœurés et qui regrettent de s'être embarqués avec lui. Nous, on est prêts à les accueillir à bras ouverts. Ça rendrait service à tout le monde. On te demande seulement quelques noms. Tu ne seras mêlé à rien, on te le jure.

Doyle acquiesce d'un air encourageant:

— Seulement quelques noms… Tu rendrais un immense service au pays et tu sais que je ne suis pas un ingrat.

— Écoutez, les gars, j'ai eu des différends idéologiques avec le vieux et je lui ai remis ma démission, c'est vrai. Mais je suis et demeure un membre du Parti conservateur. Parmi les députés conservateurs qui ont été élus ce soir, je n'en connais aucun qui soit, à ma connaissance, prêt à rallier les rangs des libéraux. Et je vais vous dire plus, quand bien même j'en connaîtrais, vous donner leur nom serait trahir le parti auquel j'appartiens encore, même si je viens de me faire battre. Quoi que vous ayez l'air d'en penser, on n'est pas des bouffons! Ce que vous me demandez là est complètement déplacé, j'aimerais que vous vous en rendiez compte.

Doyle éclate d'un grand rire apaisant et dit d'une voix enjouée:

— Eh! Fâche-toi pas! Comprends-moi, je suis un businessman. Libéraux ou conservateurs, pour moi, c'est du pareil au même, en autant que mes affaires avancent dans le bon sens. Tu es fidèle à ton parti, je comprends ça! Tu ne veux pas avoir l'air de dénoncer personne? OK! D'ailleurs, on s'en doutait un peu que tu refuserais. Mais il y a peut-être une autre solution tout aussi rentable, et qui ne te mettrait pas dans une situation embarrassante. Allez, Charles-Hubert, explique-lui.

Avec l'air du chat qui s'apprête à manger la souris, Charles-z-Hubert laisse tomber:

— Et si on achetait quelques créditistes? Il y a sûrement plus d'avenir au Parti libéral que dans leur troupeau de bœufs. Vous avez fait un bout de chemin main dans la main avant les élections. Tu dois connaître, disons… leurs points faibles.

Pierre se sent coincé dans un piège idiot et n'a qu'une envie: envoyer promener ces deux conspirateurs à la manque. Il prend son air le plus ennuyé et regarde ostensiblement sa montre avant de répondre. Il est deux heures du matin, les deux bonshommes sont passablement éméchés et lui ne rêve plus que de son lit et d'une grande plage de sommeil, vide de toute préoccupation politique.

— Leurs points faibles, hein? Si vous avez envie qu'on prenne notre petit-déjeuner sur le bol de toilette, je peux bien essayer de vous les énumérer. Mais je vous préviens, ça risque d'être long.

—Leur principal point faible, c'est qu'ils tirent le diable par la queue; ils n'ont pas une maudite cenne! Tout le monde sait ça. C'est une bande de pouilleux! éructe Doyle, méprisant. Ce qu'on veut savoir, c'est lesquels, selon toi, se laisseraient acheter contre un petit paquet de mille?

—Mais comment voulez-vous que je le sache? s'énerve Pierre. Les députés ne se promènent pas au Parlement avec des pancartes marquées *À vendre* attachées au cou. Écoutez, les gars, je viens de me faire mettre *knock-out*; je n'ai pas eu deux secondes pour récupérer et vous voulez m'embarquer dans la traite des députés. J'ai toutes les misères du monde à vous suivre, ce soir. Je trouve votre idée complètement tarée et je vous dis tout de suite que, même à tête reposée, j'ai bien peur que vos projets ne soient trop loufoques pour moi. Si on allait tous se coucher, hein? Ce serait beaucoup plus sage. Demain, vous repenserez à tout ça bien calmement. Mais je vous prierais de m'oublier dans vos prières pour quelque temps. Je vais faire la même chose en ce qui concerne cette charmante conversation.

Sur ces mots, Pierre quitte les lieux d'aisance et prend rapidement congé, suivi de Clou qui n'attendait que ça. Sur le chemin du retour, il lui raconte l'incident, encore tout interloqué qu'il est par ce qu'il vient d'entendre. Clou l'écoute paisiblement et conclut en lovant sa tête contre son épaule :

—Ces deux hurluberlus sont encore plus dangereux que je ne le pensais. Si tu veux un bon conseil, mon chéri, tiens-toi loin de ces gens-là.

Chapitre 15

Avant même la tenue du scrutin, Corinne Sévigny a décidé que, aux vacances de Pâques qui, cette année-là, tombent immédiatement après le scrutin, toute la famille quittera Montréal et marquera un temps d'arrêt loin des problèmes trop quotidiens. Elle espérait que cette campagne électorale soit la dernière et marque le retour définitif de la famille Sévigny dans le giron de la métropole. Elle a donc, à l'insu de son mari, organisé un voyage de dix jours à New York; Pierre lui est maintenant reconnaissant d'une telle initiative. Le surlendemain des élections, on s'entasse dans la grosse Buick familiale, et les Sévigny s'échappent vers New York et ses plaisirs.

Pierre n'a prévenu personne de son escapade. Il veut la sainte paix. Il a bien mérité un temps de repos et il se sent comme un écolier en vacances. Clou a presque réussi à le convaincre que sa défaite est ce qui pouvait lui arriver de mieux à lui et, par ricochet, à toute la famille. Dès son retour, il prendra un cours accéléré sur les valeurs mobilières et, chaperonné par son ami Workman, il se lancera dans la gestion de portefeuilles. Il y a beaucoup à faire dans ce domaine, car la Bourse intéresse de plus en plus d'investisseurs. Dans la même foulée, il a décidé de se lancer dans l'immobilier. Le développement de nouveaux quartiers résidentiels, notamment sur la Rive-Sud de Montréal, lui semble très prometteur.

La vérité, c'est que Clou a eu l'intuition de sa défaite et que, au cours des dernières semaines, elle a subtilement amené son mari à s'intéresser à ce nouveau projet. Elle veut y investir une partie de son argent et s'est déclarée prête à seconder son mari s'il se laisse tenter par cette nouvelle aventure. Preuves à l'appui, elle lui a fait valoir l'intérêt qu'offre le développement de la Rive-Sud, appelée à connaître une expansion rapide dans les années à venir selon tous les experts qu'elle a consultés.

Remis de ses premières émotions de candidat battu, Pierre éprouve maintenant un immense soulagement et il se sent bourré d'une énergie nouvelle. Il est convaincu d'entrer dans une période faste.

Il se réveille plus tôt que d'habitude, ce matin-là, et, pendant que Clou et les enfants reposent encore, il s'habille sans faire de bruit, griffonne un petit mot qu'il laisse bien en vue pour sa femme et s'en va arpenter les rues de Manhattan dont il a toujours adoré la tonique animation.

Ses pas le mènent du *Barbizon Plaza,* sur Central Park, à Times Square où, à toute heure du jour et plus que n'importe où ailleurs à New York, on sent battre le cœur trépidant de la ville. Il tombe soudain en arrêt devant un kiosque à journaux. Il y a trois ou quatre jours qu'il n'a pas ouvert le moindre quotidien; des années qu'une pareille chose ne lui était arrivée! C'est alors qu'il aperçoit ce bon vieux *The Gazette,* un de ses journaux préférés. Il l'achète aussitôt. C'est plus fort que lui, il a soudain très envie de savoir quelles sont les nouvelles canadiennes. Tout en prenant un café debout à un comptoir, il feuillette le quotidien avec un certain détachement quand, tout à coup, un gros titre attire son attention: *Six députés créditistes ont traversé la Chambre.* De surprise, il avale une gorgée de travers et manque s'étouffer. Il croit avoir mal lu, mais, même en y regardant à deux fois, c'est écrit noir sur blanc.

Hier, six députés élus sous la bannière du Parti créditiste de Réal Caouette ont traversé la Chambre des communes et ont prêté serment d'allégeance au Parti libéral de Lester B. Pearson. Ce serment d'allégeance consiste en une déclaration signée selon laquelle les députés concernés affirment que, dans l'intérêt du Canada, ils promettent d'appuyer le Parti libéral aux Communes. Cette déclaration a été assermentée par un commissaire de la Cour supérieure, monsieur Moïse Darabaner, et remise de main à main au gouverneur général du Canada.

Pierre arrête là sa lecture. Il n'en revient tout bonnement pas. Ducharme et Doyle ont réussi à acheter, non pas quatre, mais six députés! Comment et à quel prix? Belles questions! Chose certaine, cette défection de six députés créditistes en faveur des libéraux donne à Lester B. Pearson la majorité absolue en Chambre. Pierre replie brusquement son journal. Il est profondément choqué. La couleuvre est dure à avaler, compte tenu de ce qu'il sait. Les deux compères ont réussi à mener à bien une entreprise qui lui était apparue comme une pure divagation d'ivrognes. Il fallait le faire! Car si de passer des télégraphes un jour d'élection est puni de prison, l'achat pur et simple de six élus, donc le détournement de milliers de votes, doit bien constituer une offense criminelle mille fois plus sérieuse!

***

À l'hôtel *Windsor*, à Montréal, Doyle, Ducharme et quelques amis libéraux fêtent la réussite de leur machination sans l'ombre du plus petit remords quant aux procédés employés. *La fin justifie les moyens*, n'est-ce pas?

Et la fin est un véritable triomphe en ces lendemains d'élections. Ils auraient pu se contenter du fait que le Parti libéral détenait un plus grand nombre de sièges que les conservateurs, et laisser s'organiser le jeu naturel des alliances. Ils ont cependant été à même de constater où cette situation précaire a conduit Diefenbaker et sa troupe. Il ne fallait pas qu'une telle chose se reproduise. Pressés d'arriver à leurs fins, Doyle, Ducharme et leurs amis ont ourdi une machination politique qui assure le pouvoir plein et entier aux libéraux. Ils savent que c'est la seule façon de contrer Diefenbaker, qui se démène comme un beau diable pour trouver des appuis dans les autres partis et refuse mordicus d'abandonner les rênes du pouvoir. Ils ont aussi calculé que Pearson, en voyant la majorité absolue lui échoir miraculeusement, saura se montrer reconnaissant envers ses plus ingénieux collaborateurs.

Au milieu de la liesse générale à laquelle il fait mine de participer, John C. Doyle éprouve des sentiments mitigés. Il espère, bien sûr, que le gouvernement encouragera enfin, et de façon tangible, ses projets miniers qui n'ont que trop traîné, mais il est surtout aux prises avec des problèmes fiscaux très sérieux qui menacent son empire financier et qu'il doit régler rapidement sous peine de voir s'écrouler tout ce qu'il a si laborieusement édifié. La reconnaissance de Pearson lui sera-t-elle à ce point assurée? Rien n'est moins sûr, et l'inquiétude qui le tenaille a réveillé son ulcère. Le brûlement d'estomac qui le torture, allié à la morosité qui s'ensuit, le porte de plus à penser que Ducharme et lui ont commis une grave erreur de stratégie en approchant Sévigny pour lui demander des noms de députés conservateurs, à la fois hostiles à Diefenbaker et à ses politiques, et assez malléables pour se laisser convaincre de quitter leur parti déchiré par les luttes intestines. Pierre leur était apparu comme le leader naturel des membres dissidents du groupe conservateur, mais force leur a été de constater que, même s'il s'est toujours comporté en ami, il désapprouve totalement les procédés qu'ils ont eu la maladresse d'évoquer devant lui le soir de sa défaite. Doyle et Ducharme avaient toujours pensé qu'en leur présentant Workman et en facilitant l'association d'un de ses très bons amis avec Doyle, Pierre Sévigny se ralliait en quelque sorte à leurs intérêts. Lui et son acolyte ont commis une erreur magistrale dans l'échafaudage de leurs hypothèses. Il leur a fallu trouver un moyen de rattraper cette bourde; voilà pourquoi ils se sont rabattus sur les créditistes, avec un succès inespéré, d'ailleurs, mais il n'en demeure pas moins que Sévigny a été mis au courant de leur plan et qu'il peut à présent constituer une menace.

Le départ abrupt de Pierre de l'hôtel *Windsor*, le soir des élections, n'a, sur le coup, altéré d'aucune façon le bel enthousiasme des deux compères. Ils étaient trop avancés dans l'alcool et l'enivrant plaisir de comploter. Quelques nouveaux coups de téléphone stratégiques et la décision s'est prise : ils vont persuader certains créditistes de l'intérêt qu'il y a pour eux à rallier les rangs des libéraux. Ducharme prend les choses en main. Il a le feu vert de son patron et il sait que persuader veut dire acheter. La somme n'est pas encore tout à fait arrêtée; on improvisera au fur et à mesure. Ducharme veut jouer de finesse et ne parler d'argent que lorsque les poires seront bien mûres.

Sans perdre une seconde, à trois heures du matin, Ducharme entre en contact avec le docteur Guy Marcoux, député créditiste qu'il connaît vaguement. Le docteur Marcoux est aussi le bras droit du chef du Parti créditiste, Réal Caouette, et deuxième membre le plus influent de ce parti à Ottawa. Ducharme calcule que, s'il réussit à le convaincre de donner son adhésion au Parti libéral, Marcoux saura entraîner à sa suite plusieurs de ses coéquipiers. Le docteur se montre peu loquace, mais il ne jette cependant pas les hauts cris. Ducharme ne peut alors s'empêcher de mentionner qu'un geste positif de sa part ne manquera pas de lui valoir une récompense substantielle. Marcoux demande à réfléchir. Si son mystérieux interlocuteur veut bien le rappeler, il lui communiquera sa réponse dans les vingt-quatre prochaines heures.

Doyle et Ducharme veulent de l'action immédiate. Ils n'attendront sûrement pas la décision de Marcoux. Ils décident de se tourner vers des députés moins prestigieux du Parti créditiste, mais lesquels? Ils connaissent bien peu de membres de cette députation. C'est alors que Ducharme, jamais à court d'idées, pense à Moïse Darabaner, homme riche et influent de la ville de Québec, qui passe pour y connaître tout le monde et avoir des amis dans tous les milieux et tous les partis. En plus, le cher homme est un libéral convaincu, ce qui est essentiel à la bonne marche du projet de ces messieurs.

Rejoint dare-dare au téléphone, Darabaner, que Ducharme vient d'arracher à un profond sommeil réparateur, retrouve tout son allant et sa vivacité d'esprit quand il apprend que John C. Doyle, le puissant financier, et les hautes instances du Parti libéral ont besoin de ses services. Il se déclare surtout très flatté qu'un homme de la trempe de Doyle s'intéresse à lui. Il voit immédiatement là une occasion de faire avancer ses propres affaires, parce que, comme chacun le sait, un service en attire un autre.

— Mon cher Moïse, si tu nous prépares rapidement, je veux dire dans les prochaines heures, et avec des résultats assurés, une rencontre avec des créditistes dûment sensibilisés au problème que je viens de t'exposer, le patron a prévu vingt-cinq mille bâtons pour ta peine. Ça te va?

Ça ne peut mieux tomber. Darabaner est comme par hasard un grand ami de l'organisateur du Parti créditiste pour la région de Québec, un dénommé Bertrand. À eux deux, ils vont se faire un plaisir d'organiser un petit quelque chose qui sera tout à la satisfaction de monsieur John C. Doyle.

— Parfait, mon cher Moïse, parfait! On sera à Québec au plus tard en fin de matinée. Je te recontacte à notre arrivée. Excuse-moi de t'avoir réveillé au milieu de la nuit, mais, les affaires d'État, c'est comme les jolies femmes, ça n'attend pas!

Aux premières lueurs de l'aube, Bertrand rejoint Darabaner à son bureau de la Basse-Ville. Bertrand, qui a tout de suite flairé la bonne affaire, est prêt à se décarcasser pour le gros bonnet de Montréal qui ne semble pas savoir quoi faire de son argent. Il connaît quelques députés créditistes qui sont loin de nager dans l'abondance et qui pourraient en effet être fort intéressés par la proposition de ce monsieur Doyle. Les deux hommes se jettent sur le téléphone et, bientôt, six députés créditistes acceptent de venir de toute urgence à Québec, tous frais payés, évidemment.

Tout ce beau monde pénètre quelques heures plus tard dans une chambre du motel *Laurentides*, en banlieue de Québec, où Doyle vient d'installer ses quartiers généraux dans le plus grand secret. Tout émoustillé, Darabaner fait les présentations de ses nouvelles recrues et tente de mettre tout le monde à l'aise en y allant de quelques bonnes blagues bien salées sous l'œil bienveillant de Doyle qui ne s'est jamais senti aussi près du but.

— Messieurs, je ne pense pas qu'il soit vraiment utile que je vous fasse un discours sur la nécessité d'avoir un gouvernement majoritaire pour diriger efficacement un pays. Vous n'êtes pas sans connaître les difficultés éprouvées par le dernier gouvernement minoritaire en Chambre. Les libéraux ont à cœur de mener une politique intelligente et efficace; cela, vous l'avez compris puisque vous êtes ici. Vous comprenez aussi que, s'il ne peut s'accrocher au pouvoir, Dief sera prêt à tout pour démolir le travail du gouvernement Pearson, sans égard pour les intérêts de la nation canadienne. Et, cela, personne d'entre nous ne saurait le tolérer. Nous avons un devoir à remplir, que nous plaçons au-dessus de toute partisanerie politique, votre présence ici aujourd'hui me le confirme. Vous appartenez à un parti qui a de bonnes idées, mais qui n'a pas de grands moyens financiers. Nous avons cinq cent mille dollars à vous offrir pour couvrir vos dépenses électorales de la dernière campagne si vous acceptez de vous joindre au Parti libéral. Nous vous promettons d'écouter vos revendications d'une oreille attentive et de défendre les mesures importantes que vous proposerez. De cette façon, vous aiderez Pearson à bien faire son travail et vous vous rendrez populaires auprès de l'électorat. En conclusion, vous serez beaucoup plus efficaces et utiles en vous rangeant du côté du pouvoir.

Doyle se tait pour juger de l'effet produit par son petit laïus. Dans un silence quasi religieux, tous ont l'air de réfléchir intensément. Darabaner et Bertrand ont bien préparé le terrain, car personne n'a crié au scandale ou à la vertu offensée. Doyle se félicite; il sait que l'argument massue a été la mention des cinq cent mille dollars attachés à l'opération. La partie lui semble gagnée quand de prudentes questions sont finalement posées par les deux plus hardis créditistes sur la façon dont on entend distribuer cette jolie petite somme entre les six futurs députés libéraux. Doyle laisse à son secrétaire, Charles-Hubert, le soin de régler ces détails triviaux.

— Chacun de vous recevra dix mille dollars immédiatement, dit Ducharme, très sûr de lui. La balance vous sera distribuée au cours des deux prochaines années.

Cinq des six députés acceptent cette proposition de règlement avec empressement. Le sixième, qui a eu à la fois le choc et la révélation de sa vie, prend Doyle et Ducharme à part pour leur annoncer qu'il refuse l'argent qu'on lui offre. Il passe du côté libéral parce qu'il vient de se découvrir libéral convaincu. Il était un libéral qui s'ignorait et il errait dans un parti sans véritable avenir. Les larmes aux yeux, il remercie Doyle de lui avoir aujourd'hui fait réaliser quelle était sa véritable appartenance. Doyle se réjouit intérieurement de n'avoir que cinquante mille dollars à verser dans l'immédiat. Pour le reste, il aura tout le temps de voir venir.

Devant les six compères éblouis, il téléphone à la Banque Royale du Canada pour qu'on retire cette somme de son compte, puis il charge un de ses pilotes, resté à l'aéroport de L'Ancienne-Lorette, d'aller en prendre livraison et de ramener ce joli magot à Québec, au motel où ils se trouvent tous. « Pour une affaire bien menée, c'en est une! » se dit-il en cachant son sourire victorieux sous le masque douloureux de l'homme que le sort de son pays obséderait jusqu'au martyre.

— Au nom d'une nation que nous aimons tous, messieurs, merci! s'exclame-t-il avec emphase, la main sur le cœur.

Il s'excuse aussitôt de devoir les quitter pour quelques minutes. Des affaires urgentes à régler!

— Je vais dans l'autre chambre téléphoner à qui tu sais, dit-il rapidement à Ducharme, qui lui a adressé un coup d'œil interrogateur. Que personne ne parte. Commande à boire et à manger et fais-les patienter. Il y a encore une ou deux petites choses dont je veux m'assurer. Je te tiens au courant.

— Maintenant que l'affaire est dans le sac, comment comptez-vous rendre la nouvelle publique? demande Darabaner, tout remué par ce qui vient de se passer.

À dire vrai, il ne s'est jamais senti aussi excité de sa vie. Darabaner a la passion du jeu, il adore les combines et traficotages en tous genres, et cette petite réunion fantaisiste où valsent des milliers de dollars le laisse pantois d'admiration. Cette histoire le change de ses propres affaires de frais hypothécaires et de petits commerces plus ou moins licites qui, bien que lucratifs, sont, hélas! d'une morne banalité. Il se découvre soudain un penchant irrésistible pour la haute politique fomentée dans les chambres de motel. Il est maintenant très curieux de savoir comment Doyle et Ducharme songent à rendre publique et surtout légale et conforme la volte-face des six députés ex-créditistes. Il promet à Ducharme qu'il fera tout en son pouvoir pour aider ce génial monsieur Doyle à mener à bien cette délicate entreprise.

—John est allé s'occuper de ça. Jack Pickersgill attendait des nouvelles et a promis de nous conseiller pour la suite des opérations.

Il est évident qu'il faut trouver au plus vite un moyen de divulguer la bonne nouvelle de la manière la plus officielle tout en soulevant le moins de vagues possible. Depuis hier, Doyle et Ducharme sont en contact permanent avec le désormais très ministrable Jack Pickersgill, parlementaire chevronné et bras droit de Pearson, dont il est l'organisateur électoral. Ce député libéral de Terre-Neuve à Ottawa est aussi l'ami intime de Joey Smallwood, premier ministre de Terre-Neuve, ainsi que de John C. Doyle. Pickersgill est considéré comme l'homme le plus imaginatif et le plus roublard de tout le Parti libéral. C'est le plus grand défenseur du pouvoir-à-tout-prix.

Dans la chambre voisine, Doyle est effectivement en grande conversation avec lui. Pickersgill ne s'attendait pas à des résultats aussi rapides et surtout pas à une aussi bonne récolte. Il est manifestement emballé par ce qui vient de se passer au motel *Laurentides* à Québec. Il suggère qu'une lettre officielle soit immédiatement rédigée, dans laquelle les six créditistes déclareront que, *pour le plus grand bien du Canada, de la population canadienne et de tous leurs électeurs, ils sont prêts à sacrifier temporairement...*

—Je dis bien temporairement, explique-t-il à Doyle. On n'est pas pour s'embarrasser de nouilles pareilles *ad vitam æternam...*

... à sacrifier, donc, leur idéal créditiste, pour prêter leur concours au gouvernement et à Lester B. Pearson en qui ils ont foi...

—Cette déclaration doit avoir un caractère tout ce qu'il y a de plus officiel, ajoute Pickersgill. Elle doit aussi ménager la susceptibilité de Caouette et des autres créditistes. Une fois rédigée, elle devra être signée par les six, et ce, devant une personne qui, de par ses fonctions, est en mesure de les assermenter. La déclaration sera ensuite remise en mains propres au gouverneur général du

Canada, c'est très important! Celui-ci sera alors obligé d'aviser les différents chefs de parti. Ah! j'en connais qui vont hurler. Ce vieux fou de Diefenbaker essaie de gouverner grâce à une coalition, et la chose pourrait techniquement être possible. Avec ça, on enfonce Dief the Thief jusqu'au trognon. Je prépare un brouillon et vous téléphone d'ici une heure.

Quelques heures plus tard, la déclaration imaginée par Pickersgill et retranscrite par Ducharme est tapée à la machine par la secrétaire de Moïse Darabaner. Lorsque le tout est bien rédigé, les six prêtent serment devant le même Darabaner qui, coïncidence des plus heureuses, est commissaire de la Cour supérieure, et donc habilité à recevoir une déclaration assermentée. Chacun signe la déclaration qui fait de lui un député libéral dans un gouvernement qui vient de conquérir sa majorité absolue.

Le gros du travail accompli, Doyle et Ducharme reviennent à Montréal à bord du DC-6 de Doyle. Le financier se fait déposer à Dorval, et l'appareil continue vers Ottawa avec Ducharme à son bord. C'est lui qui est chargé d'aller remettre en mains propres la déclaration des six au gouverneur général du Canada, monsieur Georges Vanier.

Pendant que Ducharme vole vers Ottawa avec le précieux document, Joey Smallwood rejoint Doyle à sa suite de l'hôtel *Windsor*. Il est tellement content de ce qui vient d'arriver grâce aux bons offices de son ami qu'il voudrait que la nouvelle soit déjà connue à travers le pays. Doyle tente de le convaincre de patienter au moins jusqu'au lendemain. Ducharme réintègre la suite de son patron en fin de soirée, et les trois hommes passent une partie de la nuit à écouter les actualités à la radio. Leur triomphe ne sera complet que lorsque les médias se seront emparés de la nouvelle et l'auront diffusée d'un océan à l'autre.

Le lendemain, en fin de matinée, ils en sont toujours au même point. La nervosité gagne Smallwood qui, à bout de patience, se met à téléphoner à différents organismes de presse pour leur demander s'ils ont eu vent de la grande nouvelle voulant que six créditistes aient prêté serment d'allégeance aux libéraux, donnant ainsi la majorité absolue, donc le pouvoir, à Lester B. Pearson. Ce n'est que le matin du surlendemain que les médias annoncent enfin l'événement. Smallwood hurle sa joie et déclare à d'autres amis libéraux qui les ont rejoints qu'il faut élever un monument à Doyle, Ducharme, Pickersgill et Darabaner pour le service exceptionnel qu'ils viennent de rendre à la nation en la débarrassant de Dief the Thief, comme dans leur petit cercle on se plaît à appeler le vieux lion tory.

Dans sa chambre convertie en bureau de travail, Doyle ne participe pas à la liesse générale. Il vient de se replonger dans certains papiers que lui et Ducharme ont négligés depuis trois ou quatre jours, le temps de mettre à exécution leur tout dernier plan. En fait, ce sont en grande partie les problèmes fiscaux urgents de Doyle qui ont rendu les deux hommes si inventifs. Ils ont mené à bien cette entreprise, qui n'était pas sans comporter quelques dangereux écueils, pour s'assurer la reconnaissance du gouvernement. La partie est cependant loin d'être gagnée, et Doyle, devant les chiffres qui s'étalent, commence à être pris de vertige.

Et, comme un ennui n'arrive jamais seul, un épineux problème vient de surgir avec son associé dans certaines affaires boursières. En effet, rien ne va plus entre lui et le désormais odieux Harry Workman, que cet imbécile de Sévigny a eu le toupet de lui présenter comme quelqu'un à qui on pouvait faire confiance. Ah! si Doyle tenait Workman à ce moment précis, il y aurait fort à craindre que le gros homme ne l'étrangle séance tenante. C'est qu'il est parfaitement inadmissible que quelqu'un ou quelque chose résiste au tout-puissant John C. Doyle.

Dès qu'il est de retour à Montréal, sans trop réfléchir et mû par une curiosité sur laquelle il refuse de s'interroger, Pierre décide de passer voir Doyle et Ducharme à l'hôtel *Windsor*, mine de rien. Doyle ne se montre pas particulièrement chaleureux et s'enferme dans son bureau quelques minutes après son arrivée.

— Il m'en veut encore pour le soir des élections? demande Pierre à Charles-z-Hubert avec une indulgence amusée.

Il connaît le côté gros bébé rancunier de Doyle.

— Mais non, mon vieux, qu'est-ce que tu vas chercher là? Il a très bien compris ta réaction, le rassure Ducharme, plein d'entrain. Non, il a de sérieux ennuis avec ses impôts et ceux de la compagnie. Il est en pleine négociation avec ces messieurs du ministère du Revenu. Et puis, il vaut peut-être mieux que tu le saches: entre lui et ton ami Harry Workman, c'est la guerre! Workman se montre beaucoup trop gourmand, et John est furieux. Tu les connais, ils sont comme deux gamins qui jouent aux billes et s'accusent mutuellement de tricher. Qu'ils se crêpent le chignon si ça leur chante! Ils finiront bien par se raccommoder.

Cette dernière nouvelle ne surprend pas Pierre outre mesure. Il doit être très difficile de faire des affaires avec Doyle sans que surgisse le moindre accrochage. Harry Workman est majeur et vacciné, il a agi en toute connaissance de cause quand il s'est associé à Doyle. Pierre refuse de se sentir concerné par le différend qui maintenant oppose les deux hommes.

Ducharme est, ce jour-là, d'humeur extrêmement joviale. Pierre apprend tout ce qu'il désire savoir, sans avoir à finasser le moindrement. Sans l'ombre d'une hésitation, Ducharme lui confirme que ce sont bien Doyle et lui qui ont orchestré la défection des six créditistes. Il s'en vante et s'en félicite.

— On n'a jamais fait un meilleur coup de notre vie! C'est ce que j'appelle un coup de maître!

Plus fier qu'un coq, Charles-z-Hubert entreprend de lui conter toute l'opération sans rien omettre du plus petit détail. Un peu décontenancé, Pierre commence à se demander s'il n'aurait pas été plus sain pour lui de rester dans l'ignorance des péripéties et rebondissements de cette transaction pour le moins ahurissante. Mais il est trop tard. Ducharme est là à se gargariser de ses petits et grands exploits, pendant que lui s'enfonce dans un abîme de perplexité. Il a beau se dire que tout ce qui se rapporte à la politique a cessé de le concerner, il éprouve quand même un malaise considérable devant cet étalage de combines peu reluisantes auxquelles, qu'il le veuille ou non, il se trouve maintenant mêlé en raison des confidences de cette peste de Charles-z-Hubert.

— Si je t'ai raconté tout ça, dit Ducharme de son air le plus canaille, c'est que je sais bien que tu es notre ami et que ce n'est sûrement pas toi qui irais nous dénoncer.

— Tu as parfaitement raison, répond Pierre, tout ça ne me regarde plus. Je n'approuve pas tout à fait vos méthodes, mais je suis quand même impressionné. Vous êtes dangereusement efficaces, ajoute-t-il, un brin sarcastique.

« Un peu plus et je les félicitais », se dit-il, envahi par un subtil sentiment de malaise. Il est à la fois scandalisé et fasciné. Il réussit tant bien que mal à se composer une attitude conciliante et débonnaire qui semble justement être celle qu'on attend de lui.

***

À la lecture des journaux, que Pierre prend soin de scruter attentivement chaque matin, il ressort que la décision des six créditistes de quitter leur parti pour se joindre aux libéraux qu'ils combattaient si farouchement il y a quelques jours encore ne plaît pas du tout au chef créditiste, Réal Caouette, ni à Robert Thompson, coleader du parti, et encore moins au docteur Guy Marcoux, qui y va de virulentes attaques contre le Parti libéral. Rendu vindicatif, Marcoux demande qu'une enquête soit tenue illico sur la défection infiniment suspecte de ses six ex-coéquipiers.

« S'il faut que Diefenbaker s'en mêle et se mette lui

aussi à réclamer une enquête, il y a fort à parier que messieurs Doyle et Ducharme vont se retrouver dans de beaux draps! » songe Pierre. Il ne détesterait quand même pas que la lumière soit faite sur ce coup fourré. Il ne peut cependant faire abstraction du fait que le scandale, s'il éclatait, impliquerait six députés québécois. Cette histoire éclabousserait du même coup tous les Canadiens français. En ce qui le concerne, il décide qu'il ne lèvera pas le petit doigt pour mettre son ancien chef sur la piste de cette crapulerie libérale. Que Diefenbaker, maintenant chef de l'opposition, se débrouille tout seul, puisqu'il a toujours tenu à gouverner tout seul.

La poussière commence à retomber peu à peu sur l'affaire, et la vie reprend son cours normal. Les Sévigny ont retrouvé leurs activités montréalaises dans leur confortable maison de Westmount. Pierre a redémarré en douceur dans le circuit du monde des affaires. Il est maintenant gérant de portefeuilles dans une importante maison de courtage et il commence à se bâtir une solide clientèle. Sa femme et lui ont acheté des terrains dans une petite localité de la Rive-Sud qui, d'après leurs prévisions, est appelée à connaître un développement rapide. Pour le moment, ils en sont encore à étudier divers plans de développement domiciliaire avec les entrepreneurs. Mais ils ont bon espoir de commencer très bientôt à faire construire de pimpantes maisons unifamiliales qui, ils en sont persuadés, se vendront comme des petits pains chauds. Dans un deuxième temps, et si tout se passe comme prévu, ils caressent l'idée de bâtir un centre commercial équipé de toutes les commodités et appelé à desservir leur nouveau développement. C'est la dernière idée de Clou, que Pierre trouve tout simplement géniale. Bref, une nouvelle prospérité commence à poindre à l'horizon.

Chapitre 16

Une année ne s'est pas encore écoulée depuis la défaite de Pierre Sévigny et le passage à l'opposition du Parti conservateur que le Parti libéral de Lester B. Pearson éprouve déjà certaines difficultés. Les députés libéraux, et en particulier ceux de la province de Québec, ont entrepris de se mettre les pieds dans le plat, et ce, dans des affaires toutes plus louches les unes que les autres.

Les ministres Lamontagne et Tremblay sont forcés de démissionner à la suite d'un scandale impliquant des marchands de meubles en faillite qui leur auraient cédé des ameublements complets en leur accordant des conditions de crédit extraordinairement faciles. L'histoire prend des allures de pots-de-vin et de fraude, et tout le cabinet Pearson en est éclaboussé.

Puis, c'est l'affaire Dupuis qui mobilise l'attention publique. Yvon Dupuis est considéré comme le meilleur orateur du Parti libéral et, de l'avis d'initiés, comme le plus talentueux et le plus prometteur des hommes politiques canadiens-français. C'est un homme énergique et articulé. Il a contribué de façon substantielle à la victoire de son parti en avril 1963; plus particulièrement, il a réussi à freiner l'étonnante montée en flèche de Réal Caouette et du Parti créditiste. Yvon Dupuis est maintenant soupçonné, encore que de façon plutôt vague, d'avoir en 1961 accepté un pot-de-vin de dix mille dollars dans une ténébreuse histoire de piste de course. Il est illico, et sans qu'on lui donne la chance de se disculper, proprement mis à la porte du cabinet Pearson.

Pearson, qui en a déjà plein les mains et qui ne sait plus à quel saint se vouer pour redorer le blason terni de son parti, doit en même temps faire face à un scandale qui risque de se révéler pire que les deux précédents: la célèbre affaire Lucien Rivard. Relativement peu connu à Montréal, l'homme gérait une espèce de café-bar ainsi qu'une plage dans un lieu de villégiature des environs de la métropole. Dans certains milieux, on chuchotait qu'il était le chef d'un important réseau de vente de narcotiques. Quelques mois plus tôt, un de ses proches collaborateurs avait été arrêté à la frontière américano-mexicaine et cet associé l'avait dénoncé à la police américaine. Un mandat d'arrestation a alors été émis contre lui aux États-Unis. La justice américaine demandait son extradition. Rivard, qui n'était sous le coup d'aucune accusation au Canada, s'est débattu avec la dernière énergie pour rester au pays. Comme il avait certaines relations parmi les organisateurs politiques libéraux, il les a convaincus de plaider sa cause auprès des autorités libérales, entre autres auprès du député de Dollard, Guy Rouleau, qui est également le secrétaire parlementaire de Lester B. Pearson lui-même. Des chefs de cabinet et différents ministres ont également été approchés. On murmurait que Rivard avait versé vingt mille dollars à la caisse du parti, grâce à quoi, vérité ou mensonge, il avait réussi à ne pas se faire extrader.

La Gendarmerie royale fut saisie de cette histoire qui sentait le soufre, et le dossier Rivard atterrit sur le bureau du ministre de la Justice, Guy Favreau, qui en fit immédiatement part à Pearson. Il fallut bien poser les jalons d'une quelconque enquête.

L'histoire prend de l'ampleur le jour où Éric Nielson, député conservateur du Yukon, pose des questions extrêmement embarrassantes en Chambre. Un horrible doute plane sur les libéraux. Est-il vrai que des ministres, des députés et certaines personnalités du Parti libéral se sont laissés acheter par un trafiquant de drogue?

C'est alors que le ministre Favreau fait une déclaration fort imprudente. Il affirme que, si une commission royale est chargée d'enquêter sur cette affaire et laisse subsister le moindre doute sur sa conduite en rapport avec ces événements, il s'engage à démissionner de son poste de ministre de la Justice.

De son côté, Lester B. Pearson est plus qu'embarrassé. Il commence par plaider l'ignorance totale des faits, allant même jusqu'à mentir en Chambre en prétendant que Guy Favreau ne lui a jamais parlé du cas Rivard, ce qui met le pauvre Favreau dans une situation intenable. Mais, Pearson s'étant ravisé, il se souvient in extremis d'une vague conversation traitant de l'affaire, avouant ingénument qu'il n'y a pas attaché d'importance sur le moment. Il tente de se rattraper en exigeant une commission royale d'enquête pour que toute la lumière soit faite sur cette embêtante affaire.

Pearson n'a, en effet, plus d'autre choix. Les conservateurs ne lâcheront pas le morceau; ils se préparent à frapper dur, c'est évident. Diefenbaker a une de ces façons méprisantes de le toiser depuis quelque temps qui donne à l'homme le plus important du pays des crampes d'estomac et des sueurs froides.

Cette histoire, jusque-là assez nébuleuse et qui aurait pu passer pour une vulgaire tentative de salissage si l'équipe libérale avait agi avec concertation et célérité, prend un tour carrément malsain lorsque les libéraux apprennent que la GRC vient d'effectuer une descente simultanément à la chambre de John C. Doyle à l'hôtel *Vancouver*, à Vancouver, ainsi qu'au bureau de Joey Smallwood, à Terre-Neuve. On apprend avec stupeur à Ottawa que cette visite des enquêteurs fédéraux avait pour but de demander à ces messieurs quelle était la nature de leurs relations avec Lucien Rivard, trafiquant de drogue.

Dans le milieu que fréquentent les Sévigny, les langues vont bon train. Chacun y va de sa petite histoire et de son interprétation personnelle des faits. C'est ainsi que Pierre apprend que ce Lucien Rivard, qui prend de plus en plus de place dans la vie politique du moment, a été présenté à Doyle et Smallwood par Charles-Hubert Ducharme. « Tiens, tiens! se dit Pierre. On ne peut plus faire un pas sans tomber sur ce bon vieux Charles-z-Hubert. Il est en train d'organiser le pays tout entier. »

Ducharme avait mis Smallwood et Rivard en présence parce que ce dernier se proposait d'ouvrir une grosse entreprise de viande à Saint-Jean, Terre-Neuve, en association avec William O'Bront. Smallwood s'était montré très intéressé par le projet. Il songeait même à nommer un de ses fils à la direction de l'entreprise. Le premier ministre terre-neuvien ne semblait pas s'être inquiété de la provenance des fonds importants que Lucien Rivard se proposait d'injecter dans l'économie de sa province. Il savait que William O'Bront était reconnu comme le plus gros marchand de viande du Québec et cela lui suffisait.

On apprend aussi que la GRC a découvert que ce cher Rivard a voyagé à maintes reprises sur le DC-6 quadrimoteur de Doyle. Quelle est donc la vraie nature des relations de ces messieurs? s'interroge-t-on. Quel genre de voyage Lucien Rivard effectuait-il à bord de l'avion privé de Doyle?

Diefenbaker et Nielson exigent que soient produits en Chambre tous les documents confidentiels que détient la GRC. Le gouvernement Pearson se retrouve assis sur de la dynamite. Au train où vont les choses, l'affaire Rivard risque de causer la perte des libéraux à plus ou moins brève échéance, même si la commission royale d'enquête ne révèle rien de particulièrement incriminant pour eux. Harcelés, soumis à des questions de plus en plus embarrassantes, les libéraux commencent à s'inquiéter sérieusement. C'est alors que Jack Pickersgill, actuel ministre des Transports, a une idée géniale. Puisque les conservateurs attaquent le gouvernement à coups de scandales et d'histoires louches, il va contre-attaquer avec les mêmes armes. Il faut trouver, chez les conservateurs, une belle petite horreur à exploiter; quelque chose de particulièrement dégoûtant si possible, de manière à détourner, et pour de bon, l'attention des journalistes et de l'opinion publique.

Pearson s'en remet donc à lui; il lui donne carte blanche pour déterrer dans le passé des conservateurs quelque grosse saleté bien malodorante à jeter à la face de ces deux enragés que sont Diefenbaker et Nielson. Pickersgill fait alors venir au bureau du premier ministre les responsables de la GRC et leur demande de produire tous les dossiers qu'ils possèdent sur les activités irrégulières des députés et ministres fédéraux au cours des dix dernières années. C'est alors que réapparaît dans le bureau du premier ministre fédéral l'ombre vaporeuse de la belle Gerda Munsinger.

Pickersgill ne savait trop quel genre de poisson il ramènerait dans ses filets. La pile de dossiers qu'il vient de parcourir ne s'avère pas des plus réjouissantes pour un homme qui cherche matière à un affrontement musclé. À dire vrai, il est plutôt déçu de sa récolte. Encore que… il y a cette histoire de l'ex-ministre associé à la Défense, Pierre Sévigny, et de l'ex-ministre du Commerce et de l'Industrie, George Hees, avec une petite Allemande un peu call-girl et plutôt olé olé, qui pourrait devenir intéressante si elle était bien exploitée. Cette demoiselle Munsinger aurait, semble-t-il, traficoté avec les Russes, ce qui promettait de devenir assez savoureux si on s'en donnait la peine. Mais il fallait quand même se méfier. En matière d'aventures sexuelles, certains ministres libéraux ne donnaient pas non plus leur place! Il serait peut-être maladroit de lancer Diefenbaker et sa meute sur ce genre de manquement à un code d'éthique plutôt flou, merci! N'empêche que c'est tout ce que Pickersgill trouve à se mettre sous la dent. Avant de s'avouer battu, il aurait quand même intérêt à prendre avis auprès de Doyle et de Ducharme, qui connaissent très bien Pierre Sévigny. Ils connaissent peut-être d'autres détails croustillants sur cette histoire de mœurs qui pourrait devenir une arme redoutable contre les conservateurs si on se donnait un peu la peine de l'étoffer.

— C'est tout ce que vous avez trouvé? laisse tomber Pearson, glacial. Il n'y a vraiment pas là de quoi fouetter un chat. La GRC elle-même en est venue à cette conclusion. Qu'est-ce que vous voulez qu'on fasse avec ça?

Pickersgill et Favreau viennent de parcourir le dossier « Gerda Munsinger » avec le premier ministre et ils ne sont pas du tout de cet avis. Tous les deux sont convaincus que ces pages recèlent un très puissant levier de chantage contre Diefenbaker et sa clique de renifleurs d'ordures.

— Au contraire, il y a là-dedans de quoi leur clouer le bec pour un sacré bout de temps! s'écrie Favreau, vindicatif.

Il leur doit un chien de sa chienne, à ces fumiers de conservateurs. En effet, dans le rapport Dorion qui, quelques jours plus tôt, a mis un point final à la commission royale d'enquête sur l'affaire Rivard, le juge Frédéric Dorion a blâmé Guy Favreau, l'accusant de s'être montré imprudent dans cette affaire. Il s'agissait plus d'une critique que d'une accusation, mais Favreau, vexé par la remarque du juge, vient de remettre sa démission en tant que ministre de la Justice. Il s'est senti obligé d'honorer la parole imprudente qu'il a prononcée avant l'enquête en promettant de démissionner immédiatement du cabinet si on devait lui reprocher quoi que ce soit à ce sujet. Pearson l'a, bien sûr, gardé dans son cabinet et l'a aussitôt nommé président du Conseil privé. Mais Favreau subit quand même une dégringolade, puisqu'il ne s'agit là que d'un titre purement honorifique équivalant à un poste de ministre sans portefeuille. Favreau s'est bien juré de se venger de ces chacals de conservateurs.

—Je ne dis pas qu'il faut sortir tout de suite cette histoire en Chambre, déclare Pickersgill avec l'air du renard qui vient d'apercevoir la poule. Mais je pense qu'on devrait avertir Diefenbaker qu'on prend ce dossier très au sérieux. On le prévient que, s'il continue à nous faire des crasses, on se verra obligés de lui balancer ce petit scandale à la figure. Vous connaissez la pudibonderie du vieux. Ça va lui fermer le clapet pour de bon, je vous en passe un papier!

Il se frotte les mains de contentement. Il se targue d'être un fin psychologue; il peut facilement imaginer la réaction de la grenouille de bénitier qu'est Diefenbaker. Il ne saurait assez se féliciter d'avoir prêté une oreille attentive aux anecdotes salaces qu'il a glanées auprès de Charles-Hubert Ducharme sur les aventures amoureuses de la blonde Allemande avec certains gros bonnets dont, entre autres, des ministres conservateurs. Une vraie mine de renseignements, ce Ducharme! Quelle chance il a, Doyle, d'avoir mis la main sur un type pareil! Il est maintenant urgent de brandir ces horreurs nauséabondes sous le nez pincé du chef de l'opposition. Il ne reste qu'à décider cette andouille de Pearson, mais Pickersgill en fait son affaire. Il va être obligé de lui forcer un peu la main? Qu'à cela ne tienne, ce ne sera pas la première fois ni, hélas! la dernière. À la guerre comme à la guerre, et Diefenbaker n'a qu'à bien se tenir.

Le lendemain, une lettre ultraconfidentielle de Lester B. Pearson, premier ministre du Canada, à John Diefenbaker, chef de l'opposition, prévient ce dernier que le gouvernement libéral vient d'être saisi de l'affaire Gerda Munsinger et qu'il se voit dans l'obligation de prêter à ce dossier une attention toute particulière vu son caractère hautement délictueux. Le premier ministre juge bon d'informer son collègue et vis-à-vis en Chambre que le gouvernement entend recevoir certains éclaircissements sur la légèreté avec laquelle l'ex-premier ministre a à l'époque disposé de cette affaire particulièrement explosive.

Le dossier Gerda Munsinger est placé dans le coffre-fort du clerc du Conseil privé qui s'occupe des affaires du cabinet. C'est dans ce coffre-fort que le très explosif, très urgent et très délictueux dossier attendra... un bon dix-sept mois.

***

Pendant cette période de guérilla entre les deux principaux partis politiques, certains créditistes, le docteur Guy Marcoux en tête, essaient de déboulonner la sinistre machine qui a, du jour au lendemain, fait passer six des leurs dans le camp libéral. Guy Marcoux est fort bien placé pour soupçonner le pire. N'a-t-il pas été approché par un mystérieux individu la nuit même des élections et ne l'a-t-on pas invité à se joindre au parti de Pearson? Ne lui a-t-on pas offert une récompense en lui demandant, à part son adhésion au projet, les noms de quelques créditistes susceptibles de vouloir sauver le pays du marasme et servir aux côtés de ceux qui détiennent le vrai pouvoir?

En Chambre, le docteur Marcoux, ulcéré, ne cesse de distribuer des coups d'épingle à l'endroit des libéraux et de leurs six nouvelles recrues. Il affirme à qui veut l'entendre qu'il mène une enquête personnelle sur cette mystérieuse défection. Les libéraux, qui ont déjà fort à faire avec les accusations des conservateurs sur la moralité de leur parti, font mine de tenir les allégations de Marcoux pour quantité négligeable. Il n'a aucune preuve de ce qu'il tente d'avancer et, pour l'instant, les conservateurs n'ont pas l'air de s'intéresser à ses insinuations malveillantes. Mais plus le temps passe et plus Marcoux, encouragé par son chef Réal Caouette, semble vouloir s'acharner sur sa prise.

Comme pour apporter de l'eau au moulin du docteur Marcoux, parmi les créditistes circule depuis quelque temps une anecdote plutôt cocasse qui vient à point nommé étayer sa thèse. On raconte qu'un des six députés ex-créditistes, un dénommé Gérard Perron, député de Beauce, a été l'acteur principal et la principale victime d'un de ces tours particulièrement idiots que la vie joue parfois et qui font se tordre de rire le spectateur le plus taciturne. L'événement s'est produit au lendemain du jour où on peut aller jusqu'à présumer qu'a eu lieu sa mémorable et lucrative rencontre avec le mystérieux acheteur de députés.

Perron, le pauvre homme, a un bras plâtré jusqu'au cou. Il est tombé du toit de sa grange quelques jours avant les élections. Pauvre n'est toutefois pas le terme approprié en ce qui le concerne ce jour-là. Dans le train qui le ramène en Beauce, Perron, de sa main valide, serre sur son cœur, dans la poche intérieure de son veston, un petit magot bien rond, dix mille dollars en beaux billets de cent. De quoi s'offrir le plus beau toit de grange du comté. Il voyage avec quelques amis qui ignorent tout de la bonne fortune qui vient de lui échoir.

Échauffé par plusieurs bières et quelques bonnes blagues viriles, l'heureux homme a soudain trop chaud et décide d'enlever son veston. Rien de plus naturel. Il se lève pour aller suspendre ledit veston à un crochet près de la porte du compartiment dans lequel est réuni le petit groupe. Au moment où il va déposer le précieux vêtement, le train, qui jusque-là roulait comme sur du velours, fait une vicieuse embardée. Déstabilisé, Perron lâche son veston et s'agrippe à l'un des crochets du wagon de sa seule main disponible, réflexe d'autoprotection des plus normaux, surtout dans son cas. Quand on est député de Beauce et bientôt en droit d'exercer officiellement le pouvoir, il est inadmissible de se retrouver le cul par terre, même devant des amis de toujours. Le veston, par contre, atterrit sur le plancher, laissant méchamment échapper toute sa précieuse cargaison que ne protège même pas la plus malheureuse enveloppe. Perron, affolé, lâche tout pour tenter de rattraper son magot et se retrouve les quatre fers en l'air. Et volettent les beaux billets ocre sous l'œil incrédule de ses joyeux compagnons, qui sont tous pris, devant ce spectacle inattendu, d'un immense fou rire.

Plaisanteries, questions et allusions de toutes sortes fusent en pagaille. Gérard Perron n'est pas un homme riche, tout le monde le sait. Le rouge au front, il se jette à genoux pour faire disparaître au plus vite cet argent terriblement accusateur, pendant que ses copains, qui n'osent toucher à la manne tellement ils sont estomaqués, lui posent des tas de questions embarrassantes.

— Viens-tu de dévaliser une banque?

— T'aurais pas gagné le gros lot du Sweepstake irlandais, des fois? renchérit un autre en soulevant ses deux pieds, quelques billets s'étant malencontreusement coincés sous ses bottines.

— Tu viens d'hériter d'un mononcle millionnaire, espèce de chanceux?

— Tu nous avais pas dit ça, que t'avais de la parenté aux États! s'esclaffe un autre, goguenard et un brin envieux.

Trempé de sueur et le cœur battant la chamade, Perron se relève enfin, agrippé à son butin qu'il s'empresse de réenfourner dans la poche du malheureux veston qu'il a récupéré et qu'il roule en boule sur ses genoux. Tout en s'évertuant à reprendre son souffle et à calmer la peur qui lui noue l'estomac, il cherche désespérément une explication plausible à la présence de la petite fortune qui repose maintenant sur ses genoux tremblants. Il finit par réussir à bredouiller :

— Ben… Vous savez ce que c'est, hein? C'est pas avec des pinottes qu'on se fait élire, alors, euh…, ben, j'ai de gros comptes à payer. Alors, euh..., j'ai fait un emprunt à Montréal. J'veux pas que ma femme le sache. Parlez-en pas, les gars, elle me casserait l'autre bras et m'arracherait les deux yeux si elle savait ça... Vous la connaissez, ma femme. Déjà qu'elle haït ça, la politique...

Rentré chez lui, c'est un homme à deux doigts de l'infarctus qui téléphone à Moïse Darabaner à Québec.

—Y a des gars qui m'ont pas cru, c'est sûr. Des paquets de cent piasses sur le plancher... Y en avait partout! J'avais l'air d'un maudit fou! Dix mille piasses, c'est du stock! Ceux qui me connaissent savent bien que mes élections m'ont pas coûté si cher que ça. Quand la nouvelle de mon changement de parti va sortir, y vont sauter aux conclusions. J'suis fait comme un rat, pis, les autres, ça va être pareil. Faut absolument que vous trouviez une solution.

« Comment rattraper une bêtise aussi énorme? » songe Darabaner en raccrochant, après avoir enjoint Perron de se calmer, de ne parler à personne et d'attendre les ordres. Il est furieux et très embêté. Il lui faut trouver une solution au plus coupant, faute de quoi toute leur belle petite manigance, menée de main de maître et dans le plus grand secret, se retrouvera étalée au grand jour. Il a bien senti que le malheureux Perron était à deux doigts de craquer.

En moins d'une demi-heure, Darabaner a rejoint Ducharme. Charles-z-Hubert est payé et grassement payé par Doyle pour régler ce genre de petits désagréments. Jamais à court d'idées, il concocte aussitôt un plan des plus astucieux. Comme d'habitude, c'est lui qui va prendre les choses en main!

Sans perdre une seconde, Ducharme rappelle Perron demeuré peureusement collé à son téléphone et lui explique point par point ce qu'il doit faire pour se sortir de ce mauvais pas.

—La mention d'un emprunt à Montréal était excellente, mon vieux. Pour la rendre tout à fait plausible et vérifiable, tu vas rédiger une série de chèques au nom de Jack Goldstein. C'est un prêteur de Toronto, un très bon ami à nous. À l'endos de chacun des chèques, tu vas écrire: *Remboursement pour prêt de 10 000 dollars, capital: 500 dollars; intérêt: 450 dollars.* Si on te pose des questions, tu parleras de Goldstein, on produira les chèques et le tour sera joué. Avec les intérêts que ce cher homme a l'air de te charger, y a plus personne qui va penser que, ton petit magot, c'était un cadeau. Fie-toi à moi, ça va passer comme du beurre dans la poêle.

Rasséréné, Perron exécute fidèlement les ordres donnés par Ducharme et envoie à Goldstein dès le lendemain, par courrier express, les chèques qui l'innocenteront et feront de lui, si besoin est, la pauvre victime d'un sale usurier.

Ducharme s'étouffe de rire tellement l'histoire de Gérard Perron lui paraît hilarante. Il vient de la raconter en détail à Pierre qui, lui aussi, ne peut s'empêcher de rire à s'en décrocher les mâchoires. De toute façon, toute autre attitude de sa part risquerait d'être fort mal interprétée. Doyle, Ducharme et Sévigny continuent de se fréquenter assidûment et Pierre a décidé une fois pour toutes de ne porter aucun jugement sur les agissements de ces messieurs. Cela a cessé de le concerner et il s'efforce d'afficher un air d'indifférence amusée, ce qui lui vaut d'être mis au courant de toutes les péripéties et de tous les rebondissements qui surgissent dans les carrières mouvementées de ces messieurs. On peut penser ce qu'on voudra, les histoires des deux compères valent n'importe quel feuilleton télévisé, et Pierre a décidé de ne pas bouder son plaisir.

— Tiens, regarde-moi ça. C'est trop comique, je n'arrive pas à m'en séparer.

Il vient de sortir de son volumineux portefeuille toute la série de faux chèques de Perron qu'il exhibe sous le nez de Pierre en riant de plus belle.

Depuis plusieurs jours, Ducharme, qui s'est fait remettre les chèques par Goldstein, se trimballe avec cette preuve irréfutable de son génie inventif et se plaît à raconter partout la toute dernière de ses bonnes blagues.

— Sans endossement par Goldstein et sans sceau bancaire, ces bouts de papier n'ont pas la moindre valeur légale, risque Pierre, qui vient d'examiner rapidement le corps du délit. Perron ferait une crise d'apoplexie s'il apprenait comment tu traites sa maladresse, mon vieux. Ce n'est pas un peu imprudent?

Il est un brin scandalisé. Il y a des limites à rire des gens.

— Penses-tu? En ce moment, tout baigne dans l'huile! Si jamais l'affaire se morpionne, j'aviserai. Je connais un petit gérant de banque qui ne peut rien me refuser.

« Charles-z-Hubert est décidément un véritable danger public », songe Pierre, non sans éprouver une certaine envie pour l'incommensurable confiance en soi qui est le fondement même de sa personnalité. « Ne souffrirait-il pas plutôt d'une amoralité et d'une inconscience pathologiques qui frôlent l'aliénation mentale? » lui murmure une toute petite voix où percent le blâme et une pointe d'inquiétude.

Ducharme a l'habitude de clamer à l'intention de qui veut l'entendre que, pour rendre cette chienne de vie un tant soit peu vivable, il faut savoir lui donner du piquant. Comme ce n'est déjà pas drôle de gagner sa croûte, mieux vaut le faire en s'amusant.

— Les affaires dans la légalité tatillonne, ça me pue au nez. Moi, ce que j'aime, c'est l'aventure. J'aime le danger. Ça fait travailler mes cellules grises, ça me tient en forme. L'imagination, c'est mon atout majeur, ma plus grande qualité. À part ça, je suis nul, mon vieux. Tu m'enlèves mon imagination et je suis bon à me faire sauter la cervelle.

Pierre hausse les épaules avec un certain détachement. De toute façon, Ducharme peut bien faire ce qu'il veut et s'amuser aux dépens de qui il veut, pour autant qu'il continue d'exercer ses talents dans le seul domaine de la politicaillerie dont il est lui-même particulièrement dégoûté ces temps-ci. Les élus conservateurs d'Ottawa, Diefenbaker en tête, lui ont bien fait sentir qu'il est désormais *persona non grata* au sein du parti, depuis sa démission, bien sûr, mais surtout depuis sa défaite aux dernières élections. Même s'il lui reste quelques amis conservateurs fidèles, tous québécois, il est mis au rancart de la vie politique canadienne. « C'est sans doute mieux comme ça », pense-t-il, philosophe. Il ne lui reste qu'à se caler confortablement dans son fauteuil et à jouer son rôle de spectateur amusé. Il lui arrive même d'être parcouru par un petit frisson d'excitation lorsqu'il regarde les dirigeants du pays faire quelques-uns de leurs numéros de haute voltige, exactement comme au cirque lorsqu'on voit des acrobates risquer de se rompre le cou dans des tours qui défient toutes les lois de l'équilibre et du bon sens.

Un soir où Pierre et Clou sont plongés jusqu'au cou dans les plans, devis et factures, le téléphone sonne. Bien qu'il soit vingt-trois heures passées, Clou répond machinalement. C'est Harry Workman qui demande qu'on l'excuse d'appeler à une heure aussi tardive, mais qui doit parler à Pierre de toute urgence. Pierre comprend tout de suite au ton de son ami, d'habitude si maître de lui, qu'il est en proie à une très vive colère.

—Je vais traîner ce salaud de Doyle en cour, j'aime mieux t'en avertir, mon vieux! J'ai été patient avec lui, mais il a dépassé les bornes. Il me doit plus de cent mille dollars et il invente n'importe quoi pour ne pas me payer.

« Ça y est, pense Pierre, le diable est aux vaches! » Encore ce Doyle de malheur qui pointe son vilain museau. Fameuse idée qu'il a eue de les présenter l'un à l'autre! Tout ça risque maintenant de lui retomber sur le nez.

Pendant au moins deux ans, les deux financiers ont fait des affaires ensemble à la plus grande satisfaction des deux parties. Du moins, c'est ce qui, jusque-là, a semblé ressortir de leur association. Workman veut maintenant intenter un procès à Doyle parce que le charmant personnage refuse depuis un certain temps de lui verser les commissions auxquelles il a droit, alléguant un manque de liquidités à la suite de réclamations extravagantes du ministère du Revenu dont il se prétend une victime innocente. Workman a patienté, mais ce n'est pas son problème; lui, il est en règle avec le percepteur. Sa patience, mise à rude épreuve, vient d'atteindre son extrême limite. Elle s'est muée en rage froide. Il veut la peau de Doyle et il l'aura, selon lui.

Pierre connaît les termes du contrat qui lie les deux hommes. Ce contrat a été établi verbalement en sa présence, en toute amitié et entre gens de bonne foi, comme il arrive très fréquemment dans le domaine boursier. Workman savait qui était Doyle, et Pierre l'avait prévenu de se montrer très circonspect dans son association avec le gros homme. Comme Pierre l'appréhendait, Workman, courroucé, sollicite aujourd'hui son appui dans la partie de bras de fer qu'il amorce contre Doyle.

—Je veux que tu témoignes pour moi contre cette ordure. Il est temps que cette grosse andouille reçoive une bonne leçon.

La tuile! Pierre tient absolument à se sortir de ce mauvais pas. Il ne veut à aucun prix être mêlé à un procès qui le placerait malencontreusement entre l'arbre et l'écorce.

—Écoute, vieux, tu me mets dans une situation impossible. Pourquoi ne pas essayer de régler votre différend à l'amiable, entre gens civilisés? As-tu songé au tort que tu risques de te causer en allant en cour contre Doyle et son armée d'avocats véreux?

—Je prends le risque, quitte à me ruiner. Je n'adresserai plus jamais la parole à ce porc infect.

Avec toute la force de persuasion dont il est capable, Pierre finit par convaincre son ami d'accepter qu'il aille, lui, rencontrer Doyle pour tenter de lui arracher un règlement qui satisfasse ses exigences.

— Sauf s'il crève étouffé par sa graisse, rien ne pourrait me satisfaire, déclare Workman, décidément hors de lui, mais tu peux toujours essayer.

Pierre vient de marquer un point. Il doit maintenant faire vite s'il veut que le procès soit évité. Workman pourrait se raviser et Pierre ne tient pas à se retrouver en cour entre les deux hommes. Il s'empresse de prendre rendez-vous avec Doyle qui séjourne pour quelque temps à Ottawa.

Quand Pierre se retrouve aux appartements *Juliette*, propriété et domicile du gros monsieur dans la capitale, il constate avec un certain étonnement qu'on accueille sa tentative de conciliation avec froideur, pour ne pas dire avec une réelle animosité. Même Charles-z-Hubert lui bat froid, ce qui est tout à fait nouveau. Plus la conversation avance, plus l'atmosphère se congèle.

— Vous n'avez pas besoin de me traiter comme un chien dans un jeu de quilles! Je ne suis là que pour tenter d'établir un compromis qui puisse vous satisfaire tous les deux. Je le fais parce que je n'ai pas envie de me retrouver en cour. Je refuse de prendre parti pour ou contre l'un de vous deux. Ma démarche est pourtant bien intentionnée et, il n'y a pas si longtemps, on était tous des amis. Pourquoi êtes-vous aujourd'hui si hostiles?

Il manque tomber de son fauteuil quand il s'entend répondre par un Doyle glacial et méprisant:

— Pierre Sévigny, j'aime mieux te prévenir tout de suite que, si tu entreprends quoi que ce soit contre moi, j'ai en main tout ce qu'il faut pour te briser. Nous avons sur toi et tes activités un dossier extrêmement compromettant.

Quelle est cette soudaine attitude? Le gros nage en plein délire paranoïaque.

— Mais c'est parfaitement loufoque! Pourquoi me faire ce genre de chantage? Vous me connaissez, vous savez bien que je ne suis pas venu ici en ennemi.

— Je veux bien te croire, mais je tiens à ce que tu saches qu'on te tient par les couilles, mon cher. Un pas de travers et, couic! Mieux vaut prévenir, avec des gens de ta sorte.

— Mais vous nagez en pleine fiction, les gars! Qu'est-ce que c'est que ce dossier sur moi, comme vous dites? Avec les trésors d'imagination que vous déployez, vous devriez vous lancer dans la production de romans noirs.

Bien que fort agacé, il n'arrive pas à se fâcher pour de bon, d'autant moins que, durant toute sa carrière politique, il a fait particulièrement attention de ne pas être mêlé à la moindre affaire ressemblant à du trafic d'influence ou à toute autre histoire un peu louche qui aurait été de nature à le compromettre. Dieu sait pourtant que les occasions de récolter des pots-de-vin ne manquent pas dans ce métier. « Si je l'avais voulu, je serais riche, maintenant, songe-t-il, et ce gros serpent me traiterait sans doute avec plus de déférence. »

La menace de Doyle a quand même aiguisé sa curiosité. Connaissant bien ses deux interlocuteurs, il sait que, s'il continue à converser avec eux sans perdre son sang-froid, l'une ou l'autre de ces peaux de vache finira bien par laisser échapper un indice sur le fameux dossier qu'ils prétendent détenir. Ils sont trop ridicules, à la fin! Pas question de se laisser impressionner.

Devant son flegme, Doyle semble en effet se radoucir, et la conversation reprend peu à peu un ton presque normal. Par contre, Pierre remarque que Ducharme, habituellement si volubile, continue de se cantonner dans un demi-silence inhabituel qui ne présage rien de bon pour qui le connaît bien. « Ce sale type est en train de mijoter une belle cochonnerie, se dit-il, méfiant, ce qui le met encore plus sur la défensive. Notre conversation serait-elle enregistrée, par hasard? » C'est le genre de méthode qui ne répugnerait nullement à ces charmants individus.

Ducharme et Doyle insistent pour garder Pierre à dîner avec eux et il accepte sans trop se faire prier. Il désire comprendre ce que mijotent les deux compères. Tout au long du repas, il note que Ducharme essaie de le faire boire plus que de raison. Pierre, dont le système résiste assez bien aux effets de l'alcool, joue le jeu et laisse croire que son cerveau s'embrume peu à peu, et qu'il ne maîtrise plus très bien son discours. La tactique semble réussir, car Ducharme retrouve bientôt sa volubilité légendaire. La conversation prend un tour légèrement égrillard. On se met à parler des femmes en général et de quelques bonnes fortunes en particulier. Ducharme entreprend de poser à Pierre toutes sortes de questions insidieuses sur une ancienne amie commune, la fameuse Olga Monseigneur. Pierre, ni personne d'autre, d'ailleurs, n'a jamais compris pourquoi Charles-z-Hubert n'a jamais désigné la petite Allemande autrement que par ce surnom.

— Tu te souviens sûrement de cette fameuse Olga, dit Ducharme avec un petit sourire libidineux. T'en a-t-elle assez causé, des embrouilles, la charmante enfant? Je me demande bien ce qu'elle a pu devenir. Il paraît qu'elle est retournée vivre en Allemagne. Tu as de ses nouvelles de temps en temps?

Pierre est soudain alerté. Gerda lui aurait causé des ennuis? Ah bon? Comment Ducharme sait-il ça? Il décide de jouer celui à qui la mémoire fait défaut.

— Mon Dieu, Pierre, mais elle était folle de toi! Elle ne cessait pas de te courir après. Et c'était une drôle de belle fille! Ça nous rendait tous un peu jaloux!

— Oh! tu sais, ce genre de fille laisse rarement des souvenirs impérissables. Par contre, je me souviens d'une certaine Noëlle. Ça, mon vieux, ça, c'était un morceau de roi!

Et voilà Pierre lancé dans un récit alambiqué qu'il embrouille à plaisir, juste pour embêter Ducharme qui semble ne vouloir s'intéresser qu'à la petite Allemande.

Chaque fois que Ducharme tente de remettre Olga sur le tapis, il remarque une certaine crispation chez Doyle qui, à plusieurs reprises, réoriente d'autorité la conversation sur des sujets plus généraux. Le financier finit même par décocher à Ducharme des regards furibonds et même un coup de pied dans les tibias, Pierre en jurerait, quand Charles-z-Hubert, un peu éméché, enfourche pour la énième fois ce qui semble être devenu son nouveau dada.

À les regarder jouer leur discordante petite scène, Pierre a compris que le dossier extrêmement compromettant ne peut concerner que la mésaventure qu'il a connue en 1959 avec Gerda Munsinger et qui a fait grimper le très strict John Diefenbaker dans les rideaux. Il est clair que le malheureux dossier, pourtant hautement confidentiel, est tombé entre les mains des libéraux. « Ce qu'ils peuvent être puérils, ces deux-là! se dit Pierre. Sauf pour le vieux pudibond de Diefenbaker, tout ça n'était que de l'enfantillage. » Il se sent rassuré. Doyle et Ducharme sont de parfaits crétins... Mais d'autant plus dangereux qu'ils sont crétins.

— Il me semble qu'une de ses anciennes amies m'a dit qu'elle était morte d'un cancer, quelque temps après son retour en Allemagne, dit Pierre pour en finir une fois pour toutes.

Voilà clos, le sujet Gerda. Cette abominable soirée n'a cependant pas été un échec total. Pierre a quand même réussi à arracher à Doyle la promesse de rétablir le contact avec Workman et de tenter de régler leur différend.

— Dis à Workman que je suis prêt à lui donner cinquante mille piastres. Dis-le-lui : cinquante mille piastres, pas une maudite cenne de plus!

« Il lui doit au moins le double. Quel requin! » se dit Pierre, satisfait malgré tout de ne pas revenir complètement bredouille auprès de Workman.

Dans le train qui le ramène d'Ottawa à Montréal, il se jure de se tenir dorénavant le plus loin possible des deux hommes. « Ce sont deux fous dangereux! » conclut-il avant de sombrer dans la douce amnésie du sommeil auquel le roulement monotone et rassurant du train le convie.

Chaque tour de roue et chaque seconde l'éloignent de ce qu'il a perçu comme un danger imprécis, une sorte de menace suspendue dans l'air ambiant. Pourquoi a-t-il eu un bizarre pressentiment, l'appréhension sourde que l'attitude des deux hommes recelait quelque chose de particulièrement menaçant qui allait bien au-delà de leur simple querelle avec Workman?

Chapitre 17

Après le dépôt du rapport Dorion, qui est venu clore l'affaire Rivard sans trop écorcher les libéraux, à la Chambre des communes on a enfin droit à une période d'accalmie. Il y a bien Guy Favreau qui bout de rage depuis qu'il a démissionné de son poste de ministre de la Justice, mais personne du gouvernement ou de l'opposition ne lui en demandait autant. Favreau a agi sous le coup de l'impulsion et, depuis, il ronge son frein. Il a juré de se venger des conservateurs et il attend son heure.

Qu'importent ses états d'âme, à Ottawa, on s'est enfin décidé à s'occuper des affaires du pays. Les scandales sont mis en veilleuse et, d'un commun accord, on s'attelle à trouver des solutions aux vrais problèmes.

Par une tranquille et belle journée du mois d'août, au moment où l'on s'y attend le moins, un éclair zèbre le ciel bleu qui jusque-là planait sur la Chambre des communes. Le docteur Guy Marcoux se lève en invoquant une question de privilège, et le tonnerre tombe sur la tête des libéraux, soudain pétrifiés.

—Messieurs, je sais maintenant tous les détails; j'ai

réuni toutes les informations qui me manquaient sur ce qu'il est maintenant convenu d'appeler l'affaire des six. Je vais très bientôt publier un livre pour informer la population sur la qualité du gouvernement qu'elle s'est donnée et sur les moyens que prend ce gouvernement pour assurer son pouvoir. De plus, je demande expressément la tenue d'une enquête royale à partir des informations que je communiquerai avec plaisir à la Chambre.

Pour plusieurs de ces messieurs, la déclaration de Marcoux a l'effet d'une bombe atomique. Les autres députés libéraux, ceux qui ne sont pas dans le secret des dieux, commencent à se douter que quelque chose d'extrêmement louche a déclenché le changement d'allégeance des six députés ex-créditistes.

Avertis en hâte par Pickersgill, Doyle et Ducharme sont tout bonnement épouvantés. Ils se mettent à multiplier les conciliabules et essaient d'organiser une défense appropriée à la menace qui plane au-dessus de leur tête. Rien au monde ne pourrait être pire que l'étalage au grand jour des dessous de cette tractation, où chacun a joué un rôle peu reluisant. Le pire, c'est que cette fois ce n'est plus du seul côté des conservateurs que se profile le danger, mais aussi du côté des créditistes, qui sont appuyés par les quinze députés du Nouveau Parti démocratique. Tous les signes avant-coureurs d'une épouvantable tempête politique s'amassent à l'horizon, et un vent de panique se remet à souffler sur les libéraux en général, et sur les principaux acteurs de cette affaire des six en particulier.

Pour ajouter à l'épouvante de Doyle et de Ducharme, leur principal complice dans l'affaire, celui qui a en quelque sorte officialisé la spectaculaire volte-face des six députés, croupit présentement derrière les barreaux. En effet, Moïse Darabaner, ce commissaire de la Cour supérieure qui avait assermenté les six nouveaux députés libéraux, vient d'être arrêté à Québec et fait face à une très grave accusation d'incendie criminel au cours duquel douze personnes ont trouvé la mort. Darabaner est maintenant considéré par les médias comme le criminel du siècle, ce qui ne fait rien pour arranger les choses.

Pierre et Clou sirotent tranquillement un dry martini au bar du *Seigniory Club* à Montebello, repaire champêtre très à la mode chez les élus et fonctionnaires fédéraux. Ils viennent de terminer une bonne partie de golf, et l'un et l'autre sont assez fiers de leur performance respective. Clou, surtout, qui vient de jouer une de ses meilleures parties. C'est la fin de semaine de la fête du Travail, les enfants sont dans les Laurentides chez des amis et les Sévigny ont décidé de s'offrir quelques jours en amoureux.

Pierre est maintenant tout à fait satisfait du cours qu'a pris leur vie. Recyclé dans l'immobilier et les placements boursiers, il fait de bonnes affaires, et l'argent entre à flots. Leur couple a retrouvé un nouveau souffle grâce au développement et à la réussite de leurs projets communs. Corinne est devenue une femme d'affaires avisée et elle s'épanouit de jour en jour, maintenant qu'elle sait que les ambitions politiques de son mari sont au point mort et qu'il semble avoir trouvé de nouveaux défis à relever. Pierre n'a pas cessé de s'intéresser à la politique pour autant, loin de là, mais il perçoit maintenant les échos venant d'Ottawa avec plus de détachement, sans se sentir mordu comme avant par le désir fou de se jeter de nouveau dans la mêlée.

Ils sont justement en train de commenter la conférence de presse que vient de donner le docteur Marcoux sur ce qu'il a appelé la plus grande supercherie politique du siècle, soit l'affaire des six, quand ils voient s'avancer dans leur direction John C. Doyle et Charles-Hubert Ducharme, en proie à une nervosité qui cadre mal avec l'atmosphère feutrée de l'endroit. « Il fallait qu'on tombe sur ces deux énergumènes! » se dit Clou qui sent déjà la moutarde lui monter au nez. Elle plongerait bien derrière le bar et s'enfuirait en rampant sous le tapis si c'était possible, mais les deux compères les ont vite repérés et fondent sur eux comme des vautours sur une proie.

Pierre se doute un peu de ce qui peut les amener à Montebello par ce beau dimanche de l'été finissant. Il est sûr que le réputé terrain de golf de l'endroit est en ce moment précis le cadet de leurs soucis. « Oh! oh! on sent la soupe chaude et on a décidé de joindre l'utile à l'agréable en venant comploter pas trop loin du pouvoir! » se dit-il en échangeant avec sa femme un regard lourd de sous-entendus.

— C'est parti pour une fin de semaine en montagnes russes! lui murmure-t-elle en se détournant légèrement pour fixer avec mélancolie les arbres et les pelouses que les grandes baies vitrées offrent au regard.

Les deux acolytes ne sont pas très frais de leur personne; normal, quand on vient de passer trente-six heures sans dormir. Ils leur serrent la main avec empressement. Sans préambule, l'œil fiévreux et la demi-calvitie en bataille, Ducharme lance en se laissant choir dans un fauteuil :

— On est dans la merde jusqu'au cou, mon vieux! Ce foireux de Marcoux se démène comme un fou furieux pour faire sortir l'affaire des six. On avait déjà assez de problèmes comme ça! S'il faut qu'il ait des preuves, on est cuits jusqu'à l'os!

Les problèmes que vient d'évoquer Charles-z-Hubert ne concernent pas seulement les affaires gouvernementales. Pierre sait presque tout des conflits qui opposent Doyle et son entreprise, la *Canadian Javelin*, au fisc canadien. Certains de ces conflits ont été résolus, mais les affaires du gros homme sont si embrouillées, si confuses, et il a tellement l'habitude de jouer sur la corde raide que de nouveaux problèmes fiscaux importants viennent de faire surface. D'autre part, Pierre sait aussi que le même Doyle est maintenant embarqué dans une bataille sérieuse avec la *Securities and Exchange Commission*, organisme américain qui contrôle toutes les activités boursières aux États-Unis.

Si Pierre est si bien renseigné, c'est qu'il n'a pas su tenir la promesse qu'il s'était faite au sortir de la pénible rencontre qu'il avait eue avec Doyle et Ducharme à Ottawa, lorsqu'il était allé tenter de négocier un arrangement financier pour son ami Workman. En fait, il avait si bien réussi sa mission que les deux hommes s'étaient réconciliés et avaient repris leur association comme si de rien n'était, à la suite de quoi, pris de remords, Doyle avait téléphoné à Pierre pour le remercier de sa généreuse et brillante intervention dans cette affaire qui, avait-il prétendu, avait failli lui briser le cœur. Il l'avait instamment prié de lui pardonner ce qu'il avait appelé son extrême nervosité et son manque de courtoisie de ce jour-là.

Pierre avait reçu excuses et flatteries avec froideur. Cependant, Doyle s'était mis à le relancer pour solliciter des conseils pour ses affaires et, dans un geste ultime pour se faire pardonner, il lui avait offert rien de moins que la direction de son entreprise, la *Canadian Javelin Ltd.* À un autre moment et en d'autres circonstances, Pierre aurait été flatté et l'idée aurait pu lui sourire, mais ses projets l'accaparaient tellement qu'il s'était vu obligé de décliner l'offre du puissant financier. Il ne saurait assez s'en féliciter aujourd'hui : nager sans arrêt en eaux troubles, très peu pour lui! Les petits ennuis du gros monsieur le laissent de marbre. « Qu'il paie donc ses impôts comme tout le monde et que la justice américaine et le diable l'emportent! » se dit-il en prenant quand même l'air navré de celui qui compatit aux ennuis d'un vieil ami.

« Pas le choix! Entre gens du monde, il faut bien jouer le jeu! » pense Clou, à qui Pierre a narré succinctement le très désagréable incident d'Ottawa. Il lui a raconté qu'il a été menacé par les deux hurluberlus d'une nébuleuse histoire de dossier portant sur de présumées activités scandaleuses dont ils ont prétendu se servir si jamais il ose se mettre en travers du chemin de Doyle.

— Foutaises que tout ça! a-t-il conclu. Deux ivrognes en pleine crise de paranoïa!

Puis d'invitations en rencontres fortuites et petites visites de courtoisie, Pierre s'est remis à fréquenter les deux bonshommes.

— Quand on est en affaires, a-t-il expliqué à sa femme, il vaut mieux garder de bonnes relations avec ceux qui détiennent la puissance financière. Je n'ai pas encore les moyens d'envoyer balader ce Doyle de malheur!

Corinne s'est rangée à l'argument de son mari, mais elle n'en pense pas moins. Elle se prend à imaginer avec délice le gros Doyle écroué dans une cellule de prison, de gros rats bien gras lui courant sur la bedaine. L'image lui arrache un petit rire féroce, dont l'incongruité, en ces heures dramatiques, échappe heureusement à ces messieurs. On n'a pas de temps à perdre avec les réactions irrationnelles des dames quand on est plongé dans des affaires aussi sérieuses.

De son côté, Pierre est sans doute traversé par des pensées similaires, car, à brûle-pourpoint, il s'empare de la main de sa femme et la serre avec une tendresse complice.

— On est venus passer une petite fin de semaine en amoureux? susurre Charles-z-Hubert avec le sourire acidulé de quelqu'un qui tient pour pure insignifiance tout ce qui n'est pas affaires d'État et haute stratégie.

« Pierre n'est qu'un petit-bourgeois sans envergure, je l'ai toujours su! » pense-t-il en affichant à l'intention de son patron un air entendu. Mais le gros homme, échoué comme une baleine dans son fauteuil, est perdu dans de bien méandreuses pensées et n'a que faire des bonheurs conjugaux du couple Sévigny.

Les Américains ont Doyle à l'œil depuis un bon bout de temps. De nombreuses enquêtes sur ses activités boursières ont été menées par la SEC. Il en a résulté des poursuites judiciaires que l'intéressé a commencé par traiter par-dessus la jambe. Puis, il a appris qu'il fait face à huit chefs d'accusation et devient passible de plusieurs années d'emprisonnement si les choses ne se règlent pas rapidement. Il s'est alors empressé de mobiliser tout un bataillon d'avocats et il se débat depuis comme un beau diable pour sortir de l'impasse. Ses petits ennuis légaux risquent de lui coûter la peau des fesses. Pour parachever ce sombre tableau, le gouvernement américain commence à exercer de très fortes pressions pour l'obliger à comparaître en justice. Ses avocats ont habilement réussi à retarder le procès jusqu'à tout dernièrement, mais Doyle commence à entrevoir l'humiliante possibilité de devoir se résoudre à affronter sous peu la justice américaine. Lui qui s'est toujours joué de tout et de tous a, ce matin même, avoué à Ducharme qu'il se sent extrêmement inquiet.

Ducharme, qui sirotait un café brûlant, en a avalé de travers et s'est cruellement brûlé le gosier. John C. Doyle qui s'avouait extrêmement inquiet, cela correspondait au désespoir total chez des gens de moindre carrure.

Dans un geste étonnant de sa part, le financier, qui vient de sortir de sa rêverie morose, saisit aux épaules un Pierre un peu surpris et, lui plantant son regard gris acier dans les yeux, lui murmure d'une voix douloureuse :

— Mon ami, mon cher ami, tu peux me rendre un grand service. Tu me connais bien; tu sais depuis combien d'années je me consacre au développement et à la croissance économique de notre beau pays. Tu connais mon respect pour la démocratie et la libre entreprise. Toi qui, hier encore, présidais aux destinées de ce pays pour la grandeur duquel je travaille sans relâche, prêt à sacrifier ma santé et même ma vie, tu peux faire pour moi quelque chose d'inappréciable. Après tout, ne t'ai-je pas épaulé dans ta lutte aux dernières élections?

« Aïe! Il fait allusion à sa très généreuse contribution à ma caisse électorale! » se souvient Pierre, soudain plus qu'embarrassé. Comment, après ça, trouver le courage de dire à ce cher Doyle à quel point il trouve son petit discours pompeux et déplacé?

Sentant que la fin de sa tirade est allée droit au cœur de la cible et a neutralisé les premières résistances, le gros homme pousse son avantage et se fait plus pressant :

— En tant qu'ancien ministre de la Défense du Canada,

tu vas me rédiger une petite lettre de..., disons, de recommandation..., enfin, de références. Une sorte de certificat de bonne conduite attestant mon intégrité. Enfin, tu vois ce que je veux dire! Une telle lettre pourra sans doute m'éviter un procès. Je laisse le tout à ta discrétion, connaissant ton intelligence et ta valeur. Je sais que tu vas me pondre un vrai petit bijou de lettre. Pourrais-tu me rédiger ça pour demain?

C'est le moment que choisit Clou pour s'éclipser. Elle sait que Pierre ne pourra pas repousser la demande du charmant personnage et elle en a déjà assez entendu.

— Excusez-moi, messieurs, mais je vous fausse compagnie. J'ai grand besoin d'un bon bol d'air frais. Je sens poindre une horrible migraine, je ne sais trop pourquoi.

— Sans doute l'odeur de nos cigares, ma belle grande, réplique Charles-z-Hubert en lui soufflant délicatement sous le nez une petite volute de fumée bien dodue comme un gros beignet.

« Toi, je t'étriperais bien volontiers! » pense Clou en lui donnant une petite claque sèche sur la joue qui, à la rigueur, peut encore passer pour amicale, mais à l'extrême limite, et sans toutefois faire perdre à Ducharme son sourire ambigu. L'animosité, il aime bien, ça l'éperonnerait, même. Sacrée bonne femme, la Corinne Sévigny! « Si elle avait quelques années de moins, ma foi... Mais qu'elle s'en aille! C'est pas le moment de niaiser! » Ducharme vient d'avoir une idée et il vaut mieux l'exposer à Pierre en l'absence de son épouse, sans qui il ne semble plus capable de faire un pas.

Au départ de Corinne, Doyle n'a émis qu'un vague grognement en guise de salutation. « Il faut qu'il soit préoccupé en diable, lui habituellement si courtois », se dit Pierre. À peine Clou a-t-elle tourné les talons que, le reprenant sous son regard d'acier comme pour l'hypnotiser, il lui demande sans laisser percer le moindre doute quant à la réponse qu'il entend obtenir :

— C'est peu probable, mais, si jamais mes avocats

me recommandaient de me présenter au procès que ces salauds ont juré de me faire subir, je compte sur toi, Pierre, pour venir témoigner pour moi. Les lois américaines en matière de Bourse sont bien différentes des nôtres. C'est mon ignorance de certaines de leurs chinoiseries qui me place dans cette situation abominable. Avec quelques hommes de ta trempe à la barre des témoins, je deviens aussi blanc que l'agneau qui vient de naître. Alors, c'est entendu? Je peux compter sur ton appui?

Débordé par le regard et le ton presque suppliant du bonhomme, Pierre ne voit pas d'autre issue que d'acquiescer à sa demande.

— Mais bien sûr, mon vieux! Tu peux évidemment compter sur mon appui, s'entend-il murmurer d'une voix qu'il souhaite convaincue.

Doyle lui tend aussitôt une main solennelle pour sceller la promesse qu'il vient de décrocher à l'arraché.

— Merci, Pierre, merci! dit-il, l'air ému aux larmes. C'est vraiment dans l'adversité qu'on reconnaît ses vrais amis!

« Tout y est, pense Pierre, jusqu'aux trémolos dans la voix! Quel faux jeton, quand même! » Il n'a cependant d'autre choix que de serrer rêveusement la grosse patte qui agrippe la sienne. Il s'entend répondre d'une voix subjuguée :

— Je te répète que tu peux compter sur mon appui! En pareil cas, je sais que tu ferais la même chose pour moi.

— Je te jure, mon vieux, que tu n'auras jamais à le regretter.

Se tournant vers le barman, il ordonne de sa grosse voix redevenue joviale et impérieuse :

— Un Dom Pérignon, garçon. La meilleure bouteille que vous ayez!

Ducharme bave littéralement d'admiration. C'était ça, exactement ça, l'idée qu'il avait eue au moment du départ de la femme de Pierre : induire leur ami de circonstance à venir déposer en personne au procès de Doyle et s'adjoindre en plus quelques autres personnalités éminentes de la politique et des affaires. Le patron a eu la même idée en même temps. Ah! ils forment vraiment, Doyle et lui, une équipe du tonnerre! Leurs ennemis n'ont qu'à bien se tenir! Il ne leur reste plus qu'à régler vite fait le problème de l'affaire des six! Là encore, une petite idée commence à germer dans son cerveau fertile.

Une bouteille de champagne millésimée, portée avec tout le respect qui lui est dû par le garçon impressionné par tant de munificence, fait son apparition au milieu des croustilles et des arachides. Doyle déclare aussitôt avec emphase :

— Nous allons trinquer à l'amitié et à la solidarité. À la solidarité surtout. Elle est le ciment du pouvoir. Maintenant, je suis sûr que les Américains ne m'auront pas. Mes amis, jamais je ne vous remercierai assez d'être mes amis!

« Ah! quel merveilleux acteur! » se dit Charles-z-Hubert, pétri d'admiration. Pour sa part, Pierre est plutôt mécontent de s'être fait prendre au pathos du gros, mais il n'ose surtout pas le laisser voir. Il essaie de se persuader que toute cette sale affaire va se régler hors cour, à coups de ristournes et autres tractations avantageuses pour les deux parties, et qu'il n'aura pas à aller faire le pitre aux États-Unis pour défendre cette espèce de chevalier d'industrie.

Maintenant que les deux comparses ont réglé un premier problème, ils s'attaquent à l'étude détaillée de leur autre gros os : la possibilité que soient révélés au grand jour les dessous de l'affaire des six.

— Il faut à tout prix empêcher la tenue d'une enquête royale comme dans le cas de Rivard, dit Ducharme. Parce que, en mettant les choses au pire, si la justice américaine te condamne et fait de toi une personnalité controversée, et qu'en plus l'enquête royale révèle le rôle que tu as joué dans le changement d'allégeance des six créditistes, tu perdras toute crédibilité auprès des hautes instances canadiennes. Et tu imagines dans quelle situation intenable se retrouverait le gouvernement. Primo, les libéraux se dépêcheront de te larguer froidement, et adieu ton projet minier. Secundo, ça provoquerait une telle crise qu'ils perdraient le pouvoir à coup sûr.

—Je viens de dire que, pour la justice américaine, c'est dans la poche! T'es sourd ou quoi? gronde Doyle, cramoisi de rage. Tu fais exprès pour m'humilier!

—Je viens de te dire que je mets les choses au pire. Cesse de t'énerver, bordel! s'emporte Ducharme à son tour.

Pierre fait des efforts désespérés pour conserver un minimum de sérieux. « Ils ne se rendent pas compte à quel point ils sont burlesques, tous les deux », se dit-il, regrettant que Clou ne soit pas là pour goûter le comique de la situation. Mais Ducharme a tout à fait raison. Si son scénario pessimiste se concrétise, le délicieux Doyle finira par passer pour un vulgaire criminel, ce qui ne sera pas si loin de la vérité! « Si c'est vraiment ce que tu penses, qu'est-ce que tu fais encore ici? » le morigène une petite voix têtue et gâcheuse de plaisir. Car Pierre entend jouir pleinement de la scène de conspiration qui se joue devant lui, et il trouve très amusant de voir ces deux canailles se chamailler comme des enfants.

—C'est bien simple, gronde Doyle, au comble de l'énervement, c'est Pickersgill qui a raison : il faut déclencher des élections!

—Je ne vois pas d'autre solution, s'empresse d'acquiescer Ducharme, qui ne peut pas se permettre d'être longtemps en désaccord avec son patron.

« Refaire des élections? Ils sont franchement gonflés, ces deux-là! s'émerveille Pierre. Non, mais franchement, il faut avoir un culot monstre pour avoir des idées pareilles! »

Il lui paraît inconcevable que Pickersgill ou qui que ce soit puisse faire avaler à Pearson d'abord, puis au cabinet libéral ensuite, un pavé de cette taille, d'autant plus que rien ne semble justifier une telle décision. Grâce à la précieuse acquisition des six créditistes, le gouvernement

Pearson détient la majorité en Chambre et, du mandat d'au moins quatre ans qui a été confié aux libéraux par la population canadienne, il reste encore plus de deux ans à courir. Les ministres du cabinet qui ne sont pas dans le secret des dieux quant à l'affaire des six ne vont pas manquer de poser à Pearson des questions fort embarrassantes, d'autant plus que des élections générales impliquent toujours des déboursés considérables et un énorme surcroît de travail. « Ça ne sera pas de la tarte que de faire passer une telle énormité! » se dit Pierre.

Il essaie d'imaginer Pickersgill poussé au pied du mur et forcé de révéler à Pearson et à son cabinet l'achat des six députés grâce à l'argent douteux de Doyle, et les rôles joués par lui-même, Ducharme et Darabaner dans ce petit scénario. En cas de nouvelles élections, il faudra aussi que ces messieurs veillent à ce que ce trouble-fête de Marcoux perde ses élections, ainsi que le plus grand nombre de conservateurs possible, à commencer par John Diefenbaker. Alors seulement les libéraux, réélus avec une écrasante majorité, c'est primordial, pourront gouverner le pays, enfin libres qu'ils seront de toute entrave et lavés de tout soupçon. Tout un programme! Si les choses ne se déroulent pas exactement comme prévu, ce sera tout bonnement la déconfiture du parti. « Pour une partie de dés, ça risque d'en être toute une! »

— Pearson ne pourra pas convaincre son cabinet à moins de tout révéler, et il faut éviter ça à tout prix, s'inquiète Ducharme, qui tente de raisonner froidement.

— Hubert, ça fait au moins quinze fois que je te dis que Pearson pense qu'on a persuadé les créditistes, pas acheté, bougre d'imbécile! s'énerve Doyle, courroucé. Pourquoi voudrais-tu qu'il aille tout raconter à ses ministres? Et je te répète qu'il peut très bien décider d'aller en élections sans consulter le cabinet. Pickersgill et Smallwood le travaillent au corps. Tu les connais! Il s'agit de lui faire entrer dans la tête qu'il est le chef « incontesté » et que son devoir est de sauver le parti.

Le gros hic, selon Ducharme qui ne veut pas en démordre, c'est que ce cher Pearson se vautre dans un tel idéal démocratique que de prendre tout seul une pareille décision équivaudrait pour lui à se comporter en despote ou, pire, en tyran.

— Un moderne Caligula! Le néo-Néron! s'esclaffe Ducharme qui adore plaisanter, même dans les heures les plus sombres.

— Jamais rencontré ces gars-là. Et cesse de dire des insanités, veux-tu? lui siffle Doyle. Je connais Pearson autant que toi. C'est un mou! Pourquoi penses-tu qu'on l'a fait élire chef du parti? Il va faire ce qu'on va lui dire de faire, un point, c'est tout. C'est clair, ça, espèce d'abruti?

Il est interrompu dans la rogne qu'il continue de déverser sur Charles-Hubert par un jeune commissionnaire qui lui tend un message en bafouillant des excuses et des formules de politesse ampoulées; c'est qu'il est impressionnant, le mammouth, quand il est en colère. Pierre ne l'a jamais vu d'humeur aussi massacrante. Doyle s'empare du bout de papier et congédie le pauvre garçon d'un revers de main péremptoire. À peine a-t-il pris connaissance du message qu'il bondit hors de son fauteuil et s'élance, telle une gazelle obèse, vers le téléphone le plus proche, au grand dam de Ducharme qui ne peut supporter qu'on ne l'informe pas au fur et à mesure. Après tout, le cerveau, c'est lui! Doyle est surtout un gigantesque compte en banque.

Il y a longtemps que Pierre ne s'est pas retrouvé dans une situation aussi désopilante. C'est avec plaisir qu'il aperçoit Clou à la porte du bar, revenue sans doute pour tenter de l'arracher aux griffes des deux conspirateurs. Il lui fait signe de venir le rejoindre. Torturé par la curiosité, Ducharme profite de son arrivée pour s'esquiver et aller mendier des nouvelles fraîches du côté des téléphones. Pierre en profite pour raconter à sa femme sur quels charbons ardents s'agite la petite clique libérale.

— Je t'assure, ma chérie, qu'ils sont tous en train de

devenir fous. Ils sont complètement malades. Mais, c'est plus fort que moi, ils m'amusent. Je les trouve du plus haut comique.

Mise au courant du coup de l'élection, Clou ne se fait pas trop prier pour assister à la suite du mélodrame politique qui se joue là. Elle préfère avoir l'œil sur Pierre. Il n'est pas question que ces joyeux cocos l'embarquent dans une de leurs sales combines. De plus, sa curiosité à elle aussi est aiguisée. Comment peuvent bien fonctionner des cerveaux affectés d'un tel machiavélisme? « C'est incroyable, pense-t-elle, on est vraiment gouvernés par des *bums*! »

Doyle revient à la table au triple galop, à la fois suivi et précédé de Charles-z-Hubert qui décrit des circonvolutions serrées autour de son impressionnante personne comme pour en arriver à mieux cerner le problème. Doyle finit par lui livrer des bribes d'information d'une voix altérée par l'emphysème, et c'est au bord de la crise d'apoplexie qu'il se laisse choir dans son fauteuil.

— Mais, mon bon, vous allez vous tuer, à vous démener comme ça, murmure Clou en lui tapotant les mains en signe d'apitoiement.

Ça ne va pas du tout comme « mon bon » voudrait, et il ne cesse de s'agiter tout au long du repas qu'il a demandé qu'on serve dans le bar, parce qu'on y est plus tranquille.

Après le départ du couple Sévigny, il passe toute la soirée et même une bonne partie de la nuit à répondre lui-même au téléphone du bar à la moindre sonnerie. C'est comme ça qu'il apprend qu'Estelle cherche désespérément Siméon, qui l'a quittée quelques minutes pour aller chercher des cigarettes il y a maintenant plus de trois heures; et qu'un certain Willy se désole de ne trouver personne avec qui continuer une partie de poker infernale qu'ont dû abandonner ses amis, sur ordre de leurs harpies de chipies de bonnes femmes, alors qu'il était en train de tous les plumer.

Le lendemain midi, un Charles-Hubert Ducharme tout pimpant et rayonnant fait son apparition sur la terrasse de l'hôtel, où le couple Sévigny est en train de bruncher. À dix heures du matin, il a enfin réussi à mettre au lit un Doyle épuisé, mais triomphant. Il a lui-même dormi une petite heure, s'est toiletté et s'est aussitôt mis à leur recherche pour leur apprendre l'excellente nouvelle.

— Ce matin, on a enfin parlé à Smallwood qui, lui, a rejoint Pickersgill, lequel se trouve avec Pearson avec qui il a passé la nuit. Et, tenez-vous bien, le premier ministre vient de consentir à déclencher des élections sans même consulter son cabinet[3]. Qu'est-ce que vous pensez de ça? On a gagné la partie, mes enfants! J'offre le champagne! De toute façon, c'est John qui paye. Pourquoi se priver?

« Pour une nouvelle, si c'est vrai, c'en est toute une! » se dit Pierre, incrédule. Il n'arrive pas à croire que Lester Bold Pearson soit prêt à plonger le pays dans la tourmente d'une troisième campagne électorale en moins de quatre ans, faisant même fi des lois de la plus élémentaire courtoisie vis-à-vis des ministres les plus importants de son cabinet qui n'auront jamais été consultés. La tête hilare de Ducharme ne laisse cependant aucun doute. Cette petite crapule a l'air absolument sûre de son coup.

— Alors, Pickersgill a mis Pearson au courant de l'affaire des six dans ses moindres détails, déclare Pierre avec conviction. C'est la seule chose qui pouvait le décider.

— Il a bien fallu en passer par là. T'en fais pas, Pickersgill a mené l'opération avec son doigté légendaire. Un grand cerveau, ce gars-là! C'est lui qui devrait être premier ministre. Il lui a dit qu'il venait d'apprendre des choses pas très propres sur l'affaire des six, qu'il commençait à avoir des doutes sur leur légitimité à exercer le pouvoir

---

3. NEWMAN, Peter Charles. *The Distemper of Our Times*, Toronto, McClelland and Stewart, 1968, 559 p.

et que, pour clarifier la situation et sauver l'honneur du parti, il n'avait pas d'autre choix : il fallait qu'il déclenche des élections. Pearson a rechigné au début, mais il a fini par entendre raison. Ça valait bien une nuit blanche!

« Ainsi, réfléchit Pierre, pour faire taire Marcoux qui vient d'exiger une commission royale d'enquête et pour sauver la peau de quelques libéraux, Pearson est prêt à se mettre à dos une partie de son cabinet et, de ce fait, à compromettre l'avenir de son parti. Il est prêt à déranger tout le pays, ainsi que le monde entier, finalement, puisqu'une élection fédérale a des répercussions sur tous les pays avec lesquels le Canada a des relations commerciales et diplomatiques. Sans compter le coût d'une telle opération; quinze à vingt millions au bas mot, une dépense qui sera assumée par les payeurs de taxes, bien entendu. C'est du joli! » Il ne sait plus trop comment faire pour cacher sa désapprobation.

— Tu te rends compte? jubile Charles-z-Hubert, qui ne manque décidément pas d'air, une élection, ça veut dire la dissolution du Parlement. Et pfft! les demandes d'enquête royale! Et pfft! le docteur Marcoux! Et, ça, je vous jure que je vais y voir personnellement! se vante-t-il, grisé par la réussite inespérée de ce qu'il appelle maintenant son dernier plan de bataille.

À l'écouter, on croirait qu'il vient, à lui tout seul, de sauver une fois de plus le Parti libéral du scandale et de la ruine.

Chapitre 18

LA nouvelle est maintenant officielle : des élections fédérales sont prévues pour le début du mois de novembre. En plein mandat, les libéraux, soudain soucieux de mieux gérer le pays, demandent confirmation. « Décidément, se dit Pierre, on aura tout vu ! » À la suite de la dissolution du Parlement, la campagne électorale s'amorce. Mais, contrairement aux espoirs des libéraux en général et de Lester B. Pearson en particulier, la poussière soulevée par le docteur Marcoux aux dernières heures de la session ne retombe pas dans l'indifférence générale, loin de là. Certains journalistes ont entrepris de vérifier les allégations de Marcoux et veulent en savoir plus. Même si les gros titres des journaux sont monopolisés par la campagne électorale, des articles paraissent fréquemment sur l'affaire des six qui, après tout, pourrait bien être une sombre machination, comme commencent à le laisser entendre plusieurs journalistes à travers le pays.

La première semaine d'octobre, Pierre Sévigny se voit forcé d'honorer la promesse que lui a arrachée John C. Doyle à Montebello; les certificats de bonne conduite, rédigés par lui et quelques autres personnalités en vue, n'ont pas suffi à adoucir la justice américaine. Sur le conseil de ses avocats, le brave Doyle a accepté de se présenter au procès qu'on lui intente à Hartford, au Connecticut. Ses conseillers juridiques l'ont assuré que, s'il plaide coupable au plus minime des huit chefs d'accusation retenus contre lui, la justice ayant eu finalement gain de cause et suivi son cours normal, le financier pourra s'en tirer avec une sentence nominale et une amende de quelques milliers de dollars. Dans le pire des scénarios, les mêmes conseillers lui ont laissé entendre qu'il leur sera facile d'obtenir une réduction de peine et que rien n'est plus simple que d'acheter la justice américaine.

Pour le soutenir dans cette terrible épreuve, outre Pierre Sévigny, Doyle s'est assuré la présence du sénateur Allister Grosart, organisateur politique et employé de Doyle, de Sarto Fournier, ancien maire de Montréal et actuel directeur de la *Canadian Javelin*, de Joey Smallwood, premier ministre de Terre-Neuve, et de quelques autres gros bonnets moins en vue.

Durant le procès, les avocats ont beau faire de savants et éloquents plaidoyers où Doyle est dépeint comme le modèle personnifié de la vertu canadienne, le juge fait la sourde oreille à tous leurs appels à la clémence et assène à leur client une sentence de trois ans de prison avec sursis à la condition que ce très vertueux personnage purge trois mois fermes dans une prison américaine et demeure sous surveillance pendant neuf autres mois, après lesquels sa sentence serait enfin suspendue[4].

Immédiatement après ce procès catastrophique, plutôt abattu, Doyle réunit en hâte ses amis et conseillers pour faire le point et prendre avis auprès d'eux. Il est face à deux possibilités : ou bien il purge sa peine, puis reprend ses activités lavé de toutes fautes, mais, ce faisant, il court

4. http://www.heritage.nf.ca/law/doyle.html

aussi le risque de voir ses valeurs boursières réduites à néant, ou bien il rentre dare-dare au Canada où il n'est sous le coup d'aucune accusation et où il est assuré de la liberté, puisque l'extradition n'existe pas en matière de crime économique. Mais, s'il choisit la seconde option, il se retrouve du même coup dans l'impossibilité de retourner aux États-Unis, où il devient automatiquement passible de cinq ans de travaux forcés pour délit de fuite. Après de longs palabres, les avis de ces messieurs restent partagés sur cette épineuse question. John C. Doyle prend soudain sa décision. Il rentre au Canada et, de sa vie, tonitrue-t-il, il ne remettra plus jamais les pieds dans un pays de nègres et de cow-boys sans éducation.

Quand Pierre rentre à Montréal, une bien mauvaise surprise l'attend. Au plus fort de la mêlée électorale, certains articles de journaux laissent entendre que la ténébreuse affaire des six aurait pu être ourdie et provoquée par des éléments conservateurs dissidents de l'ex-cabinet Diefenbaker. Ces articles font directement allusion, sans le nommer, évidemment, à Pierre Sévigny lui-même.

« Moi qui croyais avoir tout vu, je me trompais », soupire Pierre. Sont aussi visés dans ces articles monsieur Douglas Harkness, ancien ministre de la Défense et actuel député d'Alberta, dont les préoccupations ont toujours été fort éloignées de celles de la députation créditiste du Québec, ainsi que George Hees, ancien ministre du Commerce et de l'Industrie qui, au lendemain de sa démission, est parti pour un long séjour en Europe, où il se trouvait d'ailleurs au moment de l'élection de 1963 et encore plusieurs mois après. « On nage décidément en pleine fiction! » murmure Pierre en lançant son journal dans la corbeille à papier de son bureau.

Pressé de confirmer ou d'infirmer ces accusations à peine voilées, le docteur Marcoux demeure curieusement évasif. C'est ainsi que Pierre manque d'exploser quand il lit dans un hebdomadaire, la troisième semaine d'octobre 1965 : *Le docteur Guy Marcoux admet que l'affaire des six aurait pu être conçue par des conservateurs mécontents, désireux d'empêcher John Diefenbaker de reprendre le pouvoir.*

Il se jette sur le téléphone pour exiger une sérieuse mise au point de Marcoux qu'il n'a pas revu depuis 1963. Marcoux comprend l'indignation de Pierre et le rassure.

— Je t'en prie, Pierre, arrête de t'inquiéter. Je sais fort bien que tu n'as rien à voir avec cette affaire. Je sais aussi qui sont les instigateurs de cette saloperie. C'est John C. Doyle, Charles-Hubert Ducharme et quelques autres; je ne t'en dis pas plus. Alors toi, tu peux dormir sur tes deux oreilles. Les journalistes, tu le sais comme moi, c'est sacrément difficile de les empêcher de dire n'importe quoi et, comme certains ont intérêt à brouiller les cartes, ça donne cette couverture de presse parfaitement indigne.

Après sa conversation avec Marcoux, Pierre se sent légèrement rassuré. « Marcoux n'est pas un imbécile et il est vrai que les journalistes sont prêts à inventer n'importe quoi. La vérité finira bien par se tailler un chemin à travers ce fatras d'inepties », pense-t-il avec un regain d'optimisme.

Le lendemain soir, un lundi, il reçoit un coup de téléphone de Doyle qui, sans préambule, lui tombe sur le poil.

— Sévigny, j'ai de bonnes raisons de croire que tu me poignardes dans le dos. J'ai appris tes manigances et je sais que tu es sur le point de me dénoncer dans l'affaire que tu sais. Je te préviens, mon espèce de salaud, j'ai contre toi tout un dossier, et fort bien monté, qui pourrait t'envoyer en enfer si tu ne fermes pas ta maudite trappe.

Le ton et les propos de Doyle mettent Pierre hors de lui pour de bon.

— Écoute-moi bien, espèce de gros enfoiré, tu ne vas pas recommencer à me faire du chantage avec ta cochonnerie de dossier. Si tu veux achever de te ridiculiser, tu n'as qu'à les sortir, tes prétendus scandales. L'affaire des six, j'en ai rien à branler et, si cette histoire te rend malade à ce point-là, va te faire soigner! Mais, la seule solution que j'entrevois dans ton cas, c'est le suicide. Ce serait la première et seule bonne action de ta vie. Ça nous débarrasserait tous d'une merde infâme!

Ce qui rend Doyle aussi vindicatif, c'est qu'il est harcelé par certains journalistes qui ne le lâchent plus d'une semelle. Son nom n'a pas encore été mentionné dans les journaux, mais il est littéralement poursuivi par une meute acharnée qui semble avoir la puce à l'oreille quant à son rôle dans l'affaire des six. Son coup de téléphone à Sévigny a pour principal but de lui enlever toute envie de parler « si jamais cet imbécile avait la moindre tentation d'ouvrir sa grande gueule ». Ce Pierre Sévigny en sait décidément trop et devient franchement dangereux, commence à penser Doyle, chaque jour plus nerveux.

Pendant qu'il fulmine contre tout le monde, Ducharme, lui, ne perd pas son temps. Il sait que Marcoux est sur le point de sortir le dossier qu'il a monté sur toute l'affaire, sous forme d'un livre qu'il a l'intention de faire publier, à ses frais s'il le faut. Après avoir fait sa petite enquête, Ducharme entre en contact avec le nègre de Marcoux, un journaliste à la pige du nom de Jean Côté. Ce jeune homme travaille au *Journal de Montréal*, et c'est à lui que Marcoux a remis toute son histoire pour qu'il l'écrive et la fasse publier.

Jean Côté a tout de suite été très intéressé par le récit de Marcoux. Il a vu là une histoire formidable à raconter, de quoi se mettre le pied à l'étrier quand on est un jeune journaliste ambitieux. Avec André Lecompte, un collègue lui aussi journaliste au *Journal de Montréal*, il rêve depuis longtemps de monter une agence de télécommunications qu'ils appelleraient Telbec. L'agence est en voie de formation, mais ne peut encore être lancée, faute d'argent[5].

5. http://fr.wikipedia.org/wiki/Jean_C%C3%B4t%C3%A9

***

— Si je te dis qu'on ne les a pas achetés, c'est qu'on ne les a pas achetés! On les a effectivement rencontrés à Québec. Ils ont demandé à voir Ducharme, qui connaissait l'un d'eux. Ils avaient besoin de conseils. On n'a même pas eu besoin de les persuader; ils étaient déjà convaincus qu'il fallait qu'ils passent du côté du pouvoir, mais ils ne savaient pas comment s'y prendre. Ducharme est avocat; c'est le meilleur conseiller juridique qu'on puisse trouver et il connaît tout le monde. Tout s'est passé dans la démocratie et la plus parfaite légalité. Marcoux est parfaitement ridicule; sa thèse ne tient pas debout. Tu le préviendras que je vais le poursuivre, s'il mentionne nos noms, à Ducharme et à moi. Je vais le poursuivre et je vais le ruiner! D'après ce que je comprends, il n'a pas la moindre preuve de ce qu'il avance. Il devrait faire très attention à ses fesses parce que je te préviens que ça va barder.

Côté est dans le bureau de Doyle. Il est accouru dès que le gros financier l'a convoqué. Cette histoire devient de plus en plus excitante. Il a de la difficulté à croire ce que vient de lui affirmer Doyle sur son prétendu rôle minime dans l'affaire des six, mais il ne doute pas un instant de la véracité des menaces de poursuite que le financier vient de proférer le sourire aux lèvres. Ce type a un regard qui donne froid dans le dos.

— Et Darabaner, dans tout ça? C'est bien lui qui les a assermentés, les six créditistes?

— Darabaner était commissaire de la Cour supérieure. Il ne l'est plus, heureusement. Personne ne savait à ce moment-là qu'il était mêlé à des affaires criminelles[6]. C'était une vague connaissance de je ne sais plus lequel

6. http://news.google.com/newspapers?nid=1946&dat=19651014&id=CZQtAAAAIBAJ&sjid=Yp8FAAAAIBAJ&pg=3327,3340276

des six. S'il y a quelqu'un à blâmer, c'est bien la Cour supérieure du Québec! La justice pourrait être plus circonspecte dans le choix de ses commissaires. Ni les six, ni Ducharme, ni personne n'avait le temps de faire une enquête sur lui. Marcoux est une charogne. Il se sert de Darabaner pour salir un acte qui a été posé de bonne foi. Mon petit gars, libre à toi de croire tout ce qu'il t'a raconté et de l'aider à rédiger son torchon, mais je te préviens que tu pourrais te repentir de t'être embarqué dans cette aventure douteuse. Un journaliste sérieux ne peut pas se permettre d'écrire n'importe quoi et de salir la réputation des gens. Charles-Hubert m'a dit que tu veux partir une petite agence de télécommunications. Pour qu'elle marche, ton agence, il te faut un minimum de crédibilité dans le milieu. Si tu décides de me traîner dans la boue de concert avec Marcoux, je te préviens amicalement que je vais faire en sorte que tu te retrouves au chômage. Ça me semble de bonne guerre, et tu ne pourras pas te plaindre que personne ne t'avait prévenu. Tu vois, fils, mon grand défaut, c'est que je suis trop bon! Je n'ai pas une once de malice, mais, les ragots de bas étage, ça me fait sortir de mes gonds et ça peut me rendre assez vindicatif.

Jean Côté a compris dès les premières minutes de son entretien avec John C. Doyle que le gros homme, malgré son air jovial, ne plaisante pas et qu'il est prêt à briser les reins de tous ceux qui se mettront en travers de son chemin. Devant la charge d'arguments qui lui est servie, il se met à hésiter. Il en vient même à douter de la thèse avancée par Marcoux. « Somme toute, ce dossier n'est peut-être qu'un ramassis de recoupements et de déductions impossibles à vérifier que le docteur Marcoux a mis bout à bout à la va-vite. Il n'a aucune preuve de ce qu'il avance. Il y a, bien sûr, certaines coïncidences frappantes, mais Marcoux a peut-être justement été abusé par ces malicieux concours de circonstances. »

—Écoutez, monsieur Doyle, je vais repenser à tout

ça et revoir tout le dossier à la lumière de ce que vous venez de me dire. Je vous en donne des nouvelles. Je ne tiens pas du tout à faire un fou de moi dans cette affaire. Peut-être que Marcoux n'a pas bien pesé la portée de ses accusations. Peut-être aussi qu'il saute trop vite aux conclusions.

Onctueux et très paternel, Doyle reconduit le jeune homme à la porte de son bureau. Il sent que Jean Côté est maintenant habité par une sainte trouille et qu'il est très impressionné par le calme et la bonhomie que le puissant financier a décidé d'afficher tout le temps de leur entretien.

—Tu sais, mon garçon, une agence québécoise de télécommunications, c'est une très bonne idée, ça! Je serais porté à croire à la réussite d'un tel projet. C'est le genre de choses dans lesquelles j'aime bien placer mes petites économies. Ça prend combien pour démarrer un projet comme le tien?

—Je pense qu'avec dix ou quinze mille…

—Seulement? J'aurais pensé entre cinquante et cent mille! Quinze mille, tu es sûr que c'est assez? Si tu n'étais pas l'ami de cet hurluberlu de Marcoux, tu aurais ça demain matin. J'aime encourager les jeunes entrepreneurs. Je vous prêterais ça, à toi et à ton ami, à un taux d'intérêt des plus avantageux. Enfin, je veux dire en d'autres circonstances, évidemment!

Quand Jean Côté rappelle Doyle vingt-quatre heures plus tard, il a revu tout le dossier de l'affaire des six et il a surtout beaucoup réfléchi. Il va tenter de convaincre Marcoux que, sans l'ombre d'une preuve, il ne peut pas s'aventurer à accuser Doyle et Ducharme d'être les auteurs de cette affaire.

—J'ai consulté mon ami André Lecompte et il est d'accord avec moi. Personne n'est en mesure de vous incriminer de quelque manière que ce soit. Il est parfaitement légal de tenter de convaincre des gens de ce qu'on croit être le bon sens et la meilleure voie. Le docteur Marcoux devra se ranger à notre opinion, à mon confrère et à moi, sinon je laisse tomber. Marcoux est un intuitif. Il se prend pour Sherlock Holmes, mais, à moi, il me faut des preuves concrètes, sinon je ne marche pas.

— Il ne faut surtout pas laisser tomber Marcoux, mon p'tit gars, il faut l'aider à comprendre son erreur. Viens voir Ducharme, mon conseiller juridique, si tu as des doutes. Il va t'aider à t'y retrouver, c'est un gars brillant. Au fait, Jean, comment tu m'as dit que tu voulais l'appeler, déjà, ton agence?

— Lecompte et moi, on avait pensé à Telbec.

— Telbec... Ouais, pas mal! Amène-moi donc ton Lecompte au cours de la semaine. J'aimerais savoir ce qu'il a dans le ventre. Il vaut mieux en savoir le plus possible sur ses partenaires en affaires. Tu es sûrement d'accord avec ça! J'aurais peut-être même un premier contrat pour Telbec. Enfin, je ne sais pas, il faudrait voir ça avec Ducharme; c'est son idée à lui.

Pendant que Doyle fait la cour à Côté, certains journalistes continuent de prétendre que les conservateurs seraient à l'origine de l'affaire des six, à tel point que Pierre doit démentir formellement ces insinuations vicieuses et malveillantes. S'étalent régulièrement dans les journaux mensonges, demi-vérités et contre-vérités, le tout noyé dans un flot de supputations plus farfelues les unes que les autres et semblant ne vouloir mener absolument nulle part.

Pierre Sévigny est de plus en plus scandalisé par l'incroyable ineptie du milieu journalistique. C'est donc avec beaucoup d'impatience qu'il attend la publication du fameux livre du docteur Marcoux, qui doit sortir d'un jour à l'autre et qui, souhaite-t-il ardemment, mettra un terme aux fausses rumeurs que font naître chaque jour les médias.

À quelque deux semaines des élections, le livre tant attendu fait enfin son apparition[7]. Il s'agit d'une plaquette de vingt-quatre pages d'une insignifiance telle, proportionnellement à la bombe à laquelle on s'attendait après tout le ramdam soulevé par le docteur Marcoux en Chambre, que ceux qui, comme Pierre Sévigny, connaissent toutes les ramifications de l'histoire, en arrivent obligatoirement à la conclusion que des coupures considérables ont été faites dans le document initial. L'éléphant de Marcoux vient d'accoucher d'une toute petite souris, à tel point que les journalistes et le public en général se demandent, à la lueur de ce dossier squelettique, quelle aberration avait bien pu pousser le docteur Marcoux à réclamer une commission royale d'enquête sur cette supposée mystérieuse affaire, dont il prétendait connaître tous les dédales et secrets. Dans cet opuscule, on trouve bien peu de choses qui soient de nature à ébranler le Parlement et à expliquer les élections anticipées dans lesquelles on a plongé le pays.

Pressé de s'expliquer, Marcoux s'entête à affirmer que son ouvrage renferme beaucoup plus de données importantes et révélatrices qu'il n'y paraît. Lui et sa famille ont reçu de sérieuses menaces qui l'ont momentanément empêché d'aller aussi loin qu'il l'aurait voulu, mais, maintenant qu'il est sous la protection de la GRC, il entend continuer à traquer les responsables de l'affaire. Pendant quelque temps, il continue de s'agiter auprès des rares journalistes que son histoire intéresse encore et, en tout dernier recours, il décide d'aller chercher appui et compréhension auprès de la justice québécoise.

Il se présente chez le ministre québécois de la Justice, le libéral Claude Wagner, afin de lui raconter tout ce qu'il

---

7. MARCOUX, Guy. *Dans le même sac, Moïse Darabaner, les six caouettistes, la haute finance, le parti libéral et d'autres...*, publié à compte d'auteur en 1965.

sait et d'exiger que des procédures soient intentées contre les principaux acteurs de l'affaire. Wagner déclare aussitôt après la rencontre que, selon lui, il n'y a pas suffisamment de preuves dans le dossier fourni par Marcoux pour entreprendre la moindre poursuite judiciaire et qu'il n'y a même pas matière à poser les premiers jalons d'une quelconque enquête.

Le jour où le ministre Claude Wagner prononce son verdict, dans les bureaux et les demeures de Doyle et des autres personnes concernées, on pousse à l'unisson un véritable cri de délivrance. Le pauvre Marcoux a lancé un pétard mouillé, et tout le monde s'est déjà désintéressé de l'affaire quand arrive le jour des élections.

À peu de chose près, les résultats de l'élection du 8 novembre 1965 sont identiques à ceux de l'élection de 1963. Le Parti libéral est reporté au pouvoir, mais il se retrouve de nouveau en position minoritaire. Le docteur Guy Marcoux est battu. Charles-z-Hubert se vante partout d'y avoir vu, tel que promis. Redevenu simple citoyen, il ne peut plus réclamer la tenue d'une quelconque enquête royale et, encore mieux, ne jouissant plus de l'immunité parlementaire, il ne peut plus ressortir son affaire des six sans s'exposer illico à des poursuites judiciaires de la part de ceux qui verraient dans ses propos une quelconque atteinte à leur réputation.

Du côté conservateur, John Diefenbaker est toujours à la tête de ses troupes. Loin de connaître la défaite écrasante qu'on lui prédisait en cours de campagne, le vieux lion tory sort de ce scrutin auréolé d'une gloire nouvelle. Grâce à son acharnement, il a cédé tellement peu de terrain qu'il sort de la bagarre encore plus fort qu'à la veille de la dissolution de la Chambre et de l'annonce des élections générales.

Aussitôt réélu, il s'empresse de déclarer qu'il a l'intention bien arrêtée de poursuivre ses attaques contre le Parti libéral avec une vigueur accrue et il affirme sans équivoque qu'il est en voie de déterrer d'autres scandales. Le gouvernement de Lester B. Pearson doit s'attendre au pire, si l'on en juge par les deux années qui viennent de s'écouler. Les élections anticipées risquent de n'avoir servi à rien, parce que personne ne peut empêcher Diefenbaker ou un autre député conservateur, ou créditiste, de réitérer la demande de Marcoux. Ou encore, pour embêter ses adversaires, Diefenbaker pourrait exiger que les documents de la GRC, concernant la visite simultanée d'enquêteurs chez Smallwood et Doyle durant l'affaire Rivard[8], soient produits en Chambre pour la plus grande édification de tous. Selon toute évidence, les libéraux n'ont qu'à bien se tenir, ça promet de brasser!

Les élections n'ayant pas donné les résultats escomptés, certains libéraux et leurs plus chauds partisans savent à présent que seul un grand coup pourra consolider leur pouvoir vacillant.

8. http://fr.wikipedia.org/wiki/Lucien_Rivard

Chapitre 19

Sous des applaudissements enthousiastes, Pierre Sévigny quitte la tribune et retourne s'asseoir à la table d'honneur. Il vient de donner une conférence qui semble avoir été fort appréciée et il en est ravi. Pour son banquet annuel du 15 novembre, la Société des courtiers en immeubles l'a prié de bien vouloir être son conférencier invité et c'est avec plaisir qu'il a accepté cette flatteuse invitation. Pierre a toujours adoré parler en public. Il sait comment tenir un auditoire en haleine; en dosant finement l'humour et le sérieux, il parvient à capter toute l'attention de ses auditeurs et à la garder jusqu'au bout.

« Dommage que Clou n'ait pu m'accompagner, se dit-il, elle aurait sûrement apprécié. Je pense que j'ai été brillant. Quelle charmante soirée! »

C'est à Sainte-Adèle, au *Chantecler*, que la réunion a lieu cette année, et les Sévigny adorent cet endroit. Si Corinne n'avait pas été retenue au lit par une mauvaise grippe, ils se seraient tous les deux offert une longue fin de semaine à humer l'air vivifiant des Laurentides en faisant des promenades sous les grands sapins.

— Excusez-moi de vous déranger, monsieur Sévigny, mais on vous demande de toute urgence au téléphone.

Le jeune chasseur en livrée s'éloigne aussitôt, happé par le joyeux brouhaha qui commence à régner dans la salle. Pierre se lève et se hâte vers le téléphone. « Clou? s'inquiète-t-il. Pourvu que son état ne se soit pas aggravé! » Elle était bien misérable quand il l'a quittée ce matin, brûlante de fièvre et toussant à fendre l'âme.

C'est son vieil ami Harry Workman qui est au bout du fil. Il vient tout juste de parler à Corinne à Montréal et c'est elle qui a insisté pour qu'il l'appelle au *Chantecler*. Il est chez lui, grippé aussi, et il insiste pour le rencontrer le plus rapidement possible.

— Ce que j'ai à te dire ne peut souffrir aucun délai. Il est d'une importance capitale que je te voie, Pierre. Maintenant, si tu peux quitter ton banquet, ou n'importe quand cette nuit. Je t'attends chez moi dès que tu mets le pied à Montréal.

— Bon! Je serai chez toi vers minuit trente ou une heure. Appelle Corinne, préviens-la que je passe par chez toi et dis-lui de ne pas m'attendre. Je pars à l'instant.

Pierre raccroche, vaguement inquiet. Workman n'est pas un plaisantin et c'est un homme qui mène une vie extrêmement rangée. S'il insiste à ce point pour le voir, même en pleine nuit, c'est qu'il se passe quelque chose de vraiment grave.

Prétextant l'inquiétude que lui cause l'état de santé de sa femme, Pierre prend rapidement congé de ses amis courtiers et fonce vers la métropole. Chemin faisant, il a beau s'interroger sur les préoccupations qui agitent Workman, il n'a pas le plus petit indice sur ce qui peut mettre à ce point son ami sur les dents. À part, peut-être, une autre facétie de Doyle et Ducharme? « Qu'est-ce qu'ils auraient encore bien pu inventer, ces deux-là? »

Après le règlement à l'amiable du différend qui l'a opposé à Doyle, Harry Workman a repris ses relations avec le gros homme d'affaires, mais sur de nouvelles bases et en prenant ses distances. Il s'est bien juré de se montrer plus circonspect à l'avenir, a-t-il confié à Pierre qui lui a manifesté sa surprise. Par contre, Workman sait se protéger, c'est un fin renard et Pierre songe qu'il serait étonnant qu'il se soit remis en position de faiblesse par rapport à Doyle, ou à quiconque d'autre, au demeurant.

La trajectoire de Workman dans le monde des affaires a toujours été impeccable. À ce jour, il a fait ce qu'il est convenu d'appeler un parcours sans faute. Il ne se mêle jamais de politique et c'est un homme aux qualités humaines exceptionnelles. Issu d'un milieu très humble, il a réussi, grâce à sa force de caractère, à son imagination et à son talent extraordinaire, à accumuler une fortune considérable. Et il a quarante ans à peine. Réputé dur en affaires, personne ne peut cependant nier qu'il est aussi un homme de cœur. Pierre sait qu'il nourrit le plus profond mépris pour Doyle et ses méthodes et qu'il considère Ducharme comme un parasite. « Mais les affaires ne sont que bien rarement le champ où se nouent des relations humaines basées sur la sympathie mutuelle et l'admiration réciproque », ironise Pierre pour lui-même.

Workman l'accueille en robe de chambre, enveloppé de vapeurs médicamenteuses. Les deux hommes s'installent confortablement au salon devant un feu de foyer avec chacun un grog brûlant que l'homme d'affaires vient de préparer; ce qui fait sourire Pierre, sur qui la grippe n'a jamais eu de prise. Workman attaque aussitôt, sans autre préambule.

— Il y a une belle saloperie qui est en train de se préparer contre toi et je tiens à t'en avertir. Quelques jours après les élections, je me suis rendu à Ottawa. J'étais invité chez Doyle pour la fin de semaine.

Pierre lui adresse un regard légèrement interrogateur. Il croyait que les deux hommes ne se voyaient plus que de loin en loin et seulement pour affaires.

— Qu'est-ce que tu veux? Il y avait un bon deal en vue. Dans ces cas-là, je ne ménage jamais mes efforts et j'explore toutes les avenues possibles. Ce salaud-là est drôlement bien renseigné et, ne t'inquiète pas, il ne me piégera plus.

Ce que j'allais chercher, c'était des renseignements, un point c'est tout! Tu les connais, lui et Ducharme? Deux vraies pies! Ce jour-là, chez Doyle, il y avait Pickersgill, Smallwood et un autre gars que tu connais bien, Guy Favreau, l'ex-ministre de la Justice. Un ami à toi, si je ne m'abuse? Sans oublier l'incontournable Ducharme, évidemment! Il y avait aussi deux journalistes de Montréal, soit Jean Côté que je connais de nom et un certain André Lecompte, je crois. C'est ça qui m'a le plus étonné, la présence des deux journalistes. Je suis tombé en pleine discussion, qu'ils ont d'ailleurs poursuivie après mon arrivée comme si de rien n'était. Il s'agissait encore et toujours de leurs craintes que Diefenbaker ne fasse ressurgir l'affaire des six et continue de déterrer d'autres scandales de l'administration libérale. Pickersgill était le plus énervé. Il passait son temps à répéter: «Il faut trouver un moyen de faire taire Dief the Thief une fois pour toutes!» Là-dessus, tout le monde était d'accord, tu t'en doutes bien! Je te passe toutes leurs élucubrations, mais je te jure que ça délirait ferme. Ils en sont venus à la conclusion que la meilleure défense serait une offensive majeure et savamment orchestrée contre Dief et sa clique.

Pierre ne bronche pas. «Encore les mêmes enfantillages qui vont refaire surface», se dit-il. Évidemment, Workman s'apprête à lui parler du dossier Munsinger, si cher à Doyle depuis quelque temps. Il voudrait bien apaiser son ami qui commence à s'échauffer, mais le délicieux grog et la fatigue de la journée l'ont engourdi. Il préfère laisser Workman poursuivre.

—Pickersgill a déclaré que le seul scandale exploitable est l'affaire Munsinger. Il s'agit de l'étoffer un peu, comme le suggérait Ducharme, pour rendre l'histoire encore plus compromettante. Ça, c'était l'affaire des deux journalistes. Tu comprends ce que ça veut dire pour toi? Ducharme soutenait qu'il fallait entourer toute l'affaire d'une espèce de climat d'atteinte à la sécurité. Il fallait mouiller le plus de monde possible pour que ce soit bien difficile pour le parti de s'en dépatouiller. Parmi ceux qu'on identifie, il y a toi, Hees, Harkness, George Nowlan et la fille Munsinger. On brandirait bien haut son casier judiciaire tout en laissant entendre qu'elle était aussi une espionne à la solde des Russes, dont la mission spécifique au Canada était justement de fréquenter des ministres fédéraux afin de leur extorquer sur l'oreiller des renseignements qui pourraient être utiles au bloc soviétique. Tu vois comme tout ça est intéressant! Ducharme a même eu le cynisme d'ajouter qu'il était bien content qu'elle soit morte; elle ne pourrait pas venir rétablir les faits et du même coup brouiller les cartes de ce poker menteur. La merde, c'est vraiment son élément, à celui-là! Il a ensuite fait le rapprochement de leur petit scénario avec l'affaire Profumo-Keeler dont on nous a tant rebattu les oreilles l'année dernière[9].

« Même canevas », pense Pierre avec lassitude. John Profumo, ministre de la Défense du Royaume-Uni, avait entretenu une relation amoureuse avec une fille du nom de Christine Keeler, qui avait au même moment une relation similaire avec un attaché militaire de l'ambassade d'URSS à Londres. Cette histoire avait causé un tel remous qu'elle avait été qualifiée de scandale du siècle, avait marqué la fin de la carrière politique de John Profumo et presque provoqué la chute du gouvernement MacMillan. Ce scandale s'était finalement soldé par le suicide d'un membre éminent de la société anglaise accusé de proxénétisme. Un vrai beau gâchis!

— C'est du plagiat pur et simple et de la plus mauvaise qualité, encore. Ducharme n'a pas là de quoi pavoiser, lui qui s'est toujours vanté d'avoir des trésors d'imagination. George Hees et moi avons tous deux quitté la politique, Nowlan est mort, Gerda Munsinger aussi. Leur roman de

---

9. http://fr.wikipedia.org/wiki/Christine_Keeler

sexe et d'espionnage va être aussi passionnant que la rubrique nécrologique ou celle des chiens écrasés. Tout ça ne tient pas debout.

— Mais, Pierre, ouvre les yeux! Ce n'est pas vous qu'ils visent, c'est Diefenbaker, uniquement Diefenbaker, et ils sont prêts à tout. Tu as tort de prendre ça à la légère. Je t'assure qu'ils ne plaisantaient pas. Ils se sont mis à élaborer devant moi toute une stratégie de médiatisation de leur plan. Les deux journalistes étaient là en service commandé, je te le jure. Des articles vont bientôt commencer à paraître dans le *Journal de Montréal*, laissant entendre qu'une affaire des plus croustillantes est sur le point d'éclater. Cette affaire incriminera plusieurs ministres de l'ancien cabinet Diefenbaker avec une espèce de nouvelle Mata-Hari. Aucun nom ne sera mentionné et on sera très avare de détails, de façon à piquer la curiosité des lecteurs. Ce sera le premier avertissement. À Diefenbaker de comprendre et de la boucler! Si cette petite campagne journalistique ne donne pas les résultats escomptés, ils étaleront tout dans les médias, absolument tout, après avoir fait éclater l'affaire en Chambre au moment jugé par eux le plus opportun. Pierre, au nom de notre amitié, *I'm warning you! That's the way they gonna do it*[10]*!*

Il y avait quelque chose dans la voix de Workman, une anxiété presque palpable qui, au lieu d'inquiéter Pierre, le piqua au vif.

— Ils vont tout étaler! Mais étaler quoi, bon Dieu? Cette histoire avec la petite Gerda a été d'une telle insignifiance! La pauvre enfant ne comprenait rien à la politique et ça ne l'intéressait pas le moins du monde. Elle se préoccupait uniquement de savoir qui avait le plus d'argent et qui couchait avec qui à Ottawa. C'est tout ce qui pouvait la passionner. Le vrai scandale, s'ils mettent leur projet à exécution, c'est dans mon ménage qu'il risque

---

10. Je te préviens, c'est de cette façon qu'ils entendent procéder!

d'éclater. Corinne et les enfants vont sûrement être ravis. Disons que je vais avoir une ou deux explications à donner.

Pierre voudrait continuer d'ironiser, mais le cœur n'y est pas. « Doyle et Ducharme sont décidément des fumiers! Et que penser de Guy Favreau? Un ami de collège! » En son for intérieur, Pierre refuse avec la dernière énergie de croire possible ce que Workman raconte.

— Et à ma famille, ils y ont pensé?

— Justement, un des journalistes présents a délicatement mentionné que c'était te précipiter dans un merdier abominable et que le déshonneur en rejaillirait sur toute ta famille. Ton ami Favreau a répondu : *« Fuck Sévigny and his damn family*[11] *! »* Ducharme a ajouté : « On va lui faire sa fête, à cet infect Sévigny! » Il jubilait. J'en ai eu un haut-le-corps. Pour rester en paix avec ma conscience, il fallait absolument que je te prévienne. Mais je dois aussi t'avouer que je suis demeuré silencieux. J'étais tellement médusé par tout ce que j'entendais que je n'ai pas su quoi dire pour prendre ta défense. Je me demande encore pourquoi Doyle m'a invité précisément ce jour-là, et pourquoi ils ont parlé si librement devant moi. Ça demeure un profond mystère.

Pierre a sa petite idée là-dessus. Doyle aime bien faire étalage de sa puissance ainsi que de sa complicité avec les gouvernants. Il aime démontrer que c'est lui qui tire toutes les ficelles et qu'il vaut mieux être avec lui que contre lui. Il est aussi possible qu'il désire que l'information parvienne rapidement aux principaux intéressés, c'est-à-dire à Sévigny lui-même qui, terrorisé, s'empresserait aussitôt de l'acheminer vers Diefenbaker, seule cible réellement visée par ce coup fourré. Une fois mis au courant, ce serait à Pierre de jouer et de convaincre le vieux lion de protéger ses hommes et l'honneur de son parti.

Un peu avant l'aube, les deux amis se quittent. Pierre

11. On se fout de Sévigny et de sa putain de famille!

promet de se défendre par tous les moyens et rassure Workman. Il fera tout ce qui est possible pour le tenir à l'écart de ces sordides manigances.

Il rentre chez lui la mort dans l'âme. Il en est à se demander s'il ne devrait pas commencer à préparer sa femme au pire. Il ne peut s'empêcher de penser que des hommes qui, pour sauver leur peau, sont capables de plonger leur pays dans une élection générale au prix de millions de dollars assumés par les contribuables sont aussi capables de tout le reste.

« Si Corinne est réveillée, tant pis, je prends mon courage à deux mains et je lui raconte tout », se dit Pierre en serrant les dents. Un dur moment à passer.

Dans l'immense lit, sa femme dort d'un lourd sommeil sans rêves, et Pierre, à demi soulagé, se glisse entre les draps avec des précautions de chat. Il l'a échappé belle. S'il est vrai que la nuit porte conseil, c'est le moment de vérifier le vieil adage. Jamais de sa vie Pierre n'a ressenti à ce point le désir de s'anéantir dans une bienheureuse inconscience, lui qui, depuis toujours, méprise ce besoin que les humains ont de gaspiller des heures précieuses à dormir.

Malgré le désir qu'il a de s'endormir dès qu'il pose sa tête sur l'oreiller, afin d'oublier au plus vite la saloperie que Workman a étalée devant lui, le sommeil le fuit et il ne peut s'empêcher de repenser aux propos de son ami. « Comment Ducharme, qui lui aussi se disait mon ami, peut-il être sur le point de me faire une chose pareille? » Il connaît la méchanceté et la perfidie de Ducharme, mais, à maintes reprises, ne l'a-t-il pas aidé à se sortir d'impasses financières où il se retrouvait régulièrement? Dès que Ducharme était en difficulté, c'était lui qu'il venait voir.

Il repense aussi aux deux journalistes : Jean Côté et André Lecompte. Il les connaît un peu. Côté surtout. Il sait qu'il fait des pieds et des mains pour mettre sur pied une agence de presse. Pour financer leur projet, il est très possible que Côté et son associé comptent obtenir des fonds de Doyle. « Pour obtenir ces fonds, ils auraient donc décidé de mettre leur plume et leurs connaissances journalistiques au service de ce gros porc? Oui, en effet tout cela pourrait avoir du sens », pense Pierre. Mais d'aller jusqu'à mettre en jeu la carrière et l'honneur d'un homme avec de pures inventions, n'était-ce pas pousser trop loin par intérêt personnel? « Si ces gens-là ont le moindrement le sens de l'honneur, ils ne pourront jamais s'abaisser jusque-là. Ils ont écouté Doyle et Ducharme par politesse, mais le bon sens va reprendre ses droits. Quelqu'un va bien finir par remettre à leur place ces deux imbéciles! » conclut Pierre, qui cherche à se rassurer. Il est prêt à se raconter n'importe quoi pour calmer son inquiétude grandissante.

« Demain, je parlerai à ce chameau de Doyle ou à Pickersgill. Je leur ferai entendre raison demain..., demain... »

***

La sonnerie impérieuse du téléphone retentit pour la quatrième fois dans la grande maison chaude et tranquille. À l'extérieur, il règne un froid polaire. Février est particulièrement glacial. Chaque année dans ce pays, c'est le même refrain : de mémoire d'homme, il n'a jamais fait aussi froid. Devant un feu qui se meurt doucement dans ses derniers rougeoiements, Pierre s'est assoupi, un livre entre les mains. Personne ne décrochera donc ce maudit téléphone qui s'entête. Il refait soudain surface. Il est seul, ce soir. Clou est en Floride pour quelques jours et la bonne est sortie. Sa femme a beaucoup insisté pour qu'il l'accompagne, mais il a trop de soucis en tête pour avoir envie d'aller faire le lézard. Une angoisse diffuse l'accompagne jour et nuit, qui aurait gâché tout son plaisir de revoir la mer et le soleil; sans compter que Clou lui en aurait certainement voulu de sa morosité, ce qui aurait par le fait même gâché tout son bonheur à elle aussi.

La demie de minuit sonne à l'horloge du salon. « Il

faut que je réponde, se morigène Pierre. On n'appelle pas chez les gens à une heure pareille si ce n'est pas important. » Il s'extirpe péniblement de son fauteuil, mortellement agacé de devoir s'arracher à la douce léthargie à laquelle il s'était si délicieusement abandonné ces dernières heures.

Harry Workman est au bout du fil. Pierre soupire. Que lui dire de plus que la dernière fois? Non, il n'a rien tenté. Non, il n'a pas entrepris la moindre démarche malgré tous les avertissements que son ami lui sert depuis trois mois. Il n'a parlé à personne des inquiétudes que lui causent les plans douteux de Doyle et de Ducharme, parce que cela impliquerait de tout révéler à Corinne, et Pierre n'en a pas le courage. Cette histoire est par trop inélégante. Clou réagirait fort mal, il en est convaincu, et elle aurait raison. Leur couple est uni comme jamais; ce n'est vraiment pas le moment de lui balancer cette vieille histoire au visage.

— Hé! tu m'écoutes? Je te demande si tu as lu le *Journal de Montréal* de ce matin? Bon sang, mon vieux, secoue-toi, c'est grave! Ils ont lancé la première offensive. C'est dans la chronique à potins d'un certain Maurice Côté. Tu le connais celui-là?

Non, il ne le connaît pas et, ce matin, exceptionnellement, il n'a pas lu le *Journal de Montréal*. Seules les pages financières de *The Gazette* ont retenu son attention. Son agenda était bourré et la lecture des journaux a été remise à plus tard.

— Qu'est-ce qu'ils racontent, dans leur feuille de chou? Est-ce qu'ils ont le culot de parler de moi?

— Non, pas encore. Mais ils parlent d'une fille du nom d'Olga qui aurait fait de l'espionnage au Canada pour le compte des Soviétiques, ainsi que de deux, peut-être trois ministres qui se seraient laissé manipuler par elle. Pierre, il faut que tu fasses quelque chose. À moins qu'il ne soit déjà trop tard! Tu m'entends, Pierre? Va voir Côté et Lecompte, accroche Ducharme dans un coin; je ne sais pas, moi, mais bouge, imbécile! Tu m'avais presque convaincu qu'ils n'oseraient jamais faire une manœuvre aussi sale, mais là, ça y est. C'est parti, mon vieux. Par ta faute, tu vas passer dans le tordeur. Ils vont avoir ta peau!

Workman est hors de lui. Furieux de l'inertie que son ami a manifestée depuis qu'il est au courant de ce qui lui pend au bout du nez. Ce n'est pas lui qui aurait procrastiné comme ça! Par contre, c'est vrai que Pierre lui a répété autant comme autant qu'une campagne de presse du genre de celle qui a été fomentée aux appartements *Juliette* ne pourrait que discréditer ses auteurs, et il n'a pas été loin de le croire. Les semaines ont passé et le silence des journaux durant ces trois derniers mois a semblé lui donner raison. Mais force est maintenant de constater que ce pauvre Sévigny a fait fausse route et pris ses désirs pour des réalités.

Pour le calmer, Pierre promet de remuer ciel et terre. Il promettrait n'importe quoi pour que Harry lui fiche la paix. Ce qui est en train de lui arriver dépasse l'entendement. Il raccroche violemment. Pour un peu, il lancerait le téléphone tellement cette histoire le met hors de ses gonds. S'il était en présence de Doyle et de Ducharme, il les étranglerait tous les deux à coup sûr.

Mais, pour le moment, la première chose à faire est de se précipiter à son bureau du centre-ville pour aller chercher la copie du *Journal de Montréal* qui, en principe, doit être encore là où il l'a laissée ce matin. « Pourvu que ma secrétaire ou la femme de ménage n'ait pas jeté les journaux! pense-t-il, exaspéré. Ensuite? Ensuite, on verra bien! » Il enfile son pardessus à la hâte et fonce dans la nuit glaciale vers ce qu'il pressent confusément être le début de sa disgrâce.

Chapitre 20

Pierre referme le dernier dossier de l'impressionnante pile à travers laquelle il devait passer pour se remettre à jour. Il a aussi signé un abondant courrier qui ne pouvait plus attendre. C'est fou ce que le travail peut s'accumuler en quelques jours d'absence! Il a passé toute la semaine dernière à Québec, où il a été appelé d'urgence au chevet de son père mourant. Le vieux monsieur Albert Sévigny vient de rendre l'âme à quatre-vingt-treize ans. Le fils est à la fois triste et soulagé; son père était très malade depuis deux ans déjà. Il lui a pourtant été très pénible de dire adieu pour toujours à cet homme affectionné, qui a toujours su être pour son fils unique un modèle et un guide.

Pierre soupire. Il se sent infiniment triste et passablement fatigué. Il décide de s'offrir une courte pause. Il va prendre un bon café et souffler un peu avant de s'attaquer au menu de la journée. C'est le moment que choisit Yvonne, sa secrétaire, pour pénétrer dans son bureau avec les petits billets roses des messages téléphoniques de ce lundi matin.

— Vous désirez que je vous apporte un café, monsieur Sévigny? Je viens tout juste d'en faire, du très fort comme vous l'aimez.

— Merci, Yvonne, je vais aller me servir moi-même, j'ai besoin de me délasser un peu. Tant que vous me ferez de l'excellent café, je vous garde à mon service. Je ne devrais pas vous dire ça, mais vous êtes vraiment la reine des secrétaires.

La reine des secrétaires sourit aux anges. Elle adore monsieur Sévigny et il est assurément pour elle le roi des patrons, toujours courtois et tellement attachant!

— Je vois que vous avez passé à travers tous les dossiers. Je vais les classer et ranger un peu.

Pour la millième fois, émue, Yvonne Leroux regarde monsieur Sévigny quitter son bureau, la démarche altérée par sa jambe artificielle qui doit sûrement le faire souffrir, même s'il ne parle jamais de son handicap. Un jour où la curiosité était trop forte, elle a osé l'interroger. Il a répondu qu'il y a longtemps, et une fois pour toutes, il a décidé de faire comme si tout le monde avait une jambe artificielle.

— Depuis, je n'en parle pas, a-t-il dit, je fais comme s'il n'y avait rien de plus naturel au monde.

« Quel courage! pense-t-elle en s'affairant. Jamais une plainte, toujours droit comme un I majuscule, une vraie force de la nature! Eh! que c'est beau, un homme avec une canne! En tout cas, lui, ça lui donne un air altier, un air de noblesse. » Elle pousse un petit soupir discret. Mademoiselle Yvonne Leroux, cinquante-quatre ans, très compétente et célibataire, est un tantinet amoureuse de son patron. Mais, heureusement pour elle, l'amour est un sentiment plutôt flou auquel elle n'a jamais pensé s'attarder. Quotidiennement, elle prépare pour monsieur Sévigny des tas de petites douceurs; c'est là qu'elle trouve son bonheur. Elle se dévoue sans compter avec le plus parfait désintéressement et sans la moindre arrière-pensée.

Revenu à son bureau avec un grand bol de café bien noir, Pierre passe rapidement en revue les messages qui l'attendent. Robert « Bob » Reguly, *Toronto Star,* suivi de deux numéros de téléphone, et le billet rose porte la mention urgent souligné deux fois. «Ah non! Pas ce gros malappris!» pense Pierre, soudain irrité. La veille de son départ pour Québec, quelques jours après le coup de téléphone de Harry Workman à la suite de la parution d'un premier article tendancieux dans le *Journal de Montréal*, ce Reguly du journal *Toronto Star* a téléphoné chez les Sévigny à une heure moins cinq du matin. Pierre se souvient de l'heure exacte et pour cause! Clou était rentrée de Floride dans la journée et ils s'étaient tous les deux mis au lit vers minuit avec du vin chaud et des biscuits. Clou prétendait que l'hiver québécois la faisait mourir et qu'il leur fallait tout de suite soigner une hypothétique grippe de fin de saison. En fait, elle adorait se blottir sous l'édredon et avait trouvé ce prétexte pour y entraîner son oiseau de nuit de mari. Ils se racontaient les menus incidents de la dernière semaine quand le téléphone a sonné. Reguly s'est nommé, a appuyé lourdement sur le fait qu'il était du *Toronto Star* et a aussitôt demandé de sa voix nasillarde et infiniment déplaisante:

— Qu'avez-vous à déclarer sur Olga Monseigneur, monsieur Sévigny?

Pierre a failli en échapper le combiné. Sa femme regardait le plafond avec un sourire de béatitude. Le vin chaud avait fait son petit effet et elle n'était pas du tout intéressée par la conversation que Pierre venait d'engager. Elle avait pris l'habitude de ces coups de téléphone à des heures tardives, très fréquents à l'époque où il faisait de la politique.

— Ce nom vous dit-il quelque chose? a continué l'importun.

— Qui? Heu, non..., non, vraiment, je ne vois pas, a-t-il rétorqué en s'en voulant à mort de ne rien trouver de plus percutant à répondre.

— Par contre, vous connaissez sûrement une certaine Gerda Munsinger? J'attends vos commentaires, monsieur Sévigny.

Le ton était offensant, l'heure, indue, et le sujet, inconvenant devant Clou qui se prélassait, confiante et détendue à ses côtés.

— Vous savez l'heure qu'il est, monsieur Reguly? On ne dérange pas les gens chez eux à une heure pareille pour leur poser des questions oiseuses sur de vagues connaissances. Je n'ai absolument rien à vous dire. Bonne nuit!

Sur ce, il a raccroché.

Pierre contemple le bout de papier qui le ramène à l'épineux problème en train de lui empoisonner de plus en plus sérieusement l'existence. Pas question de rappeler ce Robert « Bob » Reguly. Il froisse rageusement le message et le jette à la corbeille. Il ne parlera plus à aucun journaliste, pas même à ce petit arriviste de Jean Côté. Il n'ira pas non plus s'humilier devant Doyle, ni surtout devant Ducharme, son âme damnée. Lui, Pierre Sévigny, fils de l'ex-juge en chef de la Cour supérieure du Québec, lui, l'un des plus hauts décorés militaires canadiens pour services exceptionnels rendus à sa patrie et grand blessé de guerre de surcroît, il ne mange pas de ce pain-là. Pickersgill, Smallwood, Favreau et les autres vont rapidement se rendre compte du peu de poids de leur fameux dossier et vont devoir renoncer à leur projet fumeux et parfaitement indigne sous peine de se ridiculiser à jamais.

Comment un homme de sa trempe aurait-il pu s'enticher d'une fille, n'importe laquelle, au point d'aller compromettre la sécurité de son pays ou, pire encore, d'aller jusqu'à sciemment trahir sa patrie au profit d'une puissance étrangère? Il fallait être mentalement dérangé pour prêter foi au tout début du premier mot de cette histoire abracadabrante. Gerda Munsinger, une espionne? C'était du plus haut comique. Cela lui semble à un tel point ridicule qu'il éclate de rire. Il a pris sa décision aux funérailles de son père : il ne bougera pas le petit doigt et laissera la petite clique s'enferrer dans ses ragots de concierge. Pour qu'il fasse pression sur Diefenbaker, on tente de l'effrayer en lui envoyant dans les pattes des persifleurs du type de Reguly, mais il ne répondra que par le silence et le mépris. C'est tout ce que ces débiles méritent. On verra bien sur qui retombera tout le discrédit de ces manigances de bas étage.

Pendant ce temps, l'homme réellement visé par le coup vicieux qui s'élabore dans l'ombre s'en donne à cœur joie. À Ottawa, John Diefenbaker continue de plus belle à harceler les libéraux. Le tout dernier cheval de bataille qu'il vient d'enfourcher avec la même fougue que les précédents, c'est l'affaire Spencer. Un pauvre type du nom de Victor Spencer aurait tenté d'obtenir des informations et surtout les numéros de certains terrains situés en Colombie-Britannique, numéros correspondant à la dimension de ces terrains. Le plus palpitant de cette vague histoire, c'est que les renseignements récoltés par Spencer sont, paraît-il, destinés aux Russes[12].

Fidèles à leur stratégie de redresseurs de tous les torts, les conservateurs essaient de creuser davantage cette affaire en bombardant Lucien Cardin, député libéral de Sorel, et successeur de Guy Favreau au ministère de la Justice, de questions embarrassantes auxquelles il refuse obstinément de répondre. Le débat en Chambre se poursuit depuis un bon moment et prend un tour de plus en plus acerbe. Cardin ferraille du mieux qu'il peut contre le parlementaire redoutable qu'est John Diefenbaker, mais il commence à se sentir piégé, car il est à bout d'arguments pour river son clou à l'indomptable chef conservateur qui, le sentant faiblir, s'acharne de plus belle. C'est alors que Guy Favreau, assis juste derrière Cardin et le voyant plier sous l'attaque, lui dit à haute et intelligible voix :

— Donne-leur Monseigneur !

---

12. Pour plus d'informations, consulter http://news.google.com/newspapers?id=CJRlAAAAIBAJ&sjid=GYoNAAAAIBAJ&dq=lions-gate-bridge&pg=6442%2C1199550

Quelques jours auparavant, quand Diefenbaker a commencé à farfouiller avec délice dans l'affaire Spencer, avec l'accord de Pearson, Guy Favreau est allé voir l'ex-ministre conservateur de la Justice, Davie Fulton, pour lui signifier en termes de chantage à peine voilé que, si Diefenbaker continue ses attaques déplaisantes, il verra, de concert avec ses collègues libéraux, à balancer à la face des conservateurs tout ce qu'ils savent sur le dossier Munsinger. La menace n'a malheureusement pas calmé les ardeurs belliqueuses de Diefenbaker, de Fulton et des autres. Il est grandement temps que ces enragés sachent de quel bois les libéraux se chauffent et, comme, avec les loups, il faut hurler..., Guy Favreau vient de décider que c'est le moment d'utiliser à fond leur botte secrète.

— Vas-y, Lucien, donne-leur Monseigneur! insiste Favreau derrière Cardin.

Pressé d'en finir et pour avoir enfin le dernier mot, Lucien Cardin finit par s'écrier, furibond :

— Monsieur Diefenbaker, vous êtes bien mal placé pour attaquer le gouvernement sur des questions relatives à la sécurité de l'État, étant donné votre propre conduite dans l'affaire Monseigneur.

On est le vendredi 4 mars 1966, et il est dix-neuf heures moins le quart. Cette date-là, Pierre n'est pas près de l'oublier. Corinne pénètre dans son bureau en souriant :

— J'ai un message téléphonique pour toi. Comme tu me l'as demandé, j'ai répondu que tu étais absent. Cette personne n'a pas voulu se nommer. C'est sans doute un journaliste. Il demande que tu le rappelles à ce numéro et veut savoir ce que tu as à dire sur l'affaire Monseigneur. Un autre scandale, je suppose! Si le clergé commence à tremper dans des scandales, où s'en va notre société? Ça te dit quelque chose, cette histoire au sujet d'un monseigneur?

Pierre reste un instant figé. Si Clou l'avait regardé attentivement en lui remettant le message, elle l'aurait vu devenir d'une pâleur mortelle. Heureusement, l'affaire

Monseigneur ne semble pas l'intéresser outre mesure et elle n'attend pas vraiment de réponse de sa part. Elle s'est plutôt mise en frais de replacer les glaïeuls rouges et blancs qui ornent la table de travail de son mari et dont l'arrangement capte aussitôt toute son attention.

Au premier coup d'œil, Pierre voit bien que l'appel provient d'Ottawa. S'il s'agit d'un journaliste de la colline parlementaire, comme il en a l'intuition, c'est que l'affaire vient de sortir en Chambre. L'affaire Monseigneur! Olga Monseigneur, comme Charles-z-Hubert a toujours appelé Gerda Munsinger. Surtout, ne pas s'énerver, attendre que sa femme quitte la pièce et aille s'affairer ailleurs, puis téléphoner au numéro griffonné sur le bout de papier. Surtout, ne pas s'affoler! Plus tard, ce soir, s'il le faut, lui parler calmement de Gerda Munsinger. Clou est maintenant derrière lui, tout contre son fauteuil, et lui masse gentiment la nuque. Elle se penche et lui effleure le front d'un baiser.

—Je vais à la cuisine voir où en est la nouvelle bonne avec le repas. Le dîner sera prêt dans une demi-heure à peu près. Ça te dit quelque chose, l'affaire Monseigneur?

—Je n'ai pas la moindre idée de ce que ça peut être. Je vais peut-être rappeler ce journaliste pour en savoir plus. Je ne sais pas..., je verrai.

Le lendemain matin, Pierre n'a toujours pas rappelé le journaliste d'Ottawa. Les événements se sont bousculés hier soir et durant la nuit. Depuis la veille au soir, il a des choses plus importantes à faire que de répondre à des questions oiseuses. C'est à cela qu'il pense en enfilant à toute allure les longues bottes de caoutchouc qu'un de ses collaborateurs vient de lui apporter. Son imperméable bouclé, il se met à distribuer les ordres à la cantonade. Il faut appeler les pompiers, la police et tous les volontaires disponibles de la municipalité de Boucherville. Dans le cottage tout neuf qui sert de maison modèle et de bureau de vente à son développement domiciliaire, l'effervescence est à son comble. Clou, déjà au téléphone, lui crie :

—J'ai le maire au bout du fil. Tu veux lui parler?

Sur le point de sortir, Pierre acquiesce, puis se ravise.

—Tu lui expliques dans quelle situation la rupture des conduites d'eau nous a placés et tu lui demandes de nous envoyer des renforts. Moi, je vais voir les maisons les plus gravement touchées et je vais donner un coup de main. Il faudrait aussi que tu appelles l'assureur. Demande-lui de nous envoyer un évaluateur le plus rapidement possible.

Le nouveau développement domiciliaire dont Pierre et sa femme sont les promoteurs est dans un état indescriptible. Les maisons habitées, comme celles qui sont encore en construction, semblent littéralement voguer dans un océan de boue. L'eau des égouts municipaux a reflué dans les sous-sols, et une odeur écœurante commence à flotter dans l'air de ce qui était appelé à devenir un site résidentiel de rêve. Pour bien compliquer les choses, il pleut sans arrêt depuis trois jours, et le ciel gorgé de nuages bas et sombres ne semble pas vouloir annoncer la moindre accalmie. Pierre préfère fuir le bureau des ventes, car les nouveaux et futurs propriétaires le harcèlent ou l'insultent comme s'il était le grand responsable de cette calamité. Avec l'aide des pompiers et des policiers, il passe la journée à vider des caves nauséabondes avec des pompes de fortune et se dépense ici et là sans compter. Ce n'est que vers vingt heures qu'il peut enfin, boueux, couvert d'ordures et exténué, réintégrer son domicile.

Affalé sur une vieille couverture que Clou s'est empressée d'étaler sur son fauteuil préféré, Pierre sirote avec béatitude un scotch bien tassé. La bonne est en train de lui faire couler un bon bain chaud et il ne pense plus qu'au merveilleux moment de détente qu'il pourra enfin s'octroyer dans quelques instants, lorsque le carillon de la porte d'entrée fait entendre son élégante petite musique.

Il est tenté de dire à Clou de ne pas répondre, mais sa femme est déjà dans le vestibule. Une lumière aveuglante se répand soudain sur le portique de la maison et pénètre par les grandes fenêtres du salon dont les tentures n'ont pas encore été tirées. Pierre ne comprend pas ce qui peut bien se passer devant chez lui. Il se lève à contrecœur et, par l'une des fenêtres, aperçoit tout un attirail de caméras et de projecteurs installés sur son parterre et son perron. Quatre ou cinq personnes s'agitent autour de ces curieuses installations.

Effrayée par cet étrange déploiement, Clou a aussitôt refermé la porte et se précipite vers son mari, les larmes aux yeux.

—Pierre, ils demandent à te voir. Qu'est-ce qu'ils te veulent? Ils m'ont aveuglée avec leurs flashes. Qu'est-ce que c'est que ces gens-là? Qu'est-ce qu'ils viennent faire chez nous?

Pierre comprend soudain, et de fulgurante façon, que la machiavélique affaire Monseigneur vient de s'ébranler et qu'il a été jeté en pâture aux journalistes avides d'alimenter les médias. Cette barbare incursion dans sa vie privée et le peu de respect que ces gens manifestent pour ses proches ont le don de le mettre hors de lui. Il s'élance vers la porte qu'il ouvre à la volée, insoucieux des éclairs de magnésium qui lui sautent au visage et de tous les regards avides braqués sur lui.

—Je vous ordonne de quitter les lieux sur-le-champ, espèces de malotrus, sinon je verrai à vous faire évacuer de force!

Assailli de questions, conscient qu'une caméra de télévision enregistre la moindre de ses réactions, il brandit sa canne en direction de ses agresseurs. Parce que, pour lui, il s'agit bien d'une agression. Il n'accorde à personne le droit de violer ainsi son intimité. Son premier réflexe est de renverser la caméra qui le fouille de son œil impavide. Sa canne tournoie avec force et atterrit sur quelque chose de dur. Il est aussitôt prêt à frapper de nouveau, tant est violente la fureur qui tout à coup le submerge. Les journalistes et les techniciens ont soudain peur de cet homme immense que leur présence a, de toute évidence, mis hors de lui. C'est aussitôt le repli stratégique et peureux vers le camion et les voitures.

— Vous êtes mieux de foutre le camp d'ici, sinon j'appelle la police.

Pierre est satisfait d'avoir fait place nette aussi rapidement. Mentalement, il note le numéro de plaque d'immatriculation de la dernière voiture qui démarre sur les chapeaux de roue. « Ces sales individus ne l'emporteront pas en paradis », pense-t-il, et c'est bouillant de rage qu'il rentre dans la maison où l'attend Clou, terrifiée.

— Je t'avais bien dit, Pierre, qu'il y a une vague de cambriolages dans Westmount. Les voleurs utilisent toutes sortes de subterfuges de plus en plus astucieux. La dernière fois, deux prêtres se sont présentés chez des voisins pour une soi-disant visite paroissiale. Ils ont ligoté les occupants et ils ont tranquillement pris tout ce qui pouvait les intéresser. Ils sont drôlement bien organisés. Ce soir, ils étaient toute une bande. On l'a échappé belle.

Pour le moment, Pierre n'a nullement l'intention de la détromper. Va pour la thèse du cambriolage, puisqu'elle a l'air d'y tenir. Ça lui donne quelques heures pour voir venir et tenter, si possible, d'échapper au piège qui se referme. Il se hâte vers le téléphone. « Alerter la police, puis, plus tard, dès que Corinne se mettra au lit, appeler les gens susceptibles de mettre immédiatement fin à cette sinistre farce! »

Le lundi suivant, à Ottawa, des journalistes de différents organismes de presse commentent les propos du ministre de la Justice Lucien Cardin. Le ministre vient de tenir une importante conférence de presse pour expliquer qu'il est de son devoir de faire toute la lumière sur une histoire de sécurité qui, de loin, dépasse la tristement célèbre affaire Profumo-Keeler. Il a déclaré qu'au moins deux ministres du cabinet de John Diefenbaker y ont été étroitement mêlés. Il a cependant refusé de les nommer. Ce qui embête la petite faune des journalistes, c'est que cette histoire serait déjà vieille de six ans. Il leur a été impossible de savoir pourquoi le gouvernement se décide maintenant à sortir ce présumé scandale, que le ministre Cardin a pourtant affirmé connaître depuis fort longtemps. Lorsqu'on lui a posé la question, Cardin a rétorqué que ça le regardait et que le premier ministre et ses conseillers, consultés à l'époque, avaient décidé de ne produire le dossier qu'au moment où ils le jugeraient utile.

Les langues vont bon train et certains journalistes, mieux informés que leurs confrères, semble-t-il, avancent déjà les noms de Pierre Sévigny et de George Hees. Certains parlent d'une espionne d'Allemagne de l'Est du nom d'Olga Monseigneur, alors que d'autres mentionnent une certaine Ricky Munsinger, jolie blonde de petite vertu qui a pendant quelque temps fait courir les hommes de la métropole et de la capitale fédérale. Beaucoup finissent par conclure que c'est tant mieux s'il y a deux filles : toute l'affaire n'en sera que plus juteuse, bien que le ministre Cardin ait malheureusement laissé entendre que l'une des espionnes en question serait morte peu après son retour dans son pays. Cette histoire leur paraît plutôt embrouillée, mais ils flairent déjà une bonne piste et, comme c'est leur métier de traquer la vérité, ils vont s'y employer sans perdre un instant.

Rapidement informé de ce qui vient de se passer à Ottawa, Pierre s'empresse aussitôt de téléphoner à Lucien Cardin qu'il connaît fort bien et depuis longtemps. Il lui ordonne de cesser la campagne de pure diffamation qu'il vient d'entamer. Cardin se montre odieux et violent au téléphone. Technique éprouvée pour masquer sa mauvaise foi, se dit Pierre, et il choisit de s'enferrer dans son erreur avec une passion suspecte. « J'ai agi trop tard, et lui, il n'a maintenant plus le choix ! »

Pierre est écœuré au-delà de toute expression et il le fait vertement savoir à son interlocuteur. La conversation, déjà fort désagréable, dégénère rapidement en engueulade monstre, et Pierre finit par raccrocher au nez du ministre. « J'aurais dû continuer à l'abreuver de bêtises, il aurait fini par faire une attaque cardiaque », pense-t-il rageusement.

Dans les heures qui suivent, tous les gens vers qui il se tourne pour demander conseil le traitent soit avec une dédaigneuse condescendance, soit comme un grand malade atteint d'un sérieux complexe de persécution. Maintenant, il ne lui reste plus qu'à surveiller les médias et surtout, surtout, à informer sa femme avec tous les ménagements possibles de la vaste machination qui s'est mise en branle contre lui.

Il se prend la tête à deux mains. Comment préparer Corinne à la tempête qui est en train de s'abattre sur leur vie? Déjà, hier, il a commencé à mettre en doute la thèse des cambrioleurs qu'elle lui a servie après le regrettable incident du samedi soir. Il a essayé, en prenant des précautions de Sioux, de lui parler d'un complot libéral ourdi par Doyle et Ducharme pour salir la réputation des conservateurs. Cette idée n'a pas une seconde intéressé Clou qui lui a répondu :

— Chéri, je t'en prie, arrête! Tu vois des complots politiques partout. Tu as trop fréquenté Doyle et Ducharme, ils t'ont empoisonné la cervelle. Ça fait quatre ans que tu es sorti du circuit. Pourquoi viendrait-on te relancer? Et de façon aussi théâtrale? On a affaire à un réseau de voleurs drôlement futés. Quand les policiers sont venus, ils te l'ont eux-mêmes confirmé.

Il n'a pas insisté outre mesure. Les enfants étaient présents, Clou se montrait toute guillerette et elle n'avait rien pressenti du drame intérieur qui torturait son mari. Il aurait souhaité qu'elle lui tende une perche, n'importe laquelle, qu'elle ait une intuition, qu'elle lui pose des questions. Il ne savait plus, ou plutôt, oui, il y avait une chose qu'il savait, c'était qu'il était trop lâche, trop terrifié pour oser aborder un sujet pareil. Il savait aussi qu'en se taisant il ne faisait que gagner quelques heures d'une paix malheureusement bien précaire avant que le drame n'éclate.

Il songe soudain à Jacqueline Delorme qu'il n'a pas revue depuis un bon moment. Pourquoi ne pas l'appeler et lui demander conseil? Peut-être saura-t-elle trouver dans le passé de Gerda un quelconque élément qui puisse l'aider à clouer le bec à tous ces assoiffés de scandale. Peut-être pourra-t-elle aussi lui dire comment il faut s'y prendre pour annoncer à la femme qu'on aime qu'on l'a trompée et que son infortune risque d'être bientôt étalée en première page et dans tous les journaux du pays.

***

Jacqueline dépose devant Pierre toutes les lettres de Gerda. Treize lettres, dont la première est datée du 24 décembre 1960, et la dernière, expédiée de Capri, est du 17 janvier 1962.

— Tu peux toutes les lire, si tu veux. En respectant la chronologie, tu vas constater comme moi que, si elle a cessé d'écrire, c'est qu'elle est bel et bien morte. Je ne vois pas d'autre explication à ce curieux silence; on était tellement proches! Après sa dernière lettre, j'ai tout fait pour la retracer. J'ai écrit un peu partout avec demande de faire suivre... Rien! J'ai téléphoné à divers endroits... Toujours rien! Elle ne peut qu'être morte, et c'est d'autant plus horrible qu'elle ne peut plus venir prouver qu'elle n'a jamais été une espionne.

— Les libéraux n'auraient jamais lancé leur offensive s'ils l'avaient crue vivante, ça, j'en suis certain.

— L'automne dernier, tout à fait par hasard, j'ai rencontré Charles-z-Hubert à l'aéroport La Guardia, à New York. C'est à peine s'il a pris de mes nouvelles, et pourtant, ça faisait un bail qu'on ne s'était pas vus, lui et moi. Par contre, il m'a demandé des nouvelles de Gerda avec un empressement étonnant. Quand je lui ai dit qu'elle était morte de leucémie, il m'a demandé plein de détails. Il ne voulait pas me croire et il a pris un air tellement affligé que moi, belle idiote, j'ai cru qu'il nourrissait une flamme secrète pour elle et qu'il était sincèrement bouleversé. Faut-il être assez hypocrite? Avoir su, je lui aurais raconté qu'elle revenait s'installer à Montréal. Ça lui aurait foutu son plan en l'air, à ce salaud!

Pierre hausse les épaules avec fatalisme. « Rien de ce qui a été fait ne peut désormais être défait. Il faut limiter les dégâts, un point c'est tout! » Il feuillette les premières missives de Gerda en se demandant ce qu'il espère réellement trouver. Toujours accueillante, Jacky a préparé un petit gueuleton sympathique qui attend sur le coin de la table. Il est treize heures et il n'a rien mangé depuis la veille. Lui qui a toujours eu un solide appétit, il ne peut se résoudre à avaler quoi que ce soit. Une horrible migraine commence d'ailleurs à lui vriller les tempes. Chacun des mots qu'il lit lui semble enveloppé dans du coton. Il a toutes les misères du monde à fixer son attention sur la prose de Gerda.

— Mais j'y pense! s'écrie soudain Jacqueline. Dans une de ses lettres, elle me disait avoir été réembauchée par la même agence où elle travaillait avant son départ d'Allemagne. C'est un bureau des forces armées américaines à Munich. Elle y a même retrouvé d'anciens collègues. Sa lettre était écrite sur du papier à en-tête de ce bureau de l'armée américaine. Penses-tu que les Américains seraient assez fous pour réengager une espionne qui travaille ou a travaillé pour les Russes?

— Non! Non, je ne crois pas qu'ils seraient assez fous pour faire une chose pareille! répond Pierre, subitement envahi par un fol espoir.

Jacky s'est emparée de la liasse de papiers et se met à chercher fébrilement. Elle brandit enfin une lettre et une enveloppe portant triomphalement les mots:

European Exchange System
South German District
Office of the District Officer
Apo 108 U.S. FORCES

C'est comme si tout d'un coup on retirait des épaules de Pierre un poids de plusieurs tonnes. Cette lettre démolit, à elle seule, toute accusation d'intelligence avec le bloc communiste.

— C'était la première chose qu'il fallait me montrer. Tu te rends compte, Jacky, de ce que ça veut dire pour moi? J'étais ministre de la Défense et, eux, ils ont décidé de miser sur une histoire d'atteinte à la sécurité de l'État.

— Excuse-moi, mais j'avais un peu oublié tout ça. L'endroit où Gerda travaillait, ça m'était plutôt égal, tu sais. Pourvu qu'elle soit contente et que ses amours aillent bien. Le reste, moi...

Pierre s'est renversé dans la causeuse et croque avec avidité dans le merveilleux sandwich au pâté qu'il vient de rafler sur la table basse. S'il n'était pas en compagnie d'une dame, il déferait sa ceinture et se délesterait de sa prothèse ainsi que du harnais qui le coince de partout et il pourrait enfin relaxer de tous ses membres. Il prend soudain conscience qu'il vit sous tension depuis il ne sait plus combien de jours. Cette miraculeuse lettre tombe drôlement à pic!

Mais son soulagement est de courte durée. Il vient de repenser à sa femme. Il n'a plus le choix désormais: il doit tout raconter à Corinne. Avant que la lumière soit faite sur toute l'affaire, les journalistes d'une certaine presse à sensation risquent de s'amuser à décrire Gerda comme une créature sulfureuse, une putain, et Dieu sait quoi encore. «Ils ne se gêneront sûrement pas pour faire des gorges chaudes de mon aventure avec elle. Impossible d'essayer de faire croire à ma femme que je n'ai accompagné cette fille qu'aux vêpres ou à la messe du premier vendredi du mois. Clou avait eu des soupçons, j'en suis sûr. À l'époque, ça ne marchait pas très fort entre nous. »

Il regarde Jacky relire certaines lettres de Gerda. La pauvre a les yeux pleins de larmes. C'est une incurable romantique; elle a toujours excusé les folies de sa princesse. Elle disait que Gerda avait un bon fond et elle accusait la vie de l'avoir tant malmenée qu'elle n'avait eu d'autres choix pour s'en sortir que de se battre avec les seules armes qu'elle possédait: sa beauté et son charme. Jacky comprend toujours tout. C'est la personne la plus empathique qu'il lui ait été donné de rencontrer.

—Jacky, tu ne pourrais pas te faire mon avocate auprès de ma femme? Tu lui raconteras tout ce que tu sais de Gerda et de l'attrait qu'elle pouvait exercer sur les hommes. Tu te souviens, à l'époque, Clou se désintéressait de moi et de mes problèmes à Ottawa. Elle était toujours par monts et par vaux. Ça allait tellement mal entre nous qu'on avait même parlé de divorce. Tu sais combien j'aime et j'estime Corinne et tu sais que jamais, au grand jamais, je n'ai pensé refaire ma vie avec qui que ce soit. Tu te souviens, à Vancouver, quand on s'était rencontrés, je t'avais expliqué que je travaillais très fort à sauver mon mariage et qu'un échec serait la plus grande défaite de ma vie. Tu pourrais lui parler? Tu pourrais faire ça pour moi?

Jacky hoche la tête, pensive. Elle aime bien Clou, mais il lui est souvent arrivé de ne pas trop bien la comprendre. Voilà bien une fille que la vie a trop gâtée. Ce n'est pas sa faute, mais, issue d'une famille très riche, mademoiselle Corinne Kernan n'a qu'à désirer pour obtenir. Elle a épousé l'homme qu'elle aime depuis sa plus tendre adolescence, un homme beau, viril, courageux, intelligent et plein de charme. En effet, qui peut se vanter de résister au charme d'un Pierre Sévigny? Même elle, à une époque... Bon, enfin, passons!

Corinne et lui se sont mariés quand il est revenu d'Europe, sérieusement amoché, bien sûr, mais est-ce qu'épouser un héros de guerre n'est pas du dernier romantique? Ils ont maintenant trois beaux enfants, de l'argent à ne savoir qu'en faire, et Pierre a été et demeure aux yeux de Jacky un homme politique influent. Il n'aurait qu'à se lancer à nouveau dans l'arène pour triompher de toutes les embûches, Jacqueline n'en doute pas une seconde. Pour le bonheur de sa Clou, Pierre a préféré abandonner sa brillante carrière et est revenu vivre à Montréal où madame se prétend plus heureuse.

Ah! elle n'a pas volé son surnom, Clou Sévigny! Il lui vient, paraît-il, de quand elle était toute petite, mais elle le porte encore très bien. Intransigeante, dure même, parfois, elle est du genre sur lequel on s'écorche. Jacqueline va s'employer à lui démontrer sa part de responsabilité dans le malheur qui frappe aujourd'hui son mari. D'ailleurs, quelle femme intelligente tiendrait rigueur à un homme aussi exquis que Pierre d'avoir eu, en des temps de frictions conjugales, un flirt un peu poussé, disons, avec une enjôleuse de première catégorie? Ça, Jacky est bien placée pour en témoigner.

Ce qui est agaçant chez Clou Kernan-Sévigny, c'est qu'elle veut tout avoir : son Pierre, la gloire d'être femme de ministre, des rencontres avec des gens riches et puissants, de grandes réceptions, de beaux voyages, une vie brillante et la permission d'avoir ses humeurs. Jacky en connaît personnellement qui savent se contenter de beaucoup moins. Clou a tout voulu et tout obtenu. Qu'est-elle prête à donner aujourd'hui, alors que l'homme de sa vie est menacé de se faire clouer au pilori pour une bêtise dont la majorité des hommes se rendent régulièrement coupables sans pour autant devoir rendre des comptes à des millions de personnes et à la justice de leur pays?

—Je vais lui parler, à ta femme. Je pense qu'elle est intelligente, sinon tu ne l'aurais pas choisie. Si elle t'aime vraiment, elle va comprendre et t'aider à passer ce mauvais moment. Enfin, moi, c'est ce que je ferais. Mais je ne suis pas Corinne Kernan-Sévigny et je n'ai pas tout reçu tout cuit dans le bec à la naissance. C'est là qu'on va voir de quel bois elle se chauffe, ta petite madame.

—Jacky, Corinne est une femme bien. Elle va comprendre. Enfin, j'espère, Seigneur! Je te demande de lui parler parce que je sais que, toi, tu sauras trouver les mots qu'il faut. Je suis la victime d'un complot, il faut que ça soit bien clair pour elle. Pour le reste... Tu es une femme, n'est-ce pas?

« Oh! Dieu du ciel! pense Pierre, je donnerais n'importe quoi pour que ce soit déjà fait. Ça m'enlèverait toute une épine du pied! » Pierre sent qu'il est urgent d'en finir. Il n'a déjà que trop tardé.

— Peux-tu venir ce soir à la maison, Jacky? Ce serait l'idéal. Moi, je vais commencer à la préparer en rentrant en fin d'après-midi. Ça te va?

Jacqueline acquiesce. « Ça risque d'être un sale moment à passer pour tous les trois, mais il faut à tout prix tirer Pierre de ce mauvais pas. » Elle a un sens aigu de l'amitié, Jacky. Il faut aussi protéger la mémoire de sa chère princesse. Ah! quelle chance elle a, elle, Jacqueline Delorme, d'être en mesure de défendre ses amis dans la tourmente qui s'abat sur eux! Depuis la mort d'Édouard, l'amitié est son bien le plus précieux et, bien qu'elle n'ait plus revu Pierre ces deux dernières années, ils viennent de se retrouver comme s'ils s'étaient quittés la veille.

Les yeux remplis de larmes brûlantes, Jacky referme la porte sur Pierre qui s'en retourne à son travail. Oui, lui et Gerda peuvent compter sur elle, elle ira jusqu'au bout. Elle ne permettra pas que des scélérats fassent du mal aux gens qui ont le plus compté dans sa vie! Édouard mis à part, bien sûr!

« Tu vas voir, mon chéri, murmure-t-elle à la photo de son grand amour qui trône dans le salon, tu vas être fier de moi. Si tu peux, descends donc me donner un petit coup de pouce; je voudrais être absolument parfaite. »

Là-dessus, elle s'effondre dans un fauteuil et s'offre une bonne petite crise de larmes. Édouard disait toujours que ça apaise et que ça donne de la profondeur au regard d'une femme. Elle se sert un pernod pour se calmer et téléphone à son employeur pour le prévenir qu'elle ne se sent pas bien et qu'elle ne retournera pas au travail de l'après-midi. Il faut qu'elle se prépare au rôle extrêmement difficile qu'elle aura à jouer ce soir.

Comment s'habille-t-on quand on doit annoncer à une héritière qui a fait ses études chez les ursulines de Québec que son mari a été l'amant de Gerda Munsinger, princesse de la bagatelle soupçonnée d'avoir été la Mata-Hari du Nouveau-Monde? Les uns après les autres, les tailleurs et les robes de Jacky volent sur le lit. Il lui faut trouver un vêtement à la fois sobre et élégant de la couleur la plus apaisante possible. «Ah! comme c'est éprouvant et excitant tout à la fois!»

Dans la grande maison de la rue Wood, à Westmount, règne un silence de mort. Depuis presque une heure, Jacqueline et la femme de Pierre sont enfermées dans le bureau du mari. Au salon, resté seul, lui fait les cent pas dans sa tête. Ce soir, tout son corps lui fait affreusement mal. Il se sent devenir infirme pour la seconde fois de sa vie. Pire, il se sent paralysé des pieds à la tête et il promène un regard désespéré dans la pièce si gracieusement meublée. S'il avait le courage de se mouvoir, il casserait tout avec sa canne, les bibelots tendrement choisis, les fauteuils Louis XVI... Il éventrerait les coussins de duvet et briserait tous les meubles. Oh! ce n'est pas qu'il déteste son décor quotidien, bien au contraire! C'est plutôt qu'il a peur, tellement peur, peur à en crier, et c'est pour lui une sensation inusitée et horriblement humiliante. La guerre lui a appris à se défendre de la peur par l'action immédiate, violente, forcenée. Cette peur de perdre l'amour de sa femme et en même temps la chaleur et la beauté de son foyer lui donne envie de tout saccager tout de suite et d'en finir.

Jamais il ne pourra oublier le regard de Clou après qu'il lui eut expliqué les grandes lignes de l'infamie que

Ducharme et Doyle ont concoctée, en accord avec les dirigeants de ce pays pour la défense duquel il a perdu une jambe et l'usage partiel d'un œil; en accord aussi avec son ami Guy Favreau et Lucien Cardin, deux hommes avec lesquels il a toujours eu de bonnes relations. Et avec d'autres personnes encore, sans doute, mais il ne voulait pas y penser, c'était déjà bien assez. Il lui a expliqué les aspects politiques du complot et l'intérêt que les libéraux ont à créer de toutes pièces un scandale alimenté par des journalistes que Doyle a achetés, ça ne fait plus le moindre doute dans son esprit.

Il a enfin mentionné le nom de Gerda Munsinger. Clou se souvenait vaguement de la jolie jeune femme. Il a avoué avoir courtisé l'Allemande un peu aventurière, pas très farouche, hélas! et tout à fait séduisante, qui se plaisait en compagnie d'hommes influents et que des connaissances lui avaient un jour présentée.

À partir de là, il s'était mis à patauger comme un minable. Corinne le regardait sans broncher, l'air de ne pas trop bien comprendre, ou peut-être de trop bien comprendre. Le pire, c'était qu'elle le dévisageait sans poser la moindre question. Épouvantablement mal à l'aise, il était à deux doigts de piquer une colère noire quand l'arrivée de Jacqueline, à vingt heures pile, l'avait arraché au marécage verbal dans lequel il s'enlisait lamentablement.

— C'est pour m'expliquer en détail ce que tu n'arrives pas à formuler toi-même que tu as fait venir ta Jacqueline Delorme? avait-elle demandé avec, dans les yeux, quelque chose d'indescriptible.

«Je devais avoir ce regard-là quand les médecins m'ont annoncé qu'ils venaient de me couper la jambe jusqu'au milieu de la cuisse», se dit Pierre, effrayé.

Soudain, il entend un bruit de verre qui se brise en mille éclats sur le mur de la pièce où les deux femmes sont toujours enfermées. Il entend distinctement Clou rugir:

— Le salaud! Oh! le salaud!

Il retient son souffle. Clou peut être violente, parfois. Il se souvient d'une certaine soupière de fine porcelaine qui a terminé sa carrière sur le plancher de la salle à manger un jour d'orage domestique; quelques assiettes et des verres de tous les jours s'étaient fracassés sur les tuiles de la cuisine à cause de plats ratés ou d'une accumulation de bêtises des enfants. Après un silence qui lui semble durer l'éternité, il entend sa femme dire d'une voix plus calme:

— C'est stupide! Un si beau vase! Mais Seigneur que ça fait du bien!

Il entend ensuite les deux femmes rire. Ou pleurer? Puis plus rien pendant de longues minutes.

La porte du bureau s'ouvre enfin et il voit Corinne s'avancer vers lui. Elle a peut-être pleuré, mais c'est surtout Jacqueline qui, un peu en retrait, donne tous les signes du chagrin le plus profond. Les yeux rougis et la lèvre gonflée, elle renifle discrètement dans un mouchoir complètement détrempé.

— Pierre Sévigny, je suis enragée, mais ça va finir par passer. De toute façon, j'aime mieux que tu aies fait ça avec une fille qui rôtit présentement en enfer qu'avec une de mes amies. Jacky m'a démontré que ça ne pouvait pas être sérieux entre vous. Cette fille-là couchait avec tout le monde! Je vais donc pouvoir passer l'éponge. Tes anciens supposés amis ne pourront pas se vanter d'avoir détruit à la fois ta réputation et notre mariage. J'ai beau être furieuse, je ne peux m'empêcher de penser que c'est aussi un peu ma faute. Je n'étais pas un cadeau quand on était prisonniers de ton travail à Ottawa. C'est vis-à-vis des enfants que…

Sa voix se brise. Elle a pu affronter l'humiliation d'apprendre, des années après les faits, que son mari l'a trompée avec une espèce de putain, mais, devant les enfants, elle se demande si elle aura le même courage. Jacky l'entoure de ses bras. C'est ce que Pierre souhaiterait de tout son cœur pouvoir faire, mais il sait que ce n'est surtout pas le moment. Il pressent que la moindre tentative de contact physique de sa part la révulserait et pourrait déclencher un drame.

— Tout ce que je peux te dire, Corinne, c'est que c'est

toi que j'aime et que j'aimerai toujours. Toi et les enfants, vous êtes ce que j'ai de plus précieux sur terre. Pour vous, je vais me battre jusqu'à mon dernier souffle contre ces chacals puants.

Des larmes de rage lui montent aux yeux. Il les refoule. « Les enfants, mon Dieu, elle a raison. » Il n'avait pas vraiment pensé aux enfants. Qu'est-ce qu'on comprend aux histoires des adultes, à leur âge? Pierrette, à treize ans, est en âge de comprendre. Elle sera blessée, c'est sûr, sans porter un jugement trop dur, espère-t-il; elle voue une telle adoration à son père! Mais les deux garçons, Albert, quatorze, et Robert, six ans, quelle sera leur réaction?

Pierre comprend la détresse de sa femme. Pour eux, il faudra qu'il sorte de cette affaire exonéré de tout blâme et avec les excuses de la justice. Il faudra que les vrais coupables soient démasqués et chassés du pouvoir qu'ils ne sont pas en droit d'exercer. Des hommes qui piétinent la confiance des élus et ne pensent qu'à leurs intérêts les plus bas n'ont pas le droit de gouverner un pays. Une petite flamme d'espoir renaît en lui. Oui, il va se battre pour Corinne qui, sans lui dire qu'elle lui pardonne, l'a quand même assuré de sa solidarité. Avec elle à ses côtés, il peut entreprendre n'importe quelle bataille et faire triompher ce qu'il sait être la vérité.

Très calme, Clou vient de servir trois verres de très vieux porto. Elle a toujours considéré, Dieu sait pourquoi, que c'est le meilleur remède aux émotions fortes. Tous les trois boivent religieusement et en silence le précieux liquide dont le rubis semble en effet communiquer au sang un regain d'énergie. Tous les trois pensent avec inquiétude à ce que demain leur réserve, et Jacky, dont l'empathie est exacerbée, est peut-être ce soir la plus ébranlée des trois.

Chapitre 21

Pierre se doute bien que la campagne journalistique déjà amorcée et maintenant alimentée par les propos du ministre de la Justice, le Sorelois Lucien Cardin, est loin d'avoir atteint son paroxysme. Pierre a bien vu que son nom n'a pas encore été mentionné officiellement, mais on parle déjà du présumé scandale conservateur dans tous les journaux du pays. Il n'a pas d'autre choix que de plonger dans le travail s'il ne veut pas devenir fou. La rage sourde qui l'habite, il la canalise du mieux qu'il peut dans un débordement d'activités visant à protéger ses acquis. Il lui faut régler au plus vite les problèmes qui menacent sérieusement sa situation financière, occasionnés par l'inondation des maisons dont il est le promoteur, tout cela en continuant de gérer au mieux son commerce boursier. Il s'est constitué dans ce domaine une belle clientèle qu'il tient à satisfaire, et aussi à rassurer si les choses devaient mal tourner. Depuis plusieurs jours, il fait également des démarches pour contacter John Diefenbaker et Davie Fulton, mais ils sont impossibles à joindre et ne retournent pas ses appels. Il a aussi rencontré quelques amis avocats et tente de trouver avec eux la stratégie qui mettrait rapidement fin au cauchemar.

Il est environ midi, ce jour-là, et il est à son bureau occupé au téléphone qui ne dérougit pas, quand sa secrétaire lui signale un appel urgent sur une autre ligne. Il met aussitôt son interlocuteur en attente et demande à la fidèle Yvonne qui l'appelle.

— Une dame Marker, monsieur Sévigny. Elle dit que c'est extrêmement important.

Une de ses clientes porte effectivement le nom de Marker. Ou ne serait-ce pas plutôt Marsher? Yvonne aura mal compris. Il presse aussitôt le bouton qui clignote.

— Ayez la gentillesse de m'attendre, madame Marsher. Je suis à vous dans quelques instants.

Il revient à sa première communication pour terminer la conversation en cours qui, de toute façon, tirait à sa fin, puis prend aussitôt le second appel sur l'autre ligne.

— Merci d'avoir attendu, madame Marsher. Maintenant, je suis à vous!

— Je ne suis pas madame Marsher, monsieur, je suis la téléphoniste. On vous appelle de Munich; on demande si vous acceptez les frais de la communication.

« Comment ça, on m'appelle de Munich? » s'étonne Pierre. Il ne fait pas affaire avec Munich. Mais, bon, oui, il accepte les frais! « Qu'est-ce que c'est encore que cette histoire? Et Dieu que la ligne est mauvaise! » Il entend soudain une voix de femme, lointaine et déformée, lui dire :

— Allô, Pierre… Pierre, c'est toi?

— Oui, oui, c'est moi.

— C'est Ricky, Pierre!

— Ricky?

« Qu'est-ce que c'est que cette plaisanterie? » pense-t-il, soudain alerté.

— Oui, Ricky… Gerda Munsinger! Tu ne te souviens pas de moi?

— Gerda?

Là, il croit tout bonnement rêver.

— Mais oui, s'impatiente la voix, c'est moi, Gerda! Ne me dis pas que tu as oublié!

Tout à coup, en effet, oui, il reconnaît la voix de Gerda Munsinger.

— Gerda? Mais je te croyais morte!

— Je ne suis pas morte. Je suis loin d'être morte. Je suis à Munich. La presse canadienne est ici. Un journaliste du nom de Robert « Bob » Reguly! Pierre, cet homme prétend que je suis une espionne! Et il n'est pas le seul, il y en a d'autres, de France, d'Angleterre et des États-Unis. Ils disent que je travaille pour les Russes. C'est de la folie furieuse! Il y a plus de journalistes ici que de Munichois. Ils me pourchassent à travers la ville, si bien que je ne peux plus sortir de chez moi et que je suis terrée dans mon appartement. Ils veulent tout savoir sur moi, sur toi et sur ma vie au Canada. Ils n'arrêtent pas de me répéter que je suis une espionne. Je ne veux plus leur parler. Pierre, ils sont en train de me rendre folle. Ils ont complètement perdu la boule, au Canada?

— Ma pauvre Gerda, si tu savais ce que j'endure ici avec cette maudite histoire d'espionnage! Comme tu dis, ils ont carrément perdu la boule.

— Bon! alors, qu'est-ce que je fais, moi?

— Il n'y a qu'une chose à faire, Gerda. Reste calme et, surtout, sois discrète, ne raconte rien à ces journalistes. Tu n'as pas encore fait de déclaration à ces gens de la presse, j'espère?

— J'ai accepté de rencontrer le premier qui s'est présenté, Bob Reguly. Au début, je ne me suis pas méfiée, mais ne t'inquiète pas, je ne lui ai pas dit grand-chose. Je voulais savoir ce qui se passait, tu comprends?

Quand on connaissait Gerda, ce pas grand-chose pouvait s'avérer terriblement inquiétant, au contraire!

— Écoute, Gerda, la situation est critique. Il est primordial que tu en dises le moins possible. Ces gens-là sont des fouille-merde! Ils ne cherchent qu'à brouiller les cartes et à me caler. Ils veulent inventer quelque chose du genre

Profumo-Keeler, tu saisis? Alors, je t'en prie, tais-toi! Ne dis plus un mot sur moi. Tu me connais, on fréquentait le même cercle d'amis, c'est tout. Cela dit, je suis très content que tu sois vivante. Tu es en bonne santé? Comment est ta vie en Allemagne?

—Je travaille comme hôtesse dans un bar et je vais bientôt me marier avec quelqu'un que j'aime beaucoup. À part ça, jusqu'ici ma vie était très calme, tout à fait paisible, la plus paisible que tu puisses imaginer. Tu ne me reconnaîtrais plus. Et voilà que, tout à coup, on me tombe dessus avec cette histoire d'espionnage au Canada. Mais qu'est-ce qui leur prend?

— Tout ce que je peux te dire, c'est que les libéraux ont décidé de me salir pour avoir la peau des conservateurs. Tu as eu quelques ennuis avec la GRC pour ton affaire de citoyenneté et ils vont tenter de prouver que tu étais venue ici pour espionner. Il y aura sûrement une enquête pour rétablir les faits. Cette enquête prouvera à coup sûr qu'il n'y a pas eu atteinte à la sécurité de l'État, c'est tout ce qui importe. Le reste, c'est du potinage de la pire catégorie qui risque de faire très mal à ma famille. C'est pourquoi je te demande d'être la plus discrète possible. Dès que j'aurai pris avis auprès de mes avocats, je communique avec toi. Où puis-je te joindre? Et, Gerda, j'insiste, sois très, très discrète.

Après avoir noté le numéro de Gerda à Munich, puis raccroché, Pierre tente de mettre de l'ordre dans ses idées. Pour une surprise, ce téléphone d'outre-tombe ou presque en est une de taille. La stupéfaction première passée, son cerveau se met à travailler à toute allure. Son nom n'a pas encore été étalé sur la place publique. Seuls les initiés ont su faire les rapprochements. Prudents jusqu'à ce jour, les journaux se bornent quotidiennement à ne parler que de deux, peut-être trois ministres impliqués dans cette affaire de soi-disant atteinte à la sécurité de l'État ainsi que des relations de ces ministres avec une belle

Allemande soupçonnée d'être une espionne, sans mentionner le genre de relations auxquelles ils font allusion. À ce jour, les journalistes ne peuvent qu'insinuer que les ministres concernés pourraient peut-être avoir eu des relations coupables avec une vamp d'origine allemande. On s'en tient encore prudemment au conditionnel.

Cependant, si Gerda s'est laissée aller à quelques impétueuses confidences, comme Pierre ne peut s'empêcher de l'appréhender, alors là, les carottes seront définitivement cuites pour lui comme pour George Hees. Dans quelques heures, les propos qui lui ont été arrachés s'étaleront partout en première page. « Heureusement que j'ai eu l'intelligence de mettre Clou au courant! S'il avait fallu qu'elle apprenne mon aventure avec Gerda par les médias, elle ne me l'aurait jamais pardonné. » Les enfants, par contre, ne sont pas encore dans la confidence. Clou a préféré se donner le temps de digérer la boulette que son cher mari vient de lui servir avec l'aide bien intentionnée de Jacqueline. Leurs deux aînés sont pensionnaires, donc à l'abri des folies du monde extérieur, ont-ils conclu après en avoir longuement discuté, et le petit Robert, à six ans à peine, n'a pas encore l'âge de comprendre grand-chose aux intrigues des adultes.

La résurrection de Gerda est un élément d'importance considérable qui pourrait amener les libéraux à réfléchir sur leur projet. Puisque John Diefenbaker et Davie Fulton font toujours mine de l'ignorer, il devra s'adresser directement au premier ministre Lester B. Pearson lui-même pour le prévenir de la tournure que risquent de prendre les événements et tâcher de lui faire comprendre que lui et ses acolytes sont en train d'assassiner une coccinelle avec un lance-flamme. « Après tout, je n'ai jamais eu avec Pearson que des relations cordiales. Personne n'est mieux placé que lui pour mettre un terme à ce qui risque de devenir une horreur. Il faut qu'il sache que Gerda est vivante et, s'il est un homme d'honneur, il va comprendre que ce petit jeu est allé assez loin. »

À Ottawa, on lui répond que l'honorable Lester B. Pearson est en Chambre et qu'il refuse de venir au téléphone. Cependant, le ministre associé de la Défense, Léo Cadieux, que Pierre connaît très bien, consent à venir lui parler.

— Léo, écoute-moi bien, je veux que tu rapportes à Pearson ce que je vais te dire. Je sais ce que votre ministre de la Justice, Lucien Cardin, a déclaré en conférence de presse. Je sais la tempête qui règne actuellement à Ottawa. Je suis au beau milieu de cette histoire qui est en train de devenir extrêmement scandaleuse et dommageable pour moi. Il faut que ça cesse! Vous avez déjà fait assez de mal. Vous n'êtes pas idiots, vous savez tous qu'il n'y a jamais eu d'espionnage dans cette histoire et que c'est un coup monté de toutes pièces. Je ne peux pas aller à Ottawa, je suis trop pris par mes affaires ici à Montréal, mais je veux parler à Pearson et ça urge! L'affaire prend une telle ampleur que les journaux du monde entier sont sur les traces de Gerda Munsinger qui, soit dit en passant, est bien vivante et ne comprend pas du tout ce que lui veut la meute de journalistes qui se bat pour renifler ses jupons en lui serinant qu'elle est une espionne à la solde des Russes. Tu avoueras avec moi que tout ça est du dernier ridicule. Il faut que ton chef me rappelle au plus coupant; on est en train de devenir la risée de la planète.

Cadieux lui répond avec beaucoup de courtoisie qu'il s'inquiète pour rien, qu'il a tort de s'énerver, mais qu'il va s'empresser de demander à Pearson de communiquer avec lui dans les plus brefs délais.

« Il en a de bonnes, lui, ne pas m'énerver! Je voudrais bien le voir à ma place. Je me demande s'il s'énerverait. » Il ne reste plus qu'à attendre et à espérer. À peine a-t-il eu le temps de raccrocher le combiné que toutes les lignes téléphoniques de son bureau se mettent à clignoter furieusement. Après avoir discrètement frappé, Yvonne Leroux pénètre dans son bureau, l'air complètement ahuri.

— Monsieur Sévigny, les agences de presse de plusieurs

pays vous réclament au téléphone. Elles disent toutes que c'est extrêmement urgent. Toutes les lignes de la firme sont prises d'assaut, et la réceptionniste ne sait plus où donner de la tête pour les faire patienter. Ils sont tous hystériques. C'est pas tout: dans le hall d'entrée, il y a un paquet de gens qui veulent vous voir. Qu'est-ce que je leur dis? Qu'est-ce qui se passe?

Les bureaux de la firme où travaille Pierre Sévigny sont en effet envahis par des représentants de tous les médias. Les journalistes de tous les quotidiens montréalais ainsi que de ceux de la radio et de la télévision sont arrivés, brandissant leurs magnétophones, précédés ou suivis dans la plus complète pagaille de cameramen, preneurs de son, éclairagistes et photographes, chacun portant tout son attirail. Le hall d'entrée et les corridors de chez *Grandley, Lafarge et associés* sont devenus un véritable capharnaüm.

— Qu'on refoule les importuns! Avec l'aide de la police, s'il le faut! finit-il par s'écrier dans l'interphone, à bout de patience.

Pour le moment, il ne veut parler à personne.

— Désolé de vous faire subir ça, Yvonne, mais ne sortez pas de votre bureau et verrouillez votre porte. Restez calme, je vous expliquerai ce qui se passe tout à l'heure. Filtrez les appels et prévenez-moi au fur et à mesure. Si je veux parler à quelqu'un, je vous avertirai. J'ai besoin que vous gardiez votre sang-froid, j'ai un très grave problème à régler.

Yvonne acquiesce, le cœur battant et le rose aux joues. Son patron compte sur elle et il ne sera pas dit qu'elle lui fera faux bond.

Pierre s'enferme à double tour dans son bureau et donne des ordres par le téléphone intérieur pour que des gardes de sécurité viennent repousser les envahisseurs. Toujours par le même moyen téléphonique, Yvonne l'informe qu'un certain Robert McKenzie insiste pour le voir.

— Il dit qu'il vous a déjà rencontré et que vous aviez

sympathisé. Il affirme qu'il est venu seul et qu'il n'a pas de magnétophone. Il veut simplement vous parler et, si possible, vous aider.

Pierre se souvient de Robert McKenzie, correspondant du *Toronto Star* à Montréal et, par le fait même, collègue de ce Bob Reguly qui poursuit Gerda à Munich. Par McKenzie, il a des chances d'appendre ce qu'elle a raconté à Reguly ainsi qu'aux autres journalistes qui l'assiègent à Munich.

— Allez le chercher, Yvonne, et menez-le discrètement à mon bureau en le faisant passer par le vôtre.

Quelques minutes plus tard, Robert McKenzie est assis en face de lui. Il est visiblement fort mal à l'aise.

— Pour commencer, je dois vous dire que c'est moi qui ai aidé Reguly à retracer l'itinéraire de Gerda Munsinger au Canada. Reguly a été mis sur la piste par je ne sais trop qui bien avant qu'on commence à parler de cette histoire dans les journaux. Il n'a jamais voulu me dévoiler ses sources et il semblait prendre ça très au sérieux. Notre enquête a commencé ici, à Montréal. On a visité l'appartement où elle a vécu, sur la rue Towers, et on a vu des tas de gens susceptibles de l'avoir connue et fréquentée à l'époque. Reguly a obtenu de l'argent du journal pour continuer son enquête à Munich. Il est allé directement à l'hôtel de ville. Il était parti enquêter sur une morte, il est tombé sur une fille bien vivante et qui ne demandait qu'à parler, je vous assure. Je suis pas mal certain qu'il lui a offert de l'argent. J'ai sur moi l'article de Reguly qui vient de paraître en deuxième édition dans le *Toronto Star*.

McKenzie tend à Pierre un exemplaire du journal torontois. Au premier coup d'œil, il comprend tout de suite ce qui a déclenché la curée. Deux immenses photos occupent la moitié de la première page. La première le représente alors qu'il était au Parlement, tandis que l'autre, probablement retouchée, révèle une Gerda très glamour et très pulpeuse. Pierre reconnaît cette photo comme datant de l'époque où elle travaillait comme mannequin chez un fourreur montréalais.

L'article, que Pierre parcourt à toute allure tellement il est anxieux, raconte en substance que l'espionne décédée Gerda Munsinger vient d'être découverte par lui, bien vivante, dans un appartement de Munich. Elle a admis sans problème avoir été la maîtresse de l'honorable Pierre Sévigny alors qu'il était ministre de la Défense du Canada. Elle en dit tout le bien possible.

— Elle aurait franchement pu s'abstenir! soupire-t-il, au supplice. Elle affirme avoir habité un appartement payé par son amant sur la rue Towers durant son séjour au pays.

Il s'exclame:

— Faux, archifaux!

Reguly note que mademoiselle Munsinger garde bien en vue chez elle une photo de son ancien amant et qu'elle porte au doigt une bague de prix offerte par lui.

— La bague avait coûté moins de cinquante dollars! ne peut-il s'empêcher de rectifier.

Elle a aussi déclaré avec fierté que le premier ministre John Diefenbaker l'a personnellement félicitée de si bien s'occuper de son ministre et de lui insuffler une énergie telle que lui-même commençait à se sentir jaloux.

— Par quelle aberration Gerda a-t-elle pu raconter mensonge pareil? s'indigne Pierre, sidéré.

Elle déclare aussi qu'elle ne désire pas revenir au Canada parce que, au moment de son départ, un marchand de viande montréalais, présumément lié à la pègre, l'a avertie que, si elle remet les pieds en sol canadien, il verra à la faire couler dans un bloc de ciment qu'il s'empressera de faire jeter dans le Saint-Laurent, question de la mettre définitivement hors d'état de nuire.

— Qu'est-ce que cette histoire? Pourquoi Obie lui aurait-il fait pareille menace?

Pierre repousse l'article, complètement atterré, et regarde le journaliste qui contemple le bout de ses chaussures, visiblement aussi catastrophé que lui par la tournure des événements.

— Et pas un mot sur George Hees? C'est admirable!

Elle n'a parlé que de moi à votre ami Reguly? Cette soudaine discrétion l'honore, vous ne trouvez pas? C'est tout à fait inhabituel chez elle. Tant qu'à s'épancher de la sorte et à raconter n'importe quoi, on aurait pu s'attendre à ce qu'elle libère un torrent de confidences, avec quelques ajouts pour faire bonne mesure; cela aurait été tellement plus savoureux! Le *Toronto Star* aurait sans doute battu tous ses records de vente.

—Monsieur Sévigny, George Hees est de Toronto... Vous comprenez... Il fait partie de l'establishment, là-bas. Les journalistes de Toronto vont tout faire pour le protéger, c'est dans leur intérêt.

—Qu'est-ce que vous voulez de moi? Pourquoi êtes-vous ici? Vous n'allez pas me dire que vous avez des remords parce qu'un de vos collègues traîne mon nom, et mon nom seul, dans la boue, alors que cette histoire est au contraire une affaire en or pour vendre votre feuille de chou et du même coup mousser votre carrière?

—Ce n'est justement pas ce genre de journalisme qui m'intéresse, monsieur. Voilà pourquoi je suis ici. Je voudrais comprendre ce qui se cache derrière tout ça et pourquoi on s'acharne sur vous. Je suis sûr que vous pouvez m'éclairer.

Pierre reprend un peu espoir. Si cet homme est sincère et a le courage d'affronter ses détracteurs, la vapeur pourrait bien finir par se renverser. Il se dit qu'il n'a plus grand-chose à perdre. Gerda vient d'enfoncer le clou avec une rare insouciance. Une véritable bombe à retardement que cette charmante enfant. Il décide de saisir la perche que McKenzie lui tend, et les deux hommes prennent rendez-vous pour le lendemain. Le journaliste veut une histoire solide et il a de quoi solidement l'alimenter.

À la fin de ce même après-midi, Pierre convoque à son tour les journalistes qui, depuis des heures, lui réclament une entrevue. Chez lui, dans son salon, et avec Corinne à ses côtés, il tente de rétablir les faits[13]. Il est nerveux, excédé, et il y a bien des aspects de son histoire qu'il hésite à révéler. Il ne peut se permettre, par exemple, de parler ouvertement de Doyle et de Ducharme, ni du rôle tenu par Pickersgill, Smallwood et les autres. Mal préparé, il y va à l'intuition et dénonce en substance un sordide coup monté dont il fait les frais et qui sert à cacher d'autres vilenies que les journalistes présents finiront bien par découvrir s'ils se donnent la peine de mener sur tout ça une enquête sérieuse et approfondie.

Il sort de l'épreuve vidé et pas très content de lui. Il a bien tenté de faire face avec dignité, mais il redoute de s'être trop emporté, d'avoir joué les vierges offensées et de ne pas avoir été pris au sérieux. Il lui reste la fort désagréable impression d'avoir prêché dans le désert. Clou a subi tout ça sans broncher. En replaçant les meubles après le départ de leur dernier invité, elle se contente de lui dire tristement, mais avec conviction :

—Je ne sais pas si cette conférence de presse était une bonne chose, mais on voyait bien que tu ne mentais pas.

Le lendemain de cette discutable conférence de presse, Pierre Sévigny attend le journaliste du *Toronto Star*, Robert McKenzie, dans un petit bar sombre et tranquille de la rue Guy. Au bout de deux heures d'attente inutile, il a compris. Parmi toute la bande de sinistres commères en mal de copie qui couvrent l'affaire Munsinger, le seul journaliste qui lui ait manifesté un tant soit peu de sympathie est disparu dans la nature. Sans un mot! De quoi Robert McKenzie a-t-il eu soudain peur?

Chez *Grandley, Lafarge et associés*, l'activité semble être redevenue à peu près normale. Les journalistes qui se sont présentés ont été refoulés vers la sortie par le service de

---

13. Voir http://archives.radio-canada.ca/politique/national/clips/129/

sécurité dont les effectifs ont été triplés. Seuls quelques irréductibles font encore le pied de grue devant l'immeuble. Qu'à cela ne tienne, Pierre n'aura qu'à emprunter une sortie dérobée pour leur échapper et regagnera sa demeure en taxi.

Il consacre le restant de l'après-midi à chercher, parmi les amis et connaissances auxquels il a déjà touché un mot de son problème, un avocat prêt à le conseiller efficacement et surtout à le défendre. Ses amis avocats, consultés au tout début de l'affaire, lui avaient tous plus ou moins dit de ne pas trop s'en faire, que cette malheureuse histoire allait s'éteindre d'elle-même et qu'elle était beaucoup trop tirée par les cheveux pour être prise au sérieux.

Pierre est frappé par la réserve, pour ne pas dire la réticence, que manifestent aujourd'hui la plupart d'entre eux. Ils sont presque tous débordés en ce moment. Ils promettent de le rappeler aussi rapidement que leur emploi du temps le leur permettra. Certains prétendent soudain ne pas avoir les connaissances suffisantes pour instruire ce genre d'affaire. « En bref, se dit Pierre, j'ai cessé d'être à leurs yeux un cas d'innocence suffisamment éclatante. Ils en sont maintenant à se demander si cette Gerda Munsinger n'aurait pas effectivement agi comme espionne durant son séjour au pays et si leur ami Sévigny n'aurait pas effectivement été abusé par elle. »

Deux de ses amis se montrent heureusement plus compréhensifs, bien qu'assez embarrassés par tout le déploiement médiatique qui, depuis quelques jours, entoure l'affaire. Mais leurs conseils ressemblent plus à des reproches sur ce qu'il a déjà fait que des lignes de conduite à tenir dans l'avenir. « Je n'aurais pas dû nous offrir, moi et ma femme, en pâture aux journalistes de la télévision. J'aurais dû aller à Ottawa rencontrer Diefenbaker et Pearson. Je n'aurais pas dû faire ceci! J'aurais dû faire cela! » disent ses amis. Pierre est furieux, mais il sent qu'il a intérêt à serrer les dents et à se montrer conciliant s'il désire s'attacher un défenseur et garder quelques amis.

Après toute une série de conversations assez décourageantes, il appelle Jacky pour lui annoncer la soudaine réapparition d'une Gerda bien vivante et qui a, d'ores et déjà, causé tout le mal possible avec ses révélations.

— Pierre, je t'en prie, ne sois pas furieux contre elle. Tu as toujours su comment elle est et c'est à cause de ça qu'elle te plaisait. Elle te faisait rire, souviens-toi. Mais, puisqu'elle est vivante, l'accusation d'espionnage va tomber d'elle-même. C'est l'accusation la plus grave, c'est toi-même qui me l'as dit. Ils ne vont quand même pas te faire un procès parce que tu as trompé ta femme! Ou alors au moins la moitié des hommes politiques du pays vont se retrouver avec toi devant les tribunaux.

— Je ne suis pas furieux. Gerda est une pauvre fille. Je suis tout bonnement catastrophé, rétorque Pierre qui n'arrive pas à en vouloir vraiment à cette évaporée.

Le seul malheur, c'est qu'elle ait gardé de lui un tel souvenir énamouré! La tuile! Il éprouve une soudaine sympathie pour tous les autres types qui ont eu une aventure avec elle et dont les noms risquent tôt ou tard de tomber dans les filets de Reguly ou d'un autre. Jacky éprouve justement une inquiétude similaire.

— Quand je pense à tous les gens que je lui ai présentés! Si elle continue de parler, si ce Reguly continue de la faire parler, quel carnage! Et pour absolument rien! Pierre, tu vas me donner son numéro. Je l'appelle tout de suite. Je vais essayer de la raisonner.

— Oui, c'est ça, et tu me donnes des nouvelles, soupire Pierre, laconique.

En ce qui le concerne, le mal est fait. Il est désormais au centre du jeu de massacre. Il ne souhaite cependant pareil sort à personne et, si Jacqueline peut encore quelque chose, eh bien, tant mieux!

Vers dix-neuf heures ce même vendredi, un taxi dépose Pierre devant chez lui. Il espérait qu'on eût laissé sa famille en paix, mais il constate que sa maison est assiégée par les journalistes et les badauds. Des policiers appelés à la rescousse par Corinne l'aident à se frayer un chemin jusqu'au pas de sa porte. Dans la maison règne le plus total affolement. Clou a les yeux rougis et n'a pas le courage de le regarder en face. Le plus jeune de leurs fils, qui ne comprend pas ce que tous ces gens peuvent bien vouloir à ses parents, pleure à gros sanglots dans les bras de sa sœur, rentrée du pensionnat pour la fin de semaine. La pauvre petite le fixe de ses grands yeux incrédules et a toutes les peines du monde à ne pas fondre en larmes quand son regard croise enfin celui de son père. Réfugiée dans un coin, la bonne se tord les mains dans son tablier, signe chez elle du plus profond désarroi. Pierre essaie de rassurer son petit monde du mieux qu'il peut, mais les mots ne sont pas à la hauteur du sentiment qui l'étreint. Il voudrait leur demander pardon et leur faire les plus folles promesses de réparation. Il ne parvient qu'à murmurer, la rage au cœur :

— Ah! les salauds, les salauds! Ils vont me payer ça! Ils vont nous le payer!

La sonnerie du téléphone retentit et fait sursauter toute la petite famille. Pierre s'empare de l'appareil. Son fils aîné est au bout du fil. Il appelle de son collège. Il connaît toute l'histoire. On vient de le renseigner sans ménagement et il se fait cruellement harceler par ses condisciples. Les mots se bousculent. Il exige de son père des explications, séance tenante.

— Papa, je t'en supplie, dis-moi que ce n'est pas vrai! Ce n'est pas vrai ce qu'ils racontent. Papa, je t'en supplie, je ne veux pas que ce soit vrai! C'est trop dégueulasse, tu n'as pas fait ça? Tu n'es pas un traître? Pas toi! Pas mon père!

Sa voix se brise dans un sanglot.

Devant tant d'innocence et d'angoisse, Pierre souhaiterait mourir, en finir tout de suite, ne pas avoir à s'expliquer. Et surtout ne pas avoir à supporter la honte et le désarroi que la réaction de son fils fait surgir en lui.

— Mon chéri, réussit-il à articuler au prix d'un effort

surhumain, ramasse tes affaires, saute dans un taxi et viens-t'en à la maison tout de suite! Dis aux gens qui te harcèlent que tu n'as aucun commentaire à faire. Tu peux garder la tête haute, je n'ai rien à me reprocher. À la maison, je vais tout t'expliquer. Je te jure que je ne te cacherai absolument rien.

Au même moment, à la télévision et à la radio, on ne parle plus que d'espionnage, de secrets livrés aux Soviétiques, de call-girls, de luxueuses maisons de débauche, de sécurité d'État et de l'ex-ministre de la Défense Pierre Sévigny. La population canadienne au grand complet se jette avec avidité sur ce sensationnel feuilleton où sont enfin étalés au grand jour les vices et turpitudes de ceux qui la gouvernent.

En ce triste début de soirée, Jacqueline, qui se doute bien de l'immensité du drame qui se déroule chez les Sévigny, tente de son côté de joindre son ancienne amie en Allemagne. Elle a décidé d'utiliser leur vieux code d'amitié: princesse et duchesse. Prévenue par Pierre, elle sait que Gerda est entourée d'amis qui la protègent de l'insistance des journalistes. Une idée est en train de faire son chemin dans sa tête. Pourquoi n'irait-elle pas prêter main-forte à son amie en Allemagne? Quand elle réussit à obtenir la communication avec Munich, elle s'empresse de dire à la voix lointaine qui lui répond outre-Atlantique:

— S'il vous plaît, dites à madame Munsinger que la duchesse désire parler à la princesse, elle comprendra.

— Duchesse! Jacky chérie, c'est moi, c'est Gerda!

Jacky est toute bouleversée de retrouver la voix familière. Elle se met à sangloter et à rire à la fois. Elle appelait Gerda pour lui reprocher son long silence de plusieurs années, puis ses indiscrétions des dernières heures concernant Pierre Sévigny; maintenant, tout ce qu'elle souhaite, c'est serrer contre son cœur sa précieuse Gerda, sa princesse, sa petite sœur.

— Excuse-moi, ma chérie, il se passe tant de choses ici

que je suis en train de perdre la tête, réussit-elle à articuler entre deux sanglots. Il est très urgent que je te voie, Gerda. Demain, je saute dans un avion et je te rejoins à Munich. Je ne sais pas encore comment je vais m'y prendre, mais, crois-moi, dans quarante-huit heures tout au plus, je suis devant ta porte.

—Jacky, ce sera merveilleux de te revoir, absolument merveilleux! Il est question que je vienne à Montréal, mais je t'avoue que je n'en ai pas très envie. Tu ne peux pas savoir comme les journalistes me rendent la vie difficile ici. Alors, j'imagine comment ce serait au Canada! Rappelle-moi dès que tu sauras quel avion tu prends et utilise le code. Tantôt, c'est moi qui ai répondu parce qu'il est très tard et que les autres dorment, mais, en principe, personne ne peut me joindre. C'est devenu trop infernal. Il faut que je me protège.

Immédiatement après avoir raccroché, Jacky téléphone à Pierre. Sa décision d'aller rejoindre son amie en Allemagne est inébranlable. Il y a cependant comme un petit os qui risque d'entraver son beau projet; Jacky n'a pas suffisamment d'argent pour se payer un tel voyage. Elle espère que Pierre... Ce dernier ne veut pas en entendre parler. Gerda Munsinger lui coûte déjà assez cher comme ça. Il estime qu'il aura besoin de tout son argent pour assurer sa défense ainsi que la protection et la tranquillité de sa famille. Il propose plutôt de mettre Jacky en communication avec son ami John Bassett, propriétaire du *Toronto Telegram*, le quotidien concurrent du *Toronto Star*. Selon lui, John serait sûrement ravi de couvrir le voyage de la grande amie canadienne de mademoiselle Munsinger et tout aussi ravi, il en est convaincu, d'assumer les frais de cette glorieuse expédition.

Le calcul de Pierre s'avère juste. John Bassett répond fort aimablement que, si l'un de ses journalistes peut approcher, photographier et surtout interviewer l'héroïne de l'heure, il est prêt à assumer toutes les dépenses encourues pour une telle équipée.

Jacky est folle de joie, elle va enfin revoir sa princesse! Devant ce débordement d'enthousiasme, Pierre ne peut s'empêcher de lui faire sèchement remarquer que, vu les circonstances, il n'y a pas matière à se réjouir outre mesure. Il espère seulement que de ce voyage surgira un quelconque élément favorable à porter au dossier qu'est en train de lui constituer l'avocat qui a accepté de prendre sa cause en main. L'opération se déroulera comme suit: un journaliste torontois, Douglas Stuebing du *Toronto Telegram*, viendra la rejoindre le lendemain matin à l'aéroport de Dorval, billets d'avion en poche; Jacky et lui s'envoleront aussitôt vers l'Europe.

À la toute première heure demain, Pierre insiste: Jacqueline devra absolument se trouver un médecin pour la vacciner contre la variole et lui faire un certificat en bonne et due forme. Jacky acquiesce; elle est décidée et prête à tout.

Sitôt sa conversation avec Pierre terminée, elle retéléphone à Munich pour prévenir la princesse de sa venue imminente. Curieusement, elle se fait répondre que le service au numéro demandé vient d'être annulé. Qu'à cela ne tienne, se dit Jacky sans se démonter, rien au monde ne l'empêchera de retrouver son amie, même si le seul lien qui la relie à la princesse et à son refuge vient de se casser. Advienne que pourra! Jacky est survoltée, elle est en train de vivre l'aventure de sa vie.

À neuf heures pile le samedi matin, elle se présente à la clinique de la rue Crescent, tout près de chez elle, et demande à recevoir un vaccin antivariolique. Ce vaccin est absolument obligatoire pour toute personne qui a séjourné à l'étranger et désire être réadmise au Canada, lui a expliqué Pierre. L'assistante médicale qui l'accueille doute de pouvoir satisfaire à sa demande.

—Vous tombez mal, on est à court de vaccins depuis quelques jours déjà et c'est samedi aujourd'hui. On n'en recevra sûrement pas avant lundi.

Devant la mine plus que dépitée de Jacqueline, elle ajoute :

— Je vais quand même aller vérifier. Si vous voulez bien patienter.

— Je pars pour l'Europe à midi tapant. Il me faut ce vaccin à tout prix, c'est une question de vie ou de mort et je n'ai pas le temps de faire toutes les cliniques de la ville. Mes bagages ne sont même pas prêts.

Là, elle ment carrément, car elle a passé une partie de la nuit à préparer son sac de voyage avec le plus grand soin.

L'assistante s'éclipse quelques secondes pendant lesquelles Jacqueline se fait un mauvais sang terrible. « Édouard, je t'en prie, fais quelque chose! » supplie Jacky, qui s'affole, à deux doigts de la panique. L'infirmière réapparaît, suivie du médecin en devoir à la clinique, ce matin-là.

— Vous avez de la chance, ma petite dame, il me reste un seul vaccin et un seul certificat. Suivez-moi, je vous fais l'injection tout de suite. Il paraît que vous êtes très pressée? Vous allez où, en Europe, exactement? Moi, si j'étais vous, ce serait dans le Sud que j'irais. Avec l'hiver qu'on se tape! Et pas besoin de vaccin pour aller se faire dorer la couenne, ajoute-t-il en s'esclaffant.

— Je vais en Allemagne, lui répond Jacky avec un large sourire radieux qui se change en grimace quand l'aiguille s'enfonce dans son bras.

— Je ne peux vous remettre le certificat que dans sept jours. Il faudra revenir le chercher. C'est le délai exigé pour s'assurer que le vaccin est bien pris.

— Je viendrai le chercher à mon retour. Je pars à midi. Je n'ai absolument pas le temps d'attendre une minute de plus!

— Vous n'allez quand même pas me dire que vous allez rencontrer la belle espionne allemande dont les journaux parlent sans arrêt?

Jacky lui dédie son plus candide sourire. Ce médecin, non seulement est-il obligeant en plus d'être charmant de sa personne, mais quelle remarquable intuition pour un homme! Si elle avait un peu plus de temps, elle lui ferait subtilement un brin de cour. Elle verra ça à son retour.

À toute allure, elle repasse chez elle boucler ses bagages, puis se précipite chez son coiffeur. Depuis le début de la matinée, elle est en liaison constante avec la demeure des Sévigny.

Elle est sous le séchoir quand elle reçoit un appel de Pierre.

— Jacky, vous ne pouvez plus partir. On vient d'annoncer à la radio que Gerda a quitté Munich et qu'elle est en route pour le Canada. Tous les journalistes de la création sont déjà à Dorval pour l'accueillir, paraît-il.

— Mais, Pierre, puisqu'ils disent qu'elle est une espionne, ils vont la mettre en prison dès son arrivée! Elle est folle de venir ici!

— En prison? Je n'en sais fichtre rien, mais c'est bien possible! Cette histoire est un foutoir sans nom.

— Je sais ce que je vais faire. Je vais me rendre tout de suite à Dorval. Toi, pendant ce temps-là, réserve-moi une chambre au *Hilton* ou ailleurs, mais le plus près possible de l'aéroport. Dès sa descente d'avion, je vais la soustraire aux journalistes et à la police. La photo d'elle qui a paru dans les journaux n'est pas très ressemblante et date de plusieurs années. Elle a été malade, elle a dû beaucoup changer. Moi, par contre, je suis certaine que je vais la reconnaître au premier coup d'œil. Qu'est-ce que tu penses de mon plan?

— Tu peux toujours essayer. Mais, s'ils veulent l'arrêter, c'est à la douane qu'ils vont le faire, ma belle, à moins qu'elle ne voyage sous un faux nom, ce qui est bien possible. Elle a quand même dû demander conseil avant de partir, jamais je croirai! Autre chose, Douglas Stuebing n'a pas pu quitter Toronto à dix heures. Je suis avec un de ses confrères, correspondant du *Toronto Telegram*, ici à Montréal. Je l'envoie te chercher au salon. Lui non plus ne veut pas rater l'arrivée de Gerda.

Moins d'une heure plus tard, Jacky débarque à Dorval accompagnée de Peter Brown, correspondant du journal torontois à Montréal. Durant le trajet en voiture, il lui a appris qu'une tempête de neige sans précédent bloque Douglas Stuebing à Toronto pour un temps indéterminé. Brown, que toute cette histoire amuse au plus haut point, se rue sur des confrères dès sa sortie de voiture afin d'apprendre les tout derniers développements de la saga Gerda Munsinger. Il revient en sifflotant, le sourire aux lèvres, annoncer à Jacky qu'un des plus rusés journalistes de la métropole, Sidney Margolese, s'est installé avec la camionnette de CJAD, la station de radio pour laquelle il travaille, en plein sur le terrain d'atterrissage de l'aéroport. Il y campe depuis un certain temps déjà, bien décidé à littéralement kidnapper Gerda dès sa descente d'avion.

Déconfite, Jacky se dit qu'elle n'a absolument aucune chance de soustraire son amie aux griffes de ce butor de Margolese. Ses seuls espoirs, c'est que Margolese ne la reconnaisse pas ou encore que la princesse refuse de suivre cet homme qu'elle ne connaît pas. « Si seulement j'avais pu lui parler avant son départ d'Allemagne ! » se désole-t-elle. Il ne reste plus qu'à attendre l'arrivée de l'avion qui transporte la chère aventurière.

Vers midi, heure à laquelle Jacky et Stuebing devaient s'envoler vers l'Europe, on annonce l'arrivée de l'avion de la Lufthansa en provenance de Munich. Effervescence parmi le troupeau des journalistes et des curieux qui se mettent à courir dans tous les sens sans que personne ne sache très bien pourquoi.

L'angoisse de Jacky est à son comble. Devant les portes de la sortie des voyageurs, tout le monde se bouscule. Grimpée sur une chaise, elle scrute avec anxiété le visage de chaque nouvelle arrivante. Cette grosse blonde filasse pourrait-elle être la princesse ? Ou cette autre avec ses lunettes fumées et ses allures de star ? Peut-être celle-là, attifée comme l'as de pique ? Gerda s'est peut-être déguisée en femme de ménage ? Juchée sur sa chaise, Jacky éprouve un malaise. Elle a peur de tourner de l'œil et fait de louables efforts pour tenir le coup. Gerda a-t-elle été arrêtée à la douane? Serait-elle déjà en prison? Le temps passe, s'étire, s'effiloche, et on se met à murmurer, puis à affirmer que la belle Allemande n'est pas au rendez-vous.

— C'était une fausse rumeur, déclare laconiquement Peter Brown à son retour.

Pendant que Jacqueline, affalée sur une chaise, reprenait ses esprits, il était allé annuler les deux billets pour l'Allemagne; il en avait profité pour demander les horaires de tous les vols qui sillonnent l'Atlantique dans un sens comme dans l'autre.

— Margolese est toujours sur le terrain. Ce n'est donc pas lui qui l'a interceptée. On perd notre temps, je gage qu'elle n'a pas quitté l'Allemagne.

« Ce Peter est d'un calme! pense Jacky qui, d'énervement, en est maintenant à se ronger les ongles, une chose qui ne lui est pas arrivée depuis belle lurette. Ce doit être ça, le flegme britannique! »

Bientôt, le hall des arrivées internationales est presque désert. Envolés, journalistes et badauds! Jacky se retrouve au salon de beauté de l'hôtel *Hilton*. Il lui est soudain venu à l'esprit qu'elle avait grand besoin d'une manucure. Ses ongles n'ont pas encore tous reçu la deuxième couche de vernis que Peter fait irruption dans le salon pour lui annoncer que, cette fois, ça y est. Gerda a bel et bien quitté Munich et son avion doit atterrir dans moins d'une heure.

— Et mon collègue Stuebing ne peut toujours pas quitter l'aéroport de Toronto à cause de la tempête de neige. Il est dans tous ses états. C'est fantastique comme tout va mal, vous ne trouvez pas?

« L'extase! » pense Jacky, qui s'empresse de payer pour un travail non terminé. Elle n'a plus la patience de rester tranquillement assise à attendre que sa deuxième couche de vernis sèche. Gerda sera là dans quelques minutes. Cette fois, elle en est certaine.

Les voilà revenus à bride abattue dans la salle des pas perdus de l'aéroport. La foule des journalistes est réapparue et on leur apprend que Margolese est toujours près des pistes d'atterrissage avec sa camionnette. Les préposés à l'entretien et à la surveillance de l'aéroport ont tout tenté pour le déloger; Sidney Margolese n'a rien trouvé de mieux à faire que de dégonfler les quatre pneus de son véhicule sous l'œil amusé de ses confrères qui n'ont pas été assez culottés pour employer des procédés aussi excessifs.

En attendant l'arrivée imminente de Gerda, Jacky téléphone à Pierre. Il lui annonce que la chère enfant vient de faire escale à Gander, Terre-Neuve, et qu'elle vole maintenant vers Montréal à bord d'un avion privé.

— Elle est accompagnée d'un journaliste, paraît-il, et elle promet de faire des révélations fracassantes dès sa descente d'avion. C'est charmant! Je pensais que tout ce qui pouvait être fracassé l'était déjà. Je me demande ce qu'elle pourrait rajouter.

À seize heures, Jacqueline et son fidèle Peter sont toujours à Dorval, mais Gerda n'y a toujours pas mis les pieds. D'heure en heure, on a continué d'annoncer son arrivée imminente, mais avec de moins en moins de conviction. Jacky a plusieurs fois tenté de joindre son amie. Peine perdue, il n'y a plus d'abonné au numéro demandé, et la compagnie de téléphone ne peut fournir aucun renseignement sur madame Munsinger.

— Elle a dû demander un numéro confidentiel et elle n'a pas quitté l'Allemagne, maintenant, j'en suis convaincue! Elle ne viendrait pas se jeter dans la gueule du loup comme ça! Ce serait fou de sa part. Au lieu de niaiser ici, le plus intelligent serait que, Stuebing et moi, on parte sans plus attendre.

Malheureusement, Douglas Stuebing n'est toujours pas arrivé de Toronto, et Peter Brown se voit refuser le mandat de le remplacer. Il ne leur reste plus qu'à faire ce que Pierre Sévigny a suggéré au téléphone, quelques instants plus tôt : le rejoindre chez lui pour prendre un verre tout en essayant de voir clair dans une situation que les médias semblent prendre un malin plaisir à rendre de plus en plus confuse.

Ce samedi-là, et durant toute la soirée, c'est la pagaille chez les Sévigny. Le téléphone ne dérougit pas, le carillon de la porte d'entrée non plus. Des curieux viennent aux renseignements. Ils veulent savoir si Pierre sait où se trouve Gerda Munsinger. Certaines personnes appellent pour l'insulter, d'autres pour l'encourager, mais ces dernières sont, hélas! beaucoup moins nombreuses.

À tour de rôle, Pierre, Jacqueline et Peter Brown essaient de retracer Gerda à Munich en utilisant toutes les ruses possibles. Plus la soirée avance, plus ils ont la conviction qu'elle n'a jamais quitté l'Allemagne. Cependant, Jacky ne peut toujours pas s'envoler vers Munich. Douglas Stuebing est coincé à Toronto par la plus grosse tempête de neige enregistrée depuis une dizaine d'années dans la Ville reine. Clou, stoïque, leur sert à manger et prépare des litres de café qu'ils ingurgitent comme si leur vie en dépendait. La nuit venue, Jacky est invitée à dormir dans la chambre d'amis, et Peter se voit octroyer un divan dans la salle de jeu.

À sept heures, le lendemain matin, ils se retrouvent dans la dînette pour le petit-déjeuner. Ils ont tous des mines de déterrés. Personne ne semble avoir trouvé le repos pourtant bien mérité, et pour cause : voilà vingt-quatre heures qu'ils carburent tous à la caféine, comme le fait remarquer Brown avec un petit sourire navré. Extrêmement lasse, mais toujours stoïque, Clou leur prépare des montagnes d'œufs brouillés et de pain grillé, arrosés d'un geyser de café qu'ils engloutissent avec reconnaissance. Jacky est légèrement fiévreuse. Les effets de son vaccin commencent à se faire sentir; son épaule est gonflée et douloureuse. À neuf heures pile, Douglas

Stuebing appelle pour leur annoncer qu'il décollera enfin de Toronto vers dix heures trente. Si la chance lui sourit, il sera à Dorval avant midi.

À onze heures, Jacky et Peter Brown quittent les Sévigny. Le fidèle Peter accompagne de nouveau Jacky à Dorval pour la confier à son collègue de Toronto. Le départ pour Munich ne doit plus être différé d'une seconde.

Douglas arrive un peu avant midi, comme prévu. Cependant, le seul vol à destination de l'Europe sur lequel il y a encore deux places libres est un vol d'Air Canada vers Paris qui ne décolle qu'à dix-neuf heures trente. Qu'à cela ne tienne, va pour Paris! Philosophes, Jacky, Peter et Douglas tuent l'après-midi à grands coups de martinis tout en jouant au poker au bar de l'aéroport. Jacky se dit qu'elle aura tout le temps de récupérer pendant le vol.

Chapitre 22

LE lundi à dix heures quinze, heure locale, Jacqueline Delorme et Douglas Stuebing débarquent enfin à Munich. Jacky est fiévreuse et épuisée par la nervosité et le manque de sommeil, mais tout de même heureuse d'être aussi près de sa princesse. L'hôtel *Bayer's*, où le *Toronto Telegram* a réservé des chambres, s'avère au premier coup d'œil le repaire de tous les journalistes de la presse internationale qui sont aux trousses de la belle espionne. Y loge plus particulièrement le fameux Robert « Bob » Reguly du *Toronto Star*, qui a été le premier et, semble-t-il, le seul journaliste à s'être véritablement entretenu avec Gerda. Reguly est réputé le plus féroce de toute la meute. Douglas ne tient pas à ce que son rival et sa bande du *Toronto Star* apprennent que Jacqueline Delorme, la grande amie canadienne de Gerda Munsinger, est sur les lieux. Il faudra donc user d'astuces afin de ne pas trop attirer l'attention.

Douglas se débrouille pour enregistrer Jacqueline comme journaliste, et sous un faux nom. Par habitude professionnelle, il sait que ses confrères paient les employés de l'hôtel pour avoir la liste des nouveaux arrivants et vont parfois même jusqu'à soudoyer les standardistes pour écouter les conversations téléphoniques émanant des occupants des chambres ou qui leur sont destinées. Cette joyeuse ménagerie est prête à toutes les bassesses pour s'emparer du plus petit scoop. Il sait aussi que, depuis maintenant presque quarante-huit heures, la belle Gerda est introuvable.

Jacky se retrouve dans une chambre grande comme un mouchoir de poche dans laquelle il n'y a même pas de salle de toilette. C'est un dur coup pour l'une des héroïnes d'une histoire qui fait courir toute la presse internationale. Douglas Stuebing, à qui elle s'empresse de faire part de sa déception, hausse les épaules et lui recommande de tâcher de prendre malgré tout un peu de repos pendant qu'il ira aux nouvelles. Avant de la quitter, et comme elle insiste, il promet, sans toutefois cacher son agacement, de lui faire donner une meilleure chambre à son retour. En attendant, il lui ordonne fermement de se faire la plus discrète possible et de n'ouvrir à personne d'autre qu'à lui quand il glissera sa carte de visite sous la porte après avoir cogné trois coups espacés. Un peu déçue de l'attitude de son chevalier servant, Jacqueline acquiesce à tout avec une certaine philosophie. Malgré ses déboires, elle a l'impression d'être l'une des vedettes d'un film de série noire. C'est une vedette complètement lessivée qui envoie valser ses chaussures et se laisse happer par un matelas si mou qu'elle se demande si elle pourra jamais s'extirper du piège douillet dans lequel elle vient de s'enfoncer.

Deux heures plus tard, elle a repris un peu du poil de la bête, et Douglas est de retour. Il a obtenu le nom de l'agent de Gerda dans cette affaire. Il s'agit d'un certain Josef von Ferenzy, dont la principale occupation semble être d'éconduire tous les journalistes qui essaient d'entrer en contact avec madame Munsinger. Grâce au bon vieux code d'antan, Jacky est sans doute la seule à avoir encore une chance d'approcher l'inaccessible Gerda.

Avec moult précautions et chacun de leur côté, Douglas et Jacky quittent l'hôtel pour aller téléphoner dans un café des environs que le journaliste a pris soin de repérer. Monsieur von Ferenzy est absent, mais un jeune homme, qui parle plutôt bien anglais et déclare qu'il est son fils, accepte de faire le message suivant: « La duchesse veut parler à la princesse de toute urgence! La princesse ne doit cependant pas rappeler la duchesse à l'hôtel *Bayer's* où elle est descendue, c'est trop risqué! La duchesse rappellera à quinze heures pile. »

Quand Jacqueline rappelle deux heures plus tard, le jeune homme, qui se prénomme André, lui répond que le message a été transmis, mais que madame Munsinger n'est pas en état de venir au téléphone. Elle est très souffrante et sous l'effet de médicaments puissants. Et le jeune André von Ferenzy raccroche sans autre commentaire.

Décontenancée, Jacqueline ne voit pas d'autre solution que de se rendre chez le monsieur von Ferenzy en question, dont Douglas Stuebing a aussi obtenu l'adresse. À dix-sept heures, très inquiète, elle sonne à la porte des von Ferenzy. Elle tente de convaincre le jeune André qu'elle est vraiment une amie très intime de Gerda, qu'elle doit lui parler à tout prix et qu'elle attend sa visite. André von Ferenzy ne cache pas sa contrariété et, devant son insistance, finit par lui balancer d'un ton exaspéré:

— Madame, cessez de m'importuner. Madame Munsinger n'est pas ici, elle n'est pas dans cette maison. Quand elle désirera vous parler, nous vous le ferons savoir.

Et il lui claque la porte au nez!

Jacky a la certitude qu'André von Ferenzy lui ment, mais elle et son fidèle Douglas n'ont plus d'autre choix que de rentrer bredouilles à l'hôtel. Ils dînent ensemble dans une immense suite abandonnée depuis peu par trois correspondants du *Toronto Telegram* en Europe qui seraient, paraît-il, partis vadrouiller dans la campagne allemande. À la suggestion de Douglas, Jacky s'installe dans la suite pour la nuit et en profite pour prendre ses aises et s'offrir le bain le plus voluptueux de sa vie.

Le lendemain matin, très tôt, Douglas vient la rejoindre pour le petit-déjeuner. Il est assez content de lui. Il a réussi à se procurer le nom et l'adresse de l'avocat de Gerda : Me Heinrich Kutzer. La nuit dernière, en prenant un verre au bar de l'hôtel avec ses confrères, il a aussi appris que Gerda Munsinger doit faire une apparition ce matin même, vers neuf heures, à une émission de télévision de style talk-show, qui sera diffusée en direct, paraît-il.

—Je n'ai qu'à repérer les studios de télévision où se fera cette émission et je te la retrouve, ta Gerda. Pendant ce temps, toi, tu essaies de communiquer avec ce maître Kutzer. Et tâche de le convaincre de te permettre de la voir.

Il n'est pas encore huit heures que Douglas est déjà reparti. « Décidément, pense Jacky, un journaliste, ça ne tient pas en place. Quel métier de fouine ! »

Peu après le départ de Douglas, Jacqueline descend dans le hall de l'hôtel pour demander à la téléphoniste d'envoyer un télégramme. Elle lui glisse un billet de vingt dollars américains destiné à acheter sa discrétion. La bonne dame promet le secret absolu et traduit en allemand le message suivant :

> *À l'attention de Me Heinrich Kutzer. Urgent ! Dites à la princesse G. que je suis terriblement inquiète. Je vous en supplie, rappelez-moi à l'hôtel* Bayer's, *suite 829. Signé : Duchesse.*

Sitôt son télégramme envoyé, Jacky emménage définitivement dans la luxueuse suite 829, puisqu'elle est libre. Douglas ne lui en voudra sûrement pas. Elle lui laisse un message à cet effet. Dans sa chambre à elle, il n'y avait même pas la télé. Confortablement installée, elle surveille la télévision allemande toute la matinée. Elle ne comprend pas un mot de ce qui s'y raconte, mais, chose certaine, pas de Gerda à l'écran et pas un traître mot sur elle de tout l'avant-midi. Vers midi trente, le téléphone sonne.

Un homme est au bout du fil. Il s'exprime dans un anglais des plus laborieux et l'appelle de la part de Me Kutzer. D'après ce que raconte son interlocuteur, l'avocat de Gerda n'aurait rien compris au télégramme de Jacky qui s'impatiente: « Ils sont bouchés, ces Allemands! C'était pourtant clair, il me semble! »

— Cher monsieur, aucune importance si Kutzer ne comprend pas le message. Qu'il le donne à Gerda; elle, elle comprendra!

L'homme déclare qu'il fera la commission et promet que Me Kutzer rappellera lui-même vers quinze heures.

Sur ces entrefaites, Douglas réapparaît. Il a bien trouvé le studio de télé où devait se rendre Gerda, mais l'émission a été reportée parce que la vedette de l'heure n'était pas en état d'affronter caméras et micros.

— Ils ont retardé l'enregistrement. J'y retourne en début de soirée. J'entrerai en communication avec elle à ce moment-là, assure-t-il.

Et il repart aussi sec. Il a des adresses et des numéros de téléphone à vérifier. Il est sur plusieurs pistes à la fois et rayonne littéralement de joie professionnelle.

Jacqueline se retrouve de nouveau seule, bloquée dans la suite qu'elle n'a pratiquement pas quittée depuis la veille. Douglas lui a ordonné de ne pas bouger et d'attendre que Gerda ou l'un de ses cerbères se manifeste. Pour tromper son ennui, elle ne cesse de faire appel au service aux chambres. Elle se fait monter quelques petits gueuletons sympathiques et arrose le tout de trois ou quatre demi-bouteilles d'un exquis petit vin du Rhin. Elle demande aussi qu'on lui apporte un appareil radio pour pouvoir écouter des émissions françaises ou anglaises. Elle en a plus qu'assez de la télé en langue allemande. Ce charabia est en train de lui donner un mal de tête à tout casser. Faisant contre mauvaise fortune bon cœur, elle a décidé de changer sa semi-réclusion en une gentille existence de riche oisive, le tout aux frais du *Toronto Telegram.*

Elle ne s'était pas inquiétée outre mesure quand, ce matin, la femme de chambre lui avait demandé si elle était seule à occuper cette suite normalement destinée à quatre personnes. Elle avait orgueilleusement répondu que oui, elle était seule dans la suite 829 et entendait bien le rester. Malheureusement, à ce moment-là, elle ignorait encore tout des critères de rentabilité établis par l'hôtel *Bayer's.* Peu avant quinze heures, elle est priée de quitter la suite 829 et de prendre plutôt possession de la chambre 502.

— Elle est équipée d'une salle de bains complète, lui assure-t-on. Que madame ne s'en fasse pas, elle y sera très confortablement installée.

Confortable ou pas, ce déménagement ne peut tomber plus mal. Elle a mentionné la chambre 829 dans son télégramme à l'avocat de Gerda et Me Kutzer doit l'appeler d'une seconde à l'autre. La direction de l'hôtel l'assure qu'on fera suivre tous ses appels et tous les messages qui lui sont destinés. Elle se présente donc au 502 avec armes et bagages pour s'apercevoir aussitôt que ladite chambre est déjà occupée par un couple en petite tenue qui ne semble pas du tout sur le point de la quitter.

On lui déniche enfin une chambre plutôt quelconque, mais libre, au troisième étage. « Si ça continue, c'est au sous-sol que je vais me retrouver! » râle-t-elle en jetant un regard offusqué sur un vilain mur de brique noirâtre, seule vue offerte par l'unique fenêtre de son nouveau refuge. Il est maintenant seize heures et elle est persuadée qu'elle a raté le coup de fil de Kutzer. Affolée, à peine a-t-elle jeté ses bagages sur le lit de la chambre 314 que, sans plus réfléchir, elle décide de filer à toute allure vers le bureau de l'avocat qu'elle ne prend même pas la peine de prévenir de son arrivée imminente. Plus que tout, elle a un urgent besoin de bouger. Elle en a assez de vivre confinée. Au diable Douglas Stuebing et ses recommandations! Elle n'en peut plus de cette attente stupide alors que la princesse est là, tout près, quelque part dans la ville.

La course en taxi lui paraît longue comme une éternité. La circulation au centre de Munich, comme dans toute grande ville à l'heure de pointe, est complètement paralysée. Pour faire bonne mesure, il se met à neiger abondamment. La visibilité devient rapidement à peu près nulle et accentue encore plus son impression d'être égarée dans une ville qui lui est totalement étrangère et qui lui semble plus hostile chaque minute.

Lorsque le chauffeur de taxi, qui ne parle évidemment qu'allemand, lui fait signe de descendre à un rond-point non identifié, Jacqueline se sent résolument perdue. Dans son énervement, elle ne réalise pas qu'il lui explique sans doute qu'elle est arrivée. Elle tente de parlementer un peu, mais rien à faire. Le chauffeur a l'air peu engageant et elle comprend que ce bougre d'âne refuse d'aller plus loin. Elle paie sa course des larmes et de la neige plein les yeux. Avant de l'abandonner seule sur le trottoir glissant, le chauffeur lui fait un dernier et vague signe qui semble vouloir indiquer la direction qu'elle doit prendre pour se rendre à l'adresse qu'elle avait pris soin de lui griffonner sur un bout de papier. De peine et de misère, et après avoir beaucoup cherché, elle finit avec un immense soulagement par trouver le bureau de l'avocat de Gerda, tout au fond d'une impasse dans laquelle elle a longtemps hésité à s'engager.

De la salle d'attente où une secrétaire lui a fait signe de s'asseoir, Jacky, qui est en voie de retrouver sa bonne humeur, aperçoit, assis à un bureau, un homme qui est sûrement Kutzer, se convainc-t-elle aussitôt. Le téléphone se met à sonner, et Kutzer, si c'est lui, prend la communication.

Jacky tend l'oreille et l'entend distinctement mentionner par deux fois le nom de von Ferenzy. « Ça y est, pense-t-elle, pétrifiée, Kutzer ne voudra pas me recevoir parce que cet imbécile de von Ferenzy va lui dire que je suis une journaliste qui se fait passer pour une amie de Gerda ». Pendant toute sa conversation téléphonique, Kutzer ne cesse de dévisager Jacky, qu'il a repérée de son bureau. Dès qu'il a raccroché, il lui fait signe de le rejoindre.

D'emblée, il se montre plutôt affable et, ô soulagement, il arrive à s'exprimer assez bien en anglais! Il lui explique que madame Munsinger a été très malade. Puisqu'elle a été assaillie par les journalistes, accusée par eux d'avoir fait de l'espionnage pour le compte des Russes, bousculée de tous les côtés, ses nerfs ont subitement lâché. Mais, que miss Delorme soit rassurée, elle se remet peu à peu.

— Je vous en supplie, il faut que je la voie maintenant, implore Jacky. Il ne faut pas qu'elle vienne au Canada comme elle m'a dit en avoir l'intention quand je l'ai appelée de Montréal. Les policiers vont l'arrêter pour espionnage ou pour vol dans un grand magasin montréalais et ils vont la mettre en prison. Je ne suis pas une journaliste, je suis sa meilleure amie et on m'empêche de la voir et de lui parler. Je ne lui veux aucun mal, bien au contraire, je l'aime comme une sœur et, pendant des années, je l'ai crue morte!

Énervée, épuisée, elle se met à pleurer à gros sanglots convulsifs. Il est évident qu'elle n'en peut plus. Ses nerfs à elle aussi menacent de lâcher.

Sans doute ébranlé par l'immense chagrin qui secoue Jacky et qui semble posséder tous les accents de la vérité, Kutzer se fait rassurant.

— Pour le moment, il n'est pas question que madame Munsinger quitte l'Allemagne; ne vous tourmentez plus.

Puis, avec un air légèrement incrédule, il demande :

— Vous étiez vraiment sa meilleure amie au Canada?

— Mais, hoquette Jacqueline, c'est ce que je me suis tuée à expliquer à von Ferenzy et que je m'évertue à vous faire comprendre à vous aussi. De grâce, aidez-moi! Je ne suis pas venue ici pour faire un reportage ou lui arracher des confidences. Je sais tout sur sa vie au Canada. Je suis venue la mettre en garde. Elle est mêlée à des choses très graves qui se passent en ce moment dans mon pays. Il faut que je lui parle de toute urgence. La réputation de certains de mes amis est en jeu.

— Miss Delorme, pour le moment, je ne peux pas vous révéler où se trouve madame Munsinger. Je dois cependant la rencontrer demain et je lui ferai part de votre désir de la voir. Je vous appellerai à votre hôtel dès que possible, je vous en donne l'assurance formelle.

— Demain, demain! C'est trop loin, demain, vous ne vous rendez pas compte! se lamente Jacqueline. Je suis ici depuis deux jours et je n'ai même pas réussi à la joindre au téléphone. Je ne comprends pas pourquoi.

— Je suis désolé, mais nous devons assurer la protection et la tranquillité de madame Munsinger. Nous croyons que des gens pourraient vouloir lui faire un mauvais parti. Elle a déjà reçu des menaces de mort. Nous ne pouvons prendre aucun risque. Si vous êtes patiente et que vous faites ce qu'on vous dit, vous la verrez. C'est tout ce que je peux vous promettre pour le moment.

En reconduisant Jacqueline à la porte de son bureau, il s'engage à la rappeler le lendemain, autour de vingt heures. « Dans vingt-six heures! pense Jacky, découragée. Non seulement ils sont bouchés, ils sont d'une lenteur mortelle dans ce pays! »

Plus tard dans la soirée, Douglas rejoint discrètement Jacky dans sa nouvelle chambre. Il s'est fait éconduire au studio de télé où il espérait entrer en contact avec Gerda. De toute façon, il semble qu'elle ne s'y soit pas rendue et que son entrevue ait été décommandée. Toutes ses autres pistes se sont avérées des canulars. Il est d'une humeur de dogue.

Jacky lui raconte en détail sa rencontre de l'après-midi,

mais Douglas est loin d'approuver sa démarche. Il commence à être inquiet et traite Jacky de cervelle de moineau. Il est en quelque sorte responsable de sa sécurité et il ne se gêne pas pour lui dire qu'elle a été très imprudente de s'aventurer ainsi jusqu'au bureau de Kutzer. L'atmosphère qui enveloppe toute cette affaire commence à sentir le roussi. Si Gerda a reçu des menaces de mort, c'est qu'il y a probablement, lui dit-il, des choses dans sa vie que Jacky ignore, même si elle croit bien la connaître.

Elle avoue qu'elle aussi commence à redouter le pire. Il n'est pas normal que Gerda soit à ce point coupée du monde extérieur. Plus ils en débattent, plus toute l'affaire leur paraît louche.

—Et si ces gens qui prétendent la protéger la gardaient plutôt prisonnière? Et si ces mêmes personnes, terrifiées à l'idée qu'elle me parle, l'avaient tout simplement éliminée? Et si elle avait vraiment été une espionne?

« Oh! mon Dieu! dans quelle folle aventure me suis-je embarquée? » pense Jacky, qu'une peur tardive mais bien réelle secoue de frissons désagréables.

Ils n'ont pas le temps d'approfondir leurs nouvelles inquiétudes. Le téléphone se met à sonner et les fait tous deux sursauter.

—Mademoiselle Delorme, s'il vous plaît? demande, dans un français impeccable, une voix masculine que Jacky ne parvient pas à identifier.

—Elle-même, articule-t-elle avec appréhension.

—Je suis Shaba von Ferenzy, le frère d'André. Votre message a été remis à la princesse, comme vous l'appelez, et elle veut vous voir. Nous pensions que vous étiez journaliste, ce qui explique notre méfiance à votre endroit. Veuillez nous en excuser.

—Je comprends très bien, ment Jacqueline, devenue méfiante à son tour.

Au moment où elle commence à entrevoir les pires horreurs, voilà que tout s'arrangerait? Cela lui semble soudain devenu trop facile. Il s'agit sûrement d'un piège.

—Votre amie a été très malade, mais elle pourra vous recevoir sous peu, reprend la voix. Je communiquerai de nouveau avec vous plus tard ce soir ou demain matin. Il faudra agir avec beaucoup de circonspection. Personne ne doit savoir que vous allez être mise en rapport avec la princesse. À plus tard, mademoiselle.

Assaillie de doutes, Jacky raccroche. Douglas, à qui elle traduit sa brève conversation avec la voix française inconnue, se perd en conjectures. Qui aurait intérêt à faire disparaître Gerda ou, du moins, à l'empêcher de parler? Était-elle une espionne, oui ou non? Si elle ne l'était pas, d'où peuvent venir les menaces? Gerda morte, la parole de Pierre Sévigny seul ne vaut pas grand-chose, mais la parole de Sévigny doublée de celle d'une Gerda bien vivante, voilà qui vient bousculer les données de certains plans… Pourquoi cet homme s'est-il adressé à Jacky en français? Le danger viendrait-il du Canada? Chose certaine, il faut que Jacky se méfie. Cet appel pourrait être un piège. Elle est peut-être en danger.

Deux heures plus tard, nouvel appel du soi-disant fils de Josef von Ferenzy.

—J'irai vous prendre à votre hôtel à onze heures demain pour vous conduire auprès de qui vous savez.

—Monsieur, je regrette, mais à mon tour d'être méfiante. Ne venez pas me prendre à mon hôtel. Nous nous rencontrerons un peu avant onze heures demain, à l'endroit où je suis allée hier à dix-sept heures précises.

Et elle raccroche sans plus de précisions. Si cet homme est vraiment le frère d'André, il sait sûrement que Jacqueline s'est présentée à dix-sept heures, la veille, à la maison des von Ferenzy dans l'espoir d'y trouver Gerda.

—Au fait, ce von Ferenzy est censé être son agent. Mais agent de quoi, exactement? demande Jacky, qui n'a pas pris le temps de se poser la question.

—J'ai appris que, depuis qu'elle a parlé à Bob Reguly, ton amie a été prise en charge par ce von Ferenzy. On raconte qu'elle lui a cédé tous les droits de ses entrevues et de ses apparitions télévisées moyennant une assez jolie somme. Josef von Ferenzy a déjà payé en espèces sonnantes et trébuchantes et, dorénavant, c'est lui qui gère les activités de la présumée espionne et qui orchestre sa publicité et sa vie.

— Il est reconnu ici comme agent?

— Il paraît que oui.

— Donc, si je me présente chez lui demain, le risque est minime?

— En principe, il devrait l'être. Mais il faut que tu parles à Me Kutzer demain matin avant d'aller au rendez-vous. Pose-lui des questions sur ce second fils von Ferenzy qui parle si bien français et demande-lui si tu peux lui faire confiance.

Le lendemain matin à la première heure, Jacqueline, qui a eu le temps d'explorer à fond toutes les affres de l'insomnie, tente de joindre l'avocat de Gerda. Il est le seul être en Allemagne qui pourrait la rassurer un tant soit peu, à part Gerda, bien sûr! Mais Gerda n'appellera pas, Jacky en a la certitude.

Au bureau de l'avocat, on lui répond que Me Kutzer sera retenu à la cour toute la matinée et peut-être le reste de la journée. Jacqueline en pleurerait. Elle en est à se demander si elle se rendra à son inquiétant rendez-vous, quand André von Ferenzy l'appelle. Il lui confirme que c'est bel et bien son frère aîné qui a communiqué avec elle la veille. Shaba von Ferenzy parle très bien français, vu qu'il a fait une partie de ses études en France.

— Dès que votre amie a eu votre message à l'effet que la duchesse veut parler à la princesse, elle a piqué une crise et exigé de vous voir tout de suite. Elle était prête à venir vous rejoindre à l'hôtel. Nous avons dû la calmer et la raisonner. Elle est trop impulsive et ne se rend pas toujours bien compte des dangers qui la guettent.

— Est-ce que le rendez-vous tient toujours? s'impatiente Jacqueline. Est-ce que, à onze heures, je vais enfin pouvoir la voir?

— C'est pour ça que je vous appelle. Ne bougez pas de votre hôtel. Attendez le coup de téléphone de Shaba. Je ne peux pas vous en dire plus pour le moment. On a eu quelques petits ennuis.

Jacky insiste pour savoir lesquels, mais André von Ferenzy refuse de donner la moindre explication. Il raccroche en lui recommandant la patience et surtout la prudence.

À onze heures vingt, Shaba von Ferenzy est au bout du fil. Il est temps: Jacky achève de ronger le dernier de ses ongles qu'elle avait pourtant si joliment manucurés la veille.

— Je ne peux joindre votre amie par téléphone pour le moment. Hier, elle a commis une imprudence qui aurait pu très mal tourner. Elle a tenté de communiquer avec son fiancé qu'elle n'avait pas revu depuis vendredi dernier. Elle n'en pouvait plus, paraît-il. La ligne téléphonique de ce monsieur est sous écoute. Mon père a eu peur qu'on ne découvre d'où venait l'appel. Il a fallu lui trouver une autre cachette. Mon père est avec elle en ce moment. C'est la cinquième fois qu'on doit la changer de place en catastrophe. Elle n'est pas de tout repos, votre amie! Ne bougez pas de votre chambre; sitôt qu'elle arrive dans son nouveau refuge, je vous rappelle.

— Mais je n'en peux plus, moi! s'emporte Jacky. Je veux la voir aujourd'hui, vous m'entendez? Sinon je fais un scandale! Je vais aller à la police loger une plainte contre votre père et vous pour enlèvement. Je vais vous traîner en justice! Vous comprenez ce que je dis? Et je vous assure que ce n'est pas une blague.

— Calmez-vous, mademoiselle Delorme. Je comprends votre impatience et je vous promets que vous la verrez aujourd'hui. Je vous en donne ma parole! Au revoir.

— Là, ça commence à bien faire! J'en ai par-dessus la

tête de tous ces schleus[14] qui me font niaiser! s'indigne Jacky en arpentant la pièce sous l'œil navré de Douglas qui se sent bien impuissant à la calmer, étant lui-même au comble de l'exaspération.

Il a des comptes à rendre à son journal et, tôt ce matin, avant de rejoindre Jacky à sa chambre, il a été forcé d'avouer à son patron qu'ils font tous les deux du surplace depuis leur arrivée en sol allemand. Il reste toutefois un mince espoir de voir aboutir toute l'affaire et c'est à cet espoir qu'il faut s'accrocher.

À treize heures cinquante-cinq, André von Ferenzy rappelle Jacqueline et lui donne rendez-vous chez lui, et tout de suite! Elle doit évidemment venir seule et prendre d'infinies précautions pour s'assurer qu'elle n'est pas suivie.

Jacqueline se prépare aussitôt avec fébrilité. Enfin, elle approche du but. Toutes ses craintes se sont envolées d'un seul coup. Douglas la regarde s'activer avec mauvaise humeur; il est cruellement mortifié de ne pouvoir l'accompagner. Maintenant que leurs efforts à tous les deux sont sur le point d'être récompensés, il faut qu'il reste en plan à attendre bien sagement comme la pauvre andouille qu'il n'est pas la suite d'événements de la plus haute importance pour un journaliste comme lui.

— Ça ne se passera pas comme ça! Tu n'as qu'à faire comme si de rien n'était et je me débrouillerai pour te suivre, grogne-t-il, furieux d'être ainsi écarté du revers de la main, alors que, l'homme d'action, le mâle courageux et le futé journaliste d'enquête, c'est lui.

— Douglas, je comprends très bien ce que tu ressens. C'est grâce à toi et à ton journal que je suis ici, mais si tu

14. Le terme *schleu* est un mot issu de l'allemand dont l'utilisation s'est développée pendant les guerres mondiales. Il s'agit d'un terme insultant destiné à nommer les soldats allemands et, par extension, tous les Allemands.

me suis, ils vont m'empêcher de la voir. Ça va nous avancer à quoi, peux-tu me le dire? Je te promets l'exclusivité de mon entretien avec Gerda. Je ne te cacherai rien, je te le promets. Mais, de ton côté, il faut que tu me jures de ne pas chercher à me suivre. Ça ficherait tout par terre, j'en suis certaine. Ce von Ferenzy est pire qu'un rottweiller, tu t'en rends bien compte. Jure-moi de m'attendre ici bien tranquille, sinon je n'y vais pas.

Frustré, mais conscient que Jacqueline a raison, il promet de ne pas bouger jusqu'à son retour. Elle ne le quitte pourtant qu'à demi rassurée. Elle a appris bien malgré elle jusqu'où les journalistes en mal de copie sont prêts à aller pour obtenir le plus infime renseignement. Pour Douglas, d'avoir la chance de découvrir la cachette de Gerda Munsinger à Munich et de ne pas en profiter semble le comble de la bêtise, si ce n'est de l'abnégation.

Le journaliste torontois ne revendique ni l'un ni l'autre de ces attributs, Jacky en est parfaitement consciente.

À la demeure des von Ferenzy, Jacky est accueillie par André et son frère Shaba, qui parle un français très châtié et qu'elle voit pour la première fois. Plus âgé qu'André de plusieurs années et superbement vêtu de suède brun foncé, il est tout à fait séduisant, constate Jacky, charmée dès le premier coup d'œil. Plutôt grand, assez costaud, c'est un homme comme elle les aime. Il a un visage extrêmement viril et une de ces bouches sensuelles dans laquelle on aurait envie de planter solidement les dents. Édouard Simard avait justement déclenché en elle ce genre d'appétit dès qu'elle l'avait rencontré. Ce n'est pas comme cette petite écrevisse de Douglas qui, bien que toujours fourré dans sa chambre depuis trois jours, ne lui fait malheureusement pas le moindre effet.

Shaba von Ferenzy, très courtois, lui baise la main au moment des présentations, puis l'entraîne dans un boudoir meublé de façon austère, mais avec goût. Il lui offre aussitôt un verre de schnaps tout en l'invitant à prendre place dans un des larges fauteuils de cuir noir qui occupent la pièce. Pendant qu'ils dégustent leur eau-de-vie à toutes petites lampées tout en faisant plus ample connaissance, André s'en va surveiller les abords de la maison pour bien s'assurer que Jacqueline n'a pas été suivie. Quinze minutes plus tard, les deux frères sont tout à fait rassurés. Shaba conduit alors Jacky, qui doit lutter contre les effets insidieux du schnaps, vers une petite Volkswagen grise stationnée à deux coins de rue de la maison.

— Pour déjouer les journalistes, je ne me sers plus de ma voiture. Je dois en louer une nouvelle tous les deux ou trois jours. Je viens tout juste d'aller chercher celle-ci. Avec toutes ces chinoiseries, je perds un temps fou, mais je n'ai pas le choix, Gerda n'est plus à Munich. Nous l'avons emmenée en banlieue, c'est plus sûr.

L'esprit légèrement embrumé, Jacqueline constate qu'effectivement la voiture quitte le centre de Munich. Shaba conduit vite et de façon imprévisible. Dès qu'une voiture le suit trop longtemps ou de trop près, il effectue un virage en épingle à cheveux ou prend subitement des chemins de traverse, pour ensuite revenir sur la route principale qui s'est soudain muée en une sorte d'autoroute. Jacky, qui a promis à Douglas de noter mentalement le chemin qui mène à Gerda, en est pour ses frais. Elle se sent totalement incapable de retenir leur itinéraire compliqué à plaisir par Shaba.

Trois quarts d'heure plus tard, dans ce qui semble encore la banlieue de Munich, Shaba, qui n'a pratiquement pas ouvert la bouche du voyage, arrête la voiture dans une rue au nom impossible, devant l'entrée principale d'une énorme maison de stuc toute blanche, très cossue et cernée par un épais mur de brique rouge. La grille d'entrée en fer noir est verrouillée. Shaba descend de la Volks, sonne au portail et dit quelques mots dans un interphone placé à côté de quatre boutons de sonnette sagement alignés. Quelques instants plus tard, la grille s'ouvre grâce à un mécanisme commandé de l'intérieur, pense Jacqueline qui essaie de retenir le moindre détail pour son rapport à Douglas : « Gerda est drôlement bien gardée! C'en est même inquiétant! »

Shaba engage la voiture dans l'allée et stationne devant la première entrée qui se présente. La porte de la maison s'entrebâille, et une femme d'une soixantaine d'années apparaît. Shaba et elle échangent quelques mots en allemand que Jacqueline ne comprend évidemment pas. Elle essaie désespérément d'apercevoir un nom, un numéro de porte, quelque chose qu'elle pourrait communiquer à Douglas pour qu'il puisse à son tour retrouver la cachette de la précieuse Gerda. Mais c'est peine perdue, et Jacky se dit qu'elle n'arrivera jamais à retenir le nom de la rue où se trouve cette fichue résidence; à moins de l'écrire tout de suite dans son carnet, ce qui, devant Shaba, est proprement impensable.

Shaba aide Jacqueline à descendre de voiture et l'invite à entrer dans la demeure qui est censée abriter la princesse. Jacky se retrouve devant la dame inconnue et un monsieur très grand, mince, plus très jeune lui non plus, et qui, curieusement, porte un appareil photographique accroché au cou. Sans même prendre la peine de faire les présentations, Shaba adresse en allemand quelques mots aux deux inconnus et s'éclipse aussitôt vers le fond de la maison, plantant là Jacky, passablement effarouchée et ne sachant plus quoi penser.

Chapitre 23

Dans le hall d'entrée vaste et très peu éclairé où elle se tient, Jacky fait face aux deux inconnus qui la détaillent d'un air glacial. Ils ne prennent même pas la peine de répondre au timide *danke* qu'elle leur adresse pour tenter de dominer son anxiété croissante. Jacky jette un rapide coup d'œil autour d'elle et aperçoit, dans la pièce adjacente, une femme enfoncée dans un fauteuil. De cette femme, elle ne voit en fait que de longues jambes gainées dans un pantalon très moulant de tissu bleu pâle. « Bleu, la couleur préférée de Gerda… Et cette inimitable façon de croiser les jambes! »

— Princesse! s'écrie Jacky, folle de joie et plus intimidée du tout.

La femme se lève aussitôt et c'est bien Gerda qui s'avance vers elle en ouvrant les bras.

— Duchesse! Oh! Jacky! Jacky, c'est toi!

Les deux amies tombent dans les bras l'une de l'autre en pleurant à chaudes larmes.

L'homme à la caméra profite de ce moment d'intense émotion pour les mitrailler avec son appareil photo. Mais Jacky n'en a cure, il y a cinq ans que Gerda et elle se sont vues. Elle avait cru son amie morte, et voilà qu'elle peut la serrer sur son cœur, un peu vieillie, certes, mais bien vivante.

Gerda est la première à mettre fin à leurs effusions :

— Monsieur est photographe à la revue *Neue Illustrierte*. C'est une sorte de *Paris-Match* allemand. Ses photos vont paraître dans le numéro de la semaine prochaine. Tout ce qui m'arrive, chaque seconde de ma vie vaut son pesant d'or, ma chère. Je suis devenue une sorte de vedette. Mais, là, j'en ai assez. Je vais leur dire de nous laisser tranquilles. Depuis le début de cette histoire, j'ai toujours quelqu'un sur les talons!

Gerda dit quelques mots en allemand à la dame et au photographe, puis entraîne Jacky dans le salon.

— Fais attention, lui chuchote-t-elle à l'oreille, je crois qu'ils ont installé des micros. Quand von Ferenzy m'a emmenée ici tout à l'heure, il y avait des gens qui s'affairaient dans la pièce. Ils sont partis un peu avant que tu arrives.

— D'accord, on va essayer de se parler en code, suggère Jacky en se laissant glisser sur un grand canapé de velours vert à motifs dorés.

À peine se sont-elles installées côte à côte, les mains de l'une dans les mains de l'autre, que la dame âgée, l'air toujours aussi revêche, fait son apparition, portant deux coupes et une bouteille de vin mousseux sur un plateau. Tout en déposant son fardeau sur la table basse, elle jette aux deux amies un regard peu amène. Elle se retire sans un mot.

— C'est la femme de l'éditeur de la revue, déclare Gerda. On est ici chez elle. Comme tu l'as sûrement remarqué, elle n'a pas l'air de m'aimer beaucoup.

En riant, elle s'empare de la bouteille de vin de marque *Cabinet* et remplit à ras bord les deux coupes.

— Mais c'est un vin ministériel qu'elle nous offre! s'esclaffe Jacky en trinquant avec Gerda. C'est fou ce qu'ils ont de l'à-propos, ton von Ferenzy et sa clique!

—Oh! ils n'en ratent pas une depuis que cette histoire de fou est déclenchée, tu peux me croire! Si tu savais comme ils se prennent au sérieux!

Jacky, qui rit et pleure tout à la fois, peut enfin, après cinq longues années, contempler sa princesse retrouvée. Toute de bleu pâle vêtue, Gerda porte une perruque blonde un peu trop fournie et de lourds faux cils très noirs. « Elle est un peu trop maquillée, ne peut-elle s'empêcher de noter. Ça la vieillit! » Enfilés à son bras gauche, une bonne vingtaine de fins bracelets dorés tintent à chacun de ses gestes. Elle porte aussi entre ses seins, que l'on devine encore fort beaux sous son blouson soyeux, un lourd pendentif de métal doré orné d'une grosse pierre bleu foncé. « Le bleu a toujours été sa couleur de prédilection, pense Jacky, attendrie, un bleu très doux qui lui donne des airs de petite fille. » Des milliers de questions se bousculent dans sa tête, mais, les yeux brillants, Gerda devance toutes les interrogations de son amie.

Suspendue à ses lèvres, Jacky l'écoute raconter comment, jeudi soir dernier, juste avant de se rendre au *Scotch-Casino*, le bar où elle est caissière, elle a reçu chez elle un appel d'un certain Bob Reguly lui annonçant sans ambages qu'il était venu du Canada pour photographier sa tombe. Il lui avait raconté qu'il s'était rendu à l'hôtel de ville pour vérifier dans les registres le décès d'une certaine Olga Monseigneur alias Ricky Munsinger et trouver le cimetière où cette personne avait été enterrée. En fouillant plus avant, il était tombé sur une Gerda Munsinger habitant effectivement Munich et c'était en suivant cette piste qu'il avait retrouvé Gerda, bien vivante. Surpris et ravi de sa chance, il avait sollicité un rendez-vous avec elle pour le soir même.

—Je lui ai dit de passer au bar vers deux heures du matin. Avant ça, je suis trop occupée avec les clients. À peine arrivé, il me propose cinq cents dollars pour raconter dans son journal que je suis tout ce qu'il y a de plus en vie, alors qu'au Canada on me croit morte et enterrée.

Moi, je ne voyais pas du tout où il voulait en venir. Je décide d'accepter. Cinq cents dollars pour dire que je ne suis pas morte, ça m'a semblé toute une aubaine! Et, sans discuter, je signe le papier qu'il me présente. Il se met alors à me poser des tas de questions sur ma vie ici, mon fiancé, mon travail, mais il ne prenait aucune note. Il voulait me revoir le lendemain chez moi pour faire un article substantiel avec des photos et tout le tralala. Il me fait promettre de ne parler à aucun journaliste. Pas avant le lundi suivant, précise-t-il. Il veut l'exclusivité, c'est pour ça qu'il m'offre cinq cents dollars. C'est quand il me dit qu'il ne faut pas que je parle à aucun autre journaliste avant trois jours que je commence à me douter qu'il se passe quelque chose de pas ordinaire. Mais je n'ai pas la moindre idée de ce que ça peut être. Quand je raconte ça à mon fiancé, Ernst « Babe » Wagner... C'est quelqu'un d'adorable, tu vas l'aimer, je vais te le faire rencontrer... Donc, Babe, mon fiancé, me dit que je me suis fait avoir comme une gamine, que j'aurais dû demander au moins le double.

Le lendemain après-midi, quand Reguly se présente chez moi, je lui dis que j'ai changé d'avis et je lui demande mille dollars s'il veut faire un article sur moi. Il est d'accord pour doubler son prix à condition que je lui parle de Pierre Sévigny. Moi, je ne sais toujours pas ce qui se passe au Canada. Je ne me suis pas assez méfiée, je le sais, maintenant. Je lui ai parlé de Pierre. J'étais tellement contente de parler de lui après toutes ces années!

Gerda marque une pause pour reprendre un peu son souffle. Jacky en profite pour lui dire avec douceur :

— Tu n'aurais pas dû, Gerda. Si tu savais dans quelle situation épouvantable il est en ce moment! Tu n'aurais vraiment pas dû.

— Oh! mais je ne lui ai pas dit grand-chose! Je ne lui ai pas dit que j'avais été sa maîtresse, seulement que c'était un homme que j'estimais beaucoup, un grand ami, c'est tout. J'avais une photo de Pierre à la maison et je la lui ai montrée, et la bague du Mexique aussi. Ce sont mes plus précieux souvenirs du Canada, c'est ce que j'ai dit à Reguly. Je n'ai pas pu m'en empêcher, il me bombardait de questions. Il disait qu'il savait que j'avais été sa maîtresse, que tout le monde le savait. Et aussi que j'avais fait de l'espionnage pour les Russes. Là, je ne comprenais plus rien. Il ne me laissait pas une seconde pour réfléchir. J'ai trouvé l'affaire de l'espionnage du plus haut comique et je me suis mise à faire des blagues, à en rajouter. Je ne sais plus très bien ce que je lui ai raconté, mais je te jure que je ne pensais pas nuire à Pierre en disant que je le connaissais. J'ai aussi parlé de mes autres fréquentations à Montréal : George Hees, Gilbert Ayers et beaucoup d'autres. Reguly ne voulait pas m'expliquer pourquoi toutes ces vieilles histoires l'intéressaient tellement ni pourquoi il voulait à tout prix me photographier chez moi avec la photo de Pierre dans les mains, et ainsi de suite. Pour m'en débarrasser, et parce que je commençais à le trouver mal élevé, je lui ai demandé un autre mille dollars s'il voulait me photographier. Il a accepté. Je lui ai dit que je voulais me recoiffer et retoucher un peu mon maquillage et je suis allée à la toilette. J'avais encore la photo de Pierre à la main. Dans la toilette, j'ai déchiré la photo en mille miettes et je l'ai jetée dans les cabinets. J'avais comme un pressentiment. Reguly s'est montré furieux, mais il m'a quand même photographiée avec la bague. À dix-neuf heures trente, je suis allée travailler au *Scotch-Casino* jusqu'à trois heures du matin comme d'habitude et, après, je suis rentrée chez moi. Il y avait deux ou trois types qui m'attendaient à la porte de mon appartement. Ils voulaient entrer pour me parler. Ils disaient que c'était important. Comme j'étais très fatiguée, je leur ai claqué la porte au nez. Je n'avais pas mis les pieds chez moi que le téléphone s'est mis à sonner. Les journalistes de plusieurs journaux voulaient me parler. Ils voulaient savoir si je travaillais encore comme espionne, des stupidités comme ça. Sitôt que je raccrochais, le téléphone sonnait de nouveau et ça sonnait à la porte en même temps. Dans un moment de répit, j'ai appelé Babe qui était resté au bar et je lui ai demandé de venir me chercher pour m'emmener loin de cette bande d'hystériques!

Pendant que Gerda raconte, Jacky en profite pour examiner plus en détail sa chère princesse qui n'a heureusement rien perdu de sa verve proverbiale. « Mon Dieu qu'elle est changée! » se dit-elle, le cœur serré. Le frais visage dont elle a gardé le lumineux souvenir est amaigri et flétri. De larges cernes bleuâtres se sont creusés sous ses yeux jadis si étincelants. Et sa perruque blonde de qualité douteuse cacherait-elle les méfaits de la chimiothérapie? La princesse aurait donc eu, encore récemment, de sérieux ennuis de santé? Jacky se demande comment elle pourra aborder un sujet pareil. Amincie sans pour autant être maigre, son amie semble par contre avoir conservé le beau corps dont elle était si fière. « Elle doit être en voie de guérison, pense aussitôt Jacky, que la seule idée du cancer affole au-delà de toute expression. Je m'inquiète sûrement pour rien. Elle a mis une perruque parce qu'elle n'a pas eu le temps de passer chez le coiffeur. » Elle se force à l'optimisme. Jacky remarque aussi que Gerda porte à la main droite la fameuse bague mexicaine offerte par Pierre Sévigny au début de leur aventure, et son annulaire gauche est orné d'une fort belle bague en or sertie de quatre saphirs. « C'est sûrement sa bague de fiançailles. Son Babe Wagner, ce doit être quelqu'un de vraiment bien! » s'extasie-t-elle, ravie que son amie ait enfin trouvé un homme généreux et assez riche pour s'occuper d'elle et la protéger.

— C'est Babe qui m'a trouvé un agent et un avocat pour me défendre contre tous ces foutus journalistes. Ce n'est pas l'idéal, mais je suis certaine que, sans eux, ça aurait été cent fois pire.

Les deux amies se regardent un long moment sans rien dire. Jacky reverse du mousseux *Cabinet* dans les coupes vides. Elle voudrait aborder le sujet de la maladie de son amie, mais les mots terrifiants n'arrivent pas à franchir ses lèvres.

— Sais-tu que le beau George Hees a déclaré à la presse qu'il ne te connaissait pas? dit Jacky, quand Gerda lui demande des nouvelles de ce cher garçon.

— Quoi? s'écrie la princesse, soudain furieuse. Monsieur joue l'enfant de chœur? Quand je pense à toutes les folies qu'on a faites ensemble! Il a un sacré toupet! Mais il ne perd rien pour attendre, je te jure!

Les yeux brillants de fierté, elle annonce à son amie qu'elle a vendu un million de marks l'histoire de sa vie à l'éditeur dont elles dégustent en ce moment le vin mousseux, un peu râpeux, peut-être, mais des plus euphorisants.

— C'est à peu près cent mille dollars! Tu te rends compte? Je vais te faire rencontrer mon coauteur, monsieur Hasp. Il est ici avec moi. Je te le présenterai tantôt, quand on en aura fini avec nos petits secrets. Von Ferenzy m'a dit qu'il est très probable qu'on fasse un film tiré de mon livre. Je vais y jouer mon propre rôle pour les cinq dernières années. C'est fabuleux, non? Toi, tu pourras aussi jouer ton rôle pour les retrouvailles, si tu veux. Ça te plairait?

Jacqueline acquiesce avec un sourire extasié. « C'est franchement incroyable! Il suffit d'être auprès de Gerda pour que la vie redevienne une aventure, un brin rocambolesque, certes, mais ô combien excitante! » Son amie est vraiment un personnage hors du commun. Quel bonheur de l'avoir retrouvée après toutes ces années! Elle est toujours aussi délicieusement exaltante.

— Et puis, il y a les Américains qui veulent faire une émission d'une heure sur moi. Babe et moi, on doit se marier dès que tout sera calmé. Je me demande si je vais avoir le temps, avec tout ce qui se prépare. Babe veut m'emmener vivre en Autriche et, tiens-toi bien, il a accepté qu'on aille passer notre lune de miel au Canada! Jacky, quand on sera installés en Autriche, ce serait merveilleux que tu viennes vivre avec nous. Qu'est-ce que tu en dis?

Jacky a de la difficulté à organiser ses idées. Gerda est en train de lui faire miroiter des tas de projets tous plus séduisants les uns que les autres, mais qui l'entraînent à des années-lumière des problèmes qu'elle est venue tenter de régler.

— Il est peut-être un peu tôt pour parler de m'installer avec vous en Autriche, tu ne trouves pas? Pour le moment, il faut que tu saches à quel point Pierre et sa famille sont malheureux. Leur vie est devenue un véritable enfer, et tes révélations à Reguly ont jeté encore plus d'huile sur le feu. Il aurait fallu que tu nies tout, Gerda. Les accusations qui pèsent sur Pierre sont très graves; je ne sais pas si tu t'en rends compte. Au pays, on dit que tu espionnais pour le compte des Russes et que Pierre, quand il était ministre de la Défense, t'aurait livré des secrets d'État sur l'oreiller, mettant par le fait même la sécurité du pays en danger. Et, le bouquet, c'est que les journalistes ont commencé à dire que tu avais un casier judiciaire long comme le bras. Tout ça est un coup monté. Il faut absolument trouver un moyen de leur faire ravaler leurs saletés de mensonges.

Gerda éclate de rire.

— Mais voyons! tu sais bien que ce n'est pas vrai, cette histoire d'espionnage! Qui va croire une imbécillité pareille? Je ne suis pas assez intelligente pour être une espionne. Pierre n'a absolument rien à craindre de ce côté-là. Ce qui me fait de la peine, c'est que sa femme l'ait appris après tant d'années et de cette façon. S'il fallait que tous les hommes qui ont un jour trompé leur femme aient à subir ce genre de dénonciation dans les journaux, je te jure que nos bonshommes y penseraient deux fois avant de s'envoyer en l'air! Et la vie serait d'un ennui, ma chère! Je ne comprends vraiment pas pourquoi la presse ne s'intéresse qu'aux galipettes de Pierre Sévigny et pas à celles de George Hees et des autres. Tu peux m'expliquer ça, toi?

— C'est parce que Pierre était ministre de la Défense… et aussi parce qu'il est canadien-français. Il y a une sorte de racisme chez nous. Les Anglais nous considèrent comme des obsédés sexuels. Pour les libéraux, Pierre est la cible idéale.

— Ça me dépasse! Chez vous, j'ai baisé avec autant d'Anglais que de Français, il me semble! Mais il n'y a que Pierre qui les intéresse! Justement, hier soir, la télévision canadienne-anglaise, la CBC, est venue enregistrer une émission d'une demi-heure chez des amis de von Ferenzy[15]. Le journaliste Norman DePoe, qui m'interviewait, a prétendu que j'accompagnais Pierre Sévigny au bal de la Saint-André, alors que j'y suis allée grâce à George Hees. Tu te souviens? Je lui ai dit que George m'avait offert une robe et qu'il m'avait procuré quatre billets. Heureusement que j'avais une photo du bal avec Laurent Legault qui m'accompagnait officiellement, parce qu'il ne voulait pas en démordre. Pierre, toujours Pierre. Moi qui le voyais si peu, à l'époque. Tu te souviens? Mais il a fait tout un plat avec la bague que Pierre m'a rapportée du Mexique. À croire que c'est un joyau fabuleux, alors que ce n'est qu'un gentil souvenir, rien de plus.

Elle s'arrête soudain et se met à réfléchir intensément en fixant la bague mexicaine.

— Tiens, je te la donne, parce que tu es ma meilleure amie, dit-elle avec une certaine solennité en retirant la bague de son doigt. Il vaut mieux que je m'en sépare. Si je ne l'ai plus, peut-être vont-ils cesser de démolir Pierre pour trois fois rien.

Jacqueline reçoit la bague avec une certaine émotion. Elle sait à quel point Gerda est romanesque et elle connaît la profondeur du sentiment qu'a longtemps éprouvé son amie à l'endroit de Pierre Sévigny. Gerda souhaiterait main-

15. Voir http://www.cbc.ca/archives/categories/war-conflict/cold-war/politics-sex-and-gerda-munsinger/munsinger-speaks.html

tenant réparer le mal que, sans le vouloir, elle vient de lui faire et, comme une enfant, elle espère que, une fois consenti le sacrifice de cette amulette, la tempête déchaînée par ses révélations se calmera d'elle-même.

— Tu demanderas pardon à la femme de Pierre pour moi, murmure Gerda d'une petite voix contrite. Oui, j'aurais aimé lui prendre son mari, il y a quelques années, parce que je pensais que ça ne marchait pas très bien entre eux et qu'elle ne l'aimait plus. Moi, je l'aimais tellement, Pierre! Tout ce que je voulais, c'était qu'il soit le plus heureux des hommes! Mon fiancé, il s'appelle Ernst, mais tous ses amis l'appellent Babe; je l'aime, c'est sûr, je l'aime beaucoup, mais jamais je n'oublierai Pierre et, ça, je l'ai dit à Babe. Il comprend. Il trouve que c'est absolument normal. J'aurais voulu te le présenter, aujourd'hui, mais von Ferenzy ne veut pas que je le voie ni même que je lui téléphone. Sa ligne est tapée, et les journalistes ne le lâchent pas d'une semelle. Demain, je vais encore devoir changer d'endroit parce que tu es venue me voir et que le père Ferenzy a peur que tu dises à quelqu'un où je me cache. Il est fort possible que, Babe et moi, nous partions pour l'Autriche très rapidement. Il commence à en avoir assez de toutes ces bêtises. Et moi, tout ça est en train de me rendre malade!

— Gerda, je t'en prie, promets-moi de ne pas venir au Canada avant que tout soit éclairci et qu'on t'ait blanchie des accusations d'espionnage qui planent sur toi. Au Canada, ils sont déchaînés, ils vont te mettre en prison! Pierre m'a dit qu'il y aurait une commission royale d'enquête pour faire la lumière sur ce scandale sans précédent dans l'histoire politique canadienne. Ils vont sans doute vouloir t'interroger. Ils n'auront qu'à t'envoyer une commission rogatoire, c'est-à-dire que quelqu'un viendra ici pour prendre ta déposition. C'est vraiment la meilleure chose à faire.

À de nombreuses reprises au cours de leur conversation, des gens s'approchent sur la pointe des pieds et repartent. « Cette maison est très fréquentée », pense Jacqueline. La maîtresse de maison est revenue avec une nouvelle bouteille de mousseux *Cabinet* et s'est aussitôt esquivée, sévère et muette.

— Ce vin, c'est trop drôle, dit Jacky. Tu permets que j'emporte cette bouteille vide en souvenir? J'aimerais la conserver.

Gerda acquiesce en souriant, et Jacky glisse la bouteille dans son grand sac.

— Je ne comprends pas pourquoi ils me mettraient en prison, puisque je ne suis pas et n'ai jamais été une espionne. Ils n'ont pas le droit. Où sont-ils allés pêcher une histoire pareille?

— Ils se sont inspirés de l'affaire Profumo-Keeler, qui a éclaté l'an dernier en Angleterre. Les libéraux veulent la peau de John Diefenbaker et c'est le seul moyen qu'ils ont trouvé pour le démolir, lui et tout le Parti conservateur avec!

— On n'accuse pas les gens comme ça, sans preuves! Ça ne vole pas très haut, la politique, chez vous. Vous avez de drôles de gouvernants. Je n'aurais jamais pu travailler pour les Russes, parce que je déteste les communistes. Il y a bien ma mère qui, paraît-il, vivrait maintenant à Berlin-Est, mais ce n'est pas une raison! Je n'ai pas eu le moindre contact avec elle depuis des années, et les gens qui m'en ont parlé n'étaient même pas certains du renseignement. C'est ce qu'ils ont entendu dire, mais personne n'a pu vérifier.

— Il y a autre chose qu'on te reproche, à Montréal, dit Jacky, légèrement embarrassée. Tous les journaux rapportent une histoire de vol chez *Morgan's*. En plus, ils prétendent que tu te livrais à la prostitution. C'est beaucoup pour la même fille! Pour les journalistes et pour tous leurs lecteurs, tu n'es pas seulement une espionne et une call-girl, tu es aussi une voleuse. Qu'est-ce que c'est que cette histoire de vol, Gerda? As-tu vraiment fait du vol à l'étalage chez *Morgan's* avant de quitter Montréal pour Munich?

—Mais c'est complètement absurde, cette histoire! Je n'ai jamais commis le moindre vol chez *Morgan's*. J'ai une amie qui est venue s'installer chez moi avant mon départ. C'est elle qui devait reprendre mon appartement. On était devenues assez intimes. C'était à l'époque où tu étais à Vancouver. Brenda attendait une grosse somme d'argent que devait lui remettre un ami ou un amant; ça ne me regardait pas; comme je partais, elle voulait me faire un cadeau d'adieu. Elle m'a emmenée chez *Morgan's* et m'a dit de choisir de beaux vêtements. J'ai donc acheté plusieurs ensembles ravissants qu'elle devait payer à la livraison. Elle était assurée de recevoir son argent le soir même. Sauf que, ce soir-là, elle n'a pas pu voir son ami. Le lendemain matin, à la première heure et à notre grande surprise, *Morgan's* livrait nos achats! On était bien embêtées. Elle ne pouvait pas payer par chèque, elle n'avait pas de compte en banque. J'avais des chèques sur moi, je lui en ai donné un qu'elle a rempli et qu'elle a signé de mon nom. Mon compte était à sec. Je l'avais vidé, puisque je partais, mais je ne l'avais pas fermé. Elle allait rencontrer son ami en fin de journée, c'était certain. Elle m'a promis qu'on déposerait l'argent dans mon compte le lendemain matin, à l'ouverture de la banque. On avait discuté de ça devant le livreur. On l'avait même prévenu que l'argent ne serait déposé au compte que le lendemain. D'après lui, ça ne posait pas de problèmes et il nous a laissé la marchandise. Puis, tout est allé très vite. Le gérant du crédit chez *Morgan's* a appelé ma banque et on lui a évidemment dit que je n'avais pas assez d'argent pour couvrir le chèque. À seize heures, la police débarquait chez moi et nous arrêtait toutes les deux. On a passé la nuit en prison. On était dans tous nos états, tu t'imagines bien. Surtout que ma copine ne pouvait plus aller à son rendez-vous pour récupérer l'argent qui nous manquait. Elle était tellement furieuse contre les policiers qu'elle leur a dit que j'étais une amie intime de Pierre Sévigny et de George Hees, et qu'ils allaient payer cher la façon dont ils nous traitaient. Le lendemain, ils nous ont relâchées, on a rendu les vêtements et la plainte a été retirée. Tu vois bien que ce n'est qu'un mauvais concours de circonstances.

— Les journalistes disent aussi que les Américains te refusaient l'entrée dans leur pays parce qu'ils te considéraient comme une espionne.

Gerda s'esclaffe

— Mais voyons, Jacky, c'est de la pure fantaisie! Pendant que j'étais au Canada, je suis allée au moins une dizaine de fois aux États-Unis. J'ai des photos de moi prises à Washington devant la Maison-Blanche et le monument à Lincoln.

— Tu pourrais m'en donner au moins une? Ça pourrait servir à Pierre comme preuve de la fausseté de ce que racontent les journalistes. Ça aiderait à rétablir les faits.

— J'ai remis toutes mes photos à mon éditeur, mais je vais lui demander de m'en remettre une. Je suis prête à tout tenter pour aider Pierre. J'étais même prête à aller au Canada, malgré tout ce dont on m'accuse là-bas!

Jacky contemple sa princesse, si prompte à offrir son aide, si généreuse et si inconsciente; sa merveilleuse et imprévisible Gerda qui soudain lui semble bien lasse et bien fragile!

— Gerda, pourquoi as-tu complètement cessé de m'écrire? Dans la dernière lettre que tu m'as envoyée, tu me disais être en convalescence et tout semblait aller pour le mieux. Tu étais même amoureuse et tu voulais te marier. Qu'est-ce qui est arrivé après ton séjour à Capri?

Gerda ferme ses grands yeux meurtris et baisse la tête comme une enfant fautive. Elle mord nerveusement sa lèvre inférieure qui s'est mise à trembler. «Je n'aurais jamais dû lui parler de ça», se reproche aussitôt Jacqueline, que l'émotion submerge à son tour. Elle lui prend les mains et les caresse avec douceur. Elle devine une profonde souffrance que Gerda, depuis le début de leur entretien, cherche à lui cacher du mieux qu'elle peut.

—Je t'en prie, ma chérie, dis-moi tout. Je suis ton amie. J'ai le droit de savoir.

—Je ne voulais pas t'inquiéter. Je ne voulais te raconter que des choses agréables. La pauvreté, la maladie, la laideur, ce ne sont pas des cadeaux à faire aux gens qu'on aime. Je voulais que tu gardes un beau souvenir de moi. J'ai beaucoup pensé à toi, mais je ne voulais pas te démoraliser avec tous mes malheurs.

Elle relève la tête, tapote délicatement ses yeux embués et, après avoir poussé un profond soupir, pose son regard désolé dans celui, pressant et interrogateur, de son amie.

—J'ai vécu l'horreur, Jacky, l'horreur et la déchéance. La déchéance, ce n'est pas une chose qu'on a envie de partager avec les gens à qui on tient le plus. Après Capri, j'ai eu une rechute. Je m'étais crue guérie et j'avais cessé de faire attention à moi. Je me suis retrouvée à l'hôpital avec la certitude que c'était la fin, que j'allais mourir. Mon hospitalisation a duré huit mois. La plupart du temps, j'étais tellement sous l'effet des drogues et des calmants que je n'avais à peu près pas conscience de ce qui se passait autour de moi. À ma sortie en 1964, je n'avais plus rien ou presque. Mon mobilier, la plupart de mes vêtements, tout ce que j'avais ramené de Montréal, c'était resté à mon appartement, mais, comme pendant ces huit mois je n'avais pas les moyens de payer mon loyer, mon propriétaire s'est remboursé avec mes maigres possessions. Un être charmant! En 1964, j'étais dans la misère. Tu comprends ça? J'étais vivante, mais je ne possédais plus rien. J'ai dû lutter très fort pour m'en sortir. La première année, je n'avais que la force de survivre. Je pensais à toi souvent. Je me disais que je t'écrirais dès que mes affaires iraient mieux. J'ai finalement trouvé un travail acceptable, et c'est là que j'ai rencontré Babe. J'aurais dû reprendre contact à ce moment-là, mais ça faisait déjà deux ans que le fil était coupé entre nous. Je ne savais pas si je devais tout te raconter ou s'il valait mieux tourner la page. Je ne voulais plus parler de l'affreuse maladie. Le passé était le passé et je ne tenais pas à remuer tout ça.

—Je t'ai écrit au moins dix lettres qui sont restées sans réponse. Aucune ne t'est parvenue?

—Non, si une de tes lettres m'était parvenue après ma maladie, je t'aurais répondu. Mon cher propriétaire a dû les jeter pour se venger de ne pas avoir été payé, je ne sais pas… Oublions tout ça, veux-tu? Après cinq ans, je te retrouve et c'est comme si on ne s'était jamais perdues de vue. Tu es toujours ma duchesse. J'étais tellement heureuse d'apprendre que tu étais à Munich que j'ai commis des imprudences. Quand tu es arrivée, von Ferenzy ne voulait pas que je te voie. J'ai communiqué avec Babe pour qu'il aille te rencontrer. Évidemment, ça a foutu le bordel. Les journalistes ont aussitôt retrouvé ma trace, mais il fallait que je fasse quelque chose. Je veux absolument que tu rencontres Babe. J'ai arrangé ça avec Kutzer, mon avocat. Je lui ai parlé ce matin quand j'ai su que tu venais. Il va communiquer avec toi ce soir, ou demain au plus tard. Il ne faut pas que von Ferenzy l'apprenne, il en ferait une maladie. Il m'énerve, celui-là! Il veut toujours tout contrôler. Parce que je lui ai vendu mes droits, c'est comme si j'étais devenue sa propriété. Il m'a fait signer un papier avec plein de tracasseries. C'est à peine si ce contrat me laisse le droit de respirer. Par contre, je vais recevoir un joli petit magot; c'est pourquoi j'endure sa tyrannie. Ça ne durera pas éternellement. Les choses vont bien finir par se calmer.

—Gerda, si tu écris tes mémoires, je te supplie de ne pas mentionner le nom des Simard. Ce sont des gens que je t'ai présentés et pour qui j'ai un immense respect. Ce serait terrible si tu parlais d'Édouard, de Joseph et de tes relations avec Jean dans ta biographie; ce serait comme si tu me poignardais! Ne parle pas de Gilbert Ayers non plus. Il s'est toujours conduit en gentleman avec toi. Jean et lui m'ont tous les deux téléphoné et ils étaient très inquiets.

— Je suis d'accord à une condition : ils vont devoir me verser cinquante mille dollars chacun pour que je ne parle pas d'eux dans mon livre. Je vais te donner la moitié de la somme. Ça compensera pour ce que tu n'as pas eu de ce cher Édouard.

— Demande ce que tu veux à Gilbert, mais, je t'en prie, au nom de notre amitié, laisse Jean en dehors de ça. Ne lui demande pas d'argent non plus. Je trouve que c'est odieux. Dans les circonstances, ce serait du chantage. S'il te plaît, Gerda! Au nom de notre amitié, c'est tout ce que je te demande.

— Ma pauvre chérie, tu es toujours aussi sentimentale. Ce n'est pas de cette façon-là que tu vas assurer tes vieux jours. Si je comprends bien, tu ne l'as toujours pas remplacé, ton Édouard. Il occupe encore la plus grande place dans ton cœur?

C'est au tour de Jacky de baisser la tête, gênée. Gerda a raison, Édouard Simard a été et restera toujours le grand amour de sa vie. Personne ne prendra sa place, jamais!

— D'accord, chérie, d'accord, je ne parlerai pas de Jean ni des autres Simard dans mes mémoires! Mais, pour Gilbert Ayers, je ne te promets rien. Cinquante mille dollars pour lui, c'est à peine mille dollars pour toi ou moi! S'il ne veut pas que je parle de lui, il n'a qu'à ouvrir son portefeuille, sinon…

« Pourquoi une telle âpreté au gain? se demande Jacky. Pourquoi n'arrête-t-elle pas le massacre pendant qu'il en est encore temps? » Gerda a une façon bien à elle de se mettre dans le pétrin et d'y entraîner ses amis. « Elle a sans doute des excuses, la pauvre chérie », se dit Jacky, qui comprend très bien ses motifs, mais trouve qu'elle est devenue un peu trop gourmande. Elle sent qu'elle ne pourrait pas agir comme son amie le fait.

— C'est vrai, ce que tu as raconté à Reguly à propos de menaces que William O'Bront t'aurait faites?

— C'est vrai, Jacky. En me reconduisant à l'aéroport, son abruti de chauffeur m'a dit : « Tu ferais mieux de ne plus jamais remettre les pieds au Canada, ma maudite, parce que tu vas te retrouver au fond du Saint-Laurent, les deux pieds dans un bloc de ciment! »

— Et tu as raconté ça à Reguly?

— Oui!

— Mais te rends-tu compte que c'est grave? Tu peux causer à Obie un tort considérable en racontant des choses pareilles. Il t'a beaucoup dépannée, il me semble. C'était peut-être seulement une mauvaise blague de son chauffeur. Tu ne sais même pas si la menace venait de lui.

— Oh oui, elle venait de lui! Je ne t'en ai jamais parlé, mais Obie était furieux parce que je ne voulais plus faire partie de son réseau de filles. Dans les moments difficiles, j'avais un peu travaillé pour lui, mais je voulais garder ma liberté et je l'envoyais paître quand il me proposait des rendez-vous qui ne faisaient pas mon affaire. Il avait toutes sortes de trucs pour nous obliger; c'était la carotte et le bâton. Mais, avec moi, ça ne marchait pas. Son chauffeur ne faisait que me transmettre le message du patron, crois-moi!

— Il ne valait pas mieux demander l'avis de ton avocat avant de divulguer une chose pareille à la presse?

— Ah! écoute, il m'avait fait peur, ce gros butor de Léo Robidoux! J'ai voulu me venger! Le généreux William O'Bront est un sale type. Il est temps que ça se sache! De toute façon, c'est mon avocat qui s'occupe de ces choses-là, maintenant. Il ne faut pas que tu t'en fasses, j'ai un excellent avocat.

Le temps a filé à toute allure. Shaba von Ferenzy fait son entrée dans le salon et annonce de façon catégorique que l'entretien est terminé. En consultant sa montre, Jacky se rend compte qu'il est presque dix-huit heures. Douglas Stuebing est sûrement fou d'inquiétude, et Kutzer, l'avocat de Gerda, est censé lui téléphoner à son hôtel en tout début de soirée pour organiser sa rencontre avec Ernst Wagner, alias Babe, le fiancé de Gerda. Il est temps de rentrer.

Avant qu'elles ne se séparent, la princesse demande à la duchesse si elle a suffisamment d'argent sur elle pour payer son voyage. Comme Jacky ne lui a pas révélé qu'elle est accompagnée par un journaliste du *Toronto Telegram* qui défraie toutes les dépenses, toujours le cœur sur la main… des autres, Gerda lui glisse discrètement à l'oreille le conseil de faire appel à Babe si nécessaire. Après l'avoir embrassée avec tendresse, la princesse lui remet un de ses bracelets pour que le lien entre elles deux demeure vivace jusqu'à leur prochaine rencontre.

—Je suis tellement heureuse que tu sois venue de si loin pour moi! Tu ne sais pas le bien que ça m'a fait de te revoir; aussi, n'hésite pas, je t'en prie, demande de l'aide à Babe, lui chuchote-t-elle en l'étreignant une dernière fois. Il en sera très heureux.

Shaba von Ferenzy dépose Jacqueline à une centaine de mètres de son hôtel pour qu'ils ne soient pas vus ensemble. À la réception, on lui remet un message de Me Kutzer qui se veut sibyllin, mais qui, pour elle, est très clair: monsieur K. l'informe qu'elle est attendue à dix-neuf heures au *French-Room*, où on sert *les meilleurs babas au rhum en ville.*

Il est dix-neuf heures quinze passées. Sans remonter à sa chambre de peur d'être interceptée par Douglas qui doit plus que bouillir d'impatience s'il ne la croit pas déjà morte, elle se jette dans un taxi pour aller rejoindre Babe Wagner et Me Kutzer sans perdre une seconde. Elle téléphonera à Douglas du *French-Room* pour le rassurer.

Elle est agréablement surprise de constater qu'Ernst Wagner a fort belle allure. Il est plutôt grand et plutôt mince pour ses quarante-huit ans. «Un autre beau grand brun comme je les aime!» pense-t-elle en lui faisant spontanément une bise amicale. Elle se sent immédiatement en confiance devant le protecteur de sa princesse.

—J'ai demandé à Gerda la permission de vous embrasser, déclare-t-elle aussitôt, un brin confuse. C'est pour vous remercier de l'aimer comme vous l'aimez et de si bien prendre soin d'elle.

Babe pousse un bref soupir, puis sourit d'un air fataliste.

— Il faut que je l'aime, en effet, pour passer à travers tout ça. Je suis en instance de divorce, et toute la publicité tapageuse autour de Gerda, et de moi par ricochet, n'est pas pour arranger mes affaires. Mon fils est furieux à cause du divorce et il se venge en vendant des photos de Gerda et de moi aux journaux pour se faire un surplus d'argent de poche. Bref, j'en ai plein les mains! Tout ce que j'espère, c'est que Gerda m'aime autant que je l'aime et, de ça, je ne suis pas encore certain.

Babe aide Jacky à s'installer entre lui et Kutzer, et il lui présente un troisième personnage.

— Monsieur est interprète. Kutzer et moi avons une connaissance limitée de l'anglais, surtout en matière légale. Il pourra sûrement nous être utile.

Kutzer et Babe bombardent Jacqueline de questions. Il y a des tas de choses qu'ils n'ont pas encore très bien saisies dans cette histoire qui, jusqu'à maintenant, leur paraît des plus fumeuses. Jacky fait de son mieux pour éclairer leur lanterne. À maintes reprises, le traducteur doit venir à la rescousse. Kutzer prend des notes sur un petit carnet.

— Ce n'est qu'à présent que je réalise toute la portée de cette affaire, déclare Kutzer, et je comprends pourquoi Gerda ne doit pas remettre les pieds au Canada. Toute cette histoire d'espionnage me semble de la calomnie pure et simple. Il serait relativement peu complexe pour moi d'en établir la preuve. Des gens sensés ne poursuivraient pas une affaire pareille et, surtout, ils n'engageraient pas les deniers publics pour faire la lumière sur un quelconque adultère sans conséquence. Je ne vois même pas l'intérêt pour John Diefenbaker et Pierre Sévigny de prouver leur innocence.

L'avocat se déclare cependant prêt à aller témoigner au nom de sa cliente à la commission royale d'enquête qui se tiendra à Ottawa si on le lui demande et si la commission ou le Parti conservateur accepte d'assumer ses dépenses. Il charge Jacky de demander aux avocats de Pierre Sévigny de communiquer avec lui dans les plus brefs délais pour organiser une contre-attaque et éventuellement une poursuite en diffamation.

— Il faut que Gerda me remette la carte que George Hees lui a fait parvenir lors du banquet en l'honneur de Pierre Sévigny au Palais du commerce, ajoute Kutzer; j'aurai aussi besoin du passeport qu'elle a utilisé à cette époque, ainsi que des photos d'elle prises aux États-Unis. Tout cela pourrait servir à la défense de Sévigny.

Me Kutzer demande à Jacky de noter toutes les questions qui ont été soulevées au cours de leur entretien. Elle promet de lui faire parvenir de plus amples renseignements dès qu'elle sera de retour à Montréal.

Un peu avant vingt-deux heures, elle quitte les trois hommes, tout à fait épuisée par les émotions de la journée. Elle rentre à l'hôtel où l'attend toujours Douglas, à qui elle a oublié de téléphoner en arrivant au *French-Room.* Comme elle s'y attendait, le pauvre est sur des charbons ardents depuis des heures. Il se demande s'il ne doit pas alerter la police munichoise. À peine Jacky lui a-t-elle signifié son retour à sa chambre qu'il s'y précipite, accompagné des trois occupants de la fameuse suite 829. Il s'agit des correspondants du *Toronto Telegram* à Londres, Paris et Berlin.

— C'est bien vrai, tu as réussi à la voir? Je n'en reviens pas. Tu sais, je pensais que tu exagérais un peu quand tu disais la connaître intimement. Je pensais que tu cherchais à te faire de la publicité et à profiter d'un voyage aux frais de la princesse.

Jacky sourit finement. Douglas ne saurait mieux dire. C'est grâce à la princesse qu'elle a pu s'offrir tout ce bouquet d'émotions.

—Je peux bien te l'avouer, maintenant, j'étais persuadé qu'on ne te laisserait pas l'approcher et que je me ferais enguirlander par le patron pour avoir dépensé l'argent du journal pour rien.

Il y a de la déférence dans sa voix, et c'est avec des regards d'admiration que lui et ses collègues se pendent littéralement à ses lèvres pendant qu'elle raconte par le menu son entrevue avec Gerda. Elle a, bien sûr, intérêt à taire certaines choses, mais, fatiguée comme elle l'est, elle ne s'objecte pas quand les journalistes, enthousiasmés, insistent pour prendre en photo la fameuse bague offerte par Pierre Sévigny à Gerda et qui orne maintenant son doigt à elle, la bouteille vide de mousseux *Cabinet* et le mince bracelet donné qui scelle leur indéfectible amitié.

Douglas téléphone aussitôt à Toronto pour rendre compte de sa mission et dicte un long article qui paraîtra le lendemain dans le *Toronto Telegram.* Jacqueline lui a fait comprendre qu'aucun journaliste n'approchera Gerda Munsinger, qui n'est déjà plus là où elle l'a rencontrée. Il ne leur reste donc qu'à rentrer à Montréal. Le départ est fixé à quatorze heures trente le lendemain, avec escale de trente-six heures à Paris. Cette dernière nouvelle est accueillie par une Jacky folle de joie. Elle n'a jamais encore visité la Ville lumière. Ce sera sa récompense pour la fatigue et les efforts éreintants des derniers jours, se dit-elle, se retournant pour la centième fois dans le lit où elle s'efforce en vain de trouver le sommeil. Elle est tellement excitée, épuisée et bouleversée tout à la fois qu'elle n'arrive pas à fermer l'œil de la nuit. Il faut aussi avouer que, sur son bras gauche, le vaccin antivariolique a pris une drôle d'allure. La chair malmenée dans sa lutte contre le virus est boursouflée, rouge et enfiévrée. « C'est un mal pour un bien : ce bras tuméfié et douloureux me servira de certificat de vaccination pour rentrer au pays! » se dit-elle.

À l'aube, elle se résout enfin à prendre deux cachets d'aspirine, elle qui a pourtant horreur de toute médication. Elle se prend à penser qu'au train où elle va, c'est à coup sûr la maison de repos qui l'attend au retour. Elle finit par s'endormir dans les clartés du jour naissant et ne se réveille qu'à midi au son du téléphone. Douglas l'attend dans le hall de l'hôtel pour la conduire à l'aéroport.

En moins de deux, elle est habillée, maquillée, chapeautée pour cacher ses cheveux non coiffés, et sa valise est bouclée. À midi vingt, à peu près fraîche, faussement détendue et terriblement affamée, elle pénètre dans le hall de l'hôtel *Bayer's*, qu'elle s'apprête à quitter pour Paris, le rêve de sa vie. Les yeux brillants, Douglas lui remet une magnifique rose rouge et lui glisse à l'oreille :

— Tu aurais fait une drôle de bonne journaliste, Jacky! Je suis rempli d'admiration.

Jacky se rengorge, plus que flattée. Depuis le départ de Montréal, Douglas ne s'est pas montré particulièrement aimable à son endroit. Il a affiché une constante mauvaise humeur, a passé son temps à lui donner des ordres et la galanterie n'a pas semblé son fort. Que cette éclatante revanche est douce et comme la journée s'annonce belle! « S'il avait quelques pouces de plus, j'arriverais peut-être à le trouver plutôt joli garçon! » se dit-elle en s'engouffrant dans le taxi dont son compagnon vient de lui ouvrir cérémonieusement la portière. Elle ne sait trop comment ni pourquoi, mais, tout en regardant défiler les rues de la ville qu'elle a soudain l'impression de voir pour la toute première fois, elle sent de grosses larmes couler sur ses joues. Quelques instants plus tard, elle hoquette et sanglote à perdre haleine dans l'immense mouchoir à carreaux lie-de-vin que vient de lui tendre stoïquement son compagnon.

— Trop d'émotions! Laisse-toi aller, ça fait du bien, lui dit-il en frictionnant énergiquement son épaule douloureuse.

« Mon premier voyage en Europe! songe Jacky dans l'avion qui la transporte vers Paris. Et dans quelles circonstances, mon Dieu! » Depuis le décollage, elle tente de consigner dans un calepin qu'elle transporte toujours avec elle tous les grands et petits faits marquants de son voyage au pays de Gerda. Il faut qu'elle se souvienne de tout, elle doit tout écrire pour surtout ne rien oublier.

Et voilà qu'on annonce déjà la descente sur Orly. Elle replace le calepin dans son sac, n'arrivant plus à se concentrer, et remet la rédaction de ses mémoires à plus tard. Tout en se repoudrant le nez, elle se promet de prendre un peu de bon temps dans la ville réputée la plus belle du monde. Durant les prochaines heures, elle ne pensera plus qu'à elle et s'offrira des tas de petites douceurs. Douglas lui a promis de l'emmener dans les meilleurs restaurants. Elle veut voir la Seine, le Louvre, le jardin des Tuileries. Elle veut faire un peu de shopping rue de Rivoli. Elle tâchera peut-être de dormir, aussi, enfin, un peu. Trente-six heures, c'est si court pour réaliser des dizaines de rêves!

Douglas, qui émerge d'une courte sieste, lui apprend qu'à son arrivée au Canada elle ne fera qu'une brève escale à Montréal avant de se diriger vers Toronto. On l'y attend pour l'enregistrement d'une émission de télé. John Bassett, le propriétaire du *Toronto Telegram*, possède aussi un poste de télévision privé, la *CTV Television Network*, et il a décidé qu'il lui fallait absolument une entrevue avec mademoiselle Jacqueline Delorme, la grande amie montréalaise de Gerda Munsinger. Jacqueline ne peut se défiler; elle se doit d'accepter une aussi flatteuse invitation.

Soudain, et pour la première fois depuis plusieurs jours, elle pense à son travail à l'agence de voyages. Avant de partir, elle n'a pas eu le temps de prévenir son patron de son absence. Le vendredi, veille de son départ, rien n'avait encore été organisé, puis tout est allé trop vite. Le samedi, juste avant de partir, Jacqueline avait chargé Clou de joindre monsieur Burke à la première heure, le lundi matin, afin de lui expliquer que l'absence de sa comptable n'était pas due à un vulgaire caprice, mais était au contraire motivée par une affaire d'une importance capitale. Il ne lui reste plus qu'à espérer que cette brave Clou se soit acquittée du message de façon convaincante tout en souhaitant que ce bon monsieur Burke, normalement plutôt accommodant, lui pardonne cette soudaine défection et ne la mette pas à la porte, ce qui conclurait bien mal une si belle aventure.

Chapitre 24

Pendant le voyage de Jacqueline en Allemagne, Pierre Sévigny continue de se débattre comme un beau diable dans l'océan de boue que les médias ne cessent de déverser sur lui. Il est évidemment inutile qu'il se consume en regrets stériles quant à son inertie des derniers mois devant la menace qui a plané, puis qui s'est inexorablement abattue sur lui. Il lui faut agir, et vite, mais dans quel sens? Il n'en a pas la moindre idée. Cette histoire lui semble, depuis le début, relever de l'irréalité et du cauchemar absolus. C'est ce qu'il tente d'expliquer à son ami Harry Workman qui, venu lui rendre visite, lui reproche durement son imprévoyance.

— Pierre Sévigny, tu t'es conduit comme le dernier des imbéciles! Tu aurais dû mettre tout en branle pour les contrer à la seconde même où je t'en ai parlé.

— Mais voyons, Harry, comment pouvais-je croire une seconde que des élus s'abaisseraient jusque-là pour assurer leur pouvoir? Les sales combines de Doyle et de Ducharme, c'est une chose; ces deux-là œuvrent dans des milieux où tous les coups semblent permis, mais, un gouvernement démocratiquement élu, c'est autre chose! Les politiciens en place sont, en principe, tenus d'observer une éthique de base. J'ai toujours cru qu'il y avait une morale à respecter quand on faisait ce métier. Harry, je te le jure, je ne pouvais pas imaginer un seul instant que les libéraux marcheraient dans ce coup-là. Je comprenais ton inquiétude et surtout ton dégoût, mais je me sentais protégé de ces saletés par le plus élémentaire bon sens que je prêtais, bien à tort, hélas! au premier ministre et à ses conseillers. Que Favreau ait trempé là-dedans, qu'est-ce que tu veux, ça me dépasse! On était des amis. C'est moi qui l'ai amené à coprésider la commission Fulton-Favreau[16]. C'est tout bonnement incroyable! Je n'ai plus qu'un seul espoir: la commission royale d'enquête que Cardin vient d'exiger. C'est devant cette commission que je pourrai laver mon honneur. En attendant, je ne peux rien faire d'autre que d'endurer les débordements des médias et de la police. Je n'ai plus d'autre choix que de continuer d'encaisser, le plus dignement possible, cette humiliation qui rejaillit sur mes proches. Je t'avoue que c'est ça, le plus dur.

La vie de la famille Sévigny est en effet totalement bouleversée depuis le fameux vendredi où le nom de Pierre, et son nom seul, a été livré en pâture à la population, le faisant passer pour un être dépravé et possiblement traître à sa patrie. Il est difficile de garder la tête haute devant des insinuations pareilles.

Corinne essaie courageusement de garder un semblant de calme et de sang-froid, mais, plusieurs fois par jour, elle se surprend à pleurer silencieusement. Pierre, à qui elle n'arrive pas toujours à cacher son désarroi, en a le cœur broyé. Quand elle parvient enfin à sécher ses yeux, elle offre à son mari un pauvre sourire contrit et assure que ce n'est rien, une stupide réaction d'enfant

---

16. Pour plus d'informations, consulter http://fr.wikipedia.org/wiki/Formule_Fulton-Favreau

gâtée. Il peut compter sur elle; à eux deux, ils vont bien finir par s'en sortir. Pierre comprend sa détresse, mais il se sent impuissant à la consoler.

Les premiers jours du drame, il s'était donné un mal fou pour la rassurer. Il avait passé plusieurs nuits à lui parler longuement et à répondre à toutes ses questions. Il lui avait raconté tous les détails de sa malheureuse aventure. Il avait vraiment essayé de ne rien lui cacher. Peut-être était-ce là une erreur? Il ne savait plus.

Sous le coup des confidences, Clou semblait pourtant rassérénée. Il leur était même arrivé de rire de certains détails loufoques de la conduite de Gerda. Mais, le lendemain, ravagée par l'angoisse et la jalousie, Clou recreusait maladivement les confidences et déformait les explications de la veille, et Pierre se retrouvait à nouveau coincé dans un interrogatoire sans fin où étaient passées au crible toutes les femmes qu'il avait désirées depuis l'âge de seize ans, ce qui dégénérait fatalement en cris et en larmes et lui donnait invariablement une intolérable migraine.

Après plusieurs nuits blanches à s'entre-déchirer de cette façon absurde, ils sont exténués, autant physiquement que moralement. Pierre suggère donc qu'ils n'abordent plus ce sujet dont ils ont maintenant épuisé toute la douloureuse substance. Avec d'infinies précautions, il propose un soir que tous les deux doublent leur dose de somnifère pour tâcher de se détendre et de refaire leurs forces et ainsi affronter l'épreuve en pleine possession de leurs moyens. Cette suggestion, pourtant sensée, déclenche un drame. Clou l'accuse de lui cacher des horreurs, de minimiser ses liaisons pour se donner le beau rôle, et Pierre est obligé de sacrifier une autre nuit de sommeil à la raisonner et à la rassurer.

Pour rendre la vie du couple encore plus compliquée, voilà que la famille de Corinne entreprend de se mêler de leurs problèmes conjugaux. Ses beaux-frères et belles-sœurs viennent à tour de rôle accabler Pierre de reproches. Il apprend de la bouche de Clou que la famille

Kernan en bloc lui suggère de demander le divorce. À bout de forces, Pierre répond que, vu les circonstances, il ne voit pas d'autre solution. Corinne devrait entamer sur l'heure des procédures dans ce sens; il promet de lui faciliter les choses. Étrangement, c'est ce qui ramène aussitôt Clou à de meilleurs sentiments. Il n'est pas question qu'elle abandonne son mari dans un moment pareil. Elle l'aime toujours et elle tient à l'aider à sauver ce qu'il reste de son honneur. À partir de ce moment, elle cesse de lui poser des questions sur Gerda Munsinger et ses autres aventures de l'époque. Elle prend désormais la défense de son Pierre avec l'acharnement d'une louve qui protège ses petits. Elle se déclare même prête à se brouiller définitivement avec sa famille.

De leur côté, les trois enfants Sévigny ne sont pas retournés en classe. Leur année scolaire risque fort d'être sacrifiée à la cruauté dont les jeunes savent si bien faire preuve quand la vie d'un des leurs cesse d'être conforme à la norme. Pierre et Clou ont pris soin de bien leur expliquer le complot fomenté contre leur père et les raisons de l'acharnement des médias dans cette histoire rendue chaque jour plus scandaleuse. Ils ont aussi tenté de leur faire comprendre le genre de relations que leur père a eues, il y a plusieurs années, avec cette curieuse femme qu'on accuse aujourd'hui d'espionnage et qui était en fait une sorte de courtisane, un mot plus élégant que putain, mais qui désigne une mauvaise femme quand même, ce qui a fait beaucoup de peine à maman. Papa a tristement avoué son erreur et a demandé qu'on lui pardonne. Il est tout pardonné, bien sûr, puisque c'est maman et eux trois qu'il aime le plus au monde. Albert, Pierrette et Robert ont finalement posé très peu de questions, et leurs parents ont lu dans les grands yeux clairs et confiants levés vers eux qu'ils avaient compris. Depuis, Pierrette se montre affectueuse et serviable comme jamais, alors que les deux garçons, d'habitude si chamailleurs et turbulents, s'amusent de façon étonnamment calme dans la salle de jeu.

Depuis le déclenchement des hostilités, Pierre a maintes fois tenté de joindre le premier ministre Pearson au téléphone. Il lui a laissé plusieurs messages urgents, mais Pearson n'a toujours pas jugé bon de le rappeler. Pierre attend avec une impatience grandissante que Diefenbaker et Fulton se manifestent enfin. L'ex-premier ministre et l'ex-ministre de la Justice n'avaient-ils pas, à l'époque, analysé et classé le dossier Munsinger, le jugeant finalement non compromettant pour le gouvernement conservateur? Aucun des deux n'a encore daigné lui donner le moindre signe de vie.

Malgré les différends qui l'ont jadis opposé à son chef, Pierre croit que, puisque l'honneur du Parti conservateur, donc l'honneur de John Diefenbaker lui-même, est attaqué en la personne de l'ancien ministre associé à la Défense, il serait dans leur intérêt de lui tendre la main et de l'aider à se disculper. Dief a décidément la rancune tenace, et Fulton semble décidé à adopter la même attitude.

Pierre se retrouve de plus en plus seul au milieu de la tourmente. Beaucoup de ses amis et connaissances se détournent de lui. Presque plus personne ne veut être vu en présence d'un homme soupçonné de si hauts méfaits. Les quelques rares fidèles se montrent le plus souvent gênés quand il tente de leur expliquer pour la énième fois ce qui se passe réellement. Il sent qu'un horrible doute persiste dans leur esprit: « Et si cette Gerda Munsinger avait vraiment été une espionne? Et si Pierre Sévigny était coupable d'une effroyable légèreté, dans les circonstances? » Oh! bien sûr, ils ne croient pas une seconde que ce pauvre Sévigny ait pu lui livrer le moindre secret, mais il n'aurait quand même pas dû fréquenter une aventurière pareille! Pierre a l'impression de lire dans leurs pensées comme dans un livre ouvert et il est de plus en plus mal à l'aise en leur compagnie.

Ceux qui acceptent encore de discuter de la chose avec lui le submergent de conseils les plus divers et les plus disparates. Certains l'encouragent à tout révéler du complot de Doyle, Ducharme et compagnie. D'autres, au contraire, assurent que ce serait une folie de vouloir tenter de rétablir les faits et que le silence seul peut encore le sauver. Quelques-uns vont même jusqu'à lui suggérer de refuser d'aller témoigner à la commission royale d'enquête comme il en a le droit en tant qu'ancien conseiller de la reine.

Pierre nage en pleine confusion. Il est assailli de doutes et s'est remis à hésiter sur le choix définitif de son avocat. Son ami, Me Gustave Légaré, est partisan d'un silence méprisant et d'un refus absolu de coopérer avec les enquêteurs de la commission. Il est même allé jusqu'à lui suggérer de quitter le pays avec sa famille pendant plusieurs mois. « Drôle de façon de se défendre! » pense Pierre avec amertume. Fuir comme un lâche et attendre que la poussière soit retombée, ce n'est pas tout à fait dans son tempérament. Il est décidé à faire face et à aller jusqu'au bout. Mais, pour cela, il lui faut à tout prix trouver un autre avocat prêt à engager le même combat que lui. Il n'a déjà que trop tardé.

Dès le début de la crise, dans son désarroi, il s'est tourné tout naturellement vers le cabinet d'avocats qui, depuis toujours, administre ses affaires. Puisqu'il vient d'écarter Me Légaré, il décide de tout confier à son associé, Me Yves Dupré, qu'il considère aussi comme un ami. Il n'en consulte pas moins d'autres avocats, dont un vieil ami de son père qui s'est acquis une solide réputation dans la pratique du droit criminel et qui est passé maître dans l'interrogatoire des témoins en cour. Devant les incertitudes et les craintes que manifeste souvent son ami Dupré qui, de toute évidence, a du mal à croire tout ce qu'il lui raconte, Pierre lui suggère de s'allier à cet as du droit criminel. Dupré réagit très mal à cette suggestion qu'il considère comme un manque de confiance envers lui. Pour ne pas l'indisposer davantage, Pierre, qui ne peut se permettre de perdre un seul des rares amis qu'il lui reste, décide alors de s'en remettre à ses seuls soins.

Il prend aussi la ferme décision d'aller témoigner. Après tout, on n'est jamais si bien servi que par soi-même.

En fait, il est surtout conscient que ses finances ne lui permettent pas d'entretenir toute une armada d'avocats. Ses affaires sont allées bon train jusqu'à tout dernièrement, mais il vient d'emprunter une grosse somme pour réparer les dégâts causés par l'inondation de ses maisons de Boucherville et il devra bientôt contracter une autre hypothèque s'il veut terminer la phase II de son développement domiciliaire. Aussi longtemps que toutes ses maisons ne seront pas vendues et qu'il n'aura pas récupéré sa mise de fonds, sa situation financière demeurera précaire. Plus encore, la publicité désastreuse qui lui est actuellement faite risque d'entraver sérieusement ses beaux projets.

Comme pour lui rendre la vie encore plus misérable, il est sous la surveillance constante des forces de l'ordre. Des agents de la GRC le suivent dans ses moindres déplacements. De solides gaillards parfaitement identifiables à leur carrure de lutteur, les cheveux taillés en brosse et l'air sournois, rôdent constamment dans les rues et les lieux publics qu'il fréquente. Il en croise jusque dans les toilettes des restaurants. Il est fasciné par ces messieurs de la Gendarmerie royale qui tentent de jouer au simple quidam et qui sont encore plus repérables et plus inquiétants en civil qu'avec un uniforme sur le dos. Dans les endroits publics, en plus des policiers en civil attachés à ses basques, de parfaits inconnus le dévisagent sans aménité, quand ils ne le pointent pas carrément du doigt en prenant des airs entendus ou en échangeant à voix haute des remarques désobligeantes sur cet homme politique qui a trahi son pays et qui fréquente des call-girls.

Jour et nuit, en plus d'être pisté par la Gendarmerie royale, il est surveillé par d'autres corps policiers qui font le guet devant chez lui. Il retrouve de leurs agents jusque dans ses plates-bandes, occupés à écornifler on ne sait quoi et qui, sommés de s'expliquer, répondent qu'ils sont là pour veiller à sa sécurité. Des voitures de police se relaient constamment devant sa maison, et ses voisins prennent des airs hautement courroucés. Tout ce bizarre remue-ménage dérange leur vie paisible de citoyens au-dessus de tout soupçon. Un voisin, qui a pris soin de conserver un prudent anonymat, lui fait parvenir une lettre lui enjoignant de déménager au plus tôt afin que les résidents anglophones de la très chic rue Wood retrouvent enfin la quiétude à laquelle ils ont droit.

Il pourrait de plus jurer que ses deux lignes téléphoniques ont été mises sur écoute électronique : des gargouillis intempestifs et de brusques interruptions en font foi. Pour compléter ce lamentable tableau, des journalistes le prennent en chasse dès qu'il met le pied hors de chez lui et le suivent partout avec des appareils photo et des magnétophones portatifs. Tous sont à l'affût d'on ne sait quelle déclaration fracassante et lui brandissent leurs micros sous le nez en le bombardant de questions plus scabreuses les unes que les autres.

Il envisage un instant de déménager toute sa famille dans un endroit isolé, comme on le lui a si aimablement suggéré, afin d'échapper à ces vexations quotidiennes. Mais il se dit que cela ne servirait à rien. Peu importe où il ira, les journalistes, que rien ne rebute, auront tôt fait de le débusquer et les policiers n'en continueront pas moins à exercer leur insupportable surveillance, puisque tels semblent être les ordres des instances supérieures. Un homme réputé avoir mis en péril la sécurité de son pays six ans plus tôt risque de récidiver n'importe quand! Il peut même être resté en cheville avec des agents du KGB et les recevoir à l'heure de l'apéritif ou en pleine nuit à Westmount pour comploter. La moindre des choses est de le surveiller étroitement.

À la firme de courtage pour laquelle il travaille toujours, tout n'est pas rose non plus. Ses confrères lui font grise mine. Certains de ses clients lui retirent la gérance de leur portefeuille sans lui donner la moindre explication, comme s'il s'était soudain révélé le diable en personne. Ce n'est surtout pas le moment d'aller solliciter de nouveaux clients, il l'a appris à ses dépens.

À la mise au jour du scandale, il avait décidé de faire comme s'il ne se passait rien de particulier. Il n'allait quand même pas agir en coupable, puisqu'il n'était coupable de rien! Il avait donc tenté de relancer d'éventuels clients. Quelques rares interlocuteurs, ceux qui avaient accepté de lui parler, l'avaient accablé de questions oiseuses sur cette Gerda Munsinger qui leur titillait l'imagination, tout en évitant farouchement de parler placements et valeurs boursières. Du temps perdu! Un autre bon Samaritain lui avait dit sans ménagement qu'il ne voulait en aucun cas faire affaire avec lui. Pour un homme qui devait gagner sa vie et celle de sa famille, la situation devenait absolument désastreuse.

Pour couronner le tout, son gérant de banque vient tout juste de lui refuser une hausse de sa marge de crédit hypothécaire, prétextant que, en ce qui concerne le développement immobilier, les prévisions sont fort mauvaises et que la banque doit se montrer plus prudente à l'avenir. Pierre sait pertinemment que ce n'est qu'une mauvaise excuse. La construction résidentielle, particulièrement sur la Rive-Sud, est en plein essor. Il ne trouve cependant pas le courage d'argumenter. À quoi bon!

Heureusement, il lui reste encore ses amis Workman et O'Bront, qui sont tous deux prêts à lui prêter de l'argent. À des taux d'intérêt et avec des demandes de garantie beaucoup plus élevés que ceux des banques, mais tant pis! Quand le bateau est en train de couler, il faut lutter avec tous les moyens du bord. Pierre sait que ces deux-là au moins ne l'ostraciseront pas, alors que tant d'autres le considèrent au mieux avec méfiance et au pire comme un homme marqué, condamné d'avance et à fuir comme la peste.

Il lui arrive parfois de rencontrer de vieilles connaissances qui ont elles aussi courtisé la blonde Gerda six ou sept ans auparavant. Depuis que leur ex-douce amie a annoncé la publication imminente de ses mémoires, tous ces Casanova à la manque vivent dans un climat de terreur, c'est le moins qu'on puisse dire. À tour de rôle, et en prenant des airs de condamnés à mort, ils supplient Pierre de ne mentionner leur nom sous aucun prétexte.

— Essaie de me comprendre. Toi, tu t'es fait prendre et c'est bien malheureux, mais, je t'en prie, ne parle pas de moi ni du fait que j'ai connu Gerda. Ça ternirait sérieusement mon image et ça pourrait nuire à ma carrière.

— Si jamais tu mentionnes mon nom, je suis fini, bredouille un autre, vert de peur. Ma femme va divorcer, c'est sûr, si jamais elle apprend que je pourrais être mêlé à l'affaire Munsinger.

Un autre plaide avec des trémolos dans la voix :

— Mes affaires en souffriraient terriblement si ma vie privée était connue. Je serais un homme ruiné.

« Ils font tellement pitié, c'en est bouleversant! » ironise Pierre, bien placé pour apprécier les méfaits de ce genre de médisance colportée à l'échelle nationale. Aussi n'insiste-t-il pas. Il n'a jamais eu l'intention d'incriminer qui que ce soit de toute façon. À quoi cela servirait-il? Mais il aurait aimé recevoir un coup de pouce, être un peu épaulé dans sa lutte contre le mauvais sort qui s'acharne. Personne ne se lève pour dire : « C'est trop ignoble, moi, je vais t'aider à te défendre! Gerda Munsinger, une espionne? C'est du dernier ridicule! Je vais monter au front avec toi. Je vais t'aider à les confondre tous! »

Même son avocat, Yves Dupré, dont il est en droit d'attendre un minimum d'encouragement, affiche un air de plus en plus accablé et paraît même gêné; c'est tout dire! La pudibonderie, l'hypocrisie et la sainte trouille se sont emparées de ce tas de joyeux lurons qui, en d'autres temps, ne demandaient qu'à faire les quatre cents coups, à la condition d'être absolument sûrs de l'impunité, il va sans dire! Le valeureux George Hees est de ceux-là. Pierre a réussi à lui parler une fois depuis que le scandale a éclaté et George a été formel :

— Ne m'appelle plus, Pierre! C'est dorénavant chacun pour soi. Gerda Munsinger, je ne la connais pas!

Tous les jours et presque chaque instant, de nouvelles écorchures, de nouvelles blessures s'ajoutent aux précédentes.

En désespoir de cause, Pierre finit par se tourner vers son vieil ami Harry Workman pour le persuader d'accepter de divulguer tout ce qu'il sait du complot, puisqu'il a été témoin de son élaboration le fameux soir où il a été invité par Doyle aux appartements *Juliette* à Ottawa. Mais Harry Workman est à ce propos catégorique, voire brutal.

— Pierre, si tu veux qu'on reste des amis, ne me demande plus jamais une chose pareille, tu m'entends? Plus jamais! Je ne veux pas être mêlé de près ou de loin au moindre scandale et encore moins à un scandale politique. Je t'ai toujours dit que je tenais à la plus parfaite neutralité et à l'anonymat le plus complet. Je suis un homme d'affaires et je n'irai pas me mettre au blanc dans cette histoire merdique, même pour toi. Moi, je reste en coulisse, que ça te plaise ou non! J'ai fait ce que j'avais à faire. Dès que j'ai su ce qui se tramait, je t'ai tout de suite prévenu, quitte à me brouiller pour toujours avec Doyle. C'était à toi de prendre les mesures nécessaires et sans perdre un instant. Tu as préféré attendre et t'en remettre au sort? Libre à toi! Tu le paies très cher aujourd'hui? Eh bien! c'est tant pis pour toi, mon vieux! Je vais continuer de faire tout ce qui est en mon pouvoir pour t'aider, mais je te répète que je reste en coulisse. Je ne veux même pas rencontrer ton avocat. Le sujet est clos. Tu as besoin d'argent? Je suis content de t'en prêter. Combien veux-tu?

Pierre n'ose pas insister. Harry est le roi des têtes de mule, c'est bien connu! Inutile d'attendre le salut de ce côté. Workman lui offre cependant la possibilité de surnager financièrement, ce qui est déjà beaucoup.

Chapitre 25

Dans la capitale fédérale, depuis le début mars, l'affaire Munsinger monopolise tous les débats à la Chambre des communes, comme si le pays était soudain menacé d'invasion et que les mesures les plus extraordinaires se fussent imposées avec la plus grande urgence.

Le 17 mars, on annonce officiellement l'ouverture de la fameuse commission royale d'enquête sur l'affaire Munsinger. Pour Pierre Sévigny, c'est la première bonne nouvelle qui lui parvient depuis longtemps. Il est grand temps que la justice vienne mettre bon ordre à tout ça.

Mais si, à Montréal, il est dans une situation impossible, à Ottawa, Lester B. Pearson et ses ministres ne sont guère plus à l'aise. Jamais ils n'auraient pu imaginer que cette affaire prendrait un tour aussi délirant et les entraînerait aussi loin. Pour calmer les esprits en ébullition, ils n'ont pas eu d'autre choix que de l'instaurer, cette fameuse enquête, même si aucun des membres du Cabinet ministériel ne la souhaite ni n'aurait pensé que le gouvernement soit forcé d'aller jusque-là. La sinistre farce, montée de toutes pièces par quelques imaginatifs sans scrupules, a échappé à tout contrôle, et Pearson est fort mécontent de la tournure des événements. Si Doyle et Ducharme s'amusent ferme devant la réussite inespérée de leur machination, ils sont bien les seuls. Jack Pickersgill lui-même a perdu une partie de son enthousiasme, et Guy Favreau est secrètement travaillé par ce qui commence à ressembler à du remords.

Pour les libéraux, il n'est évidemment plus question de reculer, mais la suite des manœuvres ne s'avère pas simple. Ce n'est pas tout de décréter la tenue d'une enquête royale aux frais du contribuable. Encore faut-il, quand on se retrouve aux prises avec une situation aussi délicate, trouver un juge assez souple et bienveillant pour qu'il ne se mette pas à poser les mauvaises questions en cours d'enquête. Pearson est de plus en plus inquiet.

Il a été saisi de l'affaire Munsinger en décembre 1964 et voilà qu'après dix-sept mois d'une quelconque amnésie il se souvient tout à coup que l'intérêt public exige une telle enquête. Pourquoi cette histoire est-elle soudain qualifiée par son gouvernement d'affaire du siècle et de question de sécurité mille fois plus sérieuse que l'affaire Profumo-Keeler? dixit l'actuel ministre de la Justice, Lucien Cardin. Que pourrait-il, lui, Pearson, répondre à ça?

Une fois de plus, Pickersgill vient à la rescousse pour remettre son chef sur les rails et calmer ses angoisses.

— Si on a tant attendu, c'est que ce dossier explosif exigeait réflexion. On n'a pas d'autres explications à donner. Quand on est aux prises avec quelqu'un d'aussi dangereux que Diefenbaker, il ne faut pas s'embarrasser de vains scrupules. On sait tous que Dief the Thief ne s'arrêtera que lorsqu'il aura démoli notre parti. Il faut que le juge qui instruira l'affaire comprenne bien les enjeux. Il devra démontrer que Dief a agi de façon totalement irresponsable et au détriment de la sécurité de l'État en ne châtiant pas de façon exemplaire les ministres de son cabinet soupçonnés d'avoir entretenu des relations coupables avec une fille aux mœurs plus que douteuses. Nous avons affaire ici à une voleuse, une putain et fort probablement une espionne. La population est à la fois scandalisée et excitée par cette histoire. Tant mieux! Il y a eu l'affaire Profumo-Keeler, il faut en profiter. C'est notre seule chance d'avoir la peau de ce chien enragé de Diefenbaker.

Malgré sa répugnance, Pearson comprend qu'il lui faut continuer coûte que coûte et il se répète *ad nauseam* que, pour le bien de la nation et dans ce cas bien particulier, la fin justifie sans doute les moyens. Pickersgill et lui se mettent donc en quête de rien de moins qu'un juge de la Cour suprême, qui serait disposé à se charger de la patate chaude.

Comme Pearson s'y attendait, il essuie plusieurs refus catégoriques. Ces messieurs de la justice suprême ne veulent pas toucher à un dossier dont ils prétendent tous qu'il est à tout le moins douteux. Après quarante-huit heures de tentatives infructueuses et de plus en plus désespérées, le premier ministre finit enfin par dénicher l'oiseau rare que Pickersgill a pris grand soin de lui cuisiner aux petits oignons. Mais de convaincre le juge Wishart Flett Spence ne va pourtant pas sans mal. Pearson se fait flatteur et persuasif. Si Spence accepte, la nation canadienne lui devra une fière chandelle et le Parti libéral lui vouera une reconnaissance éternelle. Spence se montre terriblement hésitant. Après plusieurs échanges avec Pearson qui s'ingénie à le rassurer, il finit par acquiescer du bout des lèvres à la demande pressante de son premier ministre qui se confond aussitôt en remerciements émus. Non, mais, a-t-il eu assez chaud!

Le principal obstacle vient d'être franchi. L'affaire n'a plus qu'à suivre son cours. Cependant, dès qu'il prend connaissance du fameux dossier préparé par la GRC, Spence exige qu'on l'aide à jeter les bases de l'enquête. Il ne tient pas à faire quelque bourde désastreuse et, à la lecture du dossier Munsinger, il a constaté qu'il ne renferme pas la plus petite preuve d'atteinte à la sécurité de l'État. La GRC elle-même en est venue à cette conclusion quelque six ans plus tôt. Que pourrait-il aujourd'hui, lui, Wishart Flett Spence, ajouter de plus?

Pour aider Spence dans son difficile mandat, Pearson et Pickersgill se mettent à travailler d'arrache-pied. Spence émet des doutes, il leur faut à tout prix contourner la difficulté. Une fois de plus, c'est l'inventif Pickersgill qui vient à la rescousse. Ce politicien dans l'âme, jamais à court de ressources, réussit à accoucher de l'idée géniale qui va les sortir tous d'embarras. Ne pouvant faire état d'une évidente infraction à la sécurité de l'État, on examinera à la loupe les risques possibles d'atteinte à la sécurité. Il faudra mettre l'accent, quitte à étoffer un peu, sur les relations de Gerda Munsinger alors qu'elle était adolescente en Allemagne, avec au moins un Russe et avec un ou des hommes à tendance communiste reconnue. Pour bien enfoncer le clou, on devra aussi s'arranger pour mettre en relief ses relations possibles avec des membres possibles de la pègre ou des personnes connaissant possiblement des membres possibles de la pègre montréalaise. En soulignant tous ces possibles d'un trait gras, Pickersgill se convainc que Spence peut monter un dossier parfaitement incriminant et qui justifiera en tous points l'enquête exigée par le gouvernement.

Vers la fin de mars, les journaux annoncent que le juge Wishart Flett Spence est plongé dans les travaux préliminaires à son enquête. C'est entre les mains de cet homme qu'il ne connaît pas que reposent à présent l'honneur et le destin de Pierre Sévigny.

Il ne peut s'empêcher d'imaginer l'honorable juge consacrant de longues heures à lire les transcriptions des enregistrements d'appels téléphoniques croustillants émanant de chez Gerda ou lui étant destinés. Si jamais quelqu'un lui a remis l'enregistrement fait à l'automne 1964 par Doyle et Ducharme à l'appartement *Juliette* à Ottawa, au moment où Ducharme a tenté de lui arracher des confidences sur la chère Olga, le juge Spence a dû être édifié par les méthodes de ces messieurs.

Pierre aimerait aussi savoir si Spence a entrepris, puisqu'elle est maintenant revenue à la vie, de joindre Gerda en Allemagne et s'il se prépare à envoyer une commission rogatoire pour recueillir sa déposition. La chère petite étant le principal témoin de cette affaire et l'enquête portant principalement sur ses activités en terre canadienne, ce serait la moindre des choses Il s'attend aussi à ce que certaines des anciennes connaissances de Gerda, dont Jacqueline Delorme, soient interrogées par l'un ou l'autre des avocats engagés par les libéraux pour assister le juge Spence dans son travail. Il se raccroche à l'espoir que quelques-uns de ces témoins, si ce n'est Gerda elle-même, désamorceront une fois pour toutes cette bombe d'atteinte à la sécurité sur laquelle les libéraux ont misé. Il va sans dire qu'il attend aussi et avec une impatience croissante que Spence ou un de ses assistants prenne contact avec lui pour entendre de sa bouche sa version personnelle des faits.

Mais les heures, les jours passent sans que rien ne perce de l'activité du juge Spence et de ses adjoints dans la conduite de leur enquête. Pierre est tenu dans le noir le plus complet. Si ces messieurs enquêtent, nul ne sait auprès de qui, et son avocat a l'air de trouver la chose tout à fait normale. Pierre est justement de plus en plus horripilé par le total manque d'initiative de Me Dupré, surtout que son défenseur a souvent tendance à mettre sa parole en doute, ce qui est loin d'être réconfortant.

—Yves, pour la centième fois, pour la millième fois, je te jure que tout ce que je t'ai raconté est la stricte vérité. Ducharme s'est à maintes reprises vanté de l'achat des créditistes et pas seulement devant moi. Plusieurs autres personnes sont au courant. Les chèques signés par Perron, je les ai vus de mes yeux vus, je les ai même tenus dans mes mains. Pourquoi voudrais-tu que j'invente une histoire aussi abracadabrante? J'ai déjà assez honte que les six soient tous des Québécois francophones! Idéalement, je préférerais que cette histoire ne soit jamais connue du grand public, mais c'est ma seule défense. Et il y a d'autres personnes qui la connaissent, cette maudite histoire! Ducharme s'en vantait partout. Même si ces gens-là sont trop couillons pour parler, c'est quand même la vérité! Et ce Darabaner, c'est un criminel ou pas? Et Workman, il a rêvé, peut-être?

Yves Dupré hoche la tête avec un certain scepticisme et beaucoup de commisération. Ce pauvre Pierre ne se rend plus très bien compte. Il s'énerve et mélange tout, les farces plates de Ducharme avec les affaires gouvernementales. Il est vraiment dans un état pitoyable. On le serait à moins, évidemment, mais ce qu'il raconte tient à peine debout.

—Mets-toi un peu à ma place, mon vieux. Ton histoire est absolument inouïe et tu n'as pas une seule preuve tangible de ce que tu avances. Par quel bout veux-tu que je prenne ce bâton merdeux? Comment veux-tu que j'organise ta défense en arguant cette incroyable machination? Sans preuves, j'aurai l'air d'un parfait abruti. Tu le dis toi-même: tous les témoins potentiels ont peur de parler. Workman ne veut même pas me rencontrer. Il me faut des preuves, mon pauvre Pierre. Tout ça est tellement invraisemblable!

—Mais c'est toi l'avocat, bon sang! Et ce délai de presque deux ans? Tout le temps où le dossier a moisi dans les paperasses de Pearson, ça ne te sonne pas une cloche? Tu trouves ça normal, toi, que les libéraux aient attendu aussi longtemps?

—Je trouve ça un peu étonnant, en effet.

—Incroyable, étonnant, inouï, c'est tout ce que tu sais dire! Si mon avocat lui-même ne me croit pas, qui donc me croira? J'ai l'impression que toi aussi tu chies dans tes culottes à la seule pensée d'être obligé de confondre cette foutue bande de salauds.

—Calme-toi, veux-tu? Ce n'est pas en m'insultant que tu vas faire avancer ta cause. Laisse-moi réfléchir, on a encore du temps. Je vais bien trouver un moyen de te sortir de là, je connais mon métier.

«Ce pauvre Pierre est en plein délire paranoïaque, pense Yves Dupré, passablement excédé. Il ne va quand même pas m'obliger à baser ma défense sur ses délires de persécution! Il voit des complots partout. Ducharme lui a fait une mauvaise blague, et lui, comme un grand naïf, il est tombé en plein dans le panneau. La seule chose grave dont on l'accuse, c'est d'avoir eu des relations avec une prétendue espionne, mais cette accusation tombe d'elle-même devant la lettre de Gerda que possède Jacqueline Delorme. Je ne vois pas pourquoi il s'énerve comme ça! Toute l'affaire est une tempête dans un verre d'eau. Les médias sont évidemment les plus grands fautifs, mais a-t-on idée d'aller s'acoquiner avec une poule pareille! »

Yves Dupré n'ose pas l'avouer à Pierre, mais, s'il est à court de la plus petite inspiration pour le sortir de son bourbier, c'est qu'il a peur. Une peur floue, irraisonnée. Une peur parfaitement inavouable.

Le scepticisme de Dupré met Pierre au supplice. Comment convaincre son avocat et ami qu'il est le jouet d'une machination? Comment l'amener à combattre l'argumentation d'atteinte à la sécurité sur laquelle ne manquera pas de s'appuyer la poursuite? Comment le pousser à questionner les libéraux sur les motifs mêmes de la commission et sur le temps qu'ils ont laissé courir avant de céder à la tentation d'utiliser le dossier Munsinger contre leurs adversaires conservateurs?

Ce dernier élément et surtout les raisons qui sous-tendent l'opération apparaissent à Pierre Sévigny infiniment plus graves pour la nation canadienne que le récit des activités d'une fille qui est venue s'amuser au Canada pendant cinq ans, puis qui est soudain rentrée chez elle continuer sa petite vie de parfaite emmerdeuse. Ça, par contre, son avocat est bien prêt à en convenir! En ce qui le concerne, son seul tort est d'avoir entretenu avec cette « fauteuse » de troubles une courte liaison, ce qui n'était pas le fait d'un homme de devoir, il est tout aussi prêt à en convenir. Mais, bon sang, il n'est quand même pas le premier politicien canadien à avoir eu une aventure extra-conjugale! Au point où il en est rendu, Pierre est de plus en plus persuadé que la simple vérité, la vérité toute nue sera sa meilleure défense. Qu'a-t-il à perdre, de toute façon? La nature de ses relations avec Gerda Munsinger est déjà connue du monde entier. « Ce n'est pas comme ce pauvre George qui a menti à la presse et qui sera salement éclaboussé par ce que ne pourra manquer de révéler l'enquête », se dit Pierre, un peu narquois.

Ah! comme il y croit et comme il l'attend, cette commission royale d'enquête! Elle est devenue sa dernière planche de salut. Fils de juge, Pierre Sévigny a toujours eu un respect quasi religieux pour la justice. Il a toujours regretté de n'avoir pu terminer les études de droit entreprises à son retour de guerre et que des migraines tenaces, séquelles de sa blessure à l'œil et à la tempe, l'ont obligé à abandonner. Il lui paraît impossible qu'un juge de la Cour suprême de son pays ne lui rende pas justice et ne fasse pas toute la lumière sur cette sinistre magouille. De toutes ses forces, il s'accroche à cet ultime espoir. La justice suprême du pays qu'il a si bien servi ne peut en aucun cas se faire le jouet des intérêts d'un parti au détriment d'un autre.

Il a beau se bercer d'espoir, la série noire n'en continue pas moins pour autant. Le scandale semble s'alimenter de lui-même. Jour après jour, la presse refuse de lâcher prise tant cette merveilleuse histoire est rentable. Quand les journalistes n'ont plus rien de neuf à raconter, ils inventent. S'il n'y a aucune nouvelle inédite sur l'affaire Munsinger, on la crée de toutes pièces. Impossible de décoller cette histoire maintes fois réchauffée de la première page des journaux.

La vie de Pierre est devenue une suite ininterrompue de déboires. Peu importe la décision qu'il prend, elle s'avère toujours néfaste. À la suite de l'entrevue que Gerda Munsinger a accordée à CTV, Pierre accepte de son côté d'apparaître sur le réseau anglais de la société d'État, la CBC. Il y fait quelques déclarations à l'emporte-pièce et tente de sensibiliser l'opinion publique sur les origines du complot dont il affirme être la victime. Ses propos sont accueillis avec froideur, sinon avec ironie, et tombent manifestement dans l'indifférence générale. « Tout ce qui intéresse ces messieurs de la télévision et leurs auditeurs, c'est de satisfaire leur curiosité malsaine : de me montrer d'un côté et de me regarder de l'autre comme si j'étais une bête de cirque », conclut-il, découragé.

Quelques jours plus tard, Jean Côté, l'un des deux journalistes qui ont eu pour mission d'orchestrer dans les médias le scandale Monseigneur-Munsinger, demande à lui parler au téléphone. Piqué par la curiosité, Pierre accepte de prendre la communication. Un Jean Côté des plus chaleureux lui déclare vouloir en quelque sorte s'amender.

—J'ai l'intime conviction que cette histoire est allée trop loin. J'ai été dépassé par les événements et je voudrais rétablir certains faits qui ont été grossièrement exagérés. J'aimerais connaître vos impressions, échanger avec vous quelques idées. Je voudrais publier un article où je répéterai textuellement tout ce que vous me direz, vous avez ma parole.

« Au point où j'en suis, se dit Pierre, pourquoi pas? Si je peux avoir l'occasion de m'expliquer par le truchement d'un journal, ça ne me nuira sûrement pas plus que toutes les élucubrations que j'y lis jour après jour. » Il se dit aussi que, si Côté veut réparer le mal qu'il a fait, c'est le moment ou jamais.

Pierre rencontre donc Côté qui le traite avec beaucoup d'égards et note tous ses propos avec application. Quand l'article est publié, il appert que Côté, malgré ses airs penauds, s'est joué de lui et en a profité pour donner dans le sensationnalisme le plus éhonté. La une du *Journal de Montréal* est en majeure partie occupée par une grande photo de Pierre Sévigny avec, à sa droite, la photo de sa femme et, à sa gauche, celle de Gerda Munsinger, ce qui, inévitablement, provoque une nouvelle colère de Clou, parfaitement justifiée, et des réactions violentes de la part de tous leurs proches.

Après sa famille, c'est au tour de ses amis de devenir la cible des médias. Depuis les piquantes révélations de Gerda au journaliste Robert « Bob » Reguly à Munich, William O'Bront, un des rares fidèles de Pierre, est en butte aux poursuites et aux indiscrétions de la presse. O'Bront a été identifié comme étant celui qui a menacé Gerda de la faire disparaître au fond du Saint-Laurent si jamais elle remet les pieds au Canada. Le *Toronto Telegram*, entre autres, y va d'un article particulièrement virulent sur Obie qui se voit contraint de prendre des mesures dissuasives contre ses détracteurs. Il intente une poursuite d'un million de dollars contre le *Toronto Telegram*, ce qui a pour effet de calmer aussitôt les ardeurs belliqueuses du quotidien à son endroit. Cependant, d'autres journalistes continuent de le suivre à la trace. Mal à l'aise de se trouver sous les feux des médias, il s'installe à l'hôtel *Mont-Royal* pour se faire oublier un peu. C'est là que Pierre se rend pour régler certains détails d'une transaction qu'ils sont sur le point de conclure.

— Si tu veux passer dire bonjour à Workman, il est dans la chambre à côté, suggère Obie, une fois leur affaire réglée. En plus de ses bureaux du centre-ville, Harry loue cette suite à l'année. Il m'a suggéré de venir m'installer ici pour avoir la paix. II considère que l'hôtel est le meilleur endroit où travailler, et je trouve qu'il a raison.

Dans la chambre contiguë à celle qu'occupe Obie, Harry Workman accueille Pierre avec jovialité. Il n'est pas seul dans la pièce. Assis en face de lui, Pierre reconnaît un des secrétaires de Doyle qu'il a déjà rencontré à quelques reprises. Il s'agit d'un juif montréalais d'environ quarante ans, très brun de poil et pas particulièrement sympathique. La vue de ce suppôt de John C. Doyle donne immédiatement à Pierre une sérieuse poussée d'adrénaline. Il salue rapidement Workman et s'empresse de déguerpir. Il est, malgré lui, outré que Harry puisse encore avoir des relations avec le sinistre Doyle, même par personne interposée. Il connaît pourtant bien la philosophie de son ami : « En affaires, il n'y a pas de sentiments, il n'y a que des profits et des pertes. Le reste n'a pas la moindre importance. »

Dire qu'il est désenchanté, malheureux ou même désespéré serait peu dire. C'est son âme qui lui fait mal et, des mots pour décrire ce qu'il ressent, il n'en connaît pas. Il sait seulement que ce qu'il éprouve est effrayant.

En fin d'après-midi, son travail terminé, Harry Workman, toujours accompagné du secrétaire de Doyle, s'apprête à quitter sa suite de l'hôtel *Mont-Royal*. Sur le pas de la porte, il adresse un dernier au revoir à Obie, quand son œil est accroché par quelque chose de stupéfiant. Au-dessus de la porte qui fait face à celle de la suite qu'il occupe avec O'Bront, le vasistas est entrebâillé, et Workman croit apercevoir par cette ouverture l'œil d'une caméra braquée sur lui. Il devine tout de suite que lui et son ami Obie sont surveillés par la Gendarmerie royale et que leur téléphone a sans doute été mis sur écoute. Il s'empresse aussitôt d'alerter O'Bront de ce qui se passe.

Les deux hommes, aidés du secrétaire de Doyle, se mettent à fouiller de fond en comble la chambre qu'occupe Obie et trouvent un microphone dissimulé dans une des lampes de chevet. Les trois hommes quittent la suite, furieux.

À peine ont-ils fait quelques pas dans le corridor menant aux ascenseurs qu'ils sont aussitôt entourés par une meute de policiers de la GRC, de la Sûreté provinciale et de la police municipale, qui leur ordonnent de les suivre sans leur donner la moindre explication. Ils sont en état d'arrestation! C'est tout ce que l'on consent à leur dire. Tous les trois sont amenés au poste de police pour subir, séparément et pendant neuf heures d'affilée, un interrogatoire serré sur l'affaire Munsinger, sur leur présence dans une suite de l'hôtel *Mont-Royal* au lieu de leur bureau respectif et sur leurs relations avec l'ex-ministre Pierre Sévigny.

Au bout de douze heures de détention, ils sont finalement relâchés, la police n'ayant rien pu retenir contre eux.

Le lendemain, Workman raconte sa mésaventure à Pierre qui n'est pas autrement surpris. N'est-il pas lui-même jour et nuit sous surveillance comme s'il était soupçonné d'être l'un des plus dangereux criminels de tout le pays? L'arrestation arbitraire de ses amis lui semble dans la logique du climat de folie furieuse qui entoure le scandale Munsinger avec son cortège d'espions, de gangsters et de mystérieux crimes contre la nation.

Le surlendemain de cette arrestation loufoque, Jean Côté, encore lui, se fend, dans le *Journal de Montréal*, d'un grand papier où il raconte ce qui s'est passé à l'hôtel *Mont-Royal*. Selon lui, trois compères ont été arrêtés, puis longuement questionnés sur l'affaire Munsinger et autres affaires connexes. Côté déclare que les trois hommes ont été appréhendés immédiatement après le départ d'un ancien ministre conservateur impliqué jusqu'au cou dans cette mystérieuse histoire.

Le sympathique Côté prétend aussi que le marchand de viande William O'Bront, le financier Harry Workman, l'ex-ministre dont il tait pudiquement le nom et un autre homme semblaient engagés dans un autre complot du tonnerre, parallèle à l'affaire Munsinger et sans doute relié au monde de la pègre.

Ce qui fait le plus douloureusement sourire Pierre Sévigny, c'est que, dans cet article, le nom du troisième homme, arrêté en même temps que ses amis O'Bront et Workman, a été proprement escamoté. Côté s'est bien gardé de faire la moindre allusion au secrétaire de John C. Doyle. « Quelle étrange coïncidence, se dit Pierre, et comme c'est habile de laisser entendre que le complot

Munsinger se poursuit toujours et qu'en fait cette affaire pourrait s'avérer encore plus grave que les révélations du ministre de la Justice Lucien Cardin ne l'ont laissé soupçonner! Suggérer finement que Workman et O'Bront sont des magouilleurs liés à la pègre et qu'ils complotent avec moi qui suis déjà compromis dans une fumeuse affaire d'espionnage n'est sûrement pas de nature à me réhabiliter. »

Chapitre 26

Jour après jour, caricaturistes et imitateurs s'en donnent à cœur joie pour ridiculiser le triste héros de ce qu'ils qualifient, fort judicieusement, de farce politique du siècle. Pierre Sévigny a toujours eu un solide sens de l'humour, mais se retrouver quotidiennement en butte au ridicule et à la moquerie collective finit par devenir cruellement blessant. S'il existe une limite à l'humiliation qu'un homme peut subir de la part de ses congénères, pour Pierre Sévigny, il y a déjà un certain temps que cette limite a été franchie.

Sous la forte pression des événements, Pierre est de plus en plus souvent terrassé par des migraines effroyables. Il se voit obligé de prendre des médicaments qui le laissent dans un état semi-comateux et déprimé pendant des heures. Quand, à force de volonté, il arrive à fonctionner à peu près normalement, il est à l'improviste pris de violentes crispations à la poitrine, et le spectre d'une attaque cardiaque commence à le hanter.

« S'il faut que je sois terrassé par un infarctus et que je me retrouve dans l'impossibilité de travailler et surtout de me rendre à Ottawa pour l'enquête royale, c'est vraiment la fin. Il vaudrait mieux que j'en finisse moi-même et tout de suite! »

L'idée du suicide, comme solution miracle à tous ses problèmes, vient de plus en plus souvent le hanter.

« Me jeter en bas du pont Jacques-Cartier? Rien de plus facile! Je laisse l'auto là et je m'élance. Quelques secondes; personne n'aura le temps d'intervenir », se dit-il chaque fois qu'il traverse le pont au volant de sa voiture. Perdu dans ses pensées, il ralentit. De vigoureux coups de klaxon lui déchirent le tympan. Instinctivement, son pied se fait plus lourd sur l'accélérateur. Comme un automate, il se retrouve en train de suivre le trafic qui le ramène vers Montréal. Chaque fois, c'est la même chose : il est comme paralysé au volant de sa voiture. « Me jeter contre ce pilier de béton? Un peu de courage, un bon coup d'accélérateur et j'y suis! Ou plutôt foncer droit sur les phares de cet énorme camion qui vient à ma rencontre? » Il ferme un instant les yeux. Pour lui, c'est comme si c'était déjà fait. Il ne reste que le coup de volant définitif à donner. Le camion et la délivrance ne sont plus qu'à un mouvement sec de ses poignets. Il ouvre les yeux, sa voiture n'a pas dévié d'une ligne. Ses mains ne savent plus obéir. Elles sont animées d'une volonté propre qui le protège contre lui-même.

Il se répète pour la centième fois que le désespoir est un piège et l'aveu d'une faiblesse, indigne de lui. Il est pourtant bel et bien en train de toucher le fond du désespoir. À quoi bon se le cacher? Il sait que sa raison, par moments, vacille. Il suffirait de bien peu de choses pour qu'elle sombre tout à fait.

À bien y réfléchir, ses idées de suicide lui viennent surtout quand il est seul et le plus souvent au volant de sa voiture. Au bureau ou à la maison, devant ceux qui continuent de le soutenir, il a le courage de sauver la face. Sa lutte constante pour avoir l'air à peu près normal garde son esprit occupé.

Mais il y a aussi le désert infini des longues nuits à

traverser. Quand il n'est pas sous l'empire des drogues contre la migraine, des drogues qu'il en est venu à haïr, quand toutes les rumeurs vivantes se sont tues et qu'il poursuit avec fureur un sommeil qui se dérobe, alors, ses démons ont la partie belle. Ses problèmes ressurgissent, amplifiés, déformés, et le terrassent. Sa vie prend une forme encore plus incohérente, grotesque et immensément douloureuse. Est-il possible de mourir de cette douleur-là? Il lui semble bien que oui. Pourtant, il est toujours vivant. S'il s'assoupit quelques instants, c'est pour se réveiller en proie à des cauchemars épouvantables, toujours les mêmes. Il est lapidé devant sa maison sous les yeux de sa femme et de ses enfants épouvantés, par une populace déchaînée qui le traite de vendu et de traître. Ou des gens qu'il connaît bien lui crachent au visage en le rouant de coups. Ou encore il est tenu en joue par un peloton d'exécution formé de ses anciens camarades de régiment qui s'apprêtent, sur un signe de John C. Doyle, à le descendre à bout portant, pendant qu'il hurle son innocence. Sa femme crie son nom. Invariablement, il se réveille couvert de sueur, agité de tremblements et secoué par Clou, effrayée par la violence de son agitation et de ses cris.

Au fil de ces nuits de terreur, il en est venu à refuser le sommeil qui menace de l'emporter de nouveau en enfer. Il se retrouve à l'aube, épuisé, vidé et convaincu que la prochaine nuit sera celle où sa raison basculera irrémédiablement dans la folie.

Toutes ses journées, il ne les consacre plus qu'à tenter de remettre un peu d'ordre dans ses idées. Son pauvre cerveau lui semble devenu une pâte informe contre laquelle il doit se battre chaque instant afin de conserver, vaille que vaille, un peu de sa dignité. Il n'ose confier à personne le sentiment de déchéance physique et morale vers lequel il se sent inéluctablement aspiré. De toutes ses forces, il tente de repousser le moment fatidique où son âme, son cerveau et son corps déclareront forfait.

Ses amis ne se comptent plus que sur les doigts d'une seule main. Il s'est résigné à ne recevoir aucune aide de la part de ses anciens collègues conservateurs qui continuent à se terrer dans leur trou au passage de l'ouragan. On lui a rapporté que John Diefenbaker, en homme profondément rancunier, ne semble pas tellement fâché que les deux ministres impliqués dans le scandale Munsinger soient précisément ceux qui lui ont tenu tête et ont démissionné de son cabinet en 1962.

Pierre n'arrive cependant pas à comprendre pourquoi l'ex-ministre de la Justice conservateur, Davie Fulton, qui connaît l'affaire dans ses moindres détails, n'accepte pas de discuter de la question avec lui. Pierre le sait extrêmement puritain tout comme Diefenbaker, mais n'aurait-il pas intérêt à s'ouvrir davantage aux réalités de la vie, même peu reluisantes, et ne devrait-il pas avoir le courage de regarder en face tout ce que ce battage publicitaire éhonté cherche à cacher? Mais saint Fulton refuse obstinément de s'entretenir, ne serait-ce qu'une seule seconde, avec un homme dont les histoires de fesses sont étalées dans des magazines comme *Life*, *Paris-Match*, *Times*, *Der Spiegel* et presque tous les quotidiens du monde entier. « Peut-être considère-t-il le stupre et la fornication comme un mal contagieux qui peut s'attraper par une simple conversation, même téléphonique », se dit Pierre avec un petit rire amer.

Quant à ce bon vieux George Hees, n'en parlons pas, il refuse désormais tout contact. Le message est clair : débrouille-toi tout seul, mon bonhomme!

— Tu m'excuseras, mon vieux, lui a-t-il dit lors de leur brève et unique conversation, ce sont les ordres de mon avocat et je les suis à la lettre. Je suis désolé pour toi, c'est dégoûtant tout ce que les journalistes racontent. Avec moi, ils se sont montrés plus discrets. Vaut mieux que je reste dans l'ombre et j'essaie de ne plus faire parler de moi. Ici, à Toronto, les journaux ont été très corrects, et je tiens à ce que ça continue. Alors, chacun pour soi et sauve qui peut! On se reparlera quand la tempête sera passée.

George n'a pas laissé à Pierre le temps de lui expliquer quoi que ce soit, pressé qu'il était de se débarrasser de cet interlocuteur gênant auquel, prétendait-il, ses avocats lui avaient défendu d'adresser la parole. Comme il est sous surveillance constante, Pierre n'ose pas aller le relancer personnellement à Toronto de peur de le compromettre.

Écœurée par l'indifférence et la couardise des anciens amis de son mari, Clou, hautement courroucée, décide de se rendre elle-même à Toronto pour y rencontrer George Hees. Elle tient à ce qu'il soit mis au courant de tous les détails du complot ourdi par Doyle et Ducharme et de ce qu'il vise à dissimuler, soit l'affaire des six dans toute sa splendeur.

George Hees est visiblement très embarrassé de se retrouver en présence de cette pauvre Corinne Sévigny, venue expressément de Montréal pour le voir quelques minutes et à qui il ne peut décemment fermer la porte de son château fort torontois. Sans tenter le moindrement de lui cacher son embarras, il n'est tout de même pas assez mufle pour refuser à l'éplorée un court entretien. Au nom de leur ancienne amitié, George Hees, grand seigneur, est prêt à lui sacrifier quelques minutes de son précieux temps. Il écoute ce qu'elle est venue lui dire d'une oreille distraite sans émettre le plus petit commentaire et quand, à bout de souffle et d'indignation, elle se tait enfin, il demeure silencieux un long moment. Il lui parle ensuite de la pluie, du beau temps et des enfants comme si elle était venue en voisine prendre des nouvelles. Il se contente de déclarer, en la quittant rapidement comme si elle était contagieuse et sous prétexte d'aller vaquer à des occupations urgentes :

— Si Pierre a des preuves de tout cela, tant mieux, sinon je ne vois pas à quoi toute cette histoire peut lui servir.

C'est froid, laconique et sans appel. Inutile d'insister.

Malgré tous ses déboires, Pierre garde quand même une petite lueur d'espoir. Tout ce qu'il lui reste d'énergie est tendu vers le 29 avril, date à laquelle commenceront à Ottawa les auditions des principaux témoins de l'enquête royale. Il a beau se répéter qu'il est sans doute naïf de sa part d'attendre son salut de cette enquête, il a besoin de croire que le juge Wishart Flett Spence lui rendra sa dignité perdue et lavera son honneur une fois pour toutes aux yeux du monde entier. Cesser d'y croire équivaudrait à refuser à ses poumons l'oxygène qui leur permet de le maintenir en vie.

À une semaine de l'ouverture de la commission royale d'enquête, Yves Dupré, l'avocat de Pierre, remet à son client des documents qu'il vient tout juste de recevoir de Me O'Brien, premier adjoint du juge Spence. C'est la toute première fois que ces messieurs de la commission se manifestent. Pierre parcourt fébrilement ce dossier dont il espère qu'il lui apportera une nouvelle raison d'avoir foi en l'avenir.

Les quelques papiers ne révèlent, hélas! rien de substantiel sur l'enquête qui se prépare, sauf peut-être le titre officiel que le juge Spence a jugé à propos de lui donner. Sur la page frontispice du document, on peut lire :

Le 29 avril 1966 s'ouvrira à Ottawa la Commission royale d'enquête sur certaines questions relatives à la dénommée Gerda Munsinger.

Pierre et son avocat s'attendaient plutôt à un titre comme : *Commission royale d'enquête sur des questions d'atteinte à la sécurité d'État dans les activités de la dénommée Gerda Munsinger.* Ceux qui orchestrent la commission se montrent singulièrement prudents. Pierre pousse un grand soupir de soulagement. Ces messieurs crient déjà moins fort à l'espionnage et à la trahison.

Un autre document est annexé à toute cette paperasse de pure formalité. Pierre n'en croit pas ses yeux quand il découvre qu'il s'agit là du fameux dossier de la GRC sur Gerda Munsinger. Le document porte en immenses lettres rouges la très ironique mention : *TOP SECRET*. Il se plonge aussitôt avec une extrême appréhension dans la lecture de ce document qui devrait être violemment accusateur si l'on en croit tout ce qui a été dit et écrit depuis des semaines et qui a fini par déclencher une enquête royale.

Ce que la GRC savait de Gerda Munsinger, née Heseler, remonte à 1945, au moment de la défaite de l'Allemagne nazie aux mains des forces alliées. À seize ans, elle était engagée comme domestique chez un capitaine des forces d'occupation britanniques à Berlin. Une accusation de vol de robe avait alors été portée contre elle par l'épouse de cet officier. Elle avait par la suite commis quelques délits mineurs tels que chapardage et vol à la tire, toujours à Berlin. La même Gerda Heseler était soupçonnée d'avoir entretenu des relations avec un officier russe faisant partie des forces d'occupation tripartites stationnées à Berlin. Elle avait aussi été vue quelques fois en compagnie d'un jeune homme soupçonné de tendances communistes et d'hostilité vis-à-vis des Américains. Elle avait épousé un sergent de l'armée américaine du nom de Michael Munsinger et la noce avait été célébrée en grande pompe. Quelques mois plus tard, Michael Munsinger avait demandé le divorce et était rentré aux États-Unis.

Pierre craignait quelque révélation fracassante sur le passé de Gerda en Allemagne, mais il n'y avait rien de particulièrement incriminant dans ce qu'il venait de lire. La GRC déclarait avoir été mise sur la piste de Gerda Munsinger quand ses agents avaient découvert que cette femme était entrée au Canada en falsifiant ses papiers après avoir été une première fois refusée par l'Immigration canadienne à cause de son casier judiciaire en Allemagne. Sa deuxième demande d'entrée avait été acceptée parce que, selon le rapport, elle aurait caché son nom de jeune fille aux autorités. Des agents de la GRC lui avaient alors rendu visite pour lui poser des questions sur son entrée, jugée illégale dans les circonstances. Au cours de cette entrevue, Gerda Munsinger, née Heseler, avait déclaré très bien connaître le ministre adjoint à la Défense, Pierre Sévigny, être amoureuse de lui et être plus ou moins entretenue par lui. Elle avait prétendu qu'il s'occupait activement de ses démarches auprès de l'Immigration et payait le loyer de son appartement. Elle voyait Pierre Sévigny parce qu'il était malheureux en ménage et elle s'employait à le consoler. Elle avait aussi déclaré qu'à une réception elle avait rencontré le premier ministre du Canada, John Diefenbaker, qui avait pris la peine de la féliciter de si bien prendre soin de son ministre de la Défense. Elle avait eu ensuite des démêlés avec le grand magasin montréalais Morgan's concernant un vol de vêtements, mais la plainte logée contre elle avait rapidement été retirée.

La GRC y allait aussi de ses réflexions et considérations sur les liens qui auraient pu se tisser entre Gerda Heseler, alias Munsinger, et la pègre. Madame Munsinger connaissait William O'Bront, important marchand de viande montréalais, qu'on soupçonnait de connaître des gens faisant partie des milieux interlopes et d'opérer, de façon informelle, un vaste réseau de prostitution de luxe. Certains des amis et connaissances de ce monsieur O'Bront avaient déjà eu maille à partir avec la justice et avaient même été condamnés à la prison. Madame Munsinger connaissait aussi un certain Harry Schipps, joueur bien connu à Montréal, qui avait eu lui aussi des démêlés avec la justice. La troisième personne mentionnée et supposément reliée à la pègre était un certain Jimmy Orlando, ex-joueur de hockey et propriétaire d'un cabaret et d'un restaurant à Montréal. On soupçonnait que ces deux établissements aient pu être les lieux de rendez-vous de la petite et grande pègre montréalaise. La GRC avait enquêté pour tenter de savoir si O'Bront, Schipps et Orlando, influencés par leurs fréquentations douteuses, n'avaient pas, à leur tour, tenté d'influencer Gerda Munsinger afin qu'elle obtienne du ministre Pierre Sévigny des renseignements qui auraient pu mettre en jeu la sécurité du pays.

Les agents chargés du dossier concluaient qu'ils avaient finalement été incapables de relever quoi que ce soit pouvant laisser croire que la fille Munsinger s'était rendue coupable d'un délit quelconque au Canada. Seuls demeuraient les faits suivants : elle était entrée au pays au nez et à la barbe des autorités compétentes, ce qui chatouillait beaucoup la susceptibilité de ces messieurs, et elle avait un casier judiciaire en Allemagne.

Pierre ne peut s'empêcher d'éclater de rire quand il referme le fameux document qui lui a attiré tant d'ennuis. Ce qu'il vient de lire est sans commune mesure avec les déclarations fracassantes véhiculées depuis des semaines par les médias. Bien sûr, il comprend maintenant la colère que cette histoire a déclenchée chez le très scrupuleux John Diefenbaker à l'époque où on lui a remis ce dossier. Pierre reconnaît aujourd'hui à quel point il a eu tort d'établir une relation intime avec cette fille. Gerda était une magistrale enquiquineuse et elle s'est payé la tête de tout le monde! Mais il comprend surtout pourquoi son chef est resté si sceptique devant les craintes manifestées par la GRC en 1960 et pourquoi Diefenbaker, Fulton et les agents de la GRC eux-mêmes, après mûre réflexion, ont finalement conclu qu'il n'y avait pas eu, dans l'incartade du ministre associé à la Défense, la moindre atteinte à la sécurité de l'État. Il n'est pas étonnant que les libéraux aient tant attendu avant de ressortir ce fichu dossier des boules à mites. Les faits mentionnés dans ce rapport ne sont pas bien reluisants, certes, mais ils ne justifient absolument pas tout le battage publicitaire qui a découlé des déclarations incendiaires du ministre de la Justice Lucien Cardin.

Pierre se sent maintenant soulagé d'un immense poids. Trois choses, cependant, l'intriguent. Premièrement, les soupçons que la GRC laisse planer quant aux relations de son ami William O'Bront avec le monde interlope le surprennent. Obie est un homme qui brasse de grosses affaires avec toutes sortes de gens et de milieux fort différents, c'est vrai, mais jamais Pierre ne l'a cru engagé dans la moindre activité criminelle. Deuxièmement, cette histoire de call-girls n'est pas sans le laisser perplexe. Obie est divorcé depuis de nombreuses années, il adore toutes les femmes, il ne s'en cache pas et il est toujours entouré d'une pléthore de jolies filles qu'il s'amuse à gâter. Peut-être à l'excès? Mais ça ne regarde que lui. Comment la GRC en est-elle venue à qualifier cette kyrielle de ravissantes jeunes femmes de réseau présumé de call-girls? Mystère! Troisièmement, qui sont au juste ces messieurs Schipps et Orlando dont il a déjà entendu parler sans les avoir jamais rencontrés? Gerda les aurait, paraît-il, bien connus, sinon fréquentés. Pour éclairer sa lanterne, il décide de consulter Jacqueline Delorme afin d'élucider avec elle ces points demeurés obscurs.

Jacky referme le malheureux dossier et lève les yeux au ciel.

— Franchement! Ils sont donc bien pointilleux, à la Gendarmerie royale du Canada! Bon, admettons, Gerda a réussi à entrer au pays sous le nom de Munsinger. Elle en avait bien le droit puisqu'elle l'a vraiment marié, son Michael Munsinger. Je l'ai vu, moi, son passeport allemand. C'était écrit en toutes lettres: GERDA MUNSINGER, NÉE HESELER. Elle ne s'est jamais promenée avec de faux papiers d'identité. Qu'est-ce que c'est que cette histoire d'entrée frauduleuse au pays? Ils ne savent pas lire, à la douane? Son officier russe, elle m'en a parlé. C'était un garçon splendide, elle en était follement amoureuse, mais il aurait aussi bien pu être esquimau, juif ou africain; pourvu qu'il ait quelque chose dans sa culotte, le reste, ça ne lui faisait pas un pli. La politique et Gerda, ce sont deux univers qui ne se sont jamais rencontrés. Elle a toujours manifesté la plus totale indifférence vis-à-vis de tout ce qui était du domaine politique. Elle était bien trop occupée à tomber amoureuse et à s'amuser! Quand elle vivait ici, elle n'a jamais compris la différence entre les libéraux et les conservateurs. Elle trouvait que vous, les hommes politiques, vous étiez tous pareils, que vous pensiez pareil et que vous baisiez pareil.

—Bon, ça va, hein, n'insiste pas, ce n'est pas ce que je veux savoir. Concernant O'Bront, la pègre et la prostitution, qu'est-ce que tu sais?

—Je ne le connais pas très intimement, William O'Bront. Je ne sais que ce que toi et Gerda m'en avez dit. Je pense que c'est vrai qu'il trouvait du travail aux filles qui vivaient des moments difficiles. Il leur demandait d'escorter et de divertir des hommes qu'il jugeait importants pour ses affaires. Il doit le faire encore, d'ailleurs. C'est sûrement de la prostitution déguisée, mais j'imagine qu'Obie ne veut pas savoir comment ces messieurs et leurs charmantes escortes terminent leurs soirées. J'ai déjà entendu parler de partouzes bien arrosées et bien juteuses, mais rien ne me permet de dire que c'est lui qui les avait organisées. Tout ça n'est pas très catholique, j'en conviens. Mais, entre adultes consentants, il peut se passer beaucoup de choses, n'est-ce pas! Il y a aussi la menace de Léo l'indispensable, le chauffeur d'O'Bront, quand Gerda a quitté le pays. Je ne sais pas à quoi ça tient, moi. Ce pauvre type haïssait peut-être personnellement Gerda. Elle était vraiment détestable quand elle s'y mettait, une vraie peste.

—Harry Schipps et Jimmy Orlando, elle t'en a déjà parlé?

—Elle ne m'a jamais parlé d'un Harry Schipps. Elle a dû le rencontrer pendant la période où elle travaillait dans les boîtes de nuit. C'était bien avant que je la connaisse et je ne me souviens pas qu'elle en ait parlé par la suite. Quant à Jimmy Orlando, elle savait qu'il avait été une vedette du sport, du baseball ou du hockey, je ne sais plus trop. Quand on allait à son restaurant, *Chez Aldo*, il arrivait à Orlando de la saluer de loin. Mais il faisait ça avec tous les clients qui venaient plus d'une fois dans son établissement. Au bout de deux ou trois fois, il s'est mis à me saluer, moi aussi. Je n'appelle pas ça des fréquentations.

Pierre se sent de plus en plus réconforté. Si Jacqueline dit vrai, il n'a plus rien à craindre de la commission royale d'enquête.

—Jacky, sens-toi tout à fait libre de refuser, mais je pense que, étant la personne qui a le mieux connu Gerda pendant qu'elle vivait ici, tu es aussi celle qui est la mieux placée pour la défendre. Ce serait bon que tu viennes témoigner à la commission. J'en ai parlé avec mon avocat et il est d'accord avec moi.

— C'est drôle que tu me demandes ça. Je pensais justement la même chose.

Depuis plusieurs jours, Jacqueline réfléchit beaucoup. Son voyage à Munich n'a pas été d'un grand secours. Il n'a servi qu'à noircir davantage de papier sans que soit apportée la plus petite rectification. Les avocats de Pierre et de Gerda n'ont réussi à s'entendre sur aucune stratégie cohérente. Me Kutzer exigeait une énorme somme d'argent avant d'entreprendre la moindre démarche, et Pierre a décidé de se passer de son aide. Aux dernières nouvelles, Gerda n'a pas encore été sommée de témoigner devant la moindre commission rogatoire. Les enquêteurs de la commission qui porte son nom ont, semble-t-il, décidé que son témoignage était inutile, tout comme celui de Jacqueline, dont le juge Spence et ses collaborateurs ont jusqu'à maintenant totalement ignoré l'existence. Elle en est arrivée à se dire qu'il est de son devoir de rétablir certains faits et si possible de réhabiliter son amie aux yeux de ceux qui la traînent dans la boue et continuent de la traiter d'espionne. Elle sait qu'on va tenter de faire passer sa princesse pour une vulgaire prostituée, ce qui aura pour effet d'enfoncer Pierre davantage.

— Demande à ton avocat de me faire citer comme témoin. Je suis prête à répondre à toutes les questions.

— Penses-y deux fois avant de dire oui. Tu sais toute

la publicité que ta présence à Ottawa va susciter. Pour miner ta crédibilité, ils vont essayer de te salir, toi aussi.

— Si je ne le fais pas, je vais me mépriser. Je sais que je ne peux plus faire autrement. Ça fait des jours que je veux t'en parler. J'hésitais..., je me sentais un peu lâche. Mais là, je sais que je ne reviendrai plus sur ma décision. Je le fais par amitié et par souci de justice. Par simple humanité aussi. Tout ça est tellement pourri qu'il faut que je fasse quelque chose.

Elle ira aussi témoigner pour que, de là-haut, son bien-aimé Édouard soit fier d'elle.

— Tu m'inspireras, n'est-ce pas, Édouard? Tu me soutiendras!

Chapitre 27

LE mercredi 27 avril, veille de l'ouverture de la commission royale d'enquête sur l'affaire Munsinger, Pierre et Corinne Sévigny, Me Yves Dupré et Jacqueline Delorme prennent le train pour Ottawa. Me Dupré n'a pas réussi à savoir exactement quand Pierre et Jacqueline seront appelés à témoigner. Peut-être seront-ils entendus dès l'ouverture de la commission ou le jour suivant; ce sont des choses difficiles à prévoir quand tout le processus reste entouré du plus grand mystère. De toute façon, Pierre tient à être présent aux audiences du début à la fin. Il veut montrer qu'il n'a pas peur de ce que l'enquête risque de dévoiler et il tient à entendre tous les témoignages. Il tient aussi à sentir et à analyser l'atmosphère qui régnera dans cette cour. Il se promet surtout d'avoir le très énigmatique juge Wishart Flett Spence à l'œil tout au long des témoignages.

Clou a insisté pour accompagner Pierre, bien qu'il ait tout fait pour l'en dissuader. Elle est bien décidée à montrer à tous qu'elle croit en son mari et que l'odieux scandale n'a pas réussi à les séparer. Elle est aussi très inquiète pour la santé de Pierre. Ses migraines ne lui laissent pas une seconde de répit, il est constamment victime de douloureuses palpitations cardiaques et il oscille continuellement entre des périodes de prostration totale et d'agitation forcenée tout aussi inquiétantes et qui n'augurent rien de bon.

Dans le train qui les emporte, les yeux clos, Pierre fait semblant de dormir. Il est trop épuisé pour participer à la conversation de ses compagnons de voyage. Il subit les événements et n'a plus qu'un souhait : en finir. Malgré son anxiété à la pensée de ce qui l'attend dans la capitale fédérale, il ne peut s'empêcher de s'interroger sur ce que la commission réserve à son ami George Hees. Comment Hees s'en tirera-t-il? Si l'un des deux a fréquenté assidûment Gerda, c'est bien George! De septembre 1959 à la fin de 1960, il l'a rencontrée régulièrement, autant à Montréal qu'à Ottawa. À cette époque, il a confié à Pierre qu'il était très épris de la blonde jeune femme, et Pierre a dû le mettre en garde contre les bavardages intempestifs de la chère créature. Hees a haussé les épaules en rigolant et a continué sans vergogne à s'afficher avec elle au *Château Laurier*, où il était installé en permanence quand il était à Ottawa, au *Beacon Arms* et à divers endroits à la mode de la capitale ou de la métropole. « Après cette commission, il va se retrouver dans le bain avec moi, et peut-être encore plus que moi », songe Pierre. Il éprouve soudain une grande sympathie pour lui. Jusqu'à aujourd'hui, les journalistes l'ont mystérieusement épargné et c'est tant mieux pour lui, mais l'enquête proprement dite ne pourra plus laisser planer le moindre doute sur les frasques du beau George.

La petite troupe a prévu de s'installer au *Château Laurier*, l'hôtel le mieux coté de la capitale canadienne. L'arrivée des quatre voyageurs ne va pas sans mal. Les journalistes se sont chargés de l'accueil et ils sont partout, réclamant de nouvelles déclarations, encore et toujours des déclarations, comme si tout n'avait pas encore été dit ou inventé sur cette affaire. Le mot d'ordre donné par l'avocat de Pierre est de garder un mutisme total. Ils n'ont absolument rien à déclarer.

Les Sévigny et Jacqueline se voient octroyer deux chambres communicantes. « C'est parfait, se dit Pierre, la bonne humeur de Jacky et son indomptable optimisme apporteront un peu de réconfort à cette pauvre Clou. » Malgré son air imperturbable, Pierre sait bien que sa femme souffre mille morts et souhaiterait se trouver à des milliers de milles de cet endroit où va se dérouler un ignoble procès et où vont se jouer la réputation et l'avenir de son mari, la réputation et l'avenir de toute la famille Sévigny.

Au cours de la soirée, pendant que Clou bavarde avec Jacqueline dans sa chambre où elle est allée la retrouver, Pierre et Me Dupré préparent fébrilement une rencontre de la plus haute importance qui se tiendra dans quelques instants. Les avocats respectifs de John Diefenbaker, de Davie Fulton et de George Hees sont attendus dans la chambre occupée par les Sévigny, et ce, dans le plus grand secret. Les avocats de ces messieurs ont demandé expressément à leur collègue, Me Dupré, la tenue de cette petite réunion ultra-confidentielle. Ils sont particulièrement curieux de savoir de quelle façon Pierre Sévigny entend témoigner.

À leur arrivée, les trois hommes se montrent plutôt aimables, voire compatissants. Malgré sa grande lassitude et l'état de confusion mentale dans laquelle il est plongé, Pierre tente de leur expliquer le plus clairement et le plus calmement possible tout ce qu'il sait sur l'affaire des six. Il trace les grandes lignes du complot ourdi ensuite par Doyle, Ducharme et Pickersgill pour arracher les libéraux des griffes de John Diefenbaker et bâillonner une fois pour toutes ce chef de l'opposition qui s'acharne à vouloir tailler en pièces le parti au pouvoir.

Les éminents hommes de loi accueillent ses propos avec une extrême froideur. Plus il s'enflamme et cherche à se montrer convaincant, plus les trois avocats se ferment, lui opposant un mur d'incrédulité, à tel point que Pierre finit par en perdre ses moyens, d'autant plus qu'Yves Dupré n'ouvre pas une seule fois la bouche pour venir en aide à son client durant son long et complexe exposé. Son avocat se refuse obstinément à croire que des hommes aussi importants et aussi intelligents que Lester B. Pearson, Jack Pickersgill et Joey Smallwood, ainsi qu'un financier aussi riche et influent que John C. Doyle puissent être à l'origine d'une telle machination. L'attitude de ses trois distingués confrères le confirme d'ailleurs dans cette position. Jusqu'à maintenant, Me Dupré n'a pas non plus réussi à se convaincre du bien-fondé de la décision de Pierre de venir témoigner en personne devant la commission et d'assurer lui-même sa défense. Doit-il dire la vérité sur sa relation avec Gerda Munsinger? Ne devrait-il pas plutôt garder un silence prudent ou, à tout le moins, tenter de minimiser les rumeurs colportées par les journaux en affichant un souverain mépris?

Impuissant à assurer sa défense sur les bases que Pierre propose, Yves Dupré reste à ses côtés par simple amitié, comme il dit, et aussi parce qu'il a, de par ses fonctions, accès à des renseignements de première main sur le déroulement des procédures. Si jamais les choses devaient se gâter, il pourrait toujours, en dernier recours, donner à Pierre quelques judicieux conseils. Pour le reste, ce n'est pas à lui de juger, mais il ne peut s'empêcher de penser que la conduite d'un ministre canadien de la Défense doit être en tous points irréprochable. Or, Pierre Sévigny a été à tout le moins irréfléchi et imprudent dans le choix de ses relations.

À la fin de la réunion, accablé, Pierre ne peut que constater une fois de plus son incapacité à convaincre les seules personnes qui peuvent encore lui venir en aide. Ses propos semblent au contraire avoir réussi à le discréditer encore plus aux yeux des envoyés de Diefenbaker, de Fulton et de Hees, qui étaient venus le rencontrer en amis, mais qui sont repartis en ennemis. Du moins Pierre le croit-il.

Après une longue nuit d'anxiété et de doute, Pierre, sa femme, Me Dupré et Jacqueline pénètrent dans l'édifice du Parlement où doit se dérouler l'enquête. À leur descente de voiture, des journalistes de tout poil se sont évidemment rués sur eux. Le visage de marbre de Pierre et sa canne agressive les ont fait immédiatement reculer. Ils se sont aussitôt rabattus sur Jacqueline qu'ils ne connaissent pas et dont la présence attise leur insatiable curiosité; car très rares sont les femmes qui s'amusent à fréquenter ces hauts lieux de la délinquance masculine.

— Qui êtes-vous?

— Êtes-vous ici pour témoigner?

— Vous ne seriez pas la fameuse amie de Gerda Munsinger?

Sobrement vêtue d'un tailleur gris souris très bon chic bon genre, Jacqueline se contente de répondre :

— Si on vous le demande, vous direz que je suis la dame en gris.

Elle ne veut aucune publicité. L'avidité des journalistes lui est odieuse. Elle se presse contre Clou qui, bien malgré elle, tremble de tout son corps, submergée de rage impuissante et de honte sourde, pendant que les éclairs de magnésium leur sautent au visage.

En apparence impassible, Pierre continue d'ouvrir la marche comme on affronte une tempête déchaînée. Il marque un temps d'arrêt. Il vient de pénétrer dans la salle où va se jouer sa vie et il aperçoit enfin le visage du juge Wishart Flett Spence pour la toute première fois.

Alerté par le brouhaha provoqué par les nouveaux arrivants, Spence reconnaît à son tour le tristement célèbre lieutenant-colonel Pierre Sévigny. Les deux hommes échangent d'un bout à l'autre de la salle un bref regard. Spence, le premier, détourne la tête et se replonge dans les dossiers empilés devant lui. Dans ce bref regard, avec rapidité et précision, Pierre a senti instantanément se lever une muraille d'hostilité. « Cet homme veut ma perte », pense-t-il avec consternation. Il sent fléchir en lui son ultime espoir. Il se dit qu'il devrait partir, là, tout de suite et sans perdre une seconde. La tentation d'obéir à son instinct est immense. « Fuir? Comme un lâche? Jamais! » lui murmure une petite voix infiniment têtue. Dans un effort surhumain, il affronte un à un tous les regards braqués maintenant sur lui. La salle est bondée de journalistes, de parlementaires ou de simples curieux venus assister à ce qui promet d'être une véritable curée, Pierre en a maintenant la pénible intuition.

À peine lui et ses compagnons sont-ils installés aux places qui viennent de leur être assignées que le juge Wishart Flett Spence se lance avec emphase dans son discours d'ouverture de la commission. Pierre l'écoute à peine. C'est le ronronnement prévisible où le mot justice est lancé en majuscules à tout instant. Le juge Spence se gargarise de phrases creuses, et Pierre est à l'agonie. Les oreilles lui bourdonnent. Son cœur s'affole et frappe à grands coups contre sa poitrine comme s'il voulait s'échapper de sa cage d'os et de muscles endoloris par la tension et l'insomnie. Son orgueil, son satané orgueil est encore le plus fort. Il n'est pas question qu'il se trouve mal à pareil moment et en pareil endroit. Pierre Sévigny est résolu à mener son corps et son esprit au bout de cette abominable expérience. Il gardera la tête haute parce qu'il est courageux et, surtout, surtout parfaitement innocent de ce dont on cherche à l'accuser pour des motifs politiques inavouables. Il ne se sent coupable que vis-à-vis de Corinne et elle a su pardonner. Elle se tient en apparence sereine et très droite à ses côtés. C'est en grande partie pour elle qu'il ne doit pas flancher.

Pendant que Pierre lutte de toutes ses forces pour retrouver un peu de sa combativité, l'avocat de l'honorable ex-premier ministre John Diefenbaker est appelé à la barre des témoins. Monsieur Diefenbaker a, pour sa part, décidé de se tenir à l'écart de cette « commission royale d'enquête sur certaines questions relatives à la dénommée Gerda Munsinger ». À titre de conseiller privé de la reine, c'est son droit le plus strict et il est dispensé de paraître devant la commission. Pierre Sévigny aurait pu, au même titre, s'abstenir de venir témoigner à Ottawa. Mais, à tort ou à raison, il a toujours vu dans cette possible abstention un aveu implicite de culpabilité et c'est une chose qu'il ne peut pas tolérer.

Le témoignage de l'avocat de Diefenbaker n'apporte aucun élément nouveau. L'homme de loi se contente de relater les faits survenus en 1960, lorsque la Gendarmerie royale canadienne a produit son fameux rapport sur une certaine Gerda Munsinger et sur les gens qu'elle fréquentait à l'époque, dont l'ex-ministre associé à la Défense, l'honorable Pierre Sévigny. L'avocat de Diefenbaker termine le témoignage recueilli auprès de son illustre client en disant qu'après avoir interrogé le ministre Sévigny sur ses relations avec cette personne, l'honorable John Diefenbaker a jugé cette histoire somme toute assez insignifiante. Il a néanmoins donné ordre à Pierre Sévigny et à toute autre personne concernée de cesser toute relation avec cette jeune femme aux mœurs douteuses, certes, mais qu'on ne pouvait sérieusement considérer comme une menace pour la sécurité de l'État.

L'ex-ministre conservateur de la Justice, Davie Fulton, est ensuite appelé à livrer son précieux témoignage. Fulton, qui a été le tout premier membre du gouvernement conservateur à être informé de l'existence du dossier Munsinger, raconte avec force détails ses réactions à la lecture de ce dossier, son empressement à le communiquer au premier ministre, leur confrontation avec l'ex-ministre associé à la Défense Pierre Sévigny pour lui faire comprendre que, vu l'importance du poste qu'il occupait, il devait cesser de fréquenter sur l'heure cette femme peu recommandable. Saint Fulton ne peut s'empêcher de conclure d'un air infiniment dédaigneux :

— Étant donné que moi, Davie Fulton, je n'ai jamais fréquenté des personnes du genre de cette demoiselle Munsinger, il m'est très difficile de comprendre ce qui s'est réellement passé dans cette affaire. Tout cela demeure pour moi une énigme d'un genre que je ne tiens pas du tout à approfondir.

Pierre Sévigny reçoit la conclusion de son ex-collègue au Parlement comme une gifle. Il n'aurait jamais pu imaginer que ce Fulton de malheur puisse se montrer à ce point méprisant à son endroit. Que les libéraux crient au scandale, passe encore, mais qu'un ancien compagnon d'armes joue les vierges offensées avec une telle facilité lui apparaît comme un coup de poignard dans le dos, reçu de la main même d'un présumé allié.

Après la pause déjeuner, c'est au tour de George Hees de venir témoigner. Il ne s'est pas montré particulièrement amical depuis le début des hostilités, mais Pierre ne lui en veut pas. Après tout, George n'est pas Don Quichotte. Il n'a fait qu'obéir aux ordres de son avocat. Comment cet enfant privilégié de la fortune va-t-il pouvoir se tirer de ce mauvais pas? Pierre se raidit, sur le qui-vive.

Debout à la barre des témoins, George Hees reste ce beau grand gaillard à l'air désinvolte que Pierre a toujours connu et souvent envié. Hees appartient à une riche et puissante famille de Toronto. Il a su épouser une Torontoise issue d'une famille encore plus riche que la sienne et, jusqu'à ce jour, il n'a volé que de succès en succès. Pas nécessairement grâce à son intelligence, que Pierre juge assez médiocre, mais plutôt grâce à l'habileté avec laquelle il a toujours su pallier ses déficiences. C'est quelqu'un qui a toujours su d'instinct s'entourer d'hommes extrêmement compétents.

Pendant que Pierre se remémore leur chaleureux compagnonnage d'autrefois, George Hees, la main sur la bible, jure solennellement de dire la vérité, toute la vérité, rien que la vérité…

Depuis le début du scandale, il a toujours déclaré aux journalistes qu'il ne se souvient pas d'avoir rencontré Gerda Munsinger, qui a pourtant prétendu le connaître intimement. « Comment, maintenant qu'il a prêté serment, va-t-il pouvoir continuer à soutenir une telle énormité? » se demande Pierre.

La question fatidique est vite posée par M^e^ O'Brien, premier assistant de Spence.

— Connaissez-vous Gerda Munsinger?

George Hees fait la moue, prend une attitude légèrement embarrassée et déclare d'une voix un peu altérée :

— Hum…, euh…, réflexion faite, après avoir bien cherché dans mes souvenirs, je pense que… peut-être, oui, j'ai déjà rencontré cette, euh…, demoiselle Munsinger.

Murmures sourds dans la salle. Deux ou trois personnes se mettent à tousser à s'en décrocher la luette. George promène un œil sévère sur l'auditoire et retrouve d'un coup tout son aplomb. Il prend aussitôt un air passablement ennuyé.

— C'est que, avoue-t-il, ce que j'ai à dire n'est pas particulièrement le fait d'un gentleman, mais tant pis. Cette personne m'a poursuivi de ses assiduités pendant un certain temps et, après plusieurs téléphones pressants de sa part, bon prince, j'ai finalement accepté de déjeuner avec elle, deux ou peut-être même trois fois. Pour moi, ces rencontres sont demeurées assez vagues. Heu…, hum… J'ai aussi, il me semble, accepté de dîner avec elle, un soir que j'étais de passage à Montréal pour affaires. Nos relations ne sont cependant jamais allées plus loin.

Pierre Sévigny est complètement soufflé par ce qu'il vient d'entendre. Jacqueline Delorme, abasourdie elle aussi, lui décoche un regard incrédule. Comment George Hees peut-il mentir avec une telle assurance à la face même d'un juge et d'avocats qui ont, à coup sûr, pris connaissance de tout le matériel incriminant ramassé par la GRC pendant plusieurs mois d'enquête intensive?

George Hees marque un temps d'arrêt. Il regarde maintenant l'assemblée d'un bel œil clair et brillant de franchise et il ajoute avec une charmante petite moue désabusée :

— Il est malheureusement fort courant, quand on occupe des postes importants comme ceux que j'occupais à l'époque, d'être la proie de gens opportunistes et sans scrupules qui, soit cherchent à obtenir de vous toutes sortes de faveurs, soit tirent une certaine gloriole d'être vus en présence de gens influents. Je tiens à vous assurer que je regrette infiniment d'avoir eu ces relations, mêmes anodines, avec cette personne. Je vous affirme que, si c'était à refaire, je fuirais la demoiselle et ses semblables à toutes jambes.

Pendant que George Hees fait son petit numéro du parfait repenti, le juge Spence s'abîme dans la lecture d'un quelconque dossier. Il relève parfois la tête pour contempler le valeureux monsieur Hees, puis replonge aussitôt dans ses paperasses en prenant parfois quelques notes succinctes.

Si, par hasard, Spence est en train de lire la traduction des confessions de Gerda parues récemment dans le magazine allemand *Der Spiegel*, le haut représentant de la justice doit se demander si ce pauvre George Hees ne souffre pas d'amnésie à tout le moins partielle. C'est en tout cas ce que pense Pierre, encore ébahi par le culot du témoin. Le magazine *Der Spiegel* relate en effet les exploits canadiens de la belle Gerda, et ces exploits ne correspondent pas tout à fait à ce que vient d'avouer sous serment l'ex-ministre conservateur du Transport, puis du Commerce et de l'Industrie. À tout instant, Pierre s'attend à ce que le juge Spence s'insurge contre cette minimisation criante des faits. Avec une étonnante mansuétude, son excellence Wishart F. Spence s'absorbe maintenant dans la contemplation de ses mains et semble résolu à passer outre.

En contre-interrogatoire, Hees continue de soutenir ce qu'il vient effrontément d'avancer. Il avoue avoir rencontré pour la première fois la dame dont il est question à un banquet organisé au Palais du commerce pour l'ex-ministre associé à la Défense Pierre Sévigny à l'automne 1959, mais il n'arrive toutefois pas à se souvenir qui les avait présentés l'un à l'autre.

— Il y avait plus de trois mille personnes à ce banquet.

Comment voulez-vous que je me rappelle un détail de si peu d'importance? ajoute-t-il avec une admirable désinvolture.

« Toujours ce charme infernal, pense Pierre. Il est tellement mignon! On lui donnerait une sucette. »

— Et le petit carton qu'il a fait parvenir à Gerda et qu'elle m'a montré. S'il ne s'en souvient pas, il n'a qu'à lire la traduction de l'article du *Der Spiegel*, ça lui rafraîchira la mémoire, s'insurge Jacqueline, scandalisée par le culot dont fait preuve le beau George.

Pierre lui fait signe de se calmer et de parler plus bas.

— George camoufle la vérité, d'accord! Mais c'est peut-être lui qui a raison après tout, lui chuchote-t-il. Le juge et les avocats n'ont pas encore réagi. Tant mieux pour lui s'il peut encore sauver sa peau!

Jacqueline hoche la tête avec commisération. « Depuis le début, on n'a pas cessé de traîner Pierre dans la boue, et celui-là s'en sortirait avec à peine quelques égratignures en se parjurant? Ce serait un comble! Et ce juge de mes deux fesses qui demeure imperturbable alors que cet effronté de George n'arrête pas de lui mentir en pleine face! » Ah! comme elle en aurait, des choses à dire, Jacky, sur la justice des hommes! Vivement l'heure de son témoignage!

Le soir de cette première journée d'audition, Jacqueline se repose en lisant dans sa chambre, pendant que chez les Sévigny on commente en comité restreint les témoignages entendus dans la journée. Vers vingt-deux heures, Pierre la prévient que l'avocat de George Hees, Me Harry Goodman, vient d'arriver et tient absolument à lui parler. Quand même un peu étonnée, Jacqueline accepte de recevoir ce Goodman dans sa chambre pour un bref entretien particulier. Quelques minutes plus tard, Goodman, visiblement nerveux, pénètre chez Jacqueline qui, très à l'aise, le reçoit vêtue d'un somptueux déshabillé lilas et chaussée de mules assorties.

— Vous allez bientôt témoigner devant la commission,

annonce Goodman, avant même qu'on l'invite à s'asseoir. Vous étiez l'amie intime de Gerda Munsinger. Qu'avez-vous l'intention de déclarer? Comptez-vous parler de mon client George Hees?

Jacky vient de saisir ce qui tarabuste les deux complices. S'il fallait qu'elle se mette en tête de déboulonner les pieux mensonges de George à la commission, cela déclencherait à coup sûr un joli scandale. Goodman attend sa réponse avec l'air résigné de quelqu'un qui s'est préparé au pire. Alertée par l'impressionnante mallette que tient l'homme de loi, Jacqueline se demande aussitôt si, avec son regard fuyant, il ne serait pas venu lui proposer un petit quelque chose en échange de sa discrétion sur les rapports que le beau George a jadis entretenus avec la princesse. Il s'agit là d'une simple intuition, mais, justement, Jacky a toujours été une fille très intuitive. « Il serait prêt à me donner combien? se demande-t-elle, piquée par la curiosité. Dix, quinze, vingt mille? À combien monsieur George Hees évalue-t-il sa belle réputation? »

Jacqueline n'a pas vraiment l'intention de parler de lui dans son témoignage. Quoique, à bien y réfléchir, pourquoi ne pas le laisser croire à son avocat et monnayer substantiellement son silence? Pendant quelques secondes, elle contemple Goodman qui, son énorme attaché-case posé sur les genoux, se tortille sur la chaise où il s'est finalement posé comme un gros corbeau tenant un gros fromage. Jacky a une soudaine envie de jouer le jeu, quelques secondes seulement. Juste pour voir.

— Cher monsieur Goodman, déposez donc cette énorme mallette et détendez-vous. On dirait que je vous fais peur!

« Ah! pense-t-elle, comme j'aimerais savoir ce que contient cette mallette à laquelle il s'accroche si farouchement! Peut-être est-elle bourrée de liasses de beaux billets de toutes les couleurs? » Elle décoche son plus ravissant sourire à l'avocat, de plus en plus anxieux. Sa décision est prise : elle ne monnayera pas son témoignage!

—Monsieur Goodman, rassurez-vous, je ne suis pas venue à Ottawa témoigner pour ou contre George Hees. Ce que, sous serment, il a admis avoir fait ou ne pas avoir fait ne me regarde pas. La seule chose que je peux vous dire, c'est que moi aussi je serai sous serment lorsque je serai appelée à témoigner et, pour moi, prêter serment est une chose extrêmement sérieuse. Je ne pourrai pas me permettre de raconter n'importe quoi. C'est une histoire entre ma conscience et moi, si vous voyez ce que je veux dire! Je répondrai la vérité aux questions qui me seront posées, sans plus. Et je n'ai jamais vu monsieur Hees au lit avec Gerda, si c'est ça qui vous inquiète.

Goodman reste quelques instants songeur. Il est en train de peser chacun des mots qu'il s'apprête à dire à cette demoiselle Jacqueline Delorme. Il tente d'évaluer la moralité de cette femme reconnue comme étant la grande amie de la petite aventurière allemande, prête à faire n'importe quoi pour de l'argent, si on en croit la rumeur.

—Vous me voyez un peu surpris. Je m'attendais..., enfin... Je veux dire... Vous n'êtes pas telle que j'imaginais. On m'avait prévenu qu'une belle guidoune, amie de Gerda Munsinger, s'apprêtait à témoigner et que son témoignage promettait d'être très épicé. Enfin, je veux dire pas des plus discrets. Alors, j'ai craint que vous ne cherchiez à nuire à mon client. Vu sa position, monsieur Hees doit se protéger, vous comprenez?

—Je comprends. D'après vous, que devrait faire Pierre Sévigny, vu la position dans laquelle certaines gens l'ont mis?

—Je vous avoue que je n'en sais trop rien. D'après moi, et c'est ce que je viens tout juste de lui suggérer, il ne devrait pas accepter de témoigner. Les dés me semblent pipés depuis le début. Je doute que son témoignage puisse améliorer les choses. Il a été mis dans une situation proprement intenable.

—C'est le moins qu'on puisse dire, cher maître. Je ne

vois donc pas l'intérêt qu'il y aurait pour moi à plonger monsieur Hees dans une situation semblable par des déclarations fracassantes. Pierre est le premier à ne pas le souhaiter. Il a un sens aigu de l'amitié! Même si je n'approuve pas nécessairement vos méthodes, monsieur Goodman, vous et votre client pouvez dormir tranquilles. Clouer George Hees au pilori ne réparera pas le mal qui a déjà été fait à Pierre Sévigny et à sa famille.

Maître Harry Goodman quitte Jacqueline Delorme soulagé d'un grand poids. Cette fort séduisante personne lui semble digne de confiance. Une belle femme que cette demoiselle Delorme avec ses cheveux blancs comme neige et son ravissant déshabillé lilas, et infiniment distinguée pour une prostituée! Une prostituée? Encore de ces infâmes ragots colportés par les journalistes!

Depuis la veille, tous les quotidiens s'amusent à décrire l'ancienne amie de Gerda Munsinger comme une call-girl avide de publicité et d'argent et prête à tout révéler sur les aventures galantes de la blonde Allemande avec les hommes politiques canadiens. Une simple conversation de quelques minutes avec cette personne, et il en a vu d'autres, l'a convaincu qu'il avait affaire à une femme bien sous tous rapports. Une femme libre, certes, et qui change sûrement d'amants comme elle change de petites culottes, mais toutes les femmes ne sont pas nécessairement obligées de se marier et de faire des enfants. Elle s'est dite comptable dans une agence de voyages montréalaise, la *Tobin's Travel Agency*. Une très grosse agence, très bien cotée, située Place Ville-Marie. Quand il sera de passage à Montréal pour affaires, il ira peut-être dire un petit bonjour à cette charmante demoiselle et, qui sait, il l'invitera peut-être à déjeuner.

Dans sa chambre, Jacqueline Delorme contemple d'un œil rêveur le contenu de la mallette oubliée par maître Goodman. L'avocat était tellement énervé qu'il est parti sans son précieux chargement. Jacky avait raison.

Goodman était venu pour acheter son silence. Et il était prêt à payer passablement cher, à en juger par le nombre de liasses sur lesquelles elle passe un index caressant. Elle referme lentement la mallette, pousse un bref soupir et s'empare du téléphone :

— Pierre, Goodman vient de partir et il a oublié son attaché-case. Préviens-le, veux-tu?

Le lendemain matin à la première heure, Pierre et son avocat sont dans la salle d'audience et s'apprêtent à écouter les témoignages de deux membres de la GRC chargés en 1960 d'enquêter sur les agissements de Gerda Munsinger depuis son arrivée au Canada. Le commissaire Clifford W. Harvison et son adjoint, le sous-commissaire George B. McClellan, sont les deux prochains témoins, et Pierre Sévigny ne veut pas manquer un seul mot de leur déposition. Clou et Jacky, restées à l'hôtel, les rejoindront à l'heure du déjeuner. Jacqueline compte témoigner dans l'après-midi, immédiatement après le passage de Pierre à la barre des témoins.

Le commissaire Harvison, un grand bonhomme athlétique à la phrase brève et sèche, déclare avoir pris l'affaire très au sérieux à l'époque où il avait mené l'enquête. Il était de son devoir de découvrir qui était exactement cette fille qui, d'après lui, s'était introduite frauduleusement au pays. En effet, en 1952 et sous son nom de jeune fille, Gerda Heseler s'était vu refuser le droit d'entrer au Canada parce qu'elle avait un casier judiciaire en Allemagne pour délits mineurs. Trois ans plus tard, en se servant du nom de son ex-mari, Munsinger, et en omettant de mentionner son nom de jeune fille, Heseler, cette personne avait obtenu un visa d'entrée du département de l'Immigration canadienne. Fin 1959, elle avait fait une demande de citoyenneté canadienne, et cette demande avait atterri dans les bureaux de la Gendarmerie royale canadienne pour une étude de routine. Rien d'inhabituel dans ce processus. Toute demande de citoyenneté doit obligatoirement passer par les bureaux de la GRC. Sur le formulaire de demande de citoyenneté que Gerda Munsinger avait rempli réapparaissait son nom de jeune fille, Heseler. C'était alors que le commissaire Harvison avait décidé de se livrer à une enquête sur cette personne qui pouvait éventuellement représenter une menace pour la sécurité de l'État, d'autant plus que, dès sa première rencontre avec les enquêteurs, elle s'était vantée de très bien connaître certaines personnes très haut placées au gouvernement. Harvison avait d'ailleurs aussitôt alerté le ministre de la Justice, Davie Fulton, des agissements de certains ministres du cabinet Diefenbaker. Il avait par la suite rencontré le premier ministre qui, selon ses dires, avait fait la leçon aux ministres délinquants; ensemble, ils en étaient arrivés à la conclusion que toute l'affaire était anodine, mais qu'elle aurait pu s'avérer dangereuse pour le gouvernement si on n'y avait pas mis bon ordre.

Puis, c'est au tour du sous-commissaire McClellan d'être appelé à témoigner. George B. McClellan est un grand costaud portant bedaine qui se donne des airs de suprême autorité. Pierre Sévigny n'a jamais eu affaire à lui personnellement, mais Patrick Nicholson, un de ses bons amis journaliste parlementaire et son voisin à Rockliffe Park, quand il résidait à Ottawa, connaissait très bien ce McClellan.

Comme Pierre avait très mal digéré la verte semonce que lui avait servie Diefenbaker à l'automne 1960, à la suite de l'enquête de la GRC sur la fantasque Gerda, il n'avait pu s'empêcher, peu de temps après, de raconter son délicat problème à ce journaliste en qui il avait une absolue confiance. Nicholson lui avait alors déclaré en riant qu'il était déjà au courant de toute l'histoire.

— Mais comment peux-tu être au courant? s'était enquis Pierre, estomaqué. Toute l'enquête s'est déroulée dans le plus grand secret. Diefenbaker et Fulton m'ont défendu d'en parler à qui que ce soit. C'est un dossier top secret! Seuls le premier ministre, le ministre de la Justice et la GRC sont au courant.

— McClellan est un de mes vieux amis, lui avait répondu Nicholson en riant de plus belle. Quand je veux de l'information, c'est à lui que je m'adresse en premier. Il adore raconter tout ce qui se passe à son travail. C'est une vraie pie. La plupart du temps, il me balance toutes ses petites histoires avant même que je lui pose la moindre question. Il me l'a entièrement décrite, ta Gerda. Il paraît que c'est un beau brin de fille. McClellan m'a assuré qu'avec elle tu ne dois pas t'embêter. Il te trouve drôlement chanceux d'avoir déniché une poulette aussi sexy et m'a assuré que, s'il avait été à ta place, il aurait fait pareil.

Cette révélation de Nicholson avait, à l'époque, sérieusement bouleversé Pierre. Si ce McClellan racontait les détails de ses dossiers top secret à un journaliste comme Patrick Nicholson qui avait accès à des dizaines de journaux, à qui d'autre avait-il raconté la même chose ou d'autres faits encore plus graves et tout aussi confidentiels?

— Tu t'en fais trop, mon vieux, avait ajouté Nicholson, voyant que Pierre était devenu blanc d'inquiétude. McClellan m'a assuré que dans ton cas il ne s'est rien passé de bien grave. Ta Gerda Munsinger est une petite paumée pas bien dangereuse. Mais tu devrais quand même te tenir loin de ce genre d'histoire; ça pourrait t'amener des tas de complications. Cette fille a un dossier judiciaire et, aux yeux de la GRC, elle est une indésirable au pays.

Pendant que Pierre se remémore la conversation qu'il avait eue avec Nicholson au sujet de cette grande gueule de McClellan, le sous-commissaire reprend presque mot pour mot le témoignage de son supérieur Harvison. Pierre l'écoute à peine; il ne craint pas grand-chose de ce sous-commissaire bavard. Soudain, il tombe des nues. McClellan est en train de déclarer de sa voix de stentor:

— ... et, selon moi, tout ce qui a trait à l'affaire Munsinger contient tous les aspects et tous les éléments des situations d'espionnage les plus dangereuses pour un pays. Cette histoire est le prototype parfait de tout ce qui peut constituer un sérieux danger d'atteinte à la sécurité du Canada. De graves indiscrétions, dont nous ne saurons sans doute jamais la teneur exacte, risquent d'avoir été commises par les gens impliqués.

Venant d'une pie comme McClellan, cette dernière réflexion est hallucinante. Pierre croit rêver. Et l'intarissable sous-commissaire d'enchaîner :

— Elle nous a déclaré qu'elle a reçu des félicitations de l'honorable John Diefenbaker en personne pour le réconfort qu'elle prodiguait à son ministre associé à la Défense, au moment où celui-ci éprouvait de graves difficultés matrimoniales.

« Quand on connaît un tant soit peu Diefenbaker, se dit Pierre, une telle assertion est d'un ridicule achevé. Gerda s'est payé ta tête, espèce d'idiot! » Le suave McClellan n'en continue pas moins sur sa lancée :

— Elle nous a affirmé que Pierre Sévigny était son amant, qu'il trouvait chez elle un peu de consolation et que c'était lui qui payait son appartement.

Pierre est stupéfié. Comment un sous-commissaire de la GRC peut-il raconter des histoires pareilles? Puisqu'il a fait enquête, il doit bien savoir que Pierre n'a jamais payé l'appartement de Gerda. McClellan doit aussi savoir qu'il est étrange qu'un amant aussi épris qu'il essaie de prétendre que l'était Pierre Sévigny n'ait appelé sa maîtresse qu'une seule fois pendant les trois mois où la GRC s'est livrée à l'écoute des conversations téléphoniques de la demoiselle et qu'il ne se soit rendu qu'une seule fois chez sa dulcinée pendant la même période, soit le soir du 25 novembre 1960.

Les propos du sous-commissaire McClellan sont une véritable charge, faite de demi-vérités, d'insinuations et de ragots qui ne peuvent faire autrement que de le couler pour de bon, se dit Pierre qui ne voit et n'entend plus McClellan qu'à travers une brume opaque. Il n'est cependant pas sans remarquer à quel point son témoignage est truffé de suppositions et de conditionnels qui sont loin de représenter des preuves.

Gerda Munsinger serait née dans un village désormais situé en Allemagne de l'Est. Jusqu'en 1939, son père aurait enseigné dans une école communiste allemande. Après 1939, on perdait la trace de monsieur Heseler. Adolescente, Gerda Heseler aurait eu de nombreux démêlés avec la police allemande, principalement pour vols et prostitution. On la soupçonnait d'espionnage à cause de ses rapports avec un major de l'armée russe, susceptible d'appartenir aux services secrets soviétiques. Elle avait aussi fréquenté un jeune homme qui avait des tendances communistes avouées. À preuve, ce jeune homme avait été vu prenant plusieurs photographies de la jeune fille aux abords d'un campement de l'armée américaine. Cette activité avait paru suspecte aux autorités, bien qu'on n'ait jamais su ce que le jeune homme avait fait desdites photos. Le même soir, les deux jeunes gens avaient loué une chambre dans une pension et y avaient passé la nuit. Après le mariage de mademoiselle Heseler avec Michael Munsinger, le mari n'avait pu obtenir de visa d'entrée aux États-Unis pour sa jeune épouse, et le couple avait dû divorcer. Par la suite, Gerda Heseler était entrée frauduleusement au pays en falsifiant ses papiers d'identité. Au Canada, Gerda Heseler, alias Munsinger, s'était fait de nombreuses relations dans les milieux interlopes. Elle avait fréquenté des boîtes de nuit de la métropole où se réunit fréquemment la pègre montréalaise. Elle tirait alors de la prostitution une partie de sa subsistance. Dans l'immeuble qu'elle habitait rue Towers se trouvaient également des locataires soupçonnés de sympathie avec le bloc communiste. Comme par hasard, mademoiselle Munsinger tenait la comptabilité de cette conciergerie si bien fréquentée.

—Comme vous pouvez le constater, il était primordial d'apporter une attention toute particulière à l'affaire Munsinger. Il était de notre devoir d'y consacrer tous nos efforts et c'est ce que nous avons fait.

Tout au long de ce témoignage, que Pierre juge bouffon, il a l'impression de voir défiler tous les instigateurs de la sinistre manigance dont il est victime et qui n'ont qu'un seul but : justifier coûte que coûte la tenue de cette commission grand-guignolesque ! « Voilà donc le témoin de service des libéraux ! » se dit-il avec écœurement.

Quand Me Yves Dupré, l'avocat de Pierre, contre-interroge McClellan, le très disert et très consciencieux sous-commissaire est cependant forcé d'admettre que lui et ses confrères de la GRC n'ont malheureusement pu découvrir aucune infraction réelle à la sécurité de l'État. McClellan insiste cependant avec la dernière énergie sur les risques de menace à la sécurité que la relation entretenue par cette femme peu recommandable avec l'ex-ministre Pierre Sévigny avait fait encourir à la nation canadienne. Il n'y avait peut-être pas eu atteinte à la sécurité, mais il y avait bel et bien eu risque d'atteinte, ce qui, selon lui, était tout aussi grave.

Personne, pas même Me Dupré, ne songe cependant à demander à McClellan pourquoi, depuis l'annonce de la tenue de l'enquête et puisque Gerda Munsinger est bien vivante, la GRC ou les enquêteurs de la commission ne sont pas allés l'interroger à Munich. Pourquoi les enquêteurs de la GRC ont-ils omis de mentionner dans leur rapport que Gerda, soupçonnée d'espionnage pour les communistes, a quand même réussi, malgré son lourd dossier, à se faire engager par l'armée américaine avant son départ pour le Canada, puis à se faire réengager à son retour en Allemagne ? Puisque les agents de la GRC savent parfaitement bien quand, où et avec qui elle couchait et plein d'autres détails révélateurs de sa parfaite immoralité, comment ont-ils pu glisser sur certains autres faits tout aussi importants et tout aussi révélateurs ?

C'est sur cet édifiant témoignage que se clôt la deuxième journée des auditions de la *Commission royale d'enquête sur certaines questions relatives à la dénommée Gerda Munsinger.* Pierre Sévigny et Jacqueline Delorme n'ont toujours pas témoigné, faute de temps.

À peine Pierre a-t-il regagné son hôtel qu'il apprend que le principal avocat engagé par le gouvernement Pearson pour aider le juge Spence dans son enquête, Me O'Brien, vient de convoquer de toute urgence une importante conférence de presse. En s'appuyant lourdement sur le témoignage du sous-commissaire McClellan, Me O'Brien vient tout juste de déclarer aux journalistes accourus ventre à terre, et ce, avant même que tous les témoins aient été entendus, qu'il lui apparaît maintenant évident que la dénommée Gerda Munsinger était une prostituée, une espionne, une voleuse et une dangereuse manipulatrice.

Pierre et son entourage sont renversés par ces déclarations de Me O'Brien qui vont à l'encontre de la plus élémentaire éthique professionnelle. Gerda Munsinger est déclarée coupable à mi-procès par l'avocat de la poursuite et sans même avoir été interrogée! De toute évidence, cette conférence de presse a pour but de bien ancrer dans l'opinion publique les préjugés les plus hautement défavorables. « O'Brien y est allé de ses conclusions personnelles et de façon pour le moins prématurée », se dit Pierre, soufflé. « De son propre chef, il a décidé que les faits jusqu'à présent évoqués en audition prouvent, hors de tout doute, que la dénommée Gerda Munsinger, peu importent les circonstances atténuantes ayant pu entourer sa vie, est résolument une prostituée, une voleuse, une espionne et, en conséquence, une atteinte ou à tout le moins un risque d'atteinte à la sécurité de l'État. Ça, il ne l'a pas dit, c'est aux journalistes et à la population de tirer maintenant leurs propres conclusions. O'Brien vient de livrer la marchandise : du prêt-à-penser de la meilleure qualité, et en un temps record. »

Au lendemain de cette conférence de presse, Pierre et son avocat s'attendent à ce que le juge Wishart Flett Spence commente d'une façon ou d'une autre les déclarations pour le moins intempestives de cet avocat de la Couronne qui vient de faire montre d'une bien étrange partialité. Mais, tel un sphinx, il n'a aucune réaction et il continue de présider la commission comme si de rien n'était. Pierre commence à comprendre que le piège savamment élaboré contre lui depuis des mois se referme inexorablement. Tout a été machiné pour qu'il ne puisse pas s'en sortir. C'était George Hees qui avait raison.

La veille, vers minuit, il lui a téléphoné à sa chambre du *Château Laurier.*

—J'ai un seul conseil à te donner, mon pauvre vieux, et je tiens à te le donner. Ça ne servira plus à rien que tu témoignes. Les jeux sont faits. Cette commission est truquée, tout est arrangé d'avance. Ce sont tous des pourris et des vendus. Si tu t'entêtes, tu t'exposes à te faire crucifier par l'avocat de Cardin et par ceux de la commission. Pierre, crois-moi, rentre chez toi, tu n'as plus rien à faire ici!

Cet avertissement on ne peut plus clair laisse Pierre infiniment songeur. L'avocat de George lui a, la veille, à peu près dit la même chose. Et ils n'étaient pas les premiers à lui donner ce genre de conseil. Après y avoir réfléchi une bonne partie de la nuit, Pierre en vient à la conclusion qu'il est trop tard pour reculer. Il a réussi à se persuader qu'il a raison de vouloir plaider sa cause malgré tout et qu'il ne doit reculer devant aucun effort pour sauver un petit quelque chose du désastre. Toute autre attitude lui semblerait une dérogation à l'honneur.

La commission demande maintenant à entendre l'ex-ministre conservateur de la justice, Donald Fleming, successeur de Davie Fulton.

Fleming raconte qu'il a été mis au courant du dossier Munsinger par la GRC dès qu'il s'est retrouvé en poste, soit deux ans après les événements. Il a été très étonné de cette histoire et en a aussitôt parlé à monsieur Diefenbaker qui, en butte à de nombreuses difficultés, lui a alors succinctement narré l'incident en lui donnant l'assurance formelle qu'il n'y avait vraiment pas là matière à s'inquiéter!

Pendant ce court témoignage qui n'apporte rien de nouveau, Pierre est encore une fois assailli de doutes. Est-il en train de faire fausse route? L'heure de son témoignage approche. Va-t-il payer cher son entêtement, comme beaucoup s'accordent à le lui prédire? Que peut-il vraiment espérer, maintenant? Est-il possible que tout soit à ce point arrangé d'avance? Personne ne parlera donc des vrais enjeux? Même son propre avocat ne s'en tient prudemment qu'à des questions générales et semble avoir une peur bleue d'être mal perçu par ses éminents confrères. Pourquoi ce simulacre de procès s'englue-t-il toujours autour des mêmes questions vaseuses mille fois rabâchées?

Chapitre 28

— La cour recevra maintenant le témoignage de mademoiselle Jacqueline Delorme.

Jacky pâlit, puis rosit. Elle se sent du coup très impressionnée. Elle est, paraît-il, la première femme appelée à témoigner à une commission royale d'enquête. Mais elle a vite compris que cette première est loin d'être un honneur. Dès son arrivée dans la capitale, les journalistes ne se sont pas gênés pour lui fabriquer aussitôt une drôle de réputation. Elle est, du jour au lendemain, devenue *Greta's night clubbing friend*, l'amie des boîtes de nuit. Quel privilège, avec tout ce qui circule sur Gerda! Comme le sous-entendent perfidement les journalistes: « Qui se ressemble s'assemble..., n'est-ce pas? » Les conclusions sont déjà tirées et les préjugés défavorables, bien ancrés. Pourtant, entre leur rencontre et le départ définitif de Gerda, les deux femmes n'ont passé qu'une ou deux malheureuses soirées dans des boîtes de nuit. Elles ne raffolaient pas particulièrement de l'atmosphère qui y règne. Elles préféraient de loin les petits dîners fins en musique dans des endroits hypersophistiqués.

Debout à la barre des témoins, Jacqueline est extrêmement nerveuse, mais elle est, par contre, bien décidée à remettre les choses à leur juste place. Du mieux qu'elle peut, elle tente de démontrer que Gerda n'a jamais été l'être dépravé qu'on s'amuse à dépeindre dans les journaux et que Me O'Brien a qualifié de fille de rien en conclusion à sa très subtile conférence de presse de la veille. Jacqueline raconte avec conviction que son amie Gerda, tout au long de son séjour à Montréal, n'a circulé que dans des milieux appartenant à la meilleure société et qu'elle y a toujours été fort bien accueillie.

—Je savais que Gerda connaissait Pierre Sévigny ainsi que bien d'autres personnes influentes que je ne nommerai pas, car la liste risquerait d'être fort longue. Elle ne voyait plus monsieur Sévigny depuis déjà un certain temps quand je lui ai demandé de la rencontrer pour la conseiller. C'était une époque où elle relevait de maladie. Elle était déprimée et elle avait des ennuis financiers. Elle aurait aimé se trouver un emploi régulier, mais, comme elle n'arrivait pas à obtenir ses papiers officiels, cette possibilité lui était refusée. Pierre Sévigny est un homme de cœur, et Gerda avait une grande confiance en son jugement. Monsieur Sévigny a consenti à lui parler et a réussi à la convaincre qu'il était dans son intérêt de retourner vivre en Allemagne, où il lui serait possible de trouver un emploi à sa mesure. C'est donc à ma demande pressante que Pierre Sévigny l'a rencontrée une dernière fois en novembre 1960.

Elle essaie ensuite de convaincre la commission que son amie n'a jamais été une putain ni une voleuse, mais plutôt une fille qui éprouvait des difficultés d'adaptation à son nouveau milieu.

—Gerda ne demandait pas mieux que de s'insérer dans la communauté montréalaise, mais elle n'arrivait jamais à se trouver un emploi stable. Je vous le répète : n'ayant pas ses papiers de résidente officielle, elle était condamnée à se débrouiller comme elle le pouvait. Elle avait pourtant beaucoup de capacités, puisque, dès son retour à Munich, elle a été réembauchée comme secrétaire par les forces armées américaines. J'ai ici une lettre d'elle avec l'enveloppe qui la contenait. Vous allez pouvoir constater que l'une et l'autre portent l'en-tête de ce bureau de l'armée américaine. Dans cette lettre, elle m'annonce qu'elle a retrouvé le poste qu'elle occupait avant son départ d'Allemagne.

Murmures dans la salle. Le juge Spence et Me O'Brien échangent un coup d'œil rapide. On toussote et on s'ébroue. Jacqueline vient de jeter un pavé dans la mare.

— Si vous avez encore des doutes, messieurs, je pense qu'il vous sera facile de vérifier auprès des autorités concernées, ce que je vous supplie d'ailleurs de faire pour que disparaisse à jamais ce bobard ridicule voulant que mon amie Gerda ait été une espionne à la solde des Russes, continue Jacky, imperturbable et ravie de son petit effet. J'aimerais d'ailleurs verser cette pièce au dossier.

Le juge Spence accepte de recevoir la lettre et son enveloppe.

— Pour examen ultérieur, laisse-t-il tomber avec laconisme.

« Il est furieux! » pense Jacqueline. Pendant qu'on procède au dépôt de la fameuse lettre, elle en profite pour ajouter avec une pointe de légitime perfidie :

— Moi qui connaissais bien Gerda, j'ai toujours trouvé que cette histoire d'espionnage était une farce monumentale. Il faut être drôlement naïf pour croire à une invention pareille.

Elle raconte aussi qu'elle a rencontré Charles-Hubert Ducharme à l'aéroport de New York et, comme il lui demandait des nouvelles de leur amie Olga Monseigneur, elle a répondu qu'il y avait tout lieu de croire que Gerda, et non Olga, était morte de leucémie en Allemagne.

— D'après moi, Charles-Hubert Ducharme n'est pas étranger au scandale soulevé autour de Gerda Munsinger. Dans le domaine des farces monumentales, Charles-Hubert n'a pas son pareil. Il prenait un malin plaisir à faire passer Gerda pour une mystérieuse princesse russe afin d'amuser la galerie. Ce genre de plaisanterie un peu puérile a toujours été son sport préféré. Si la commission se donnait la peine de convoquer monsieur Ducharme, je suis certaine que son témoignage serait des plus instructifs!

Toutes les déclarations de Jacqueline Delorme, et en particulier celle concernant l'embauche de la prétendue espionne par les bureaux des forces armées américaines, ne réussissent pas à susciter le moindre intérêt chez le juge Wishart Flett Spence. Les deux avocats de la commission et Me Bill Campbell, l'avocat du ministre libéral de la Justice, Lucien Cardin, restent de marbre. Jacqueline sait que la lettre qu'elle vient de déposer porte une sérieuse atteinte à l'échafaudage branlant d'espionnage et d'atteinte ou risque d'atteinte à la sécurité de l'État mis de l'avant par la poursuite. Il leur faut rectifier le tir et ça urge! On en est au contre-interrogatoire du très disert témoin Jacqueline Delorme, quand le juge Spence ressent soudain le besoin impérieux d'ajourner la session pour une quinzaine de minutes.

— Nous procéderons au contre-interrogatoire du témoin à la reprise des audiences, laisse-t-il tomber, la mine soucieuse, juste avant de quitter précipitamment la salle.

— Chapeau, ma belle! lui murmure Pierre. Là, je pense que tu viens de porter un rude coup à la base même de l'enquête. Ils se retrouvent sur le cul avec leur risque d'atteinte à la sécurité. Ça doit piailler dans leur petite salle de réunion.

Jacqueline sourit. Elle est assez fière de son témoignage et elle attend de pied ferme le contre-interrogatoire des avocats O'Brien et Campbell. Tout comme Pierre, elle a l'intuition que Spence et ses acolytes sont en train de se demander ce qu'ils vont bien pouvoir faire de cet affligeant élément de preuve qui vient de leur tomber sur les bras.

— Ils tiennent tellement à leur accusation d'espionnage qu'ils vont peut-être essayer de prouver que l'armée américaine est entièrement composée de fieffés imbéciles, laisse tomber Clou d'un ton désabusé.

Pour sa modeste part, elle ne se fait plus la moindre illusion sur l'arbitraire et la mauvaise foi qui règnent en ces lieux.

Les avocats et le juge réintègrent la salle d'audience, l'air visiblement contrarié. L'avocat de Cardin, Me Bill Campbell, est le premier à s'en prendre à Jacqueline, retournée vaillamment s'installer à la barre des témoins. Il l'attaque en la bombardant de questions piégées sur des noms de lieux, ou des dates, dans le but évident de la faire se parjurer. Jacky ne se laisse pas impressionner. Malgré l'agressivité dont Me Campbell fait montre à son endroit, son témoignage demeure inchangé et il n'arrive pas à la faire trébucher.

Son tour venu, l'avocat de la commission, M[e] O'Brien, déclare dédaigneusement que, quant à lui, il en a assez entendu et qu'il refuse de contre-interroger le témoin Delorme. M[e] O'Brien a décidé qu'il vaut mieux traiter comme quantité négligeable ce témoin qui a beaucoup trop de choses à dire à son goût. « Si on ne lui retire pas immédiatement le crachoir, se dit-il, cette pétasse finira par faire passer la Munsinger pour un ange du ciel, victime naïve et désarmée d'une odieuse entreprise de salissage. » Exit le témoin Jacqueline Delorme, sinon ce sont ses propos à lui, tenus la veille en conférence de presse, qui risquent d'être discrédités. Il est temps de passer aux choses sérieuses.

— La commission souhaite maintenant entendre l'honorable Pierre Sévigny.

Le moment tant attendu et tant redouté vient de sonner. Pour Pierre, il n'y a plus d'échappatoire possible. Le témoignage de Jacqueline lui a insufflé un nouveau courage, certes, mais il sent que la partie sera très féroce. Les gens qui constituent cette commission veulent sa peau, il n'y a plus le moindre doute. Il ressent leur hostilité jusqu'au fond de ses tripes. Il doit absolument faire bonne figure. Il lui faut garder son calme et se montrer plus rusé et plus intelligent qu'eux malgré la tension pénible qui tient sa tête comme dans un étau. L'affreuse migraine est là, toujours à l'affût, prête à le submerger, bien qu'il avale des 292 à un rythme déraisonnable depuis des jours. Pierre est aussi tenaillé par la crainte de voir s'accentuer l'oppressante douleur à la poitrine qui lui fait redouter que son cœur le lâche soudain.

— Jurez-vous de dire la vérité, toute la vérité?

Bien sûr qu'il la dira, la vérité! Toute la vérité, la seule qu'il connaisse. « Pas celle qu'il semble de mise de servir ici, apprêtée à une sauce ignoble et dont aucun de ces messieurs n'a pourtant, jusqu'à présent, paru dégoûté », ne peut-il s'empêcher de penser.

Pierre parle de Gerda simplement telle qu'elle lui est apparue : une fille charmante et jolie, légère comme une brise du printemps. Oui, il admet qu'il a eu une faiblesse pour elle. Une faiblesse de courte durée. Il est marié et il aime sa femme. Sa famille est son bien le plus précieux. Il regrette infiniment cette faiblesse qui l'oblige aujourd'hui à s'expliquer d'une erreur lointaine et momentanée devant la justice de son pays.

Dominant de mieux en mieux l'angoisse qui l'étreint, il croit bon d'expliquer que, dans la vie de tous les gens mariés, il y a des périodes où le couple se retrouve aux prises avec des difficultés qui peuvent amener l'un ou l'autre partenaire à enfreindre les règles du contrat initial.

— Il serait parfaitement hypocrite de nier cette malheureuse réalité, et je ne vois pas pourquoi il m'en serait à ce point tenu rigueur par mes pairs, alors que ma femme elle-même a compris et pardonné.

Il avoue ensuite avec une certaine ironie que la jeune femme dont il est question l'aurait sans aucun doute pris pour un parfait raseur s'il s'était mis à l'entretenir de missiles, de Bomarcs, du budget de la Défense ou des décisions du cabinet.

— Je peux vous assurer que mademoiselle Munsinger n'a jamais en ma présence manifesté le moindre intérêt pour ce qui avait trait à mes fonctions au ministère de la Défense ou au sein du cabinet. J'aurais même été le premier alerté si elle s'était passionnée pour ce genre de questions. J'ai acquis la certitude que le déballage éhonté effectué par les médias au sujet de ma relation, somme toute assez insignifiante, avec mademoiselle Munsinger, n'est qu'un gigantesque ballon destiné à détourner l'attention de la population canadienne d'actions autrement plus illicites et sur lesquelles cette commission aurait tout intérêt à se pencher.

Le juge Spence reçoit l'assertion avec une indifférence minérale, bien qu'elle émane du principal témoin présent à son enquête. Il décrète l'ajournement de la séance sur un ton de mortel ennui. L'honorable Pierre Sévigny sera contre-interrogé le lendemain. Pierre est infiniment déçu. Il aurait, bien sûr, préféré en finir tout de suite. De faire de nouveau face à cette épreuve le lendemain matin lui semble au-dessus de ses forces. Il pense aussi à Corinne qui endure tout cet étalage obscène sans broncher. Brasser et rebrasser une histoire vieille de six ans comme si tout s'était passé la veille est un indescriptible supplice pour tous les deux. Il imagine sans mal la honte et l'humiliation que sa femme éprouve et que, jusqu'à présent, elle tente de lui cacher du mieux qu'elle peut. « Si l'attitude de Clou n'est pas une indiscutable preuve d'amour, les preuves d'amour n'existent pas », pense Pierre, profondément bouleversé et plus que jamais révolté.

Il est minuit passé. Pierre contemple sa femme avec une tristesse infinie. Clou vient tout juste de s'endormir. Dès leur retour à leur chambre d'hôtel, elle lui a vertement reproché de s'être appesanti devant la commission sur les charmes et la fraîcheur de Gerda.

— Légère comme une brise du printemps… Non, mais, franchement! Dans les circonstances, tu aurais mieux fait de t'abstenir. La plus grande sobriété était de rigueur. Ce besoin maladif que tu as de faire de la littérature! J'aurais voulu disparaître sous mon siège. Tu n'as évidemment pas pensé une seconde à la peine que tu me faisais. À trop vouloir démontrer que tu avais certaines excuses, des circonstances atténuantes et que sais-je, tu joues leur jeu, à tous ces renifleurs de fonds de culotte. On dirait que tu as perdu tout discernement.

Clou était moins furieuse que profondément déçue et mortifiée. Pierre lui a aussitôt donné raison. Depuis quelque temps, déjà, il lui semble qu'il a en effet perdu tout discernement. Il a admis qu'il est parfaitement déboussolé, désorienté, déstabilisé. Il n'a plus le moindre jugement, et toutes ses références semblent avoir volé en éclats. Il ne fait qu'accumuler les gaffes depuis des semaines.

Voyant son mari si désemparé et contrit, Clou s'est immédiatement radoucie et a tenté de lui remonter le moral en ravalant ses larmes et son humiliation. Vers une heure du matin, Pierre a refusé de se déshabiller et de se mettre au lit comme Clou, épuisée, le lui conseillait. Assis dans un fauteuil à ses côtés, il vient tout juste d'éteindre la lampe de chevet. Il sait que la nuit qui s'installe en sera encore une d'indicible angoisse et d'insomnie. Une de plus. Il revoit les visages mauvais de Spence, d'O'Brien et de Campbell. Il essaie d'imaginer les questions vicieuses que les trois hommes se préparent à lui balancer au visage dans quelques heures. Des questions qui auront pour but de le mettre définitivement knock-out. « Ces salauds ont dû passer toute la soirée à se préparer. C'est pour ça qu'ils ont ajourné, alors que je suis là, impuissant, à me morfondre. »

Pierre éprouve encore une fois l'envie quasi irrésistible de fuir, une envie folle de plier bagage, de renvoyer son avocat et de dire à sa femme : « Viens, ma chérie, c'est fini! Tu en as trop supporté, on s'en va, n'importe où, mais loin d'ici, au bout du monde, où tu voudras, où tu pourras oublier. »

Il tend la main vers la forme endormie. Il faut qu'il réveille Clou et qu'ils quittent immédiatement cet endroit maudit. Il a plus que jamais la sensation extrêmement aiguë qu'on lui a tendu un piège dans lequel il a plongé tête baissée comme un vulgaire imbécile. Le visage du juge

Spence s'impose de nouveau à lui, cruel et impitoyable: « Coupable, tu es coupable, Sévigny, que tu dises ou fasses n'importe quoi, tu es coupable, coupable! Tu es la victime désignée et tu seras anéanti, immolé à la raison du plus fort qui est toujours la meilleure. Il nous faut un coupable et c'est toi, Sévigny. Tu ne t'en sortiras pas! »

— Corinne, lève-toi et habille-toi! On s'en va!

Il secoue sa femme qui émet un grognement, se retourne et s'enfonce résolument dans ses oreillers en tirant la couverture sur sa tête. « Elle n'en peut plus », pense Pierre.

— Clou, je t'en prie, ma chérie...

Il hésite. Et sa main retombe. À quoi bon? Il devra s'expliquer de son soudain revirement. Clou ne comprendra pas pourquoi il refuse maintenant d'aller jusqu'au bout. Expliquer, toujours expliquer. Comment peut-on expliquer ce qui ne s'explique pas, ce qui ne s'explique plus? Peut-être croira-t-elle que sa soudaine décision de partir en pleine nuit est un manque de courage de sa part. Peut-être sera-t-elle encore un peu plus déçue. Si, par bonheur, il réussit à la convaincre, elle voudra refaire les valises, alors que lui, au contraire, souhaite partir à l'instant, sans rien emporter. Fuir, il veut fuir, seulement fuir, comme un animal traqué.

Il tente de se raisonner. Il a peur! tellement peur! Pourtant, la justice existe. S'il continue d'affronter ses ennemis avec tout le courage dont il est encore capable, peut-être parviendra-t-il à les confondre? Il ne sait plus. Il pense aux animaux qu'on mène à l'abattoir. Il a la certitude que, tout comme lui, cette nuit, ces animaux pressentent le sort qui les attend. Tout comme les animaux soumis à l'arbitraire des hommes et condamnés d'avance, il ne pourra, lui non plus, échapper au sort qui l'attend.

Chapitre 29

Le lendemain, dès le début de la séance, c'est l'avocat de Lucien Cardin, Me Bill Campbell, qui amorce le contre-interrogatoire de Pierre Sévigny. « Scénario prévisible, puisque c'est le gentil Cardin qui a tout déclenché en lançant la première accusation en Chambre, pense Pierre. Il aurait pourtant été intéressant qu'il vienne témoigner, ce fumier-là! » Mais le ministre de la Justice, Lucien Cardin, a courageusement invoqué ses prérogatives de conseiller privé de la reine pour se soustraire à ce qui, aux yeux de Pierre, relève du devoir le plus élémentaire. Le juge Spence aurait quand même pu le prier de venir déposer. Il aurait été instructif d'apprendre de la bouche même de Cardin quand et comment il a été informé de l'existence du dossier Munsinger, et ce qu'il en savait exactement au moment où il a jeté avec hargne l'affaire « Monseigneur » au visage de John Diefenbaker à l'instigation de son confrère Guy Favreau qui, lui non plus, n'est malheureusement pas là pour livrer à la commission son témoignage hautement éclairant. « Les principaux intéressés se sont tous terrés comme des rats, et personne ne s'en offusque », se dit Pierre qui, perdu dans ses réflexions, n'est pas sûr d'avoir bien entendu la question que Me Campbell vient de lui poser.

— Avez-vous, oui ou non, eu des relations sexuelles avec Gerda Munsinger? répète Campbell d'une voix d'airain.

Cette fois, Pierre a très bien entendu. Il hésite. N'a-t-il pas été assez clair dans son témoignage d'hier? Pourquoi Campbell revient-il là-dessus de manière aussi brutale? Ulcéré, Pierre aimerait bien lui mettre son poing dans la gueule, l'envoyer au diable ou à tout le moins lui dire de se mêler de ses propres petites histoires de cul. La question est tellement bête! Mais il a prêté serment.

— Eh bien! puisque c'est tout ce qui vous intéresse, il s'est passé entre cette personne et moi ce qui se passe fréquemment entre deux adultes de sexe opposé, consentants et en bonne santé.

— Je vous demande de répondre par oui ou par non à ma question. Pas de faire des phrases.

— J'ai répondu à votre question.

— Oui ou non? grince Campbell en adressant un regard exaspéré au juge Spence qui s'empresse de rétorquer:

— Veuillez répondre par oui ou par non à la question, monsieur Sévigny.

— Puisqu'il faut vous mettre les points sur les i, c'est oui..., laisse tomber Pierre d'une voix courroucée.

Il sent monter en lui une sérieuse envie de tuer tout cet aréopage de sinistres imbéciles. Il comprend qu'on puisse en venir au meurtre parfois.

— Je n'ai pas d'autres questions à poser au témoin! lance Campbell en se rasseyant.

Son visage a pris le masque du dégoût le plus profond. Il est l'image du parfait honnête homme auquel on vient de confesser un crime dont, quelques minutes auparavant, il ne soupçonnait même pas l'existence. Le pauvre homme vient d'entrevoir l'un des plus noirs gouffres de l'âme humaine et ne sait pas encore s'il pourra s'en remettre.

Le juge Spence hoche la tête, sombre et pensif. Lui

non plus n'a plus la moindre question à poser à ce témoin qui vient d'admettre sans sourciller sa totale immoralité. Un silence consterné s'abat sur la salle. Ébahi, le jusque-là honorable Pierre Sévigny comprend qu'il vient de signer son arrêt de mort. Il ne pourrait pas expliquer pourquoi et ne sait pas comment il aurait pu en réchapper, mais il a le pressentiment que c'est la fin. Il vient de commettre le plus monstrueux des impairs.

Il a le réflexe de chercher sa femme des yeux pour se raccrocher à quelque chose de bienveillant, quelque chose d'humain, quelque chose de sûr. Il a l'impression que le sol menace de se dérober sous ses pieds et qu'un chaos indescriptible est sur le point de l'anéantir. Sur les joues de Corinne coulent deux grosses larmes. Elle aussi a compris. À ses côtés, Jacqueline a enfoui son visage dans un mouchoir. Devant le désespoir des deux seules personnes qui ont toujours cru en lui et qui n'ont jamais cessé de le soutenir, Pierre touche le fond de la détresse. Du regard, il fait lentement le tour de cette cour de justice qui a été longtemps son seul espoir. Il scrute maintenant le visage du juge Spence, ce visage fermé et sournois, illusoire symbole de la justice, dont le silence hautement réprobateur le condamne irrémédiablement. Que peut-on ajouter, n'est-ce pas, à l'aveu public d'une pareille abjection? Tout est consommé. Le moins qu'honorable Pierre Sévigny est coupable d'un abominable crime : il vient d'admettre publiquement avoir couché avec une fille de rien.

M^e^ O'Brien s'est à son tour levé et c'est lui qui brise ce silence de fin du monde qui menace d'engloutir la commission. O'Brien accuse l'ex-ministre Pierre Sévigny d'avoir sciemment menti à son chef John Diefenbaker en minimisant sa relation avec Gerda Munsinger et en l'assurant que cette relation avait cessé en janvier 1960.

—La relation, telle que vous l'entendez, avait bel et bien cessé fin 1959. Il m'est cependant arrivé de reparler avec mademoiselle Munsinger deux ou trois fois au cours de l'année 1960, répond Pierre d'une voix harassée.

— Monsieur Sévigny, quand avez-vous vu Gerda Munsinger pour la dernière fois?

— À la demande expresse d'une amie, je lui ai téléphoné vers vingt-deux ou vingt-trois heures, le 25 novembre 1960. Je suis arrivé chez elle vers minuit trente ce même soir. Nous avons causé et je me suis endormi sur le canapé. J'avais eu une journée particulièrement éprouvante, ce qui explique l'heure tardive de ma visite et le fait que je me sois endormi.

Me O'Brien lit la transcription de la conversation téléphonique, captée par la GRC, tenue entre Gerda et Pierre et émanant d'un téléphone public de *L'Hôtel de Province* d'où Pierre l'avait effectivement appelée ce fameux soir du 25 novembre 1960.

— Est-ce là, à votre connaissance, la conversation que vous avez eue?

— Oui, pour autant que je me souvienne, c'est à peu près cela.

— Je vous remercie, c'est tout ce que je désirais savoir.

O'Brien se tourne alors vers le juge Spence :

— Votre Seigneurie, permettez-moi d'y aller d'un bref commentaire. Je considère que, chez les gens comme il faut, on n'arrive pas à minuit passé, quelle qu'en soit la raison. Les gens décents observent des horaires décents.

Pierre manque s'étouffer. Quelle hypocrisie et quel cynisme! Il est bien placé pour savoir que députés, ministres, leurs hommes de loi et autres complices se réunissent fréquemment à des heures pour le moins inconvenantes quand ils considèrent qu'il y a urgence, c'est-à-dire pour comploter. Pour tenir leurs petits conciliabules secrets, les hommes politiques ont-ils jamais respecté des horaires décents? Si on se mettait à enquêter sur tous ces beaux messieurs qui se posent en gens comme il faut, combien en trouverait-on chez eux, les pieds bien calés dans leurs pantoufles tous les soirs à minuit?

Me O'Brien est allé dignement se rasseoir, un petit

sourire victorieux sous la moustache. Il vient de faire la preuve éclatante qu'il convient d'expulser Pierre Sévigny de la catégorie des gens comme il faut.

Malade d'anxiété, Pierre s'attend maintenant à ce que son avocat, Me Yves Dupré, bondisse d'indignation, dénonce cette procédure hypocrite qui n'aboutit qu'à fouiller sa vie privée et pulvérise en un tournemain l'accusation d'espionnage qui sous-tend toute cette entreprise loufoque. Il se tourne vers Dupré qui, le menton enfoncé dans le col de sa chemise, examine avec un intérêt studieux les lattes du plancher impeccablement verni. « Mais pose-moi des questions, que diable! Pose deux ou trois vraies questions capables de remettre les choses dans leur juste perspective! Tu ne peux pas les laisser me crucifier comme ça! Fais ton boulot, Dupré! » Mais le cher maître, les yeux baissés, l'air profondément abattu, n'esquisse pas le moindre geste pour venir à la rescousse de son client et ami. Dupré a compris que le juge Spence est le premier à ne pas vouloir que Pierre Sévigny se relève de l'affaire Munsinger. Sévigny était déjà jugé et condamné d'avance, ça tombe sous le sens! Me Yves Dupré n'a jamais eu l'intention de s'attaquer à une machine qui pourrait par la suite le broyer. Il a, depuis belle lurette, choisi de s'écraser.

C'est ainsi que prend fin le témoignage du désormais peu honorable Pierre Sévigny qui, plus mort que vif, retourne s'asseoir dans la salle pendant que le juge Wishart Flett Spence ajourne la séance pour la pause déjeuner.

Corinne et Jacqueline, tendues au maximum, éprouvent le besoin d'aller respirer l'air pur. Peut-être essaieront-elles d'avaler un petit quelque chose par la même occasion.

— Un cognac double, murmure Jacky en entraînant Corinne, trop secouée pour réagir. Il me semble que c'est la seule chose que mon estomac pourra supporter.

Pierre refuse de les accompagner. Il a décidé de rester seul dans la salle d'audience qui se vide promptement. Il a besoin de réfléchir. Il voudrait, si possible, comprendre ce qui vient de lui arriver. S'il risque un pied hors de la salle, il sait que les journalistes vont s'empresser de l'encercler comme des mouches par une journée collante, et il serait bien capable d'en écrabouiller un ou deux, histoire de se calmer les nerfs.

Il est maintenant absolument seul au milieu de l'enceinte réservée au public. À l'avant, le juge Spence s'ébroue sur sa tribune, «avec sa sale tête de faux jeton», pense Pierre rempli de mépris et de haine. Spence est bientôt rejoint par O'Brien, son assistant Urie, Bill Campbell, ainsi que son propre avocat Yves Dupré. Personne ne le regarde. Personne ne s'occupe de lui.

Spence tient à la main un épais document. Pierre sait maintenant qu'il s'agit de la retranscription des appels téléphoniques faits par Gerda ou lui étant destinés pendant les trois mois où elle a été étroitement surveillée par la GRC. Et voilà que ces messieurs se mettent à feuilleter l'épais document, dont ils lisent des passages en s'esclaffant comme des écoliers. Il ne fait aucun doute que ces pages recèlent de nombreuses conversations très personnelles, dont certaines doivent être particulièrement gaillardes, à en croire les réactions de ces sévères hommes de loi. Dans ce volumineux document d'au moins trois pouces d'épaisseur, où se trouvent sûrement les noms des interlocuteurs de Gerda, Pierre sait pertinemment qu'il ne peut y avoir qu'une seule conversation enregistrée entre lui et Gerda: celle du 25 novembre 1960. C'est bien peu pour un amant prétendument assidu. C'est pourtant assez pour le crucifier sur la place publique. Quant aux appels de George Hees à Gerda ou l'inverse, qu'en est-il? Les a-t-on sciemment retranchés ou George ne communiquait-il avec elle que par télépathie? Ces messieurs ont besoin d'un bouc émissaire; un seul leur suffit et c'est lui, Pierre Sévigny, qu'ils ont choisi.

Pierre sent monter en lui une rage folle. Il a soudain une furieuse envie de saccager cette piste de cirque, de battre à mort ces tristes clowns qui, sur le podium, continuent de se taper sur les cuisses en ricanant. Il passe à deux doigts de bondir en brandissant sa canne pour frapper aveuglément sur les colonnes, les chaises, les tables et faire voler en éclats ce décor d'infamie avec la bande de polichinelles qui s'y agitent.

Me Campbell, l'avocat de Cardin, a, mine de rien, repéré Pierre Sévigny du coin de l'œil. Comme s'il avait senti le souffle de la tempête qui se lève en Pierre le frôler, il lui avoue d'un ton navré :

— Je suis désolé pour toi, Pierre, mais je dois faire mon devoir.

Campbell le regarde droit dans les yeux. Le pire, c'est que, oui, ce salaud de Campbell a l'air désolé. Pierre cracherait volontiers au visage de cet homme réputé intelligent, mais qui se fait pourtant complice d'une parodie de la justice en prétextant que c'est là son devoir.

Les gens ont commencé à regagner la salle d'audience. Pierre remarque que personne n'ose le regarder en face. Les visages se figent dès qu'on l'aperçoit et les têtes se détournent ostensiblement. Même son avocat se tient à bonne distance et s'absorbe dans la lecture d'un quelconque dossier.

Clou ainsi que la fidèle Jacky réapparaissent et se glissent silencieusement à ses côtés. Clou lui adresse un triste sourire pour le rassurer. Oui, elle tiendra le coup! Jacky se penche vers lui et lui chuchote à l'oreille :

— Ces types sont des monstres, des inquisiteurs du Moyen Âge. Je n'ai jamais rien vu d'aussi écœurant de ma vie!

Elle n'arrive plus à trouver ses mots, tellement elle est outrée de la façon dont on vient de traiter Pierre Sévigny. Et il semble que le supplice ne soit pas encore terminé. La cour vient de demander à monsieur Gaston Lévesque de se présenter à la barre des témoins. Jacky en a un hoquet de surprise.

Elle a croisé Gaston Lévesque, un ami de longue date, tout à fait par hasard à Montréal, il y a tout au plus une semaine. En apprenant qu'elle s'apprêtait à partir pour Ottawa afin de témoigner à la commission, il lui avait déclaré sans ambages :

— Amitié ou pas, tu devrais te tenir loin de tout ça, ma pauvre Jacky! Pourquoi mettre ta réputation en danger? Tu es complètement folle! J'ai beaucoup d'amitié et de sympathie pour Pierre, mais rien au monde ne pourrait m'obliger à aller me discréditer devant cette commission!

Que fait donc aujourd'hui le brave homme à la barre des témoins? Pierre aussi est surpris. Et inquiet.

Gaston Lévesque est un de ses anciens compagnons de régiment. Tous les deux étaient restés assez liés après la guerre. Ou plutôt, Gaston Lévesque ne cessait de relancer Pierre Sévigny auquel il vouait une grande admiration. Lorsque Pierre était devenu député, puis ministre, Lévesque vivotait, sans emploi fixe. En tant que ministre associé, Pierre avait droit à un adjoint exécutif. Comme il n'arrêtait pas de le harceler et de le supplier de lui trouver un emploi au gouvernement, Pierre avait décidé de lui donner une chance : il lui avait offert le poste d'adjoint exécutif. Durant la période où Lévesque avait travaillé sous ses ordres, le cher garçon ne s'était montré ni particulièrement brillant ni particulièrement zélé, et Pierre avait regretté maintes fois de l'avoir embauché. Il n'arrivait cependant pas à se résoudre à le mettre à la porte. Gaston Lévesque lui faisait un peu pitié. Lorsque Pierre avait démissionné du cabinet Diefenbaker, sachant que Lévesque se retrouverait une fois de plus sans situation, il était intervenu auprès de la commission du service civil et avait obtenu de son président la promesse qu'il trouverait rapidement à Lévesque un emploi dans la fonction publique, aussi bien rémunéré que son ancien poste d'adjoint exécutif. Depuis ce temps, Dieu seul savait pourquoi, Gaston Lévesque boudait Pierre Sévigny.

Dans son plus beau costume et avec un air rempli de

componction, Gaston Lévesque se met en frais de raconter qu'il a rencontré Gerda Munsinger plusieurs fois par l'entremise de Pierre Sévigny, alors ministre adjoint à la Défense. Sur les instructions de son patron, il a essayé d'aider la jeune femme à obtenir ses papiers de citoyenneté canadienne.

— En 1960, en compagnie de Pierre Sévigny, je suis allé à plusieurs reprises à l'appartement de cette demoiselle. De plus, elle appelait souvent au bureau de monsieur Sévigny pour savoir où en était son dossier.

— Mais c'est absolument faux, ce qu'il raconte, s'insurge Pierre à voix basse, pour le seul bénéfice de ses deux compagnes qui, avec un bel ensemble, viennent de poser sur lui le même regard interloqué. Je ne l'ai emmené chez elle qu'une seule fois, en 1959, pour étudier la paperasse qu'elle avait réunie pour sa demande de citoyenneté. Elle n'y comprenait rien à rien!

« Et pourquoi Gaston, pendant qu'il y est, ne mentionne-t-il pas que je lui ai donné ordre de ne plus me transmettre les appels téléphoniques de Gerda dès décembre 1959? » se rebiffe Pierre.

Imperturbable, le cher Gaston continue son édifiant témoignage.

— Un jour, j'étais au bar du *Beacon Arms* à Ottawa et j'attendais monsieur Sévigny en compagnie de mademoiselle Munsinger. Monsieur George Hees est entré dans le bar. Je savais que cette demoiselle connaissait très bien monsieur Hees. Dès qu'elle l'a aperçu, elle s'est levée et est allée le retrouver à sa table. Ils ont causé un bon moment, puis elle est revenue m'annoncer que monsieur Hees venait tout juste d'être nommé ministre des Transports par monsieur Diefenbaker. Personne ne le savait encore, pas même sa femme, pas même les journaux! Elle était la première à l'apprendre et elle battait des mains comme une petite fille. Elle était très enjouée, croit-il bon d'ajouter, d'un air faussement indulgent.

« Mais quelle mouche l'a donc piqué, celui-là, pour

qu'il vienne potiner comme un vulgaire concierge? » Pierre en est extrêmement gêné pour lui. « Quel triste personnage! Et voilà qu'il met George dans de beaux draps! Quand on sait le secret dont est entouré un remaniement ministériel, comment peut-on confier une telle nouvelle à une personne avec laquelle on a lunché deux ou trois fois par pure condescendance? Ils en voulaient un, de secret d'État, ces messieurs de la commission? Eh bien! ils en ont un! Et sans doute le seul de toute l'administration Diefenbaker à être tombé dans l'oreille de la prétendue espionne Gerda Munsinger, qui s'est empressée de le confier à Gaston Lévesque! À croire qu'il était son principal agent de liaison avec le KGB! » Pierre est partagé entre l'envie d'éclater d'un formidable rire ou de se mettre à hurler comme un enragé.

Après avoir chaleureusement remercié le témoin Gaston Lévesque pour son palpitant témoignage, le juge Spence lève la séance jusqu'au lendemain matin. Pierre l'entend à peine. Il a vaguement conscience que les gens quittent la salle, mais son esprit est ailleurs. Clou le tire par le bras.

— C'est terminé pour aujourd'hui, Pierre. S'il te plaît, viens, on rentre à l'hôtel.

— Rentre avec Jacky. Je vais rester un peu. Je vous rejoins bientôt.

Il a fait un immense effort pour prendre un ton calme et un visage rassurant. Il ne se sent pas bien du tout. Un malaise intolérable le cloue à son siège. Il ne sait pas encore ce que c'est, mais, chose certaine, il ne s'est jamais senti aussi mal de sa vie.

Corinne le quitte sans insister. Elle a l'intuition qu'il vaut mieux le laisser à lui-même. Elle devine qu'il a besoin de faire le vide en lui, de remettre un peu d'ordre dans ses idées. Peut-être veut-il avoir une bonne conversation avec Yves Dupré qui, depuis deux jours, se fait de plus en plus évanescent. « Tout un soutien, celui-là! Ça ou une chiure de mouche, c'est du pareil au même! » Juste avant de quitter cette salle des tortures, elle jette un dernier coup d'œil à son mari qui, resté seul, n'a pas bronché d'un pouce. « Seigneur, je vous en supplie, faites que tout ça finisse au plus vite et qu'on s'en aille d'ici! »

La salle est déserte, maintenant. Pierre respire péniblement, par saccades. Il se concentre sur sa maudite respiration qui lui échappe. « Plus lentement. Plus profondément. Maîtriser la douleur. » Pendant de longues minutes, son corps lui semble plus lourd que le roc. Il respire à peine, mais n'en a plus conscience. La lourdeur fait doucement place à une nouvelle sensation totalement inconnue. Il est prêt à jurer que son esprit tente de se détacher de son corps. De s'en arracher plutôt comme par lambeaux, comme des peaux mortes qui s'étireraient jusqu'à devenir plus minces que le plus ténu des fils de soie. Ce n'est pas douloureux ni même inquiétant, seulement étrange. Il a l'impression de plus en plus nette, de plus en plus précise qu'il s'approche de la mort. La mort n'est pas, comme il l'a toujours cru, un envahissement contre lequel on ne peut pas lutter. C'est au contraire un détachement. Se défaire jusqu'à plus rien des milliers de fils qui nous rattachent à la vie. À peine surpris, Pierre se dit qu'il est bel et bien en train de mourir. Tout est en train de mourir en lui, dans sa tête, dans chaque partie de son corps et tout autour de lui. La réalité connue s'est estompée.

Tout ce qu'il est, tout ce qu'il a été, lui, Pierre Sévigny, un homme vigoureux, colonel de l'armée canadienne, amputé de guerre, décoré militaire, député au Parlement d'Ottawa, ministre, père, ami, amoureux de la vie et de ses plaisirs, ces multiples visages qui étaient le visage d'un seul et même homme qu'il croyait être lui tombent un à un comme des masques et s'amenuisent jusqu'à la transparence du fil d'une minuscule toile d'araignée. Et c'est cela, mourir. Il ne reste de lui qu'une défroque, même pas, une esquisse, à peine une idée. Il se sent comme un être de plus en plus imprécis rappelé au néant. Peut-être est-il encore temps d'arrêter le processus? Peut-être, s'il le voulait, mais il n'y tient pas. Il laisse aller. Il se sent fabuleusement léger.

Abandonné à sa douce dérive, il se met à penser à son père. Il a toujours eu une telle admiration pour son père, un homme d'une extraordinaire dignité qui lui a toujours témoigné la plus grande affection! Une affection que Pierre lui rendait bien, d'ailleurs. Toute sa vie durant, son père s'est efforcé de lui inculquer le culte de la vérité et de la justice. Pendant les quarante années où il a siégé comme juge et jusqu'à sa mort, il n'a jamais cessé de répéter à son fils qu'un homme appelé à rendre la justice est forcé de mettre de côté ses ambitions personnelles et ses aspirations politiques pour n'avoir plus qu'un seul souci : servir au mieux la justice, même si ce n'est que celle des hommes, ô combien imparfaite!

« Un juge doit remettre sa conscience entre les mains de Dieu; Lui seul peut le guider dans son difficile travail. Il faut croire en Dieu, Il est la seule garantie de justice. »

Et maintenant, il est là, devant lui. Son père est là! Le vieux juge Sévigny est assis dans le fauteuil que vient de quitter le juge Wishart Flett Spence. Et Pierre voit son père pleurer. De grosses larmes coulent sur le visage vénéré. Il est envahi par une honte indicible. C'est à cause de lui que pleure l'être qui a le plus compté dans sa vie et qui a mis tant d'espoirs en lui, tant d'espoirs, aujourd'hui anéantis. Pierre voudrait pouvoir se jeter à ses pieds et lui expliquer. Mais il ne peut pas bouger. Il voudrait tant, mais il ne peut pas. Les yeux agrandis, il scrute fiévreusement le regard de son père posé sur lui. Étonné, il n'y discerne rien d'autre qu'une grande bienveillance. Il comprend soudain que le vieil homme ne pleure pas à cause de la conduite de son fils. Il pleure à cause de l'immense affront qui vient d'être infligé à la justice qu'il a tant aimée et si bien servie. Plongé dans une profonde torpeur, Pierre Sévigny reste là très longtemps, incapable de s'arracher à l'étrange vision qui est venue lui tenir compagnie dans son désespoir. Il ne le sait pas, mais lui aussi pleure, pour la première fois depuis de longs mois. Il pense simplement qu'il est en train de mourir et que c'est vraiment très simple de mourir.

Un préposé à l'entretien vient d'entrer dans la salle où se tiennent les audiences publiques de la *Commission royale d'enquête sur certaines questions relatives à la dénommée Gerda Munsinger.* Il traîne avec lui un seau, une vadrouille et des torchons. Il aperçoit un homme assis, seul au beau milieu de la salle. Il l'interpelle :

— Hé! monsieur, c'est fini pour aujourd'hui. Ça ne recommencera que demain matin. Il faut vous en aller, monsieur.

L'inconnu ne bouge pas. Il ne semble pas entendre. L'homme de ménage s'approche lentement en hésitant. Il est soudain inquiet. Se pourrait-il que ce monsieur, dont il ne voit que le dos puissant, soit mort sur sa chaise? « Il doit plutôt s'être endormi, pense-t-il, pour se donner du courage. Ces longues séances sont tellement ennuyantes! » Il se penche sur la forme immobile qu'il n'ose toucher de peur de la voir basculer de tout son poids sur le plancher. C'est que l'inconnu est de stature imposante. Il ne lui serait pas facile de le relever. « Mais, s'il dort les yeux grands ouverts, c'est qu'il est sûrement mort! »

Le pauvre homme s'affole. Dans sa peur et son refus d'être confronté à un cadavre, il se met à donner sur l'épaule de l'homme aux yeux vides des coups de plus en plus vigoureux avec le bout du manche de sa vadrouille.

Pierre tressaille violemment et tourne enfin le regard vers son assaillant qu'il fixe, lui et sa vadrouille, avec un profond étonnement.

— Qu'est-ce que vous faites là, m'sieur? Ça fait une heure au moins que c'est fini. Vous sentez-vous mal? Êtes-vous malade? Voulez-vous que j'appelle de l'aide?

Tiré de son étrange rêve éveillé, Pierre marmonne avec

difficulté que tout va bien, qu'il n'a besoin d'aucune aide. Il se lève péniblement en s'appuyant de tout son poids sur sa canne. Il revient de si loin qu'il lui faut quelques minutes pour reprendre son aplomb. Il quitte la salle d'un pas lourd et hésitant, sous l'œil attristé du préposé qui vient de reconnaître le pauvre colonel Sévigny, l'homme sur lequel on a laissé planer une accusation de haute trahison et à qui on fait maintenant un procès pour avoir un peu trop aimé les jolies femmes.

Chapitre 30

Cinq longs mois s'écouleront avant que l'honorable juge Wishart Flett Spence ne rende son rapport public. Cinq longs mois d'angoisse pour Pierre Sévigny qui se retrouve plus isolé que jamais. Enfuis les amis et connaissances jadis si empressés à lui témoigner leur affection et leur admiration devant sa réussite, autant politique que financière! Les difficultés matérielles n'en finissent pas de s'amonceler. Ses espoirs sont de plus en plus minces de voir le bout du tunnel. Pendant cette période d'attente fort pénible, l'affaire Munsinger continue de faire régulièrement les manchettes des médias.

Le 23 septembre 1966 paraît enfin le rapport de la *Commission royale d'enquête sur certaines questions relatives à la dénommée Gerda Munsinger.* Comme Pierre Sévigny s'y attendait, John Diefenbaker est le premier à s'attirer les foudres de l'honorable juge. Il est vertement critiqué pour n'avoir pas mis Pierre Sévigny à la porte de son cabinet dès qu'il a eu en main le rapport de la GRC sur les relations de son ministre avec une fille qui aurait peut-être pu représenter un risque d'atteinte à la sécurité de l'État.

Pierre Sévigny est, pour sa part, dépeint comme une personne à qui on ne peut accorder la moindre confiance. Spence le déclare indigne d'avoir occupé un poste ministériel et encore moins celui de ministre associé à la Défense nationale. Il accuse Sévigny d'avoir menti à son chef en minimisant sa relation avec Gerda Munsinger, tout en cherchant délibérément à compromettre son collègue George Hees en révélant qu'il voyait lui aussi cette femme, ce qui, d'après le juge, témoigne de l'inaptitude de Pierre Sévigny à faire partie du cabinet d'un premier ministre.

Quant à George Hees, ex-ministre de l'Industrie et du Commerce et ex-ministre du Transport, Spence a jugé bon de se montrer extrêmement indulgent à son endroit. Il ignore carrément les déclarations faites par Gerda Munsinger le concernant et parues dans plusieurs magazines étrangers. *Dans le cas de l'honorable George Hees,* peut-on lire dans le rapport, *le manque de discrétion a été léger, bien que regrettable. La relation superficielle de monsieur Hees avec la dame Munsinger aurait pu être imprudente, mais les ministres peuvent difficilement éviter les rencontres de ce genre et les rapports fortuits avec des centaines de personnes.*

L'éminent juge se voyait finalement forcé de conclure son rapport en admettant qu'il n'y avait pas une étincelle d'évidence indiquant qu'il pouvait y avoir eu, dans toute cette affaire, un quelconque accroc à la sécurité de l'État. Mais il s'empressait d'ajouter que, même s'il ne s'était rien produit, il aurait pu, malgré tout, se produire quelque chose.

Pierre, qui a amplement eu le temps, pendant ces cinq mois d'attente, de réfléchir à ce que lui réservait la plume de Spence, n'est pas surpris de ce qu'il vient de lire. « Ce triste sire aurait aussi bien pu écrire son rapport avant d'entendre le moindre témoignage. George Hees avait raison, tout avait été arrangé avant même la première journée de la commission, se dit-il en serrant les poings. Ces enfants de chienne vont me le payer, je le jure! »

Le rapport de l'honorable juge Wishart Flett Spence connut peu d'éclat et fut très peu commenté dans les médias. La curiosité jusque-là insatiable des journalistes et de leurs lecteurs pour les aventures de la blonde espionne allemande et de son amant québécois s'était soudain complètement émoussée. Une sorte de gêne nationale semblait s'être abattue du jour au lendemain sur tous ceux qui, des mois durant, avaient soufflé sur l'incendie. Les charognards repus se dépêchèrent de s'occuper à autre chose. L'attention des médias ne porta plus que sur la chute du chef de l'opposition qu'on prédisait imminente. John Diefenbaker, Dief the Thief pour ses ennemis, de plus en plus impopulaire, continua de s'accrocher et tint bon encore plusieurs mois. Mais, gravement touché, le vieux lion se résolut finalement à annoncer son départ.

Lors du congrès à la chefferie du Parti conservateur qui suivit la démission de Diefenbaker, George Hees tenta sa chance, mais fut balayé par un presque inconnu de la scène politique canadienne venu de Nouvelle-Écosse, Robert Lorne Stanfield, qui ne réussit jamais à arracher le pouvoir aux libéraux.

Lester Bold Pearson ne se remit pas lui non plus de ces années troubles. Il ne termina pas son mandat. Dans ses mémoires, il avouera qu'il s'était fié entièrement à Jack Pickersgill dans la conduite de cette affaire, parce qu'il l'avait convaincu que Diefenbaker n'avait qu'un but : détruire le Parti libéral à coups de scandales. Pearson fera même cette admission troublante : *J'espérais que la menace de sortir en Chambre l'affaire Munsinger lui imposerait une certaine contrainte dans ses attaques contre le parti au pouvoir.*

Une année ne s'était pas encore écoulée depuis la parution du rapport qui couronnait l'orchestration du plus gros scandale politique canadien que Guy Favreau apprenait qu'il souffrait d'un cancer incurable en phase terminale. Il n'avait plus que quelques mois à vivre. Profondément religieux, Favreau ne pouvait mourir sans mettre bon ordre à sa vie. C'est ainsi que, peu avant sa mort, il fit demander Pierre Sévigny à son chevet. Pierre refusa de se déplacer. Il consentit cependant à une communication téléphonique avec Favreau qui, repentant, implora le pardon de son ancien ami. Il désirait mourir la conscience nette. Pierre Sévigny lui répondit d'aller brûler en enfer, que c'était la seule grâce qu'il lui souhaitait.

Dix jours plus tard, Guy Favreau était à l'agonie. Le cardinal Paul-Émile Léger, archevêque de Montréal, confesseur de Favreau, appela Pierre et le supplia de se montrer magnanime et de consentir à rendre une dernière visite au pécheur repentant. Pierre se laissa fléchir et se rendit à son chevet.

— Tu peux crever, je te pardonne, lui dit Pierre.

Le lendemain, les quotidiens du pays annonçaient en première page le décès de l'ex-ministre de la Justice, Guy Favreau. Plusieurs années plus tard, un imposant édifice du centre-ville de Montréal portera son nom.

Malgré cet épisode plutôt réconfortant pour Pierre, il n'en demeurait pas moins un homme marqué au fer rouge. Le déshonneur était devenu son pain quotidien. Même les gens qui connaissaient les dessous du scandale et qui éprouvaient une certaine sympathie pour lui faisaient tout pour l'éviter. Certains d'entre eux parmi les mieux informés et qui avaient toutes les raisons de croire au complot dont Pierre avait été victime allèrent jusqu'à lui avouer qu'ils craignaient trop les représailles pour s'attaquer aux auteurs de cette monumentale magouille.

Pour Pierre Sévigny, ce fut le début de la ruine financière. Les économies réalisées durant la période faste se mirent à fondre comme neige au soleil. Le goût de se venger, de massacrer un à un ceux qui avaient ruiné sa vie l'accompagnait presque chaque seconde. La détresse et la honte ayant perdu leur intensité aiguë, autour de lui et en lui s'installait un malaise omniprésent qui serait désormais son compagnon de chaque jour, jusqu'à la vieillesse et la mort. Les mois s'ajoutaient les uns aux autres. Personne n'arrivait à oublier. L'avenir de Pierre Sévigny était bloqué. Les milieux sociaux, les milieux politiques et financiers lui étaient fermés. Partout, on le considérait comme un homme fini, sans espoir de réhabilitation. Il demeurerait à jamais le tristement célèbre lieutenant-colonel Pierre Sévigny, principal acteur du pire scandale de toute l'histoire politique canadienne.

Durant des années, la haine dominera sa vie. La haine et le désir de vengeance l'accompagneront et lui empoisonneront le cœur, jusqu'à son voyage à Zurich. Il se retrouvera là pour y traiter une importante affaire destinée à le remettre en selle financièrement. Le rendez-vous de Zurich sera un échec cuisant. Pierre Sévigny, désespéré, décidera de mettre fin à ses jours pour se libérer et, du même coup, libérer ses proches, de ce trop long calvaire. Sa descente aux enfers aurait dû s'arrêter là, dans une chambre d'hôtel de Zurich, au mois de mars 1970. Ce que Pierre Sévigny ignorait, c'était que la mort, ce jour-là, ne voudrait pas de lui.

Lorsqu'il rentra à Montréal après son hospitalisation à Zurich, à la suite de l'accident où il fut happé par une voiture, Pierre avait mûrement réfléchi. Il avait pris une décision qui allait changer radicalement sa destinée. Il avait décidé qu'il ne reparlerait plus jamais du scandale qui avait brisé sa vie. Il était maintenant prêt à accepter son malheur, à pardonner à ses ennemis et, pour la première fois depuis quatre ans, il se sentit capable d'envisager une vie normale. Ce fut le début de la délivrance. À partir de ce moment, il pouvait rebâtir sur les ruines de sa vie professionnelle une existence plus modeste, certes, mais au sein d'une famille qui l'avait toujours soutenu et qui avait ressoudé son unité dans l'épreuve. La vie reprenait, moins brillante, peut-être, mais quand même riche des petites joies simples qui, additionnées, finissaient par s'apparenter à un certain bonheur.

En 1972, Pierre Sévigny, l'homme politique canadien

le plus discrédité, le plus ridiculisé sur la place publique et dont on avait presque ruiné la vie privée, restait accroché à son vieil orgueil, toujours aussi tenace malgré ses rêves brisés. Il décida de retourner sur les lieux de ce qui avait été pendant tant d'années le centre de sa vie: la Chambre des communes. Il obtint un laissez-passer pour assister de la galerie des invités aux débats parlementaires. Il écouta longuement, comme envoûté, les échanges musclés qui volaient des deux côtés de la Chambre. Il ne put s'empêcher de songer à quel point, jusque dans sa disposition même, la Chambre ressemblait à un champ de bataille. Il repensa aux grands combats oratoires qui avaient marqué cet espace où gouvernement et opposition s'affrontaient depuis plus d'un siècle. Il se rappela les combats qu'il avait lui-même livrés, toujours du côté droit du président, du côté qui compte, celui du pouvoir, vis-à-vis d'une opposition féroce et prête à bondir sur la moindre proie.

Durant la pause, il quitta sa place pour se rendre aux toilettes. Ses souvenirs et son instinct le dirigèrent inconsciemment vers la salle de toilettes fréquentée par les membres du cabinet. Bien qu'il n'eût qu'un carton de visiteur accroché au revers de son veston, son imposante silhouette, ses tempes argentées et sa mise élégante firent s'écarter les gens sur son passage. Personne ne tenta de le stopper. Quand il poussa la porte des toilettes, seul dans la pièce et penché au-dessus du lavabo, Jack Pickersgill était en train de se laver les mains. Il leva les yeux et, dans le miroir, aperçut l'image de Pierre Sévigny qui le fixait. Il resta un moment interdit, puis se mit à trembler de tous ses membres. Pierre s'approcha de lui presque à le toucher. Un sourire ironique se dessinait sur ses lèvres. La peur de Pickersgill était palpable.

— *Hello, Jack, old bitch! How are you*[17] ? laissa-t-il tomber en lui donnant un léger coup sur l'épaule de son poing fermé.

---

17. Salut, Jack, vieille salope! Comment vas-tu?

— *Pierre, please! Please, don't hurt me*[18]*!* répondit Pickersgill, devenu plus blanc que l'essuie-main auquel il tentait de se raccrocher sans cesser de fixer Pierre avec effroi.

— *Hey! Why should I? I came here to take a leak, not to kill you*[19]*!* dit Pierre en souriant largement.

— *You don't hate me anymore? You don't want to kill me anymore*[20] *?*

Pierre éclata de rire. Au plus fort de la tourmente, il avait répété à qui voulait l'entendre que, si un jour il rencontrait Jack Pickersgill, il lui fendrait la tête en deux, question que le bonhomme ressemble enfin à ce qu'il était vraiment, un visage à deux faces. Averti de la menace et proprement terrorisé, Pickersgill avait aussitôt fait appel à la protection de la GRC, tellement il était certain que Sévigny mettrait sa menace à exécution.

Pierre quitta la salle de toilettes en riant toujours aux éclats. Il retourna à la galerie des invités, mais se découvrit soudain indifférent au débat parlementaire. Incapable de détacher ses yeux du bureau occupé par le premier ministre du Canada, il resta un long moment pensif. Il savait qu'il ne reviendrait plus jamais à cet endroit. Cette partie de sa vie était révolue et il n'en éprouvait aucune amertume.

Quelques années plus tard, à la suite d'une légère alerte cardiaque, Pierre cessa de fumer, afin de ne pas provoquer son organisme. Ce fut à ce moment qu'il apprit de son médecin qu'il avait été victime d'un infarctus muet, probablement à la suite de son témoignage devant la commission d'enquête, mais sans jamais l'avoir su.

À l'automne 1993, au moment de la parution du livre

---

18. Pierre, s'il te plaît! S'il te plaît, ne me frappe pas!

19. Hé! Pourquoi je ferais ça? Je suis venu ici pour pisser, pas pour te tuer!

20. Tu as cessé de me haïr? Tu ne veux plus me tuer?

Les Déshonorables[21], Pierre Sévigny, âgé de soixante-seize ans, refusait toujours de prendre sa retraite. Il enseignait l'administration et les finances publiques à l'Université Concordia de Montréal. Il était le doyen, et de loin, de tous ses collègues professeurs.

En 1994, il se vit décerner, en guise de modeste réparation, la médaille de l'Ordre du Canada par le gouverneur général. Étonnamment, lors de la diffusion de la cérémonie officielle de remise des médailles sur les ondes de C-PAC, le diffuseur officiel de la Chambre des communes, la portion du reportage sur la remise de l'Ordre du Canada à Pierre Sévigny ne fut pas diffusée…

L'année suivante, à l'occasion d'un sondage mené auprès des étudiants de Concordia, il fut choisi le professeur le plus populaire et le plus aimé des jeunes, ce dont il ne fut pas peu fier. Il continua de mener à Montréal une vie paisible et discrète avec Corinne, aux abords du parc du Mont-Royal. Tous les deux étaient très proches de leurs enfants. Passionné d'échecs, Pierre jouait régulièrement durant la mauvaise saison, en attendant le printemps pour se remettre au golf, un sport qu'il pratiquait toujours malgré son handicap. Il confiait volontiers à ses amis qu'il avait connu du bonheur depuis son retour de Zurich, depuis que sa haine était bel et bien morte et avec elle son désir de vengeance. Mais sa voix, toujours ronde comme s'il s'adressait encore à quelque auditoire disparu, avait des cassures qui laissaient parfois percer une infinie tristesse.

Pierre Sévigny est décédé le 20 mars 2004 à l'âge de quatre-vingt-six ans.

---

21. ROY, Danielle et Gilles-Philippe DELORME, *Les Déshonorables*, Chicoutimi, Les éditions JCL, 1993, 496 p.

Épilogue

Ce qu'ils sont devenus :

Jack Pickersgill, après de longues années de service comme ministre du Transport et à la veille de sa retraite, créa la Commission du transport du Canada. Il fit de la présidence de cette nouvelle société de la Couronne le poste le mieux rémunéré de la fonction publique canadienne et, par arrêté ministériel, se nomma lui-même premier président de sa propre créature. Ce fut son dernier acte public en tant que ministre du gouvernement canadien. Lors du retour au pouvoir des conservateurs à Ottawa après deux décennies de règne libéral, il fut nommé membre du Conseil impérial de Sa Majesté. Il porte depuis le titre de Très Honorable. Il vécut le reste de sa vie reclus à Terre-Neuve. Il décéda le 14 novembre 1997.

Charles-Hubert Ducharme est, depuis de nombreuses années, disparu des coulisses de la politique canadienne. Interdit de séjour dans son propre pays pour divers crimes économiques, il est marié à une riche Américaine et vit plus ou moins caché à West Palm Beach, craignant de voir ressurgir de son passé quelque fantôme qui ne lui voudrait pas que du bien. Son fils naturel, Michel Bissonnet, ex-président de l'Assemblée nationale du Québec et maire de Saint-Léonard, continuera à lui rendre visite en Floride le reste de sa vie.

Charles-Hubert Ducharme est décédé au début des années 2000.

Au Salon du livre de Trois-Rivières, Michel Bissonnet rencontra les auteurs du récit *Les Déshonorables* et admit que, à sa connaissance, tout ce qui est contenu dans ce récit est véridique.

John C. Doyle ne sera pas, lui non plus, exempt de quelques petits problèmes. Sa compagnie, la *Canadian Javelin*, va crouler littéralement sous des poursuites judiciaires de plusieurs dizaines de millions de dollars, tant au Canada qu'aux États-Unis. John C. Doyle sera interdit de séjour au Canada ainsi qu'aux États-Unis. Après avoir fui la justice, il vivra retiré à Panama jusqu'à sa mort, le 31 mai 2000, à l'âge de quatre-vingt-cinq ans[22].

William O'Bront fut, dans les années 1970, la vedette incontestée de la commission d'enquête sur le crime organisé (CECO)[23]. Soupçonné d'être le grand argentier de la pègre montréalaise, il est, quelques années plus tard, arrêté en Floride, condamné et emprisonné pour trafic de stupéfiants.

George Hees fut battu au congrès à la chefferie du Parti conservateur qui suivit la retraite de John Diefenbaker en 1967. Gorgeous George continuera d'être réélu

---

22. Voir http://www.heritage.nf.ca/law/doyle.html

23. Voir http://fr.wikipedia.org/wiki/Commission_d%27enqu%C3%AAte_sur_le_crime_organis%C3%A9

député aux Communes pendant de nombreuses années. Il terminera sa vie retraité à Toronto, atteint de surdité et perclus de rhumatismes. Il décédera le 11 juin 1996.

Moïse Darabaner fut condamné à la prison après le procès qui lui fut intenté pour incendie criminel. Au bout de neuf ans de détention, il put jouir d'une libération conditionnelle pour bonne conduite. À sa sortie de prison, il reprit ses affaires et refit fortune.

Wishart Flett Spence fut vertement critiqué par la magistrature pour la façon dont il avait mené la commission d'enquête sur Gerda Munsinger. Certains l'accusèrent d'avoir détourné la justice de son but premier et déclarèrent que ses conclusions étaient une insulte au sens commun. Quelques années plus tard, les libéraux le firent compagnon de l'Ordre du Canada. Mais le juge Spence ne devint jamais juge en chef de la Cour suprême du Canada.

Jacqueline Delorme continua de mener sa vie professionnelle et ses amours tambour battant. Elle ne se maria jamais et continua de vouer un culte particulier à Édouard Simard, le seul homme qui ait vraiment compté dans sa vie. Elle demeura très active, adorant voyager, prendre du bon temps et profiter de la moindre occasion pour raconter à la famille et aux amis quelque nouvelle anecdote savoureuse sur sa vie turbulente du temps de sa princesse. Elle vécut ses dernières années retirée à Sorel, dans une petite maison sur les bords du Saint-Laurent. Chaque jour d'été, elle fit sa promenade le long du fleuve, jusqu'à son restaurant préféré, *L'Auberge de la Rive*, à Sainte-Anne-de-Sorel, croisant chaque fois en chemin la maison somptueuse de son bien-aimé Édouard. Jacqueline Delorme est décédée à Sorel le 26 octobre 2012 à l'âge de quatre-vingt-douze ans.

Gerda Munsinger épousa Ernst « Babe » Wagner en 1966. Le mariage ne dura qu'un printemps! La belle Gerda reprit aussitôt sa vie de femme libre et ses aventures amoureuses, toujours avec la même ardeur. Elle revint une dernière fois au Canada en 1976 pour le dixième anniversaire de l'affaire Munsinger. Elle était l'invitée de la CBC pour le lancement de l'émission *The Journal*, animée par Barbara Frum. Cette bouleversante entrevue fut la dernière qu'elle accorda[24]. Elle passa une partie de son séjour chez son amie Jacqueline, dans un petit chalet tout en haut d'une colline boisée, près de Contrecœur. Un soir où les deux femmes s'étaient absentées, le chalet brûla de fond en comble. Quand elles revinrent au petit matin, il ne restait de la maison que cendres fumantes. Dans la boîte aux lettres placée au bord du chemin quelques centaines de pieds plus bas, elles découvrirent un bout de papier, plié en deux, sur lequel était griffonné : *Sorry, we missed Gerda*[25]*!* La note ne portait pas de signature. Gerda Munsinger rentra chez elle et ne revint jamais au Canada. Elle fut tentée de publier son autobiographie, intitulée *To Whom it May Concern*, mais abandonna son projet. Elle est décédée à Munich le 24 novembre 1998 à l'âge de soixante-neuf ans.

24. Voir http://www.cbc.ca/archives/categories/war-conflict/cold-war/politics-sex-and-gerda-munsinger/munsinger-remembers-with-barbara-frum.html

25. Désolés, nous avons raté Gerda!

POSTFACE

Voici la genèse du récit publié aux Éditions JCL, tout d'abord sous le titre *Les Déshonorables* en septembre 1993, puis réédité sous le titre *L'Affaire Gerda Munsinger* en septembre 2014.

Tante Jacqueline fait depuis toujours partie du folklore familial des Delorme et elle est une présence forte pour ses sept neveux, mes trois frères, mes trois sœurs et moi.

Jeune et belle célibataire dans les années 1950, tante Jacqueline est du genre femme libérée avant la lettre, à une époque où le nom de Lily St-Cyr n'est évoqué qu'en chuchotant. C'est une femme extravertie, exubérante même, remarquablement cultivée et dotée d'un sens de l'humour pointu.

Pendant toutes nos études classiques, elle vient chaque mois, précise comme un métronome, nous rendre visite, à mes deux frères aînés et à moi, au parloir du Collège de Montréal où nous sommes pensionnaires. Chaque fois, sans faille, elle remet à l'aîné une enveloppe dans laquelle se trouve une jolie carte de souhaits… et vingt-cinq dollars!

— Pour vos études! dit-elle.

Il est difficile de partager également ce vingt-cinq dollars en trois, mais je lui serai reconnaissant toute ma vie.

Aide-comptable compétente et efficace, elle gagne très bien sa vie à une époque impitoyable pour une femme seule. Elle cumule les mandats aussi bien chez *Sanguinet Automobile*, un important concessionnaire situé à deux pas du pont Jacques-Cartier, à Montréal, que chez la très huppée firme d'ingénieurs *Lalonde et Valois*, la future prestigieuse *Lavalin*.

Elle aime la grande vie, les beaux hôtels, les restaurants réputés de Montréal, les vins millésimés et les alcools fins; elle s'habille avec élégance et porte les chapeaux les plus extravagants, aux coloris imprévisibles. Et elle a les moyens de subvenir à ses caprices.

Amusante, causeuse intarissable, celle qu'on surnomme familièrement Jacky est la coqueluche de tous ses patrons.

Elle rêve de voyages; c'est une admiratrice absolue de l'Europe, l'Italie en tête, suivie de près par la France.

Au début des années 1950, elle convainc même ses patrons chez *Sanguinet Automobile* d'importer d'Italie les toutes premières Fiat qui circuleront à Montréal. Pendant des mois, avec une fierté survoltée, cette femme au volant, une rareté à l'époque, conduira elle-même, dans les rues de la métropole, sa première Fiat or et jade, avec ses clignotants première génération, logés tout en haut près du toit entre les portières avant et arrière de la voiture, et qui se déploient tour à tour d'un côté ou de l'autre, de bas en haut comme une main agitée. On la klaxonne, on la salue de la main, on la siffle; elle est une star et en est cramoisie d'orgueil.

La famille connaît bien les amis et amies de tante Jacqueline, de qui elle parle d'abondance avec maman, souvent en présence des trois plus vieux déjà adolescents, lors de ses visites familiales fréquentes.

Papa, frère aîné de Jacqueline, catholique pratiquant et d'une morale sévère, est de glace avec sa sœur, dont il réprouve la conduite relâchée; il quitte ostensiblement les lieux dès que sa cadette s'engage dans des confidences qu'il qualifie avec mépris de ragots.

C'est au cours de ces papotages que Gerda *Monseigneur* et Pierre Sévigny font leur entrée virtuelle dans le cadre familial. Celle que tante Jacqueline appelle toujours Gerda est devenue sa meilleure amie, d'autant plus que Jacky s'est dégoté un boulot de représentante canadienne de la société allemande de vêtements féminins haut de gamme *Triumph of Europe.* Gerda lui enseigne des rudiments d'allemand, la langue de son nouvel employeur. Et tout ce beau monde gravite autour de multimillionnaires québécois comme Gilbert Ayers de Lachute, les Miron de Montréal et la famille Simard de Sorel.

Pierre Sévigny est originaire de Québec. Il est le fils du juge en chef de la Cour supérieure du Québec, Albert Sévigny.

Durant sa carrière parlementaire, son père fut un ardent partisan de la participation canadienne à la Première Guerre mondiale; il vota en faveur de la conscription en 1917, malgré le fait qu'une bonne majorité de Québécois étaient contre. Conservateur dévoué, il obtint dans le gouvernement conservateur de Robert L. Borden le poste de président de la Chambre des communes en 1916. En 1921, Albert Sévigny devient juge à la Cour supérieure du Québec, puis juge en chef associé en 1933, et enfin juge en chef en 1942.

Membre de la milice – C.E.O.C. Laval – de 1933 à 1939, Pierre Sévigny, alors sergent, s'enrôle dans l'armée régulière et devient sous-lieutenant d'infanterie en 1940. Muté dans l'artillerie en 1941, il devient lieutenant dans le 4e régiment d'artillerie moyenne, en mars 1942. Il est promu capitaine en mai 1942 et major en 1945.

Le régiment traverse en Angleterre en août 1942 et débarque en Normandie le 10 juillet 1944.

Pierre Sévigny est blessé durant la bataille de la forêt de Hochwald en février 1945 et rapatrié au Canada en avril. Il prend sa retraite en 1946 avec le grade de lieutenant-colonel.

Il reçoit des décorations militaires de plusieurs pays –

Canada, France, Belgique, Pologne et Ordre de Jérusalem. Il est vénéré en Pologne, où il a reçu la plus haute décoration militaire du pays.

En 1946, il publie ses mémoires militaires sous le titre de *Face à l'ennemi* aux Éditions Beauchemin. Ce livre gagne le prix Ferrières de l'Académie française en 1948. Il fut aussi colonel du régiment de Hull de 1959 à 1964.

Candidat aux élections fédérales de 1949 comme conservateur indépendant, Pierre Sévigny n'est battu que par cinquante-huit voix. Il devient président du Parti progressiste conservateur du Québec, un poste qu'il occupe de 1954 à 1956. Candidat défait en 1957, il est élu l'année suivante député conservateur de la circonscription de Longueuil et réélu en 1962.

Il est nommé vice-président de la Chambre des communes en 1958 et ministre associé de la Défense nationale du 20 août 1959 au 8 février 1963, date où il démissionne du cabinet Diefenbaker.

Durant son mandat de ministre, il représente le gouvernement fédéral au comité pour l'obtention d'Expo 67 à Montréal.

Il préside également de nombreuses délégations commerciales canadiennes en Amérique du Sud en 1960 et en 1961 et les délégations aux conférences de l'OTAN en 1960-1962. Il est coprésident du Conseil du Trésor en 1962-1963. Ayant démissionné du cabinet Diefenbaker, il est défait aux élections de 1963.

En 1965, Pierre Sévigny publie *Le Grand Jeu de la politique* aux Éditions du Jour.

Lorsque le scandale éclate en mars 1966, je viens d'avoir 22 ans; je suis à mi-chemin entre mon boulot de rédacteur de nouvelles au *Journal de Montréal*, qui a à peine un an d'existence – mon tout premier emploi –, et celui de rédacteur au service des nouvelles télévisées de Radio-Canada. J'obtiendrai ma permanence à Radio-Canada en juin 1966. Ces deux boulots bouffeurs de temps, destinés d'abord à payer ma scolarité à la faculté des lettres de l'Université de Montréal, ont finalement raison prématurément de mes études dès que je commence à temps plein à Radio-Canada comme reporter.

Mon voisin de bureau au *Journal de Montréal* est nul autre que le journaliste et *potineur* Jean Côté, et je suis intrigué par les informations qui filtrent, des semaines à l'avance, dans le *Journal de Montréal* sur une certaine affaire Monseigneur.

Bien avant que le scandale ne perce dans les médias, Olga Monseigneur était le terme familier qu'utilisaient à la blague Jacqueline et quelques initiés pour parler de Gerda, dont le nom était plutôt rugueux pour les francophones de Montréal. J'étais curieux de savoir quelles étaient les sources de Côté, mais il était muet comme une carpe sur ce sujet, tout comme sur de nombreuses autres primeurs qu'il se targuait avec morgue de détenir, mais qui avaient toutes comme même caractéristique des origines pour le moins troubles.

Au beau milieu du scandale éclate l'affaire de la bague. Dans un reportage présenté au *Téléjournal* de Radio-Canada, le correspondant du réseau français à Ottawa, Jean-Marc Poliquin, affirme qu'il tient de source sûre que Pierre Sévigny aurait fait un cadeau princier à Gerda, à savoir une bague d'une valeur inestimable… Il s'agit en fait d'une babiole de quelques dizaines de dollars que Pierre a offerte à Gerda sur l'impulsion du moment dans une escapade à plusieurs à laquelle Jacqueline participait. Tante Jacqueline me l'a prêtée à son retour d'Allemagne.

J'ai profité d'une présence à la salle des nouvelles de Radio-Canada à Montréal pour taquiner Poliquin sur cet objet d'une valeur inestimable que je portais au doigt. Il m'a transpercé d'un regard foudroyant et m'a balancé d'un ton sans réplique :

— Ne vous moquez pas de moi, jeune freluquet!

Quelques mois après la tempête médiatique de mars 1966, Jacqueline fait irruption dans la salle des nouvelles de Radio-Canada et fonce droit sur moi en tirant un petit chariot.

— Gilles, tu la veux, la vraie histoire? La voilà!

Elle empile deux grosses boîtes de carton sur mon bureau, fait demi-tour et s'en va.

Jacqueline, aide-comptable méticuleuse s'il en est, est une femme redoutablement organisée qui ne laisse rien au hasard; elle ramasse tout, garde tout, note tout, jusqu'à la couleur du rouge à lèvres qu'elle a porté tel jour proche ou lointain. Je trouverai dans les boîtes son journal intime depuis les années 1940, des échanges de lettres dont plusieurs avec Gerda et une multitude d'articles de journaux savamment découpés. C'est le début d'une saga qui va durer vingt-cinq ans.

Fort des précieux écrits de Jacqueline, je fais une première recherche pour tenter de comprendre pourquoi a couru la rumeur, à laquelle tout le monde a cru, voulant que Gerda Munsinger fût décédée en Allemagne. J'y découvre que, à la suite du départ de Gerda du Canada, Jean Simard a gardé pendant quelque temps le contact avec la belle Allemande. C'était lui qui détenait l'information selon laquelle elle avait été atteinte d'un cancer. Ce fait n'avait jamais été vérifié. Mais, les mois passant, peu à peu on a laissé croire que la maladie l'avait emportée.

C'est ainsi que le ministre de la Justice, le libéral Lucien Cardin, député de Sorel et proche des Simard, a relayé l'information au Cabinet fédéral.

Mais il me manquait surtout l'autre moitié de l'histoire, la version de Pierre Sévigny. Grâce à la complicité de Jacqueline, je suis entré en contact avec celui qui s'était littéralement muré dans le silence le plus absolu depuis l'affaire où il avait tout perdu.

À mon premier coup de téléphone, je me présente et lui explique ce que je souhaite entreprendre. Il me rétorque :

— Vous aussi, vous voulez votre pinte de sang!

J'ai mis des mois à gagner sa confiance. Enfin, entre 1968 et 1970, Sévigny se présentera ponctuellement à mon appartement, rue Forest Hill, à Montréal. À chaque rendez-vous, je le voyais de ma fenêtre garer son automobile et s'en extraire lourdement en s'aidant de sa canne et en patinant parfois sur le verglas en plein hiver au risque de se rompre les os.

Nous aurons ainsi plus d'une cinquantaine de rencontres de plus de trois heures chacune, pendant lesquelles il me racontera toute son histoire sans en omettre un seul détail. Avec son accord, j'enregistrerai toutes ces conversations sur la vaillante Nagra prêtée par Radio-Canada et conserverai toutes les bandes. L'écoute de ces enregistrements me bouleversera toujours, tant on y sent la sincérité de cet homme meurtri qui ne refuse aucune de mes questions sur l'incroyable saga politique dont il a été la victime. C'est là un témoignage sans faux-fuyants qui va constituer la trame de fond du récit de l'affaire Gerda Munsinger.

En 1970, je suis nommé correspondant pour le réseau français de Radio-Canada à Toronto. J'y retrouve Pierre Nadeau, affecté aux affaires publiques du diffuseur national dans la capitale ontarienne, et lui présente les grandes lignes de mes recherches sur l'affaire Munsinger. Il est emballé.

La vénérable maison d'édition torontoise McClelland and Stewart a publié au cours des dernières années deux importantes œuvres de l'historien canadien Peter C. Newman : *Renegade in Power : The Diefenbaker Years* en 1963 et *Distemper of Our Times : Canadian Politics in Transition* en 1968. Ces deux œuvres décrivent bien l'atmosphère fiévreuse qui sévit au sein de la politique canadienne durant ces années. Elles posent aussi plusieurs questions restées sans réponse. Pierre Nadeau et moi pensons que le récit du scandale Munsinger médiatisé à outrance, encore bien présent dans les esprits et dont on ressent toujours les retombées, ne pourrait qu'intéresser l'éditeur.

Nous prenons donc rendez-vous avec la maison d'édition et j'y présente mon travail. Une semaine plus tard tombe la décision : *McClelland and Stewart n'est pas intéressé à publier une œuvre pouvant entacher la réputation de l'honorable Lester B. Pearson.*

L'année suivante, Radio-Canada me nomme correspondant sur la colline parlementaire à Québec. Mon projet de publier un récit sur l'affaire Munsinger est mis en veilleuse. Il va dormir pendant de très longues années.

En 1990, ma compagne Danielle Roy, comédienne de carrière, décide qu'elle en a assez du métier. Elle se cherche un nouveau défi. Depuis son adolescence, elle nourrit une grande passion pour la langue et les mots. Elle possède une plume exceptionnelle et, depuis quelques années, elle écrit des textes poétiques qui sont lus sur les ondes de Cité-FM par le comédien Pascal Rollin. Je lui parle de la recherche que j'ai effectuée sur l'affaire Munsinger et qui dort depuis des années dans mes cartons. Je lui propose d'en faire un récit historique. Elle relève le défi et s'engage dans une aventure où elle investira deux ans de travail.

Quelque cinq cents pages plus tard, nous avons en main un manuscrit solide et nous entamons des démarches pour trouver un éditeur.

Chez Québec Amérique, on nous demande de changer tous les noms, incluant ceux des principaux personnages. C'est ainsi que Diefenbaker devient Deckenridge, que Pearson se mue en Peppard, que Pierre Sévigny est rebaptisé Paul Savignac et que Gerda Munsinger s'appelle à présent Greta Marsheveker. Danielle et moi sommes pour le moins peu emballés à l'idée de cette mascarade. Après quelques semaines, où l'inventivité de Danielle est mise à rude épreuve, alors qu'elle doit coder tous les noms réels pour n'en conserver que les initiales – incluant quelques trouvailles qui nous feront bien rire, comme le nom Joe Prickley dont nous gratifions Jack Pickersgill –, nous décidons de ne pas emprunter cette voie.

Aux Éditions Stanké, notre manuscrit est accueilli avec froideur.

Aux Éditions du Jour, c'est gonflés d'espoir que nous tentons notre chance. Cet éditeur n'a-t-il pas joué d'audace en publiant le célèbre *J'accuse les assassins de Coffin*, de Jacques Hébert? Jacques Hébert est notre voisin, sur la rue Prud'homme, à Notre-Dame-de-Grâce. Nous échangeons fréquemment et je ne rate aucun des lancements des Éditions du Jour. Mais, au bout d'un moment, le verdict tombe: *Subversif et dommageable. [...] Nous allons crouler sous les poursuites.*

Chez Libre Expression, le manuscrit est d'abord fort bien accueilli; nous reprenons espoir. Après de longues semaines, l'éditeur nous demande de remanier le manuscrit de fond en comble et d'en faire un récit où le sexe aurait une place prépondérante, avec moult descriptions!

Au beau milieu de cette course à l'éditeur, je croise une camarade de travail, Carole-Marie Allard, qui a fait un tabac l'automne précédent, soit en 1992, avec son essai: *L'Affaire Claire Lortie*[26].

Elle me raconte que le patron des Éditions JCL, Jean-Claude Larouche, est un éditeur « fou de récits historiques », que c'est lui qui a déterré l'histoire d'Alexis le Trotteur et qu'il ne manque pas d'audace. Nous communiquons aussitôt avec lui aux Éditions JCL, à Chicoutimi, et lui envoyons notre manuscrit codé, mais accompagné d'une annexe alpha-clé contenant tous les noms codés avec leur équivalent réel.

---

26. http://www.jcl.qc.ca/detail_livre/affaire-claire-lortie/

Le lundi suivant, le téléphone sonne.

— Bonjour, c'est Jean-Claude Larouche. J'ai commencé à lire votre manuscrit vendredi dernier. Je n'ai pratiquement pas fermé l'œil de la fin de semaine et l'ai terminé dimanche. Cette histoire est bouleversante. Je suis très intéressé à la publier. Peut-on révéler tous les noms?

Je lui explique que tante Jacqueline demande que son nom ainsi que les noms de ses amis personnels demeurent codés. L'éditeur accepte. Le livre paraît à l'automne 1993 sous le titre *Les Déshonorables: les dessous de l'Affaire Munsinger*[27].

Pour le lancement, prévu à quelques semaines seulement de l'important Salon du livre de Montréal, la maison d'édition conclut une entente avec le responsable du Cahier littéraire du quotidien *La Presse*, qui a lu le livre; le récit occupera un espace important dans les premières pages du Cahier littéraire; il y sera analysé et commenté, et les textes seront, bien sûr, annoncés de façon significative à la une de *La Presse* du même jour. À notre très grande surprise, lors du lancement, nous n'aurons droit qu'à un bref article du journaliste Pierre Vennat, à la toute fin et tout en bas du Cahier littéraire de *La Presse*.

Pierre Vennat est un compagnon de travail que je côtoie depuis la fin des années 1960. Il m'expliquera que Marcel Desjardins, rédacteur en chef adjoint de *La Presse*, a eu vent de ce projet, qu'il s'est procuré le livre en début de semaine, qu'il l'a lu et qu'il a ordonné de ne rien publier d'autre que le bref article de Pierre Vennat, soudain promu critique littéraire.

Je connais bien Marcel Desjardins depuis que nous avons travaillé ensemble à la Colline parlementaire de Québec de 1971 à 1976, lui pour *La Presse*, moi pour Radio-Canada. Lors du Salon du livre de Montréal, je le vois

27. http://www.jcl.qc.ca/detail_livre/deshonorables/

s'approcher du stand de JCL d'une démarche oblique, le regard obstinément tourné vers les exposants d'en face. À un certain moment, il se tourne brusquement et vient vers moi.

— Tu ne m'as pas convaincu! laisse-t-il tomber.

Et il file aussitôt.

Jean Pelletier, son fidèle compagnon, fils de l'illustre libéral Gérard Pelletier et rédacteur en chef de l'émission *Le Point* à Radio-Canada, refusera la demande de la journaliste Madeleine Poulin, qui aura tout tenté pour présenter une entrevue sur *Les Déshonorables,* un récit qu'elle jugeait important dans l'histoire politique canadienne.

Exception faite de *La Presse* et de Radio-Canada, la très grande majorité des médias feront un accueil remarquablement chaleureux à ce récit et tous souligneront la qualité de l'écriture du livre. *Le Journal de Montréal* y consacrera ses quatre premières pages sous la plume du journaliste Daniel Brosseau, avec une entrevue exclusive de Pierre Sévigny, la seule qu'il accordera, d'ailleurs.

Le journaliste Laurent Laplante et l'éditorialiste Jean-Noël Tremblay, ex-ministre de l'Union nationale, en feront une analyse approfondie. L'animateur Jean-Pierre Coallier en fera la une de son émission de fin de soirée à TVA.

Chez les anglophones, un seul écho, un article fort bien fait, au demeurant, de Nick Auf der Maur dans *The Gazette.* Aucune maison d'édition anglophone n'a manifesté le moindre désir de publier ce récit malgré tout l'émoi causé dans le reste du Canada par l'affaire Munsinger, qui a fait fantasmer des millions de Canadiens pendant des mois. Ne cesse pas d'être espionne qui veut.

Nous obtiendrons nos plus grands succès de vente à la Librairie Le Trillium, à Ottawa, où un nombre considérable de secrétaires de cabinet se procureront *Les Déshonorables* dans la plus grande discrétion, sans doute à la demande de députés et ministres préférant demeurer anonymes.

Avec l'équipe de JCL, Danielle et moi ferons toute la tournée du Salon du livre à travers le Québec en 1993 et en 1994. Nous y connaîtrons d'étonnantes surprises. À Trois-Rivières, le Dr Guy Marcoux, auteur du pamphlet *Dans le même sac,* nous confiera:

—Je croyais être le seul à connaître presque toutes les ramifications de cette histoire! Comment avez-vous fait pour retrouver tout cela? Il aura fallu trente ans pour qu'enfin la vérité soit mise au jour!

Au cours de l'année 1994, l'ex-ministre du Travail du Canada, Bryce McKasey, m'invite à sa résidence de Verdun. Nous avons une longue conversation sur la célèbre affaire et il m'avoue à quel point sa conscience le tarabuste, même après toutes ces années. C'est alors qu'il me confie que l'affaire *Monseigneur* a été discutée en plein caucus libéral après l'élection générale de 1965. Ceux qu'on a appelés les trois colombes, Jean Marchand, Gérard Pelletier et Pierre-Elliott Trudeau, futur ministre de la Justice qui succédera à Cardin en 1967, étaient présents et sont demeurés muets.

Toujours en 1994, Mitchell Sharp, ex-ministre des Finances sous Pearson devenu conseiller spécial de Jean Chrétien, un poste qu'il occupera de 1993 à 2003 et pour lequel il reçoit un montant symbolique d'un dollar par année, communique avec moi et me demande ce que veut Pierre Sévigny.

Pierre a toujours été formel: depuis son retour de Zurich, il a abandonné toute idée de vengeance. Il ne veut ni argent ni excuses officielles. Je rétorque donc à Mitchell Sharp que la moindre des choses que pourrait faire l'actuel gouvernement libéral serait de lui octroyer la médaille de l'Ordre du Canada!

— Il vous appartient de présenter une demande à cet effet, me répond-il.

Cette demande, que je déposerai avec l'accord de Pierre Sévigny, portera la signature de plusieurs personnalités, dont l'ex-ministre conservateur Marcel Masse, le comédien Serge Turgeon et l'animateur de télé Jean-Pierre Coallier entre autres. Marcel Masse me dit ironiquement:

— S'il l'obtient, on fait une gigantesque réception en son honneur dans le hall d'entrée du Complexe Guy-Favreau!

Quelques semaines plus tard, l'Honorable Pierre Sévigny est invité à Ottawa à la résidence du gouverneur général du Canada, monsieur Ramon John Hnatyshyn, pour se voir remettre, au cours d'une cérémonie officielle, la médaille de l'Ordre du Canada. La cérémonie se déroule avec faste, et Sévigny est décoré des mains du gouverneur général en compagnie d'une vingtaine d'autres personnalités canadiennes accueillies en même temps que lui dans cet Ordre très sélect.

La cérémonie est normalement diffusée sur les ondes de la C-PAC, le diffuseur officiel de la Chambre des communes. Les récipiendaires y sont présentés par ordre alphabétique. Étonnamment, à la lettre S, la transmission est brièvement interrompue pour reprendre à la lettre suivante. La remise à l'honorable Pierre Sévigny a été coupée.

Quelques jours après cet événement, Danielle et moi sommes invités à une rencontre privée chez Pierre. Corinne nous accueille, ainsi que Pierrette et Albert, accompagnés de leurs jeunes enfants. L'un d'entre eux nous dit:

— *The book, it's you*[28] ?

Pierre lève son verre et s'adresse à nous.

— Merci! Vous m'avez rendu mon honneur! affirme-t-il.

Corinne Sévigny, membre très active des AA, nous confie ce soir-là qu'elle organise chaque année une soi-

28. Le livre, c'est vous?

rée-bénéfice assez huppée au profit de son organisation. Pierre-Elliott Trudeau a toujours été présent à ses soirées depuis le début des années 1970.

Quelques années plus tard, tante Jacqueline m'avouera que sa demande de figurer dans le récit sous le pseudonyme de Jacinthe Dubreuil et de coder certains noms de son cercle d'amis nous a sans doute mis un peu en porte-à-faux lorsqu'il s'est agi de défendre cette saga pourtant si vraie.

—Je n'aurais pas dû vous demander cela. Si c'était à refaire, je voudrais qu'on publie tout, tout, que tous ceux qui ont joué un rôle dans cet indigne échafaudage assument! Après tout, on était tous majeurs et responsables.

Au printemps 2014, Jean-Claude Larouche nous annonce, à Danielle et à moi, qu'il veut rééditer ce récit sans plus aucune zone d'ombre. Le voici, à quelques mois du cinquantième anniversaire de cette étrange histoire, qui a explosé en pleine Chambre des communes du Canada le 4 mars 1966.

L'Affaire Gerda Munsinger vous est enfin racontée en pleine lumière, dans son intégralité, avec les noms réels de toutes celles et de tous ceux qui ont été appelés à y jouer un rôle.

Gilles-Philippe Delorme
Juin 2014

DISTRIBUTEURS EXCLUSIFS

Distributeur pour le Canada et les États-Unis
LES MESSAGERIES ADP
MONTRÉAL (Canada)
Téléphone : (450) 640-1234 ou 1 800 771-3022
Télécopieur : (450) 640-1251 ou 1 800 603-0433
www.messageries-adp.com

Distributeur pour la France et autres pays européens
DISTRIBUTION DU NOUVEAU MONDE (DNM)
PARIS (France)
Téléphone : 01 43 54 49 02
Télécopieur : 01 43 54 39 15
Courriel : libraires@librairieduquebec.fr

Distributeur pour la Suisse
(À l'usage exclusif des librairies)
SERVIDIS / TRANSAT
GENÈVE (Suisse)
Téléphone : 022/342 77 40
Télécopieur : 022/343 46 46
Courriel : transat-diff@slatkine.com

◆◆◆

Dépôts légaux
Bibliothèque nationale du Canada
Bibliothèque et Archives nationales du Québec, 2014
Imprimé au Canada

◆◆◆